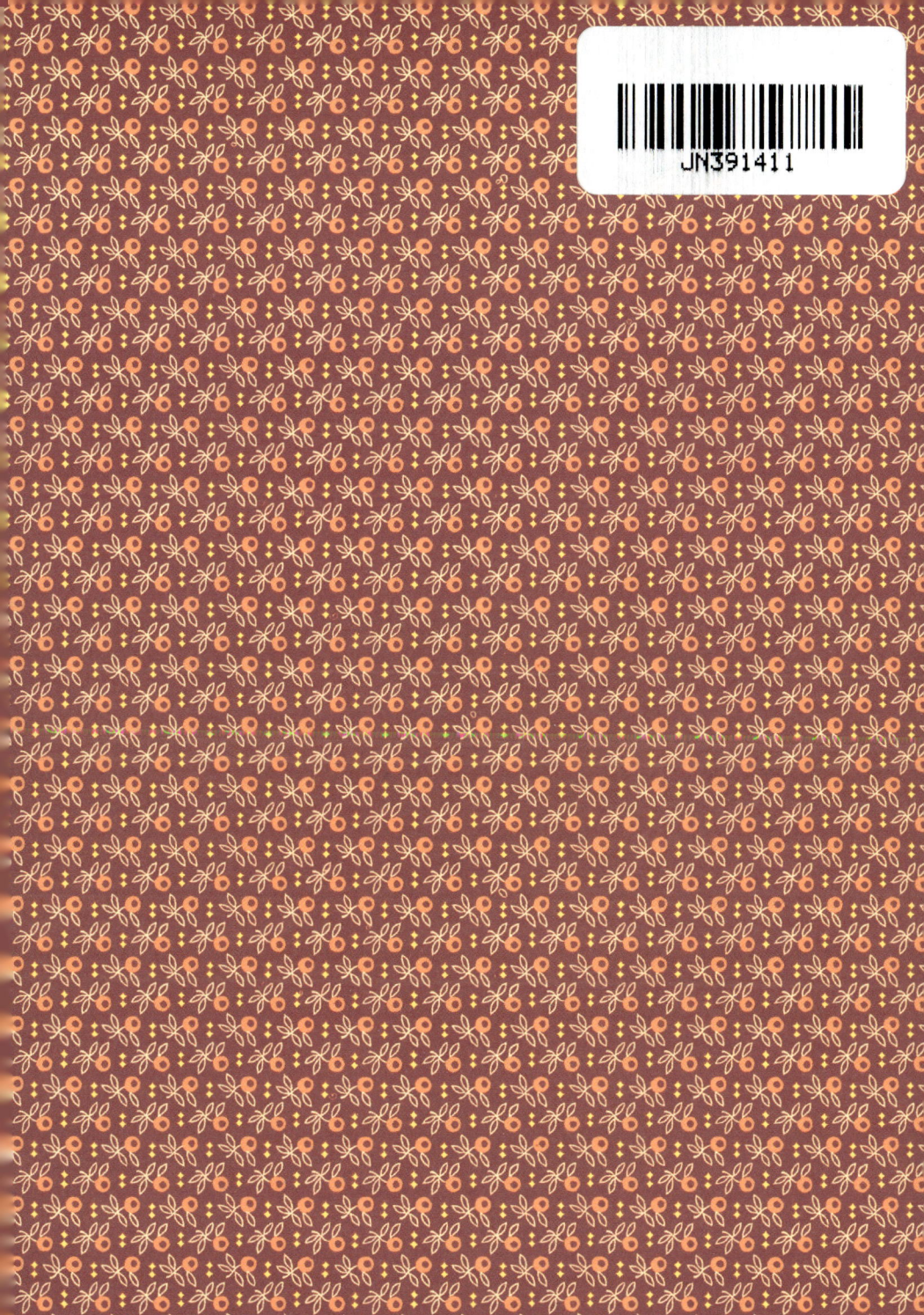

Looking at Picturebooks
Eun-ja,Hyun & Sae-hee, Kim

Published by SAKYEJUL Publishing Ltd.
Paju, Korea, 2005

그림책의 이해 1
ⓒ현은자·김세희, 2005

2005년 2월 27일 1판 1쇄
2007년 3월 5일 2판 1쇄
2021년 4월 10일 2판 10쇄

지은이 : 현은자·김세희
편집 관리 : 그림책팀 | 디자인 : DesignZoo
제작 : 박흥기 | 마케팅 : 이병규, 이민정, 최다은
출력 : 한국커뮤니케이션 | 인쇄 : 천일문화사 | 제책 : 신안문화사

펴낸이 : 강맑실 | 펴낸곳 : (주)사계절출판사 | 등록 : 제406-2003-034호
주소 : (우)10881 경기도 파주시 회동길 252
전화 : 031)955-8588, 8558 | 전송 : 마케팅부 031)955-8595 편집부 031)955-8596
홈페이지 : www.sakyejul.net | 전자우편 : picturebook@sakyejul.com
블로그 : skjmail.blog.me | 페이스북 : facebook.com/sakyejulpicture
트위터 : twitter.com/sakyejul | 인스타그램 : sakyejul_picturebook

값은 뒤표지에 적혀 있습니다. 잘못 만든 책은 구입하신 서점에서 바꾸어 드립니다.
사계절출판사는 성장의 의미를 생각합니다. 사계절출판사는 독자 여러분의 의견에 늘 귀 기울이고 있습니다.
이 책은 저작권법에 따라 보호받는 저작물이므로 무단전재와 무단복제를 금합니다.

ISBN 978-89-5828-215-0 94800
  978-89-5828-214-3(전2권)

표지 일러스트 : John Tenniel 「Alice's Adventure in Wonderland」(1866) 중에서

그림책의 이해

1

그림책의 이해
1

일러두기

1. 인명의 표기는 국립국어연구원의 『외래어 표기 용례집』(2002)을 따랐다.
2. 작가를 표시할 때, 글 작가와 그림 작가가 다른 경우에만 구분하여 표시하였으며, 같은 경우에는 구분하지 않았다.
3. 문장부호는 책인 경우 겹낫표『 』, 한 편의 이야기, 책 속의 단편 이야기, 그리고 신문, 잡지인 경우에는 〈 〉, 시리즈 명칭인 경우 작은 따옴표 ' '를 사용했다. 또한 문장 전체를 인용한 경우 큰 따옴표 " ", 문장 일부를 따오거나 강조한 경우 작은 따옴표 ' '를 사용하였다.
4. 국내에 번역되어 나온 책은 출간된 책의 제목을 따랐고, 아직 국내에 나오지 않은 경우에는 가급적 원 제목에 근접하게 번역하여 우리말을 달았다.
5. 그림책의 이미지 사용을 허락해준 출판사 관계자 여러분께 감사드린다.

머리말
그림책, 고유한 예술 형태를 찾아서

　이 책에 담긴 대부분의 내용은 성균관대학교 아동학과 학부, 대학원, 그림책 교육 전문가 과정의 강의와 학회지에 발표한 논문들에서 다룬 것이다. 그림책 출판이 본격적으로 이루어지던 1990년대부터 그림책은 아동교육을 전공한 사람들의 주목을 끌었으며 대학의 교과과정에서 중요한 주제로 떠올랐다.
　강의와 연구를 위해서 그림책을 수집하면서 우리는 그림책 언어의 독특함에 매료되어 갔다. 최근 우리는 그림책 보기의 출발점이 교육이든, 독서지도든, 미술이든, 평론이든 간에 그림책을 자주 접하는 사람들에게 나타나는 이러한 반응이 아주 자연스러운 것임을 발견한다. 그림책을 연구하기 위해 학회나 세미나, 연구모임에 등록하거나 대학원에 진학하는 사람들 역시 이러한 그림책의 매력에 끌린 사람들일 것이다.
　그렇다면 그림책의 독특한 매력이란 무엇일까? 니콜라예바와 스콧은 그들의 최근 저서 『그림책은 어떻게 작용하는가 How Picturebooks Work』(2001)에서 "그림책은 시각적이고 언어적인 두 가지 수준의 의사소통에 기초를 둔 고유한 예술의 형태"라고 밝힌 바 있다. 여기에서 중요한 것은 '고유한 예술 형태'라는 말이다. 이러한 견해는 아직은 몇몇 작가의 작품에 국한된 것이라고 할 수도 있겠지만 그렇더라도 '글과 그림이 어우러진 도서'의 형태는 이미 그 자체가 다른 조형 예술과 구별되는 것임을 전제하고 있다. 독특한 의미 전달 방식을 보여주는 '고유한 예술 형태'의 그림책들은 픽션 그림책뿐 아니

라 알파벳 그림책과 같은 논픽션 그림책, 그리고 영아 그림책, 심지어 성경 그림책까지 모든 장르에 걸쳐서 나타나고 있다.

  이 책의 1권은 머리말과 현대 그림책 언어의 특성, 그림책의 역사, 판타지 그림책과 사실주의 그림책 등을 소개하고 있다. 그리고 2권에서는 옛이야기 그림책, 정보 그림책, 운문 그림책, 영아 그림책, 성경 그림책, 그리고 알파벳 그림책, 영상매체와 그림책을 다루고 있다. 집필은 두 저자가 장 단위로 나누어 하였다. 현은자는 서론 부분인 그림책의 성격과 판타지 그림책, 사실주의 그림책, 정보 그림책, 영아 그림책, 알파벳 그림책, 성경 그림책을 집필하였으며 김세희는 그림책의 역사와 옛이야기 그림책, 운문 그림책 그리고 영상매체와 그림책을 집필하였다. 두 사람의 글이지만 각 장의 조직과 체계에서 통일성을 꾀하려고 노력하였다. 최근 주목 받고 있는 작가들의 작품들을 중심으로 그림책을 소개하고 분석하려고 하였으나 워낙 방대한 자료를 다루다 보니 꼭 포함해야 할 작품들이 빠진 경우도 있을 것이다. 저자들이 놓친 부분이 있다면, 독자들이 지적해주기 바란다.

  새로운 분야의 연구물이 자주 그러하듯이 이 책도 서구의 아동문학과 그림책 연구자들의 저서에 많은 빚을 지고 있다. 특히 마리아 니콜라예바, 페리 노들먼, 피터 헌트, 컬리넌과 갤더, 바버러 키퍼, 게리 슈미트 등 스웨덴, 미국, 영국 등의 그림책 연구자들의 저서와 논문 등은 우리에게 그림책 언어의 새로움에 대해 눈을 뜨게 해주었다. 또한 학회의 설립 당시부터 그림책 연구를 지속해온 한국어린이문학교육학회의 회원들, 성균관대학교의 학부와 대학원 학생들, 그림책 전문가 과정의 학생들과의 대화와 토론은 그림책에 대한 이해를 좀더 깊고 정교하게 만들어주었다. 같이 그림책을 읽고 생각을 나누어준 그들에게 진심으로 감사드린다.

그리고 사계절 출판사의 조은숙 팀장에게 감사를 표한다. 그는 이 책이 그림책을 사랑하는 많은 사람들에게 유익할 것이라고 출판을 격려해주었을 뿐 아니라 신속하고 정성어린 작업과정으로 우리를 감탄케 했다. 몇 번의 교정과 각주, 미주 작업을 성실히 도와준 성균관대학교 아동학과 석사과정의 김현경과 그림책 전문가과정의 박정선에게도 깊은 감사를 전한다.

우리가 그들의 이름과 작품으로만 만나고 있는 국내외의 많은 그림책 작가들에게 감사를 표한다. 그들이 보고 있는 창으로 우리도 그들과 함께 세상을 보면서 우리는 우리 자신과 다른 사람, 그리고 이 세상을 보는 새롭고 다채로운 방식을 알게 되었다. 만일 그러한 경험이 우리에게 즐거움을 주지 못하였다면 이 책은 쓰여지지 못했을 것이다.

마지막으로, 이 땅에서 살다 간 모든 예술가들에게 하신 것처럼 이 시대의 그림책 작가들에게 예술의 재능과 열정을 허락하신 하나님께 진심으로 감사드린다.

2005년 1월
현은자 · 김세희

차례 그림책의 이해 1

머리말 그림책, 고유한 예술 형태를 찾아서 7

제1장 그림책의 성격

1. 그림책 연구 접근법 21

아동문학으로 접근하기 22 | 교수—학습 매체로서 접근하기 24 | 시각 예술로서 접근하기 26 | 도서로서 접근하기 29 | 고유한 예술 형식으로서 접근하기 40

2. 그림책의 분류 46

미주 목록 54 | 참고 문헌 56 | 참고 그림책 목록 58

제2장 서양 그림책의 역사

1. 그림책의 탄생 65

2. 그림책의 태동기 67

3. 19세기 초기 그림책의 발전 69

하인리히 호프만 70 | 에드먼드 에번스 74 | 월터 크레인 75 | 케이트 그린어웨이 78 | 랜돌프 칼데콧 79

4. 20세기 초 그림책의 발전 83

비아트릭스 포터 83 | 완다 가그 87 | 버지니아 리 버튼 89 | 루드비히 베멀먼즈 91 | 닥터 수스 93 | 로버트 매클로스키 99

5. 20세기 그림책의 역사 1-미국   101

모리스 센닥 101 | 토미 웅거러 108 | 바버러 쿠니 117 | 레오 리오니 122 |
에즈라 잭 키츠 128 | 윌리엄 스타이그 133

6. 20세기 그림책의 역사 2-영국   140

존 버닝햄 141 | 찰스 키핑 149 | 브라이언 와일드스미스 154 | 앤서니 브라운 161

미주 목록 169 | 참고 문헌 172 | 참고 그림책 목록 173

제3장 한국 그림책의 역사

1. 그림책 인식기(1980~1990년대 초)   183

전집 184 | 단행본 189 | 그림책 관련 이론서 192

2. 본격 창작 그림책의 출간과 번역 그림책의 정리기(1990년대 중반에서 현재)   193

그림책 출판 193 | 그림책 연구지 196 | 그림책 서평 198 | 그림책 상 제도 200 | 어린이 도서관 204 | 그림책 관련 단체 206 | 그림책 관련 이론서 209

3. 세계 속의 한국 그림책   212

국제어린이도서협의회 212 | 〈뉴욕타임스〉 선정 최우수 어린이 그림책 214 | 볼로냐 국제어린이도서전 214 | 브라티슬라바 국제일러스트레이션 비엔날레 217 | 노마 국제 그림책 원화 콩쿨 218 | 한국 그림책의 일본어 번역판 출간 220 | 일본의 그림책 원화전과 한국 그림책 작가 초빙 220

차례 그림책의 이해 1

4. 한국 그림책 작가 222

이우경 222 | 홍성찬 223 | 강우현 224 | 류재수 226 | 리춘길 227 | 유애로 228 |
권혁도 230 | 한성옥 231 | 김재홍 233 | 이억배 234 | 권윤덕 236 | 정유정 237 |
이혜리 238 | 정승각 240 | 이태수 241 | 한병호 243 | 이호백 245 | 한태희 246 |
최숙희 248 | 이형진 249 | 조혜란 252 | 조은수 253 | 심미아 255 | 이영경 256

미주 목록 259 | 참고 문헌 259 | 참고 그림책 목록 261

제4장 판타지 그림책

1. 판타지 그림책의 성격 269

주제 270 | 인물 272 | 배경 277 | 플롯 280 | 글과 그림의 대위 281

2. 판타지 그림책의 분류 282

낮은 환상성의 판타지 284 | 높은 환상성의 판타지 284

3. 판타지 그림책의 평가 준거 289

주제 291 | 인물 291 | 배경 291 | 플롯 291 | 문체 292

미주 목록 294 | 참고 문헌 295 | 참고 그림책 목록 295 | 참고 문학작품 297

제5장 사실주의 그림책

1. 사실주의 그림책의 성격 306

주제 307 | 인물 307 | 배경 309 | 플롯 310 | 시점 311 | 문체 313

2. 사실주의 그림책의 분류 313

성장 314 | 가족과의 관계 316 | 동료 관계 319 | 이웃과의 관계 321 | 사회적 이슈 322 | 특별한 신체적, 정신적 요구 324

3. 사실주의 그림책의 평가 준거 327

주제 327 | 인물 328 | 배경 328 | 플롯 328 | 문체 329

미주 목록 332 | 참고 문헌 332 | 참고 그림책 목록 333

부록 1: 그림책 접근법에 따른 연구 논문 336
부록 2: 한국 그림책 관련 상 수상작 341
부록 3: 한국 창작 그림책 연대별 목록 345
도판목록 363

그림책의 이해 2

제1장 옛이야기 그림책
제2장 정보 그림책
제3장 운문 그림책
제4장 영아 그림책
제5장 성경 그림책
제6장 알파벳 그림책
제7장 영상 매체와 그림책

제 1 장
그림책의 성격

1. 그림책 연구 접근법
2. 그림책의 분류

볼프 에를브루흐의 『아빠가 되고 싶어요』, 엘스베트 폰테인츠의 『똥이는 말타고 싶어요』, 볼프 에를브루흐의 『개가 무서워요!』(왼쪽부터)

그림책의 성격

그림책(picture book)은 과연 어떤 책인가? 이런 질문을 하는 이유는 아직도 아동문학 전문가들 사이에서도 그 개념에 대한 견해가 엇갈리기 때문이다. 이제까지 일반적으로 통용되는 그림책의 정의는 글과 그림이 함께 제시되며, 그림이 적어도 펼친 면에 한 개씩 실려 있는, 어린이를 대상으로 한 도서라는 것이다. 그러나 이와 같은 의미로 사용되는 용어들도 여럿 있는 것이 사실이다. '그림 이야기책', '이야기 그림책', '이야기책' 또는 '그림 동화책' 등의 용어도 글과 그림이 함께 실린 어린이용 도서라는 의미로 사용되고 있다.

그림책 작가인 유리 슐레비츠(Uri Schulevitz)는 그림책이 무엇인가를 밝히기 위해 이야기책(story book)과 그림책(picture book)을 비교하고 있다.[1] 그에 따르면 이야기책은 단어로 이야기를 말하는 책이다. 비록 그림이 글을 부연(amplify)하기는 하지만 글 없이는 이야기를 이해하기 힘들다. 이야기책에서는 단어 자체가 이미지를 포함하므로 그림은 보조 역할만을 하기 때문이다. 반대로 진정한 '그림책'은 이야기를 주로 또는 전적으로 그림으로 말한다. 글은 오직 그림이 보여주지 못하는 것만을 말한다. 그래서 누군가에게 그림을 보여주지 않고 그 이야기만을 들려주면 그는 이야기의 의미를 이해하지 못할 것이다. 그림책에서 그림은 단어를 확장하고, 명료화하고, 상호보완하며 단어의 자리를 차지하기도 한다. 즉 단어와 그림이 둘 다 '읽혀지는' 것이라고 할 수 있다.

현은자 외는 『그림책의 그림 읽기』에서 그림책의 개념에 대한 다양한 견해를 소개하면서 그림 이야기책과 그림책의 차이를 소개한 바 있다. 그림 이야기책에서는 글의 비중이 훨씬 높으며 그림이 글의 내용을 보조하는 역할을 한다면, 그림책은 그림 없이 글로만 존재할 수 없는 책이라고 할 수 있다. 여기에서 '존재할 수 없다'는 의미는 그림책의 의미 전달의 측면에서, 그림이 없다면 이야기의 의미가 불분명해진다는 것이다. 그림책의 그림에는 글에 담겨 있지 않은 추가 정보가 있을 뿐 아니라, 글과 그림의 상호 작용으로 그림책의 전체 의미가 생성된다.[2] 간혹 그림책을 '그림 동화책'이라고 부르기도 하는데 이 용어는 동화를 들려주는 방식 중 하나인 '그림 동화'와 동급으로 여겨질 수 있다. 다시 말해 융판 동화, 그림자 동화, 막대 동화와 같이 이야기 전달 매체를 뜻할 때 사용하는 용어로 오해할 수 있으므로 가급적 피하는 것이 좋다.

글과 그림이라는 두 매체가 서로 결합하여 의미를 전달하는 그림책의 독특한 특성을 설명하기 위해 전문가들은 종종 비유를 사용하기도 한다. 러셀(Russell)은 그림책을 '글과 그림의 행복한 결혼'에 비유하기도 하였으며,[3] 노들먼(Nodelman)은 그림책을 문학과 미술이라는 서로 다른 예술 형식이 독특하게 결합한 형태로 정의하였다.[4] 그림책 작가인 바버러 쿠니(Barbara Cooney)는 그림책을 진주목걸이에 비유하고 있다.[5] 진주는 그림을, 목걸이 줄은 글 텍스트를 비유한다. 줄은 그 자체로는 아름다움의 대상이 아니지만 목걸이는 줄 없이는 존재하지 못한다. 이러한 비유는 비록 그림책에서 글 텍스트가 분명히 아름다워야 하고 그 자체로 기쁨을 주어야 하지만 그림과 글의 상호 의존성을 통해 그림책이 존재할 수 있음을 말하고 있다. 정병규는 그림책의 글과 그림의 관계를 '화학적'이라고 말한다. "(그림책에서) 글과 그림은 종속관계를 넘어 서로 독립성을 가지면서 글과 그림이 단독으로 표현되는 층위를 넘어 화학적인 새로운 공간, 그림책의 공간을 형성한다. 그림책의 진정한 감동은 바로 이 그림책 특유의 공간에서 발생하는 화학적 반응의 결과라고 할 수 있다."[6]

많은 학자들은 이제 그림책이 아동문학이나 회화와 같은 영역과는 별개로 독립하여 발전하고 있는 고유한 예술 형식이라는 데 의견을 같이 하고 있다. 키퍼(Kiefer)는 그림책을 '독특한 예술 작품(unique art object)'이라고 주장한다. 그리고 글과 그림의 결합은 부분의 합보다 많은 것을 독자에게 전달한다고 언급한다.[7] 또한 니콜라예바(Nikolajeva)는 『그림책은 어떻게 작용하는가 How Picturebooks Work』의 서론 부분에서 다음과 같이 쓰고 있다. "예술 형태로서의 그림책의 고유한 성격은 시각과 언어라는 두 가지 수준의 의사소통의 결합에 기초하고 있다."[8]

이렇듯 고유한 예술 형식으로 발전해 가는 그림책의 성격을 더 잘 이해하기 위해서 독자들은 그림의 역할과 더불어 글과 그림의 결합이 어떻게 제3의 의미를 창출하는지에 관심을 기울여야 한다. 그림책의 '그림읽기(reading pictures)'에 대해 노들먼은 "그림이 묘사하는 상황을 이해하려고 노력하는 것은 항상 그것에 언어를 부과하는 행위이다. 그것은 우연히 이루어지는 것이 아니므로 우리는 그것을 '시각언어(visual literacy)', 그림의 '문법(grammar)', 그림 '읽기(reading)'라고 부른다"고 언급한 바 있다.[9]

현대의 그림책은 전통적인 그림책보다 더 다양한 독자를 대상으로 한다. 그림책과 성인을 대상으로 하는 도서의 차이점 중 하나는 우선 그림책에서는 발신자(addresser)인 작가와 수신자(addressee)인 아동 독자가 서로 다른 두 사회에 속해 있다는 점이다. 발신자와 수신자는 자기 나름의 경험과 지식과 기대를 가지고 있다. 아주 드문 예를 제외하고는 아동문학은 수신자와 같은 집단에 있는 사람, 즉 어린이가 쓰지 않는다. 또한 독자의 경우에도 그림책은 두 가지 코드 시스템을 가지고 있다는 점에서 성인 문학과 구별된다. 하나는 어린이를 향하고 다른 하나는 무의식적으로 종종 어린이의 옆이나 뒤에 있는 어른을 향한다. 그림책의 이런 모습은 아동문학에서와 마찬가지로 이중 수신(dual address)[10] 또는 이중 독자(dual audience)[11] 또는 횡적 독자(cross reader)[12]의 문제를 제기한다. 이것은 니콜라예바가 강조하듯이 예술 형식으로서의 그림책이 어떤 면에서는 성인 문학보다 훨씬 더 복잡한 코드를 가지고 있다는 것을 의미하며 따라서 새로운 접근법으로 그림책을 바라보아야 함을 시사한다.[13]

어린이와 성인이 같이 즐길 수 있는 그림책은 스콧(C. Scott)이 지적한 것처럼 둘 사이의 협력관계를 형성할 수 있는 고유한 기회를 제공한다.[14] 왜냐하면 그림책은 의사소통 면에서 성인과 아동에게 글보다 더 평등한 자격을 주기 때문이다. 그림책은 단어, 이미지, 그리고 그 둘의 결합을 통해 의사소통을 할 수 있도록 창작된다. 이러한 표현 형태는 독자층의 경계를 넘나들면서 이제까지 인정된 그림책의 형태와 전통적인 그림책 읽기 방식에 도전한다. 글 텍스트를 해독하는 관습으로부터의 자유는 덜 전통적인 작품에 더 잘 적용되므로 아동의 천진난만함이 오히려 그림책 읽기에 도움이 되며, 그 때문에 아동이 그림책 읽기에서 성인의 진정한 파트너가 될 수 있도록 한다. 예를 들어, 『월리를 찾아라 Where's Wally?』(1988)와 같은 책에서 아동이 시각적으로 자세한 것을 인식하고 찾아내는 능력은 성인보다 훨씬 앞선다. 이러한 텍스트는 아동문학과 구별되는, 그림책의 시각매체로서의 특성이기도 하다.

또한 어떤 책은 어린이 독자보다 성인과 더 잘 소통하기도 한다. 예를 들어, 앤서니 브라운(Anthony Browne)의 『돼지책 Piggybook』(1991)은 유아보다도 가정주부들과 의사소통이 잘 되는 책으로 유명하다. 자녀와 함께 그림책을 읽는 성인 여성은 이 책에 등장하는 주인공에 적극적으로 반응한다. 다시 말하여 작품과 대화를 나눈다. 대체로 나이 든 독자를 겨냥한 책의 주제는 사회적 이슈를 담고 있는 경향이 있으며 독자의 반성적인 사고력과 정서적인 성숙을 필요로 하기도 한다.

그러나 새로운 의사소통 방식을 보여주는, 소위 비전통적인 그림책, 또는 '작가적' 그림책이 그림책의 다수를 점하고 있는 것은 아니며, 이것이 그림책 작가가 추구해야 할 모범이라는 것은 더더욱 아니다. 여전히 많은 어린이

1-1 『돼지책』 앤서니 브라운 글·그림, 허은미 옮김, 웅진닷컴. 가정 주부들과 의사소통이 잘 되는 책으로 유명하다.

들은 전통적인 방식으로 그려진 그림책을 즐기고 있으며 그를 통해 많은 정보를 얻는다. 그러나 '작가적' 그림책은 의사소통의 새로운 언어를 창출해 나가고 있으며 그림으로써 그림책을 고유한 예술의 한 형태로 발전시키는 데 기여하고 있다.

1. 그림책 연구 접근법

1990년대 들어서 그림책은 아동문학 연구자들 사이에서 가장 활발히 연구되는 주제이다. 아동문학에 관한 연구서들이나 교재들은 그림책에 많은 지면을 할애하고 있다. 예를 들어서 이재복의 환상 동화 연구서에 실린 열두 편의 평론 중 세 편은 판타지 그림책을 다루고 있다.[15] 아동문학교육이나 유아문학교육 관련 교재도 그림책의 교육적 가치나 그림책을 소개하는 데 많은 지면을 할애한다. 그림책만을 다룬 교양서나 이론서들도 속속 출간되고 있다. 예를 들어 김이산의 『똑똑똑 그림책』은 그림책에 관한 전반적인 이해와 그림책 읽기에 관한 정보를 제공하고 있으며,[16] 최윤정의 『그림책』은 본격적인 그림책 평론서라고 할 수 있다.[17] 그리고 『그림책의 그림 읽기』는 그림책의 그림 언어를 읽는 방식을 체계적으로 소개하고 있다.[18]

대학에서 그림책을 주제로 하여 쓴 석사, 박사 논문들의 연구 주제와 연구 방법, 그리고 연구 대상은 그림책을 바라보는 다양한 시각이 존재함을 드러낸다. 최근 니콜라예바와 스콧도 『그림책은 어떻게 작용하는가』라는 이론서에서 그림책 연구의 다양한 접근 방식을 정리한 바 있다.[19] 그 연구에 따르면 그림책 접근 방식 중 대표적인 것은 그림책을 교육적인 수단으로 보는 것이다. 즉, 이 접근 방식은 그림책이 유아의 사회화와 언어 습득을 도와주는 측면에 초점을 맞춘다. 두 번째 접근 방식은 예술사(art history)의 대상으로 그림책을 연구하는 것으로서 그림책의 디자인이나 인쇄, 제작기술과 같은 주제를 다룬다. 이러한 접근 방식은 그림책을 연속 그림으로 보기보다 낱장의 그림으로서 분석한다. 세 번째는 그림책을 어린이용 픽션으로 보면서 문학적인 요소를 강조한다. 마지막으로 네 번째 관점은 그림책을 고유한 예술의 형태로 보는 것이다.

본 장에서는 국내외의 학술서와 논문, 그리고 석사, 박사 학위 논문들이 그림책의 어떤 측면을 더 강조하고 있는가를 분석한 결과를 기초로 하여 그림책 연구의 접근법을 '아동문학', '시각 예술', '교수—학습 매체', '도서', 그리고 '고유한 예술 형식' 등 다섯 가지로 분류하였다. 구체적으로 살펴보면 아래와 같으며, 참고로 그림책 접근법에 따른 국내 연구 논문 목록을 부록 1에 수록하였다.

1) 아동문학으로 접근하기

첫 번째는 그림책에 대한 전통적인 접근법으로 그림책을 아동문학의 한 장르로서 다루는 것이다. 가령 컬리넌과 갤더(Cullinan, B. E. & Galda),[20] 허크(Huck), 헤플러(Hepler), 히크먼(Hickman), 키퍼(Kiefer),[21] 미첼(Mitchell)[22]과 같은 영미권의 대표적인 아동문학 연구가들의 개론서에서는 그림책을 아동문학의 하위 장르로서 다루고 있으며, 국내의 개론서에서도 그림책을 아동문학의 범주 안에 포함하고 있다.[23]

그림책이 아동문학으로 다루어질 때는 그림책의 글 텍스트 또는 내러티브가 강조된다. 사실 초기의 그림책은 독자가 전래동화나 이솝 우화와 같은 옛날 이야기와 안데르센 동화와 같은 기존 문학 작품의 내용을 쉽게 이해할 수 있도록 삽화를 곁들인 형태였다. 안데르센 동화집에 그림을 그리는 화가는 그림으로 이야기를 전개하거나 문장에 없는 장면을 묘사하는 등의 작업은 거의 하지 않고 단지 문장의 어느 장면을 그릴까 하는 점에만 주의를 기울였다. 따라서 그림은 글을 보조하는 역할에 머물렀다. 그리고 두 번째 이유는 그림책의 글이 갖는 중요성 때문이라고 볼 수 있다. 많은 그림책 연구가가 이러한 입장을 취하고 있다.[24] 예를 들어, 로버츠(Roberts)는 그림책의 테마와 기법이 아무리 다양하다고 할지라도 그림책이라는 예술의 진수는 디자인이나 스타일, 기술, 해설뿐만 아니라 글에도 달려 있다고 지적한다.[25] 그림책의 글은 어린이가 발음하거나 반복하거나 해서 혀로 느끼고 나중에 상기하면서 공상의 날개를 펼쳐갈 수 있기 때문이라는 것이다.

그림책의 문학적 특성에 관심을 갖는 연구들은 문학적 요소, 즉 주제·인물·플롯에 초점을 맞춘다. 국내의 문학교육 교재는 각 장르별 문학적 요소를 구별하여 소개하고 있으며 그림책을 소개할 때 주제나 줄거리를 소개하는 데 초점을 맞추고 있다.

또한 아동교육 영역에서 이루어지는 많은 연구들은 문학 작품에 대한 독자 반응이론(reader response theory)을 이론적 틀로 삼고 그림책의 그림보다는 다양한 문학적 요소에 대한 어린이 독자들의 반응을 살펴봄으로써 그들이 그림책으로부터 어떤 의미를 발견하는지를 조사한다.

그림책이 반영하는 이데올로기나 사회상을 분석한 연구들도 문학 텍스트 분석 방법을 그림책 분석에 적용한다.[26] 이러한 연구들은 작품에 반영된 인물의 성 역할(sex role)이나 인종, 나이, 장애에 대한 관점을 분석하고 편견과 고정관념의 증거를 발견한다.

이렇게 문학 연구는 글의 내러티브에 초점을 맞추며 그림이나 시각적 측면을 부차적인 것으로 여기는 경향을 보인다. 예컨대 존 스티븐(John Stephen)은 『어린이 픽션에서 언어와 이데올로기 Language and Ideology in Children's Fiction』에서 그가 예로 들고 있는 대부분의 작품들이 그림책임에도 불구하고 그림보다 글에 나타난 주제, 사회 묘사 방식, 이데올로기적 가치, 성인의 통제 등에 초점을 맞추고 있다.[27]

그림책의 서평을 분석한 연구들은 서평지에 실린 대부분의 그림책 서평이 글에 초점을 맞추고 있다고 지적하였다.[28] 심향분(2005)은 국내의 주요 어린이 도서 서평지 세 종을 대상으로 하여 그 항목을 분석하였는데 그림에 대한 언급은 주로 한 개의 서평지에 실린 그림책 서평에서만 집중적으로 나타났다.

2) 교수-학습 매체로서 접근하기

그림책은 어린이의 학습을 도와주는 매체의 기능을 가지고 있으므로 많은 연구들이 그러한 측면에 관심을 기울인다. 교수—학습매체로서 그림책의 가장 좋은 예는 아마도 세계 최초의 그림책으로 알려진 코메니우스의 『세계 최초의 그림교과서 *Orbis Pictus*』(1658)일 것이다. 이 책은 그 시대의 어린이들이 세상을 통합적으로 알고 자국어를 쉽게 익힐 수 있도록 만들어진 것이었다. 그리고 18세기부터 제작된 알파벳 북은 글자를 처음 배우는 학생들을 위해 만들어졌다.

그림책의 이러한 성격 때문에 교과서 없이 놀잇감과 도서가 교수 매체의 역할을 하는 유아교육 현장에서는 그림책이 교육과정의 내용을 선정하기 위한 기초 자료로 사용되기도 한다. 그림책은 아동의 흥미를 끌기 쉽고, 소집단이나 대집단에서 사용이 용이하며, 여러 가지 다양한 매체로 제작될 수 있고, 내용이 각 활동 영역과 관련을 갖기 쉽다는 등의 교수매체로서의 장점을 가지고 있다. 이러한 그림책은 문학성이나 미술적인 측면보다는 다양한 학습 영역에서 유아의 학습을 도와주는 매체로 여겨지기 쉽다.

그림책이 유아의 언어 학습에 효과적인 매체가 될 수 있음은 일찍부터 증명되어 왔다. 쉽고 친숙한 어휘, 반복되는 단어와 구문, 리듬을 사용한 그림책은 유아의 글자 학습에 효과가 뛰어나다고 알려져 있다. 처음 글을 배우는 유아의 언어 학습을 돕기 위해 제작되는 책들은 '읽기 쉬운 책'(easy to read books)이라는 이름으로 불리기도 한다. 닥터 수스(Dr. Suess)의 'easy to read books' 시리즈와 한국 새세대 육영회에서 개발한 '쉬운 책' 시리즈(현은자·김영실, 1993~96), 유아에게 수, 색, 도형의 개념을 가르치는 개념책들(concept books)이 그러한 예라고 할 수 있다.

정보책은 학교 교과과정과의 연계를 염두에 두고 제작되기도 한다. 이 분야는 최근 다른 장르에 비해 양적으로나 질적으로 발전의 속도가 빠르다. 이전의 책들에 비하여 최근 출판되고 있는 정보책의 특징 중 하나는 일러스트레이션(illustration) 특히, 사진을 중시한다는 것이다. 우리의 문화가 시각 매체를 중시하고 출판과 제본 기술이 발달함에 따라 그림책에서도 생생한 시각적 이미지의 생산과 이제까지의 관습에서 벗어난 실험적이고 혁신적인 형태와 접근이 가능해졌다. 튀어나오기(pop-ups)나 들춰보기 장치(lift-the flap)를 사용한 정보책은 제작의 까다로움에도 불구하고 활발하게 출간되고 있다.

1-2 『메트로폴리탄 미술관에 풍선을 가져가지 마세요』 재클린 프레이스 웨이츠먼 글, 로빈 글라서 그림, Dial Books for Young Readers. 미술관 내의 예술작품들과 뉴욕 시내의 풍물을 다루고 있다.

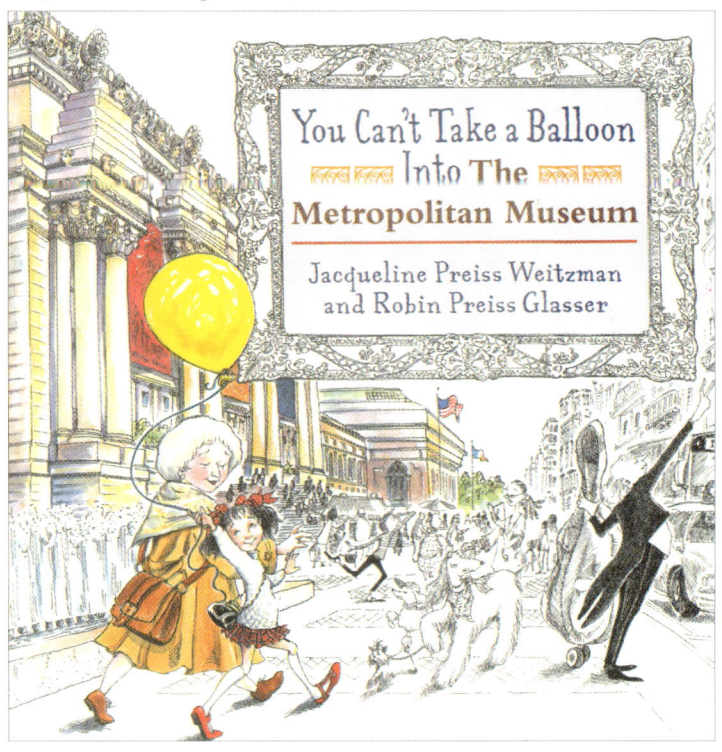

또한 이야기의 요소를 강조한 정보책(narrative nonfiction)은 픽션과 논픽션의 경계를 넘나들면서 정보전달 방식의 새로운 장을 열고 있다.

외국에서 어떤 도시와 관광지의 풍물과 역사를 소개하는 그림책, 박물관에 소장하고 있는 유물이나 작품을 소개하고 있는 그림책들은 재미와 학습을 동시에 겨냥하는 좋은 예이다. 마리아 발디니(Maria S. De. Salvia Baldini) 글, 파올라 볼드리니(Paola Boldrini) 그림의 『예술과 놀기 Jouons avec l'art』 (1995)라는 작은 그림책은 이탈리아의 피렌체에 있는 우피치 미술관이 소장한 예술품과 그 도시의 풍물을 소개하고 있다. 뉴욕 메트로폴리탄 미술관의 작품들을 소개하는 『메트로폴리탄 미술관에 풍선을 가져가지 마세요 You Can't Take a Balloon into the Metropolitan Museum』(1998)는 미술관 내의 예술 작품들과 뉴욕 시내의 풍물이 병렬식으로 전개되는, 독창적인 기획이 돋보이는 그림책이다.

3) 시각 예술로서 접근하기

그림책에 대한 세 번째 접근 방식은 그림책의 시각적인 요소에 초점을 맞추는 것이다.[29] 이러한 연구들은 주로 글의 내러티브보다 일러스트레이션의 색채, 매체, 표현 방식 또는 디자인 기획 방식 등에 관심을 기울인다. 스테위그(J.W.Stewig)는 『그림책 바라보기 Looking at Picture Books』(1995)에서 점·선·면·구도·조망 등과 같은 그림의 요소, 매체, 책 디자인 요소, 그림책 일러스트레이션에 미친 예술 운동의 영향 등을 소개하고 있다.[30]

한 작가의 작품이 보여주는 일러스트레이션의 특징이나 그것에 대한 유아의 반응을 연구한 것도 이러한 접근법에 속한다고 볼 수 있다. 그림책의 일러스트레이션에 대한 어린이의 반응에 관심을 갖는 연구자들은 주로 그림의 다양한 스타일 중 어떤 스타일을 유아가 선호하는가에 초점을 맞춘다. 이러한 연구는 그림책 출판사뿐만 아니라 어린이를 위해 그림을 그리는 사람, 또는 교육활동을 진행하는 교사들에게 필요한 정보를 제공할 수 있기 때문이다.

그림책의 그림이 유아의 그림책 선호도에 가장 큰 영향을 미칠 것이라는 점을 전제하고 이루어진 이 같은 연구들은 그림책을 아동문학으로서 보는 입장과는 분명히 다른 시각을 보여준다. 그러나 종종 이러한 연구에서 사용하는 연구방법은 문제에 대한 해답을 주기에는 적절치 않은 것이었다. 예를 들어, 어린이들이 흑백 그림을 좋아하는가 컬러 그림을 좋아하는가를 조사하기 위해 연구자들은 그들의 테스트 도구를 단순한 그림이나 슬라이드로 축소하고 그것을 낱장으로 만들어 어린이 앞에 제시한다. 게다가 어린이의 반응은 오직 순간적으로 관찰될 뿐이다.

이러한 연구들 중 가장 널리 알려진 것은 아마도 제럴드 스머던(G.Smerdon)의 1976년 연구일 것이다.[31] 그는 사실주의와 추상주의 스타일의 그림 중에서 어린이가 어떤 것을 선호하는지를 조사하였다. 연구 도구로서는 영국 그림책 작가 찰스 키핑(Charles Keeping)의 추상적인 작품을 채택하였다. 스머던은 키핑의 성(castle) 그림을 사실적인 것에서 추상적인 것까지 정도를 다르게 하여 열두 개의 흑백 그림으로 만들었다. 그리고 성인들에게 그림들의 추상성 정도에 따라 표시하도록 하였다. 이 과정을 통해 이러한 연속성을 대표하는 것으로 가장 자주 선택된 여섯 개의 그림을 가려내었다. 그리고 두 개씩 짝지어 스크린에 올렸으며 연구대상인 6세부터 15세까지 381명의 어린이들에게 이 중에 어떤 그림이 더 좋은지 표시하게 했다. 그 결과 이 연구는 대부분의 어린이들이 예술가들과 성인들이 '사실적' 그림이라고 부르는 것을 좋아한다는 결론을 내렸다. 이 실험에서는 그림에서 색채를 제거했는데 연구자들은 색이 주는 정서적 자극을 피하기 위해서라고 밝히고 있다.

이것은 그림책의 가장 중요한 특질을 시각 매체라 여기고 어린이가 좋아하는 그림 양식을 찾아보기 위해 수행된 연구였다. 그러나 연구방법에서 몇 가지 문제점을 가지고 있다. 우선 그림책에 대한 시각이다. 그림책이 글과 그림의 어울림을 통해 이야기와 의미를 전달하는 매체라는 점을 무시하고 있다. 그리고 어린이의 반응을 '선호도'로 축소시킴으로써 결과를 단순화시키고 있다. 이 연구는 그림책의 예술적 통합성을 무시하고 있을 뿐만 아니라 어린이의 풍부한 정서적인 반응을 고려하지 않고 있다. 연구 결과는 어린이가 그림책에서 사실주의 양식을 추상적인 양식보다 더 선호한다고 밝히고 있으나 이것을 그림책에 대한 어린이 독자의 반응이라고 단정 짓기는 무리가 있어 보인다.

이와 비슷한 연구들이 국내에서도 이루어진 바 있다. 예를 들어, 한 연구는 4~5세 유아 100명을 대상으로 하여 이솝 우화 〈황소와 개구리〉 이야기를 사진과 사실적·만화적·표현적으로 그린 그림책을 보여준 뒤 그림에 대한 선호도를 조사하였다.[32] 그 결과 유아들은 흑백보다 컬러 그림을 선호하였고, 나이가 어릴수록 실제성에 기초를 둔 사진을 선호하였으며, 연령이 높아질수록 다양한 표현양식에 관심을 보인 것으로 나타났다. 가장 싫어하는 유형의 그림은 작가의 주관성이 가장 많이 개입된 표현적 그림이었다. 이러한 조사 결과로부터 유아들에게는 사실적인 그림책을 제공하고 연령이 높아질수록 다양한 기법과 매체를 사용한 그림책을 제공하자는 제안이 나왔다.

또한 4~7세 유아를 대상으로 그림의 표현방법에 따른 선호도를 조사한 또 다른 연구는 연령과 성별에 따라 조금 차이는 있지만 유아들이 전반적으로 만화적인 표현을 선호한다고 보고하였다.[33]

이런 연구들의 결과를 해석할 때 주의해야 할 점은 유아가 어떤 표현양식을 다른 양식보다 더 선호한다고 하여도 그 그림이 유아에게 가장 적합한 그림 양식이라는 식으로 해석해서는 안 된다는 것이다. 그림책의 그림에 대한 반응에 영향을 미치는 요소는 매우 다양할 수 있다. 독자의 시각적인 자극의 경험, 작품의 성격, 내용, 다른 미술적 요소, 글과 그림의 관계 등 측정할 수 없거나 측정하기에는 너무 많은 변인들이 독자의 반응에 영향을 미칠 수 있기 때문이다. 노들먼도 그림 형식에 따른 유아의 선호 조사 결과는 성인들이 그렇게 가르친 결과일 가능성이 크다고 말하였다.[34] 즉 유아들이 상대적으로 그런 스타일을 선호하는 것이 아니라 어릴 때부터 그런 양식을 자주 접하다 보니 친숙해졌고, 이러한 친밀성이 선호도에도 영향을 미친 것이라는 주장이다.

결론적으로 '어떤 그림 양식이 유아에게 가장 적합한가?' 라는 문제는 그림책의 글보다 그림에 초점을 맞추어 논의를 시작한 것이지만 그림책에 대한 제한된 이해 탓에 독자의 반응에 관련한 유용한 정보를 제공하는 데 실패하고 있다.

4) 도서로서 접근하기

인쇄매체로서 그림책은 오감으로 인식할 수 있는 구체물인 동시에 다른 사물과는 구별되는 특징을 갖고 있다. 영아의 책 다루기 행위를 관찰한 연구들은 우리가 당연하게 생각해온 책의 특성에 주의를 기울이게 한다.[35] 책은 다른 사물과는 달리, 방향성이 있으며(위, 아래, 오른쪽, 왼쪽), 처음과 끝이 있고 한쪽 방향으로 책장을 넘기게 되어 있으며 3차원의 구체물을 2차원의 그림으로 표상한다. 멈추어 있는 동작은 실은 진행 중인 행동의 한 순간을 포착한 것이며, 그 행동은 다음 페이지로 연결되어 진행된다. 그뿐만이 아니다. 책에는 감촉이 있고 무게가 있고 단단한 느낌이 있다. 새 책에서는 새 책의 냄새가 있다. 천천히 표지를 펼치면 속표지가 있고 타이틀 페이지가 있고 그것을 넘기면 이제 새로운 세계가 펼쳐지는 것이다. 읽어가면서 나머지 페이지 수가 점점 줄어들고 드디어 마지막 페이지까지 읽고 마지막으로 뒤표지를 '탁' 하고 닫을 때 어린이는 기쁨을 맛본다. 어머니와 함께 책을 읽을 때 내용은 잘 보지 않고 페이지를 막 넘기다가 뒤표지를 닫으면서 "끝!" 하고 소리지르며 좋아하는 어린이도 있다. 이러한 모습은 책이 어린이에게 사물로서도 특별하고 즐거운 대상이라는 것을 보여준다.

다음의 인용문은 마쓰이 다다시(まつい だだし)의 책에서 발췌한 것인데, 누군가가 모리스 센닥(Maurice Sendak)에게 "어렸을 때 당신에게 책이란 어떤 것이었습니까?" 하고 물었을 때 그가 답했던 내용이다.[36]

> 내가 처음으로 진짜 책을 가진 것은 누나가 사준 『왕자와 거지』였습니다. 그 책과 더불어 하나의 의식이 치루어졌습니다. 우선 테이블 위에 책을 놓고 뚫어지게 보았습니다. 마크 트웨인에게 감명을 받았기 때문이 아니라 그저 책이 너무너무 아름다웠기 때문입니다. 다음에는 냄새를 맡았습니다. 책 냄새를 맡는 버릇은 『왕자와 거지』를 가졌을 때부터 시작되었습니다. 당시 가게에서 구입한 디즈니의 책은 너무 조잡한 종이에 인쇄된 것이어서 냄새가 고약했는데 이 책은 아주 고급지에 인쇄되어 있었습니다. 좋은 냄새뿐만 아니라 표지도 반질반질했습니다. 래미내이트 가공이 되어 있었기 때문입니다. 나는 그것을 퉁겨봤습니다. 아주 단단했습니다. 나는 그 책을 이빨로 물어보기도 했습니다.
>
> 마지막에 드디어 나는 책을 읽기 시작했습니다. 그것은 그것대로 즐거웠습니다. 내가 책 만들기를 사랑하게 된 것은 그 때부터라고 생각합니다. 책은 그냥 읽는다는 것 외에 더 많은 의미가 있습니다. 나는 어린이들이 책을 가지고 놀고 책을 끌어안기도 하고 냄새를 맡는 모습을 많이 보아 왔는데 그것을 볼 때마다 어린이책 만들기에 온 마음을 다해야겠다는 생각을 합니다.

이러한 에피소드는 그림책이 그것을 읽는 독자에게 다른 매체가 줄 수 없는 독특한 만족감과 기쁨을 준다는 사실을 잘 보여주고 있다. 최근 전자책이 활발하게 제작됨에 따라 인쇄매체로서 그림책의 미래를 비관적으로 보는 견해가 등장하고 있다. 그러나 전자책과 달리 그림책은 어린이들이 오감으로 느낄 수 있다는 점에서 어린이들에게 계속 사랑을 받을 것이다. 이런 예상을 가능하게 하는 좋은 예는 신문이다. 텔레비전과 인터넷이 시청자에게 동시각의 정보를 제공하여도 신문이 여전히 존재하고 있는 것처럼 말이다.

그림책이 '책'으로서 다른 사물과 구별되는 또 다른 특징은 만들어지는 과정에서 나름의 형식과 디자인을 갖추고 있다는 것이다. 스테워그는 책의 디자인 요소로서 형태, 크기, 제본(binding), 면지(endpapers), 종이, 서체(typeface), 면 배정(layout)을 들고 있다.[37] 여기에 앞표지와 뒤표지, 속표지, 본 화면도 도서의 요소로서 덧붙일 수 있다. 이러한 요소는 그림책이 도서로서 갖는 특성이라거나 책의 형태를 잡아주는 역할을 넘어서 그림책의 본문에 부가적인 의미를 부여하는 역할을 하기도 하므로 주변텍스트(paratext)라고 불리기도 한다.[38] 니콜라예바는 『그림책은 어떻게 작용하는가』의 8장에서 그림책의 주변텍스트가 작가에 의해 어떻게 정교하게 계획되는지 보여주고 있다.

지금부터 책의 형태, 크기, 앞표지, 면지, 속표지, 본 화면, 뒤표지 등이 특성을 살펴보고자 한다. 책의 형태는 기본적으로 제약이 없지만 대부분은 가로 형태의 직사각형이다. 이 형태는 화면이 안정적이라는 것과 실제로 손에 들 경우에도 다루기 쉽다는 이점이 있다. 또한 용지활용 면에서도 낭비가 적다. 그러나 책의 형태와 크기는 매우 다양할 수 있다. 비아트릭스 포터(Beatrix Potter)의 『피터 래빗 이야기 The Tale of Peter Rabbit』(1897, 1902)처럼 작은 책, 재니스 메이 우드리(Janice May Udry) 글, 마르크 시몽(Marc Simont) 그림의 『나무는 좋다 A Tree is Nice』(1956)같이 세로로 긴 책이 있는가 하면 류재수의 『백두산 이야기』(1998)는 가로로 길고 크며 무겁다. 책의 형태와 크기가 다양한 것은 내용과 관계가 있다. 『백두산 이야기』는 우리나라의 신화를 다루고 있는데 장엄하고 신비하며 힘이 있는 이야기의 분위기를 책이라는 물리적 대상이 잘 담아내고 있다.

1-3 『나무는 좋다』 마르크 시몽 그림, 재니스 메이 우드리 글, 강무홍 옮김, 시공주니어. 세로로 긴 형태를 띠고 있다(왼쪽).
1-4 류재수의 『백두산이야기』 통나무. 가로로 길고 크며 무겁다(오른쪽).

    그림책의 표지는 다음과 같은 역할을 한다. 첫째, 그림책의 얼굴인 동시에 뒤표지와 함께 그림책의 세계를 감싸는 역할을 수행한다. 둘째, 독자가 그 그림책을 손에 넣을까 말까를 결정하게 하는 그림이라고 할 수 있으므로 독자의 눈을 끄는 요소를 가지고 있어야 한다. 셋째, 표지에서 문자는 화면의 일부로서 계산해야 한다. 마지막으로, 표지는 디자인적인 요소를 가지는 한편, 그림책 속에서 전개되는 세계를 상징적으로 표현할 필요가 있다.

    표지를 열었을 때와 닫기 전에 나타나는 두 페이지의 펼친 면과 뒤표지 앞의 두 페이지짜리의 공간은 면지 화면이라고 불린다. 이것은 제본할 때 책의 알맹이와 표지를 튼튼하게 연결시켜주는 실용적인 역할을 담당하며 장식적인 측면에서는 무대에 비유하였을 때 막과 같다고 할 수 있다. 면지를 보면 독자는 안의 내용이 무얼까 하는 기대감을 갖게 된다. 대부분의 그림책에서 면지는 흰색이거나 중립적이다.

    소설과는 달리 어떤 그림책에서는 면지가 생략되고 속표지와 저작권 페이지가 표지 바로 다음에 나오기도 한다. 그러나 점점 더 많은 그림책 작가들은 면지가 다양한 방법으로 이야기에 기여할 수 있는 부가의 주변텍스트(paratext)로서 기능한다는 것을 발견하고 있다.

면지 화면은 본문과 관계없이 아무런 그림도 그리지 않고 색을 칠하거나 순수하게 장식적인 요소만으로 구성할 수도 있으나 장식적이라 할지라도 대개 그림책의 내용과 관계가 있다. 어떤 그림책의 면지에서는 주인공이 책 안에서는 나오지 않는 행동을 하는 모습이 여러 번 등장한다. 예를 들어, 레이(H.A. Rey)의 『호기심 많은 조지 Curious George』(1941)의 면지에는 작은 원숭이의 형상이 나오며, 장 드 브루노프(Jean de Brunhoff)의 『코끼리 왕 바바 Babar Books』(1933)에서는 코끼리가 줄을 서서 늘어서 있다. 상징적인 그림이 그려져 있는 경우도 있다. 『괴물들이 사는 나라 Where the Wild Things Are』(1963)의 면지에는 이국풍의 꽃, 닥터 수스(Dr. Seuss)의 『바솔러뮤 커빈즈의 모자 500개 The 500 Hats of Bartholomew Cubbins』(1988)에서는 한 줄로 날아가는 듯한 수많은 빨간 모자들이 나온다.

면지에 지도를 그리는 방식은 어린이 소설의 전통 중 하나라고도 할 수 있다. 특히 영국 문학에서 그러한 전통이 두드러지는데 『로빈슨 크루소

1-5 『괴물들이 사는 나라』 모리스 센닥 글·그림, 강무홍 옮김, 시공주니어. 미국 풍의 꽃으로 면지를 장식했다.
1-6 『바솔러뮤 커빈즈의 모자 500개』 닥터 수스 글·그림, 김혜령 옮김, 시공주니어. 면지에 한 줄로 날아가는 듯한 수많은 빨간 모자들이 나온다.

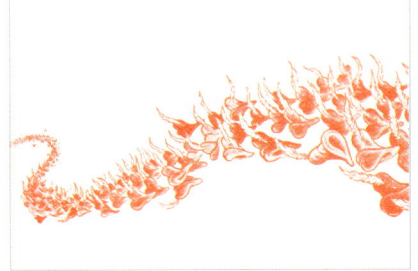

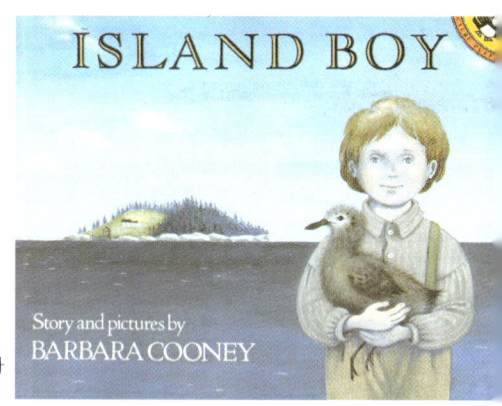

1-7 바버러 쿠니의 『섬 소년』 Puffin Books. 표지 그림과 면지의 지도.

Robinson Crusoe』(1719), 『보물섬 Treasure Island』(1883), 『걸리버 여행기 Gulliver's Travels』(1726) 등이 그러하다. 20세기의 문학인 『나니아 나라 이야기 The Chronicles of Narnia』(1950), 『반지의 제왕 The Lord of the Rings』(1954)에서도 면지에 지도가 들어가 있다. 삽화가 있는 책으로서 『버드나무에 부는 바람 The Wind in the Willows』(1908)이나 『위니 더 푸 Winnie-the-Pooh』(1926)의 면지에서도 우리는 지도를 볼 수 있다. 그림책으로서 그러한 전통을 따르고 있는 것은 바버러 쿠니의 『섬 소년 Island Boy』(1988)인데 면지에는 본문에 나오는 지역의 지도가 그려져 있다.

어떤 면지는 중요한 부가의 정보를 전달한다. 존 버닝햄(John Burningham)의 『셜리야, 물가에 가지 마! Come Away from the Water, Shirley』(1977)에서 우리는 지도가 셜리가 책이나 박물관에서 본 어떤 것이라고 추측할 수 있다. 그리고 그녀가 자신의 방이나 가족의 거실에 이 지도를 두고 있으며 지도가 그녀의 상상력을 자극해왔다는 것도 추측할 수 있다. 그러나 그것은 독자의 상상력을 자극하는 '마음의 지도(mind map)'일지도 모른다.

본문의 내용을 더 효과적으로 전달하기 위해 면지에 독특한 재질을 사용하

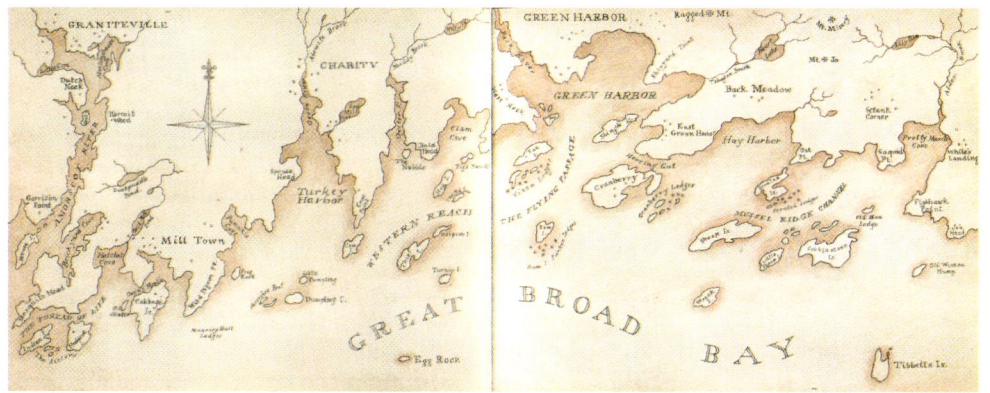

는 작품도 있다.[39] 모리스 센닥의 『우리는 모두 잭과 가이와 함께 쓰레기 하치장에 있다 We're All in the Dumps with Jack and Guy』(1993)에서 면지는 주름투성이의 거친 갈색 시멘트 봉투지다. 이 종이는 독자에게 평범하지 않은, 사회적으로 도발적인 책의 주제를 대비하도록 한다. 이 재질의 색은 등장하는 아기의 피부색과 짝을 이루고 있으며 거친 질감은 문명의 변두리에서 사

1-8 『지각대장 존』 존 버닝햄 글·그림, Jonathan Cape Children's Books. 면지에 삐뚤삐뚤하게 쓴 글줄 하나가 반복해서 나온다.

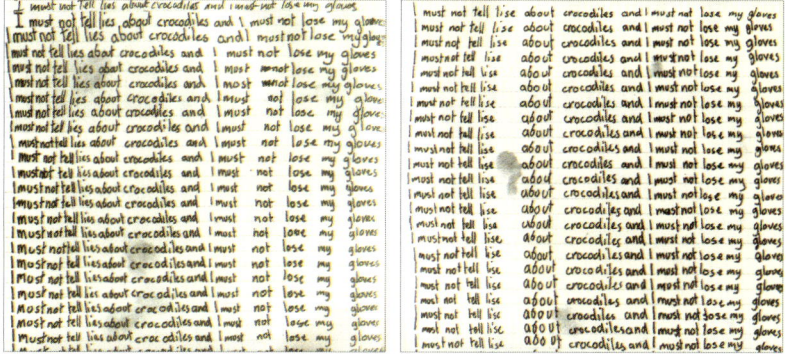

1-9 『터널』 앤서니 브라운 글·그림, 장미란 옮김, 논장. 책의 앞 뒤 면지를 다르게 꾸미고 있다. 위는 앞면지 왼쪽 면 그림, 아래는 뒷면지 오른쪽 면이다.

는 등장인물의 불편한 삶을 암시한다.

존 버닝햄의 『지각대장 존 *John Patric Norman McHennessy: The Boy Who was Always Late*』(1987)의 면지에는 소년이 거짓말을 한 벌로 삐뚤삐뚤하게 쓴 철자법도 틀린 문장이 반복해서 나온다. 'I must not tell lies about crocodiles and I must not lose my gloves(악어가 나온다는 거짓말을 하지 않겠습니다. 그리고 다시는 장갑을 잃어버리지 않겠습니다).'

대부분의 그림책에서 앞면지와 뒷면지는 동일하게 꾸며진다. 그러나 책 안에서 일어났던 변화를 강조하기 위해 다르게 그려지기도 한다. 『터널 The Tunnel』(1989)의 면지에서 왼쪽은 '여성적인' 공간(꽃무늬의 벽지)이며 오른쪽은 '남성적인' 공간(벽돌 벽)이다. 앞면지에는 꽃무늬 벽 앞에 소녀의 속성인 책이 놓여 있다. 뒷면지에서 그 책은 소년의 공간으로 옮겨져 있으며 소년의 속성인 축구공과 함께 있다. 책과 공의 결합은 책에 등장하는 오빠와 여동생의 화해를 상징한다.

면지에 이어지는 속표지(타이틀 화면)는 본격적으로 그림책이 전개되기 전 페이지를 가리킨다. 이것은 영화의 타이틀 화면과 거의 같은 의미이다. 제목이나 작가를 소개하면서 그림책의 세계로 독자를 끌어들이는 역할을 한다. 창의적인 화가는 속표지를 이용해서 앞으로 나올 이야기에 대한 흥미와 기대감을 고조시킬 수 있다. 그래서 제목 자체를 그림 속에 넣어, 가능하면 이야기 전체의 분위기를 전달하려고 노력한다. 이곳은 화가가 단순한 삽화를 등장시키는 절호의 장소라고 볼 수 있다. 저작권에 대한 법적 사항 역시 주로 이곳에 표시한다. 법적인 사항은 저자, 삽화가, 출판사의 책에 대한 권리를 보호하기 위해 꼭 표시되어야 한다.

대체적으로 이야기는 본 화면에서 시작한다. 그림책에서는 페이지를 넘기면 두 페이지가 동시에 눈에 들어오므로 이 펼쳐진 두 페이지를 하나의 단위로 생각하며 책의 한 화면으로 본다. 속표지에서 이어지는 맨 처음의 본 화면은 제1화면이며 제2, 제3화면으로 이어진다. 화면 중앙에 제본과정에서 어쩔 수 없이 잃는 '접지면'(센터)이라는 지면이 있다. 이 지면은 중앙의 접히는 선(접지선)에 의해 언제나 표현상의 제약을 받고 있다. 따라서 화면 가득히 그리는 그림도 중요한 부분은 반드시 한가운데를 피해 그리지 않으면 안 된다. 그림책의 그림이 화면의 절반인 한 페이지에만 그려져 있는 경우가 많은 것은 바로 이 때문이다.

마지막 화면은 활자 없이 삽화만으로 꾸미는 경우가 많다. 잘 만들어진 격조 높은 책은 오페라가 서곡이나 피날레를 생략하지 않는 것과 마찬가지로 서두나 마지막을 성의 없이 처리하지 않는다. 제1화면이 오페라의 서곡이라면 마지막 화면은 여운을 남기는 피날레라고도 볼 수 있다.

마지막 화면 다음의 뒷면지(endpaper)는 일반적으로 앞의 면지와 동일한 색, 질감, 그림, 장식으로 꾸며진다.

그림책의 소재나 형태는 매우 다양하다. 우선 영아를 대상으로 한 경우에는 대개 얇은 종이가 아닌 플라스틱이나 하드보드지, 헝겊으로 책을 만든다. 그리고 그림책의 크기와 판형은 작품의 개성을 드러내기 위해 무척 다양하다. 큰 책(big book)이라고 일컫는 아주 큰 크기의 그림책은 여러 명의 유아가 같이 볼 수 있는 공간을 확보하면서 유아교육기관에서의 활용도를 높이고 있다. 반대로 손바닥 안에 들어갈 만한 작은 크기의 책도 있다. 판형도 사각형의 모습을 벗어나 원형, 타원형, 삼각형, 또는 책의 등장인물의 형태에 따라 사물이나 동물의 모양으로 제단한 것, 책을 이분, 삼분으로 잘라 각 부분을 별개로 넘길 수 있게 해놓은 것 등 매우 다양하다. 한 장 한 장 넘겨보는 책의 특징을 깨뜨리는 책들은 이미 일찍부터 등장하였다. 병풍 또는 아코디언 모양으로 접거나 한번에 펼쳐서 볼 수 있는 것, 2차원의 평면에서 이야기가 꾸며지는 제약을 넘어서서 3차원의 입체 공간에서 이야기를 전달하는 튀어나오기 책 등이 그러한 예이다. 이러한 책은 소위 토이북(toy book)이라고 불리는

데 놀잇감과 도서를 결합한 형태라고 볼 수 있다.

그림책의 형태에서도 포스트 모더니즘의 영향을 발견할 수 있다. 니콜라예바는 현대의 그림책은 의도적으로 주변텍스트의 역할 관습을 깨뜨린다고 지적하면서 존 셰스카(Jon Scieszka)가 글을 쓰고 레인 스미스(Lane Smith)가 그림을 그린 『냄새 나는 치즈 남자 The Stinky Cheese Man』(1992)를 예로 들었다.[40] 이 이야기는 속표지에서부터 시작한다. 그곳에는 'Title Page'라고 글자가 박혀 있다. 다음 장에는 '나의 가까운, 개인적인, 특별한 친구: (당신의 이름을 여기에 넣으시오)'라는 헌정사가 있고, 곧 다음과 같은 언급이 뒤따른다. '누가 그 헌정 따위를 보기나 하겠습니까?' 그리고 화자인 'Jack Up the Hill'의 소개글이 있으며 담뱃갑에 나오는 잘 알려진 경고 문구를 모방한 우표가 나온다. 목차는 첫 번째 이야기 뒤에 나오며, 뒷면지는 마지막 이야기 전에 나온다. 마지막으로 뒤표지에는 암탉이 ISBN을 가리키는 그림과 함께

1-10 『냄새 나는 치즈 남자』, 존 셰스카 글, 레인 스미스 그림, Penguin Books. 책의 형태에서 포스트 모더니즘의 영향이 드러난다.

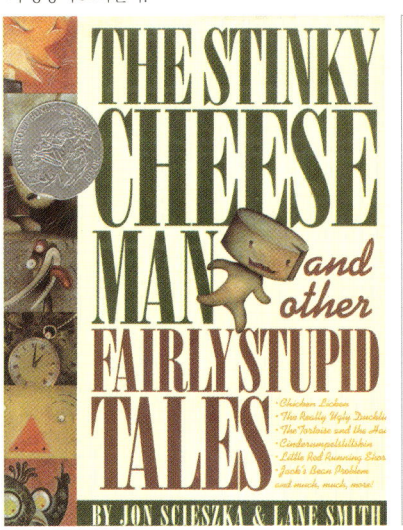

다음의 문장이 적혀 있다. '이건 너무 못생겼어! 누가 이 ISBN을 심어둔 거야? 아무튼 이 책을 누가 사겠어? 50페이지가 넘는 넌센스인데다가 내 얘기는 겨우 세 페이지뿐이라니까. 시시해, 시시해, 시시해, 시시해, 시시해…' 아마도 날카로운 눈을 가진 독자만이 저작권 페이지에서 '그림은 기름과 식초로 되어 있습니다'라고 씌어 있는 작은 글자를 발견할 수 있을 것이다. 그리고 이 책에는 보통 다른 책에도 씌어 있는 '이 책은 ○○조건하에 팔립니다' 하는 언급 후에 한 발 더 나아가 '이 바보 같은 옛날 이야기를 들려주다가 잡힌 사람은 감옥에서 냄새 나는 치즈 남자를 만날 것입니다.'라고 씌어 있다. 이 책은 주변텍스트가 정상적으로 책에서 기능하는 방식을 독자가 잘 알고 있음을 전제하고 있다. 그 책에 나오는 이야기들의 제목은 그 이야기 자체가 그렇듯이 원래 제목을 패러디한 것이다. '공주와 볼링 볼'(The Princess and the Bowling Ball), '빨간 반바지를 입고 달리는 소녀'(Little Red Running Shorts), '신더럼펠스틸츠킨'(Cinderumpelstiltskin) 등이다.

5) 고유한 예술 형식으로서 접근하기

칼데콧 이후의 그림책 작가들은 그림책이라는 형식을 통해 다른 매체가 보여줄 수 없는 고유한 의사소통 방식을 개발하여 왔다. 인류의 역사는 각 시대가 그 전과는 다른 새로운 예술 양식을 낳고 분화, 발전하는 과정을 보여주었다. 동굴의 벽화로부터 시작하여 조각, 회화, 음악, 드라마, 소설, 영화 등은 인류 역사에 등장한 다양한 예술 양식의 일부분을 보여준다. 영화도 처음 등장할 당시만 해도 비평가들로부터 진지한 예술로서 인정받지 못했으나 독특한 영상 언어를 선보이면서 독립적인 예술의 장르로 자리매김하였다. 전통적인 서술구조를 파괴하거나 여러 실험적 양식들을 사용하고 있는 영화 언어가 등장하고 있는 것이다.

우리는 그림책에서도 이와 유사한 양상을 발견하고 있다. 새로운 형태의 소위 '진정한' 그림책은 이제까지의 글 중심이나 시각매체 중심의 도서로 여겨지기를 거부한다. 왜냐하면 그림책에서는 글과 그림, 두 가지 다른 언어가 유기적으로 결합하면서 새로운 의사소통의 방식을 창출해내기 때문이다. 앞에서도 지적했듯이 종래의 그림책은 대부분 친숙한 동화나 옛이야기 같은 기존의 문학작품에 그림을 덧붙인 것이었다. 그래서 화가는 그림으로 이야기를 전개하거나 문장에 없는 장면을 묘사하는 등의 작업은 거의 하지 않고 단지 문장의 어느 장면을 그릴까 하는 점에만 주의를 기울였다. 그러나 점차 작가와 화가가 만나는 일이 빈번해지고 더 나아가 화가가 글과 그림을 모두 창작함에 따라 그림과 글의 관계도 크게 달라졌다.

화가는 이야기의 한 장면을 시각화하는 작업을 뛰어넘으려고 시도하게 되었다. 예를 들면, 글에 직접 나오지 않은 작품의 배경을 상상하여 그린다든가, 다음 화면과의 관계를 의식한 그림을 그린다든가 하는 식으로 그림책의 독자적인 회화 표현을 조금씩 넓혀 갔다. 화가가 그림책의 글을 쓸 때에는 그림이 큰 비중을 차지하는 하나의 정리된 세계를 창조하는 것이고, 연속하는 그림이 말하는 세계를 좀더 효과적으로 표현하기 위해서 언어를 사용하는 것이다. 이런 경우 글은 대부분 독립된 문학작품으로 성립하지 못하고 그림과 함께 의미를 만들게 된다.

그림책 작가는 그림의 효과를 계산하면서 글을 쓰기 때문에 다른 장르의 작가에 비해 필요 없는 말을 삭제하는 데에 훨씬 큰 힘을 들여야 한다. 이야기의 자세한 내용이 문장과 그림 양쪽에 등장하는 경우도 있고, 그림 또는 문장으로밖에 표현할 수 없는 경우도 있다. 이 때 작가는 무엇을 그림이나 글로 표현하고 무엇을 독자의 상상에 맡길지 결정하며, 여기에서 작가의 개성이 드러난다.

그림책을 독특한 예술의 장르로 발전시킨 그림책 작가들은 좁은 의미에서

'교육적'이어야 한다는 생각에서 벗어나 그림책에서 자신의 상상력을 자유롭게 표현하고 있다. 이러한 측면에서 가장 자주 거론되는 작품은 모리스 센닥의 『괴물들이 사는 나라』이다. 그는 어린이들이 스스로 이야기하고 싶은 것을 찾아내고 그것을 나름대로의 독창적인 조형언어로 표현하는 작가라고 할 수 있다. 존 버닝햄과 토미 웅거러(Tomy Ungerer)와 같은 작가들이 쓰고 그린 작품들도 글과 그림의 어울림이라는 면에서 새로운 코드를 보여주고 있다.

글과 그림이 어우러져서 의미를 전달하는 방식을 우리는 그림책의 인물 구성(characterization) 방식을 예로 들어 설명할 수 있다. 일반적으로 문학작품에서 등장인물은 여러 가지 방식으로 구성될 수 있다. 루켄스(R.J. Lukens)는 아동문학에서 인물 구성은 행위, 언어, 외양, 다른 사람의 언급, 그리고 저자의 언급을 통해 이루어진다고 하였다.[41] 다시 말하여 독자는 등장인물이 어떻게 행동하는지, 무엇을 말하는지, 외적으로 어떻게 보이는지, 다른 인물들이 그에 대해 어떻게 말하는지, 그리고 저자가 그 인물에 대해 무엇이라고 말하는지를 통해 그 인물을 파악할 수 있다. 니콜라예바와 스콧은 이와 유사하게 인물을 구성하는 방식을 네 가지로 정리하였다. 즉, 서사적 묘사(narrative description), 사건, 대화, 그리고 인물의 특징이다.[42] 여기에서 서사적 묘사란 인물을 드러내는 데 가장 기초가 되는 것으로서 외적·시각적 세부묘사를 포함하는 것으로 인물이 어떻게 보이는지, 그들이 어떻게 움직이는지, 그들이 무엇을 입고 있는지와 정서적·심리적·철학적 성격 묘사를 뜻한다.

그림책의 경우 등장인물의 성격은 글과 그림을 통해 드러난다. 그런데 아동문학과 비교하여 볼 때 그림책에서 인물을 드러내는 방식은 어떤 면에서는 제한적일 수도 있으나 또 다른 면에서 더 다양하다고 볼 수도 있다. 그림책은 전통적인 의미에서 철저한 성격 구성을 위한 충분한 조건을 갖고 있지 않다. 그림책은 공간(페이지)의 제한을 받으므로 세부적인 것을 보여주기 힘들 때가 많다. 니콜라예바와 스콧은 그림책은 인물 중심이라기보다 플롯 중심인 경향이 있다는 점을 지적하며, 더 나아가 플롯 그 자체가 너무 제한을 많이 받아 인물이 충분히 발달하기 힘들다고 말한다.[43] 이것은 대부분의 인물들이 동적이기보다는 정적이고, 입체적이기보다는 평면적이라는 것을 의미한다.

그럼에도 불구하고, 그림책의 고유한 언어는 인물 묘사를 위한 폭넓은 미적 도구를 제공할 수 있다. 그림들은 다양한 외적·내적 성격 묘사를 허용하며, 글도 외적인 묘사와 내적인 표현 모두를 위해 사용된다. 그런데 그림책에서 언어적·외적 묘사는 자주 생략되며 대신 시각적인 묘사가 효과적으로 사용된다. 비록 어떤 영속적인 인간의 특질(용감하거나 영리하거나 순진하다는)은 시각적으로 의사소통하기에 어렵다고 할지라도 인물의 자세와 몸짓, 얼굴 표정은 정서와 태도를 드러낼 수 있다. 그림책에서 글과 그림의 반복 묘사는 군더더기일 수 있으며 인물 묘사의 효과를 감소시킨다. 예를 들어, 그림책에 자주 등장하는 쥐를 보기로 하자. 레오 리오니(Leo Lionni)의 『프레드릭 Frederick』(1967)의 주인공인 의인화된 쥐 프레드릭은 장난감같이 그려져 있으며 예쁜 단추처럼 귀엽다. 글 텍스트에서는 프레드릭을 외적·내적으로 묘사하지 않는다. 대신, 생물학적으로 정확한 쥐의 모습과는 거리가 멀게 그려지며 자세나 표정으로 어린 독자들에게 일체감을 느끼게 한다.

그림은 자연적으로 인물의 공간의 위치를 전달할 수 있는 능력이 뛰어나다. 특별히 그들의 심리적인 관계와 상대적인 지위(status)를 드러내는 두 명 이상의 인물 사이의 공간적인 관계를 보여줄 수 있다. 이에 대한 좋은 예가 『지각대장 존』이다. 이 책의 펼친 면에 나오는 인물의 크기와 위치는 다른 인물을 향한 그들의 태도, 영구적인 심리학적 특질, 또는 일시적인 분위기를 반영할 수 있다.

이러한 특성의 대부분은 관습에 따르고 있는 것이지 절대적인 규칙은 아니다. 우리는 한 귀퉁이에 있는 작은 인물보다 더 크게 그려진 인물이 더 중요하고 아마 힘도 셀 것이라고 추측한다. 한 페이지에서 중간에 위치한 인물은 이

1-11 『지각대장 존』 존 버닝햄 글·그림, Jonathan Cape Children's Book. 인물의 크기, 위치는 심리적인 관계와 상대적인 지위를 보여준다.

야기에서 중심 역할을 담당하고 있다는 것을 강조한다.

    인물의 행위는 언어나 시각적으로 묘사될 수 있다. 그리고 두 종류의 묘사는 서로를 보완하거나 모순될 수도 있다. 모순을 보여주는 그림책의 예는 배빗 콜(Babette Cole)의 『내 멋대로 공주 Princess Smartypant』(1986)이다. 글은 우리가 생각하는 전형적인 공주의 모습을 묘사하지만 그림은 공주 모습의 전형을 깨뜨리고 있다. 여기에서 드러나는 글과 그림의 대위적인 관계는 작품 전체에 유머러스한 분위기를 제공한다.

    글과 그림이 결합하여 생성하는 새로운 코드는 현대 그림책에 보편적으로 적용되는 것은 아니며 몇몇 그림책 작가들의 작품에서 자주 발견된다. 아동문학의 최근 경향을 소개하면서 니콜라예바는 '작가적 아동도서' 장르 연구를 위한 새로운 접근법이 필요하다고 역설한다.[44] 니콜라예바는 영화에서와 마찬가지로 아동도서를 '장르적 아동도서(genre children's books)'와 '작가적 아동도서(auteur children's books)'로 분류하고 어떤 장르에도 속하지 않는 작가적 아동도서를 연구하기 위해서는 새로운 접근법이 필요하다고 하였다. 이러한 주장은 그림책 작가에게도 적용될 수 있을 것이다. 작가적 그림책을 창작하는 그림책 작가들은 기존의 그림책 읽기의 관습에 도전하며 새로운 읽기 양식을 도입하는 예술가들이다. 그들의 공통점은 글 작가인 동시에 그림 작가라는 것이다. 그리고 이러한 소수의 작가군은 글과 그림으로 이루어진 새로운 의사소통 방식을 보여주며 때로는 과거에는 아동에게 완전히 접근 불가능했던 경계를 넘어선 주제와 소재를 다루기도 한다. 이러한 그림책은 독자에게 정서적으로, 인지적으로 많은 것을 요구하고 있는데, 그것은 그들이 독자의 수준을 재평가하고 있으며 아동도서의 장르적 특징인 이중 독자에 대한 인식을 의도적으로 드러내고 있는 것이라고 할 수 있다.

사실 이러한 그림책 작가나 작품 수는 전세계적으로 아직 일부이며 더욱이 국내에서는 이러한 정교하고 복잡한 코드를 가진 '작가적' 그림책이 거의 없다고 할 수 있다. 그리고 아동도서의 경우에서와 마찬가지로 아직도 여전히 '서사적' 또는 '문학적' 그림책이 방대하게 존재하고 있으며, 앞으로도 그럴 것이다.

그러나 여기에서 짚고 넘어가야 할 것은 그림책이 '서사적'인가 아닌가를 판단하는 문제가 그림책의 질을 평가하기 위한 선행조건이 아니고, 다루고 있는 주제가 무거운가 가벼운가가 그림책을 평가하기 위한 기준도 아니라는 점이다. 그러나 니콜라예바(1998)가 현대의 아동문학을 두고 주장했던 것처럼 어린이들과 그림책을 함께 나누는 성인들, 작가들, 비평가들, 교사들, 도서관 사

1-12 『북극행 특급 열차』의 속표지. 크리스 반 알스버그 글·그림, Houghton Mifflin Company. 영화는 이 그림책의 독특한 분위기를 극대화해 보여주고 있다.

서들은 새로운 언어를 보여주는 그림책에 필수적으로 관심을 기울여야 한다. 이러한 비전통적 그림책 작가들의 작품은 독창성과 예술성을 인정받아 유명한 도서상을 수상하고 있으며 국내에 가장 먼저 소개되는 작품들의 목록에 올라 있다. 우리가 독자의 경계를 자유롭게 넘나드는 책들을 이해하며 현대 그림책에서 일어나는 변화들을 감지하는 일은 우리 문화 영역에서 그림책을 올바르게 자리매김하기 위해 필요하다.

여러 작가적 그림책들은 우리의 문화에서 그림책의 지평을 넓히고 있으며 대중문화에 영향을 주기도 한다. 최근에 국내에서도 개봉한 〈북극행 특급열차 The Polar Express〉는 크리스 반 알스버그(Chris Van Allsburg)의 같은 제목의 그림책 『북극행 특급열차 The Polar Express』(1985)를 영화로 제작한 것으로 많은 관객들에게 작품의 독특한 분위기를 극대화하여 보여주고 있다. 이러한 현상은 그림책이 아동문학의 하위 장르나 어린이만을 독자로 하는 도서가 아니라 우리 사회의 문화의 한 부분으로 그 영역을 확장해가고 있음을 보여주는 좋은 증거라고 할 수 있다.

2. 그림책의 분류

그림책의 정의가 다양한 것처럼 그림책을 분류하는 방식에도 통일된 기준은 없다. 대부분 글과 그림의 비중, 아동의 연령, 그림책의 주제, 장르 등을 기준으로 하고 있다. 우선 형태별 분류는 가장 보편적인 분류방식으로서 부모나 교사 대상의 추천도서 목록 등에서 사용된다. 예를 들어, 〈뉴욕타임스 The New York Times〉에서 매년 발행하는 『부모를 위한 어린이 책 가이드 Parents Guide to the Best Books for Children』에서는 그림책을 글 없는 책(wordless books), 그림책(picture books), 이야기책(story books), 초기 읽기책(early reading books)으로 분류하고 있다. 이 분류 방식에서 글 없는 책이란 글은 전혀 없이 그림으로만 구성된 책을 말한다. 레이먼드 브릭스(Raymond Briggs)의 『눈사람 아저씨 The Snow Man』(1978)가 좋은 예이다. 그림책은 글을 모르는 유아에게 적절한, 글이 적고 그림이 더 많은 의미를 전달하는 책을 뜻한다. 이야기책은 풍부한 그림과 더불어 이야기의 비중이 높은 책이다. 버지니아 리 버튼(Virginia Lee Burton)의 『작은 집 이야기 The Little House』(1942)와 아놀드 로벨(Arnold Lobel)의 '개구리와 두꺼비 Frog and Toad' (1970) 시리즈 등을 들 수 있다. 초기 읽기 책은 글을 익히기 시작한 초등학생 연령에 적합한 책으로 이야기책보다 글 텍스트의 비중이 더 높은 책이다.

미첼(D. Mitchell)은 독자의 연령에 따라 그림책의 종류를 나누었는데 그림책을 알파벳 북(abc book), 수세기 책(counting book), 개념 책(concept book), 글 없는 책(wordless books), 초보 독자를 위한 책(books for earliest readers), 챕터 북(chapter book), 4학년부터 중등학년 이상의 독자를 위한 그림 이야기책(picture story books for older readers) 등 일곱 가지로 분류한다.[45] 그는 그림 이야기책(picture story books)이란 그림과 글이 서로 밀접하게 연관되어 그림이나 글이 자기 충족적이 아니며 이야기를 말하기 위해서는 서로를 필요로 한다고 보았다. 그리고 이러한 그림 이야기책은 그것에 맞는 방식으로 분류할 필요가 있다고 하였다.

컬리넌과 갤더도 독자의 연령에 따라 그림책을 영아를 위한 책, 유아·유치 연령의 어린이를 위한 책, 연령이 좀더 높은 독자를 위한 책 등 크게 셋으로 나누었다.[46] 여기에서 영아를 위한 책은 1세에서 3세까지의 아기를 대상으로 하는 10~12쪽짜리의 책으로 이 안에는 헝겊 책, 형태 책, 부피가 있는 책(pudgy books), 들춰보기 책(lift-the flap books), 장난감 책, 목욕 책, 보드 북(board book) 등이 포함된다. 유아·유치 연령의 어린이를 위한 책은 단순한 논픽션 책으로서 형태, 색, 크기, 또는 소리를 그림으로 보여주는 개념 책, 2~4세의 유아를 위한 알파벳 책, 수세기 책, 초보 독자를 위한 책으로 나눌 수 있다. 여기에서 초보 독자를 위한 책은 우리가 보통 그림책이라고 부르는 것으로 많은 그림책이 이 유형에 속한다. 예를 들어, 글 없는 그림책, 패턴이 있는 책, 챕터 북과 같은 읽기 쉬운 책이 이 유형에 속한다. 마지막으로 초등학생 이상의 독자를 위한 책은 그 아래 연령의 독자들을 위한 책들보다 길이도 더 길고, 더 복잡하며 주제도 더 추상적이어서 정서적으로 성숙한 독자를 요구하는 특징이 있다. 이러한 책들은 때로는 그림보다는 글로 말하는 이야기라고 할 수 있으며 삽화가 들어간 책(illustrated books)에 더 가깝다. 그러나 그림책에서 글과 그림의 상대적인 비중이 독자의 나이를 고려하는 데 결정적인 분류 기준은 아니다. 예를 들어, 글 없는 그림책 중 어떤 것은 연령이 더 많은 독자들, 심지어 성인이 즐길 수 있는 것들도 있다. 알스버그의 『북극행 특급열차』(1985), 데이비드 맥컬레이(David Macaulay)의 『검은색과 흰색 Black and White』(1990), 데이비드 위스너(David Wiesner)의 『아기 돼지 세 마리 The Three Pigs』(2001)는 글이 적거나 글이 거의 없는 책이지만 시각적 언어와 내용을 고려할 때 유아보다는 초등학생 이상의 독자에게 적당하다.

주제나 내용으로 그림책을 분류할 수도 있다. 윙클과 키멜(Winkel & Kimmel)은 『엄마 거위가 맨먼저 온다 Mother Goose comes first』(1990)에서 이러한 분류법을 사용하고 있는데 그림책을 크게 가족, 성장, 정보, 기호, 특별한 시간 등 다섯 가지로 나누고 각 주제를 다음과 같이 각각 3~9개의 소주제로 나누고 있다.[47]

- **가족** : 부모, 형제, 조부모
- **성장** : 독립심, 책임과 안전한 행동, 우정, 개인차, 대처하기, 학교생활
- **정보** : 가정과 사회, 건강과 인간의 신체, 운송수단, 식물과 정원,

　　　　　　애완동물, 가축, 야생동물, 공룡, 지구와 우주
　　■ 기호 : 선호의 발달, 상상력, 미스터리와 모험, 유머
　　■ 특별한 시간들 : 주말과 계절, 활동, 음악과 노래

　그러나 이러한 주제나 내용 분류방식이 상호 배타적인 것은 아니다. 한 권의 책이 한 가지 이상의 주제나 내용을 담고 있어 한 개의 범주로만 분류되지 않는 경우가 자주 있기 때문이다.
　마지막으로 장르에 따른 그림책 분류방식을 들 수 있다. 그런데 우리가 보편적으로 사용하는 장르라는 용어도 실상 그 정의에서 학자마다 다소의 차이가 있다. 로슬린(L.Rothlein)과 그의 동료들은 "책의 장르란 책의 어떤 특성을 말하는데, 각 장르는 인물, 구성, 배경, 주제, 관점과 같은 문학적 요소를 가지고 있으며, 이 요소는 장르의 성격에 따라 다르게 발달한다"고 말한다.[48] 이러한 정의가 보편적으로 받아들여지고 있는 것이라면, 놀스와 맘키어(Knowles & Malmkjer)는 『아동문학에서 언어와 통제 Language and Control in Chidlren's Literature』에서 장르를 '저자의 목적과 관련된 외적 준거와 사회, 문화, 역사적 영향의 범위의 기초 위에서 만들어진 텍스트의 분류화'라고 정의하여 장르별 분류가 이데올로기의 산물이라는 점을 지적하고 있어 눈길을 끈다.[49]
　이들 학자들의 견해를 종합해 보면 장르는 객관적으로 명백히 구별되는 요소로서 결정되는 것이 아니라 여러 가지 요소들 사이의 상호작용을 통해 결정된다고 할 수 있다. 다른 한편 배럿, 플로이와 라이컨(Barrat, Plloey & Ryken)은 저자와 독자의 관계, 즉 '기대의 관계'에 주목해야 한다고 지적한다.[50] 예를 들어, 시나 소설을 쓰는 저자에게 장르는 시라든가 소설에 대한 어떤 생각이나 문학의 전통에 참여하게 하는 기능을 한다. 또한 독자에게도 장르의 개념은 텍스트를 대할 때 그를 인도해줄 기대규범을 제공한다. 예를 들

어, 많은 연구들은 아동독자도 픽션과 논픽션을 읽을 때 읽기 태도에서 차이가 있다는 것을 보여주었다.[51] 즉, 장르 분류법의 기능은 독자와 해석자가 적절하게 기대를 하며 주어진 텍스트를 대하도록 하는 데 있다. 그렇게 함으로써 그들은 기대보다 더 많은 것을 보며 잘못 읽는 것을 피할 수 있다.

이러한 장르별 분류는 아동문학뿐 아니라 그림책에 적용되기도 한다. 러셀은 아동문학을 알파벳 북, 수세기 책, 개념 책, 민속 문학, 마더구스, 시, 공상 이야기, 사실적 픽션, 전기, 정보서, 그림 이야기책으로 나누고 있으며 이 중 그림 이야기책을 민간설화, 전설, 신화, 현대적 공상 이야기, 사실적 이야기, 의인화된 이야기로 나누고 있다.[52] 컬리넌과 갤더도 아동문학이 그림책, 시와 운문, 전승 문학, 판타지, 과학 픽션, 사실주의 픽션, 역사 픽션, 전기, 논픽션, 다문화 도서 등의 장르로 분류될 수 있다고 하면서, 이 중 그림책과 다문화 도서는 아동문학의 하위 장르인 동시에 아동문학의 다른 모든 장르를 포함한다고 말하고 있다.[53] 루켄스는 아동문학의 장르를 사실주의, 공식이 있는 픽션(formula fiction), 판타지, 전통 이야기, 라임적 시(rhyme to poetry), 논픽션으로 분류하고 있으며 이 외에 그림책과 고전을 별도로 다루어야 한다고 말하고 있다.[54] 잘 알려진 바와 같이 그림책은 이야기를 전달하는 데 그림에 크게 의존하고 있는 특별한 도서 형태이며, 고전은 오랜 시간의 무게를 견뎌온 작품들이다. 그런데 그림책과 고전은 모든 장르에 걸쳐 있기 때문이다.

이렇듯 많은 학자들이 아동문학을 분류하기 위해 장르라는 개념을 사용하고 있으면서도 분류방식의 임의성과 그에 따른 한계를 언급하고 있다.[55] 특히 그림책은 의미를 전달할 때 글 텍스트에 의존하는 작품과는 다른 의사소통 방식을 보여주므로 그림책 자체를 또 다른 장르로 다루기도 한다. 그래서 니콜라예바와 같은 학자는 그림책을 분류할 때 모델리티(modality) * 라는 개념을 사용하자고 제안한다.[56] 그렇게 하면 그림책을 서사에 기초하여 '판타지' 또는 '사실주의'같이 인위적이고 객관적으로 분류하는 방식이 갖는 한계를 넘어설 수 있다는 것이다. 다시 말하여, 모델리티로서 그림책의 의사소통 방식을 이해할 때 그림책이 전달하는, 주관적인 측면을 포함한 실재(reality)에 대한 다면적인 이해 방식을 탐구할 수 있기 때문이다.

본 저서에서는 일반적으로 통용되는 아동문학의 장르 분류방식을 참조하면서 내용에 따라 그림책을 분류하고 그 성격을 연구하려고 한다. 니콜라예바가 지적한 대로 장르별 분류에 한계가 있기는 하지만 대안으로 제기한 모델리티라는 용어는 그림책 연구자들 사이에서 논의와 연구가 더 필요한 개념이기 때문이다. 장르 분류방식을 그림책 연구에 적용할 때의 이점은 다음과 같다. 우선 우리에게 알려지고 친숙한 것보다 훨씬 더 많은 종류와 성격의 그림책이 존재하고 있음을 알 수 있으며 둘째, 그림책의 글 언어와 그림 언어의 다양성과 풍요로움에 민감해질 수 있다. 마지막으로는 각 장르의 그림책이 보여주는 문학적 요소들을 비교할 수 있다는 점을 들 수 있다.

본 서에서는 그림책을 판타지 그림책, 사실주의 그림책, 옛이야기 그림책, 정보 그림책, 운문 그림책, 영아 그림책, 성경 그림책, 알파벳 그림책 등으로

---

* modality : '양태'라고 번역되는 것으로서 사전적인 의미는 방식(mode), 양식(manner), 형태(form)을 가리키는 '속성'이다.(Webster College Dictionary 참고) 니콜라예바는 같은 책 pp. 24~26에서 대위(counterpoint)를 사용하는 그림책은 수많은 해석을 가능하게 하고 독자의 상상력을 불러일으키기 때문에 특별히 흥미롭다고 하면서 다양한 측면에서의 대위를 제시하고 있다. 대위는 독자, 스타일, 장르 혹은 모델리티, 병렬, 조망, 인물 구성, 독자, 메타픽션적 성격, 공간과 시간 등에서 나타난다. 그는 이 중에서 장르 혹은 모델리티에서의 대위를 설명하면서 장르 개념은 특히 판타지 그림책에서 적절하지 않을 수 있다고 지적한다. 대부분의 판타지 그림책에서는 단어와 그림에 의해 표현되는 '객관적', '주관적' 서사(narrative) 간에 긴장이 있다. 다시 말해서 어떤 그림책에서 단어는 사실적인 반면에 그림은 판타지를 그리고 있을 수 있다. 글은 자주 어린이의 관점에서 이야기되며 사건들을 '사실'로 제시하는 반면에 그림에서의 세부적인 묘사는 그 이야기가 어린이의 상상에서만 일어나고 있다는 것을 제안한다. 이러한 그림책은 장르라는 관습적인 개념 자체에 의문을 던진다. 많은 그림책에서 단어와 그림은 장르의 관점에서 볼 때 서로 다른 이야기를 말한다. 가장 도발적인 현대의 그림책들이 이러한 아이러니한 대위를 보여주는데 존 버닝햄의 '셜리책'이나 『지각대장 존』(1987), 『알도』(1991), 앤서니 브라운의 『고릴라』(1983), 『터널』(1989)과 같은 작품이 그러하다.

나누어서 각각 글과 그림 언어의 특성을 살펴보고 그 특성에 맞게 분류하여 소개하고 장르 특유의 평가 준거를 제시하고자 한다.

다음은 각 장르에 대한 간략한 소개이다.

- **판타지 그림책** : 초현실적인 인물이나 사건, 물건이 등장하는 판타지를 내용으로 하는 그림책
- **사실주의 그림책** : 현대 사회에서 일어날 수 있는 이야기를 내용으로 하는 그림책
- **옛이야기 그림책** : 기존의 신화, 전설, 우화, 민담을 재화하고 그림을 담아 만든 그림책
- **정보 그림책** : 정보전달을 목적으로 하는 그림책
- **운문 그림책** : 전래동요, 시와 같은 운문을 글감으로 하여 그림을 담아 만든 그림책
- **영아 그림책** : 0세부터 2세까지의 영아를 대상으로 한 그림책
- **성경 그림책** : 성경 이야기를 내용이나 소재로 하는 그림책
- **알파벳 그림책** : 알파벳의 순서가 내용 조직의 틀이 되는 그림책

요약

본 장에서는 현대 그림책의 성격과 연구의 접근법, 분류방식을 살펴보았다. 여러 연구 접근법에서 볼 수 있듯이 그림책은 아동문학, 교수 매체, 시각 매체, 또는 도서의 측면에서 연구될 수 있다. 그런데 관습적인 읽기 방식을 벗어나 새로운 읽기를 요구하는 그림책들은 그림책이 독자적인 예술 형식으로 발전하고 있음을 보여주고 있다. 그림책이 보여주는 독특한 의사소통 방식

은 아직 소수의 '작가적' 그림책들에서만 발견되고 있음에도 불구하고 그림책 읽기의 새로운 지평을 열고 있다.

  그림책 연구자들은 내용이나 독자, 또는 장르별로 그림책을 분류하곤 한다. 이 중에서 장르별 분류가 가장 보편적이지만 글보다는 그림 언어에 더 많이 의존하고 있는 그림책의 특성과 더불어 픽션과 논픽션, 사실주의와 판타지 등 기존의 장르의 경계를 넘나드는 작품이 증가함으로 인해 장르를 구분하는 방식은 점점 더 임의성을 드러내고 있다.

미 주 목 록

1) Shulevitz, U. (1997). *Writing with Pictures: How to Write and Illustrate Children's Books*. New York: Watson-Guptill Publications. p. 15.
2) 현은자, 변윤희, 강은진, 심향분(2004). 그림책의 그림 읽기. 서울: 마루벌. pp. 14~15.
3) Russell, D. L. (1991). *Literature for Children: A short Introduction*. New York: Longman. p. 25.
4) Nodelman, P. (1996). *The Pleasures of Children's Literature*. MA: Longman. p. 200.
5) Barbara Cooney. 재인용: Kiefer, B. Z. (1995). *The Potential of Picturebooks: From Visual Literacy to Aesthetic Understanding*. Englewood Cliffs, N. J.: Merrill. p. 6.
6) 정병규(2004). 『괴물들이 사는 나라』를 새롭게 읽는다. 북페뎀 6. 서울: 한국출판마케팅 연구소. p. 158.
7) Kiefer, B. Z. (1995). 같은 책.
8) Nikolajeva, M. & Scott C. (2001). *How Picturebooks Work*. New York: Garland Publishing.
9) Nodelman, P. (1998). *Words about Pictures: The Narrative Art of Children's Picture Books*. Athens and London: The University of Georgia Press. p. 211.
10) Nikolajeva, M. (1996). *Children's Literature Comes of Age*. p. 93.
11) Beckett, S. L. (1999). *Transcending Boundaries: Writing for a Dual Audience of Children and Adults*. New York and London: Garland.
12) Scott, C. (1999). Dual Audience in Picturebooks. in Transcending Boundaries: Writing for a Dual Audience of Chidlren and Adults. by Beckett, S. L(1999). New York and London: Garland.
13) Nikolajeva, M. (1996). 같은 책.
14) Scott, C. (1999). 같은 책.
15) 이재복(2001). 판타지 동화 세계. 서울: 사계절.
16) 김이산(2004). 똑똑똑 그림책. 서울: 현암사.
17) 최윤정(2001). 그림책. 서울: 비룡소.
18) 현은자, 변윤희, 강은진, 심향분(2004). 같은 책.
19) Nikolajeva, M. & Scott C. (2001). 같은 책.
20) Cullinan, B. E. & Galda, L. (2002). *Literature and the Child*(5th ed). Belmont: Wadsworth & Thomson Learning.
21) Huck, C. H., Hepler, S., Hickman, J. & Kiefer, B. Z. (1997). *Children's Literature in the Elementary School*. Madison. WI.: Brown & Benchmark.
22) Mitchell, D. (2003). *Children's Literature: An Invitation to the World*. Boston: Allyn and Bacon.
23) 김현희, 박상희(1999). 유아문학교육. 서울: 학지사. ; 김세희(2000). 유아문학교육. 서울: 양서원. ; 이성은(2003). 아동문학교육. 서울: 교육과학사.
24) 마쓰이 다다시(1996). 어린이 그림책의 세계. 서울: 한림출판사. ; Roberts, Ellen E. M. (1987). *The Children's Picture Book: How to Write It, How to Sell It*. Write Digest Books. 김정 역(2002). 그림책 쓰는 법. 서울: 문학동네.
25) Roberts, Ellen E. M. (1987). 같은 책.
26) Knowles, M. & Malmkjer, K. (1996). *Language and Control in Chidlren's Literature*. New York:

Routledge. ; Stephen, J.(1992). *Langauge and Ideology in Fiction*. New York: Longman. ; Pinsent, P(1997). *Children's Literature and the Politics of Equality*. New York: Teachers College Press.

27) Stephen, J.(1992). 같은 책.
28) 심향분, 현은자(2005). 서평 전문지에 나타난 그림책 서평 분석 연구. 아동학회지. 26~1. pp.203~216.
29) Nodelman, P.(1988). *Words About Pictures: The narrative Art of Children's Picture books*. Athens, GE: The University of Georgia Press. ; Stewig, J. W(1995). *Looking at Picture Books*. Fort atkinson. WI: Highsmith Press.
30) Stewig, J. W.(1995). 같은 책.
31) Smerdon, G.(1976). *Children's Preferences in Illustration*. Children's Literature in Education.
32) 전효훈(1999). 그림책 일러스트레이션 표현에 대한 유아의 반응. 이화여자대학교 석사학위 청구논문.
33) 김수정(1998). 일러스트레이션의 표현방법에 따른 유아의 선호도 연구. 청주대학교 석사학위 청구논문. 시각디자인 전공.
34) Nodelman, P.(1996). 같은 책.
35) Snow, C. & Anat Ninio.(1986). *The Contracts of Literacy: What Children Learn from Learning to Read Books*. Emergent Literacy. Ablex Publishing.
36) 마쓰이 다다시(1996). 같은 책. pp.145~147.
37) Stewig, J. W.(1996). 같은 책. p.141.
38) Nikolajeva, M. & Scott, C.(2001). 같은 책.
39) Nikolajeva, M. & Scott, C.(2001). 같은 책.
40) Nikolajeva, M. & Scott, C.(2001). 같은 책.
41) Lukens, R. J.(2003). *A Critical Handbook for Children's Literature*(7th ed.). Boston. MA: Allyn and Bacon.
42) Nikolajeva, M. & Scott, C.(2001). 같은 책. pp.81~83.
43) Nikolajeva, M. & Scott, C.(2001). 같은 책.
44) Nikolajeva, M.(1996). 같은 책. p.206.
45) Mitchell, D.(2003). 같은 책.
46) Cullinan, B. E. & Galda, L.(1994). *Literature and the Child*. Fort Worth. TX: Harcourt Brace & Company.
47) Winkel, L. & Kimmel, S.(1990). *Mother Goose Comes First*. Henry Holt & Co.
48) Rothlein, L. & Meinbach, A. M.(1991). *The Literature Connection: Using Children's Books in the Classroom*. Glerview, IL: Good Year Books.
49) Knowles, M. & Malmkjer, K.(1996). 같은 책.
50) Barrat, D., Plloey, Rl, & Ryken, L.(1995). *The Discerning Reader: Christian Perspectives on Literature and Theory*. Grand Rapids. MI:IVP.
51) Cullinan, B. E. & Galda, L.(2002). 같은 책.
52) Russell, D. L.(1991). 같은 책.
53) Cullinan, B. E. & Galda, L.(1994). 같은 책.

54) Lukens, R. J.(2003). 같은 책.
55) Lukens, R. J.(2003). 같은 책.
56) Nikolajeva, M.& Scott, C.(2001). 같은 책.

참 고 문 헌

김수정(1998). 일러스트레이션의 표현방법에 따른 유아의 선호도 연구. 청주대학교 석사학위 청구논문. 시각디자인 전공.
김세희(2000). 유아문학교육. 서울: 양서원.
김이산(2004). 똑똑똑 그림책. 서울: 현암사.
김현희, 박상희(1999). 유아문학교육. 서울: 학지사.
마쓰이 다다시(1996). 어린이 그림책의 세계. 서울: 한림출판사.
변윤희, 현은자(2002). 기호학적 관점에서 본 그림책의 글과 그림읽기. 유아교육연구 2(2). pp.339~362.
심향분(2005). 서평전문지에 나타난 그림책 서평 분석 연구. 아동학회지 26-1.
이성은(2003). 아동문학교육. 서울: 교육과학사.
이재복(2002). 환타지 동화 세계. 서울: 사계절.
전효훈(1999). 그림책 일러스트레이션 표현에 대한 유아의 반응. 이화여자대학교 석사학위 청구논문.
정병규(2004). 『괴물들이 사는 나라』를 새롭게 읽는다. 북페뎀 6. pp.158-182. 서울: 한국출판마케팅 연구소.
최윤정(2001). 그림책. 서울: 비룡소.
현은자, 변윤희, 강은진, 심향분(2004). 그림책의 그림읽기. 서울: 마루벌.
Barrat, D., Plloey, Rl, & Ryken, L(1995). *The Discerning Reader: Christian Perspectives on Literature and Theory*. Grand Rapids, MI: IVP.
Beckett, S. L(1999). *Transcending Boundaries: Writing for a Dual Audience of Chidlren and Adults*. New York and London: Garland.
Cullinan, B. E. & Galda, L. (1994). *Literature and the Child*(3rd ed). Fortworth, TX: Harcourt Brace College.
Cullinan, B. E. & Galda, L. (2002). *Literature and the Child*(5th ed). Fortworth, TX: Harcourt Brace College.
Halliday, A. K(1975). *Learning How to Mean: Explorations in the Development of Language*. London: Longman Group Ltd.
Heath, S. B(1983). *Ways with words: Language, Life, and Work in Communities and Classroom*. Cambridge, England: Cambridge University press.
Huck, C. H., Hepler, S., Hickman, J. & Kiefer, B. Z(1997). *Children's Literature in the Elementary School*. Madison, WI.: Brown & Benchmark.

Kiefer, B. Z. (1995). *The Potential of Picturebooks: From Visual Literacy to Aesthetic Understanding.* Englewood Cliffs, N. J.: Merrill.

Knowles, M. & Malmkjer, K. (1996). *Language and Control in Chidlren's Literature.* New York: Routledge.

Lukens, R. J. (2003). *A Critical Handbook of Children's Literature*(7th ed). Boston, MA: Allyn and Bacon.

Mitchell, D. (2003). *Children's Literature: An Invitation to the World.* Boston: Allyn and Bacon.

Nikolajeva, M. (1996). *Children's Literature Comes of Age.*: Toward a New Aesthetic. 김서정 역 (1998). 용의 아이들: 아동문학 이론의 새로운 지평. 문학과지성사.

Nikolajeva, M. & Scott, C. (2001). *How Picturebooks Work.* Garland Publishing.

Nodelman, P. (1988). *Words about Pictures: The Relationships of Pictures.* Athens, Georgia: University of Georgia Press.

Nodelman, P. (1996). *The Pleasures of Children's Literature.* MA: Longman.

Pinsent, P. (1997). *Children's Literature and the Politics of Equality.* New York: Teachers College Press.

Purves, A. & Beach, R. (1972). *Literature and the Reader: Research in Response to Literature, Reading Interests, and the Teaching of Literature.* Urbana IL: National Council of Teachers of English.

Roberts, Ellen E. M. (1987). *The Children's Picture Book: How to Write It, How to Sell It.* Writers Digest Books. 김정 역(2002). 그림책 쓰는 법. 서울: 문학동네

Rosenblatt, L. (1978). *The reader, the Text and the Poem: The transactional Theory of the Literary Work.* Carbondale, IL: Southern Illinois University Press.

Rothlein, L. & Meinbach, A. M. (1991). *The Literature Connection: Using Children's Books in the Classroom.* Glerview, IL: Good Year Books.

Russell, D. L. (1991). *Literature for Children: A Short Introduction.* N. Y. :Longman.

Scott, C. (1999). *Dual Audience in Picturebooks. in Transcending Boundaries: Writing for a Dual Audience of Chidlren and Adults.* by Beckett, S. L. New York and London: Garland.

Shulevitz, U. (1997). *Writing with Pictures: How to Write and Illustrate Children's Books.* NY: Watson-Guptill Publications.

Smerdon, G. (1976). Children's Preferences in Illustration. *Children's Literature in Education* 20. pp.97~131.

Snow, C. & Ninio, A. (1986). *The Contracts of Literacy: What Children Learn from Learning to Read Books.* Emergent Literacy. Ablex Publishing.

Stephen, J. (1992). *Langauge and Ideology in Children's Fiction.* New York: Longman Publishing Group.

Stewig, J. W. (1995). *Looking at Picturebooks.* WI: Highsmith Press.

Winkle, L., & Kimmel, S. (1990). *Mother Goose Comes First*. N.Y.: Hevry Tlolt and Company.

참고 그림책 목록

류재수(1998). 백두산 이야기. 통나무.
Anthony Browne(1986). *PiggyBook*. New York: Dragonfly Books. 허은미 역(2001). 돼지책. 웅진닷컴.
Anthony Browne(1989). *The Tunnel*. Walker Books. 장미란 역(2002). 터널. 논장.
Arnold Lobel(1970). *Frog and Toad Are Friends*. New York: HarperTrophy. 엄혜숙 역(1996). 개구리와 두꺼비는 친구. 비룡소.
Babette Cole(1986). *Princess Smartypant*. New York: Paperstar Book.
Barbara Cooney(1988). *Island Boy*. New York: Puffin Books.
Beatrix Potter(1897, 1902). *The Tale of Peter Rabbit*. First published by Frederick Warne. 김서정, 신지식 역(2002). 피터 래빗 이야기. 프뢰벨행복나누기.
Chris Van Allsburg(1985). *The Polar Express*. New York: Houghton Mifflin Company.
David Macaulay(1990). *Black and White*. New York: Houghton Mifflin Company.
David Wiesner(2001). *The Three Pigs*. New York: Clarion Books. 이옥용 역(2002). 아기 돼지 세 마리. 마루벌.
Dr. Seuss(1988). *The 500 Hats of Bartholomew Cubbins*. Random House Books for Young Readers. 김혜령 역(1994). 바솔러뮤 커빈즈의 모자 500개. 시공주니어.
Jacqueline Preiss Weitzman(1998). *You can't take a balloon into the metropolitan museum*. illustrated by Robin Preiss Glasser. New York: Dial Books for Young Readers.
Janice Udry(1956). *A Tree is Nice*. illustrated by Marc Simont. New York: HaperCollins Children's books. 강무홍 역(1997). 나무는 좋다. 시공주니어.
Jean De Brunhoff(1933). *Babar Books*. New York: Random House. 김미경 역(1993). 코끼리 왕 바바. 시공주니어.
John Burningham(1977). *Come Away from the Water, Shirley*. London: HarperCollins Publishers. 이상희 역(2003). 셜리야, 물가에 가지 마!. 비룡소.
John Burningham(1987). *John Patric Norman McHennessy: The Boy Who Was Always Late*. Jonathan Cape Children's Books. 박상희 역(1999). 지각대장 존. 비룡소.
Jon Scieszka(1992). *The Stinky Cheese Man*. illustrated by Lane Smith. New York: Penguin Books.
Leo Lionni(1967). *Frederick*. New York: Alfred A. Knopf, INC. 최순희 역(1999). 프레드릭. 시공주니어.

Marcia Brown(1947). *Stone Soup*. New York: Aladdin Paperbacks.

Margret Rey(1941). *Curious George*. illustrated by H. A. Rey. New York: Houghton Mifflin Company. 김서정 역(2002). 호기심 많은 조지 (시리즈). 문진미디어.

Maria S. De Salvia Baldini(1995). *Jouons avec l'art*. illustrated by Paola Boldrini. Mandragora.

Martin Handford(1988). *Where's Wally?* Massachusetts : Walker Books. 대교출판 역(1999). 월리를 찾아라. 대교출판.

Maurice Sendak(1993). *We're All in the Dumps with Jack and Guy*. HarperCollins Publisher.

Maurice Sendak(1963). *Where the Wild Things Are*. New York : HarperCollins Publishers. 강무홍 역(2002). 괴물들이 사는 나라. 시공주니어.

Raymond Briggs(1978). *The Snow Man*. New York: Scholastic. 마루벌 역(1997). 눈사람 아저씨. 마루벌.

Virginia Lee Burton(1942). *The Little House*. New York : Houghton Mifflin. 홍연미 역(1993). 작은 집 이야기. 시공주니어.

제 2 장
서양 그림책의 역사

1. 그림책의 탄생
2. 그림책의 태동기
3. 19세기 초기 그림책의 발전
4. 20세기 초 그림책의 발전
5. 20세기 그림책의 역사 1 – 미국
6. 20세기 그림책의 역사 2 – 영국

찰스 키핑의 『길거리 가수 새미』, 존 테니얼 그림의 『이상한 나라의 앨리스』, 찰스 키핑의 『빈터의 서커스』(왼쪽부터)

# 서양 그림책의 역사

서양 그림책의 역사는 비교적 늦게 시작한 한국 그림책 역사의 바탕이 되며, 현재까지도 한국 그림책의 발전에 많은 영향을 미치고 있다. 따라서 한국 그림책의 역사에 앞서 서양 그림책의 역사를 이해하는 것은 중요하다. 장래에는 한국 그림책들도 세계의 그림책사에 큰 발자국을 남기리라 기대하며 서양 그림책의 역사를 먼저 정리하고자 한다.

서양 그림책의 역사는 기독교 교리를 전하는 낱장 그림을 모아 책의 형태로 만든 것에서 비롯하였다고 할 수 있다. 최초의 그림책이라 일컬어지는 코메니우스(Johannes Amos Comenius, 1592~1670)의 『세계 최초의 그림교과서』(1657)도 기독교적 세계관을 반영하는 주제를 그림으로 표현하였다. 질적으로 떨어지긴 했지만 챕북(chap book)도 그림책의 초기 형태라고 할 수 있다.

초기 그림책의 황금기라 할 수 있는 19세기에 『하인리히 호프만 박사의 더벅머리 아이 Der Struwwelpeter』(1845)의 저자인 독일의 하인리히 호프만(Heinrich Hoffmann Donner, 1809~1894)과, 영국의 에드먼드 에번스(Edmund Evans, 1826~1905)가 키워낸 세 거장의 주도로 그림책이 발전하였다. 세 거장은 월터 크레인(Walter Crane, 1845~1915), 『하멜른의 피리 부는 사나이 The Pied Piper of Hamelin』(1888)의 케이트 그린어웨이(Kate Greenaway, 1846~1901), 『익살꾸러기 사냥꾼 삼총사 The Three Jovial Huntsmen』(1880)의 랜돌프 칼데콧(Randolph Caldecott, 1846~1886)이다.

영국의 비아트릭스 포터(Beatrix Potter, 1866~1943)의 『피터 래빗 이야기 The Tale of Peter Rabbit』(1902)는 20세기 현대 그림책의 시작으로 손꼽힌다. 1, 2차 세계 대전을 겪으며 미국은 경제 부흥을 이루었고, 자유로운 정신세계를 추구하는 많은 유럽의 예술가들이 미국으로 생활의 터전을 옮겼다. 그리고 1910년부터 시작된 도서관의 보급과 1938년 칼데콧 상의 제정은 1940년대 이후 미국의 그림책이 세계 최고의 위치로 부상하도록 하는 데 기여하였다. 보헤미아 출신 이민자의 손녀인 완다 가그(Wanda Gág, 1893~1946)의 『백만 마리 고양이 Millions of Cats』(1928)는 '미국 그림책의 황금기'를 선도한 작품으로 평가된다.

미국 그림책의 황금기라 불리는 1930년대로부터 1960년대까지는 그림 이야기책에 대한 전통이 생겨난 시기이다. 그 전통이란, 그림과 본문이 상호 의존적 역할을 해야 한다는 것인데, 본문이 그림에 대한 설명 이상이며, 또한 그림이 본문의 의미를 확장시킴으로써 그림과 본문이 통합된 하나가 되는 것을 말한다.[1] 루드비히 베멀먼즈(Ludwig Bemelmans, 1898~1962)의 『씩씩한 마들린느 Madeline』(1939), 버지니아 리 버튼(Virginia Lee Burton, 1909~1968)의 『작은집 이야기 The Little House』(1942), 닥터 수스(Dr. Seuss, Theodor Seuss Geisel, 1904~1991)의 『모자를 쓴 고양이 The Cat in the Hat』(1957, 1985), 로버트 매클로스키(Robert McClosky, 1914~)의 『아기 오리들한테 길을 비켜 주세요 Make Way For Ducklings』(1941)가 이 전통에 충실한 그림책이다.

현대적 그림책은 1960년대 이후 판타지 그림책에 새로운 전기를 마련한 모리스 센닥(Maurice Sendak, 1928~)의 『괴물들이 사는 나라 Where The Wild Things Are』(1963)를 출발점으로 본격적으로 발전하였다고 할 수 있다. 『괴물들이 사는 나라』 이후의 판타지 그림책은 어린이의 내면적 심리표출에 초점을 맞추고 실생활과 동떨어진 상상에 기초하며, 이야기의 흐름보다는 그림이 압도적이고 열린 결말로 끝을 맺기도 하며, 좀더 파격적인 소재와 형태로 이루어진 다양한 특징을 가진 그림책으로 발전하였다.[2] 미국의 대표적인 판타지 그림책 작가로는 모리스 센닥, 『당나귀 실베스터와 요술 조약돌 Sylvester and the Magic Pebble』(1969)의 윌리엄 스타이그(William Steig, 1907~2003), 『주만지 Jumanji』(1981)의 크리스 반 알스버그(Chris Van Allsburg, 1949~), 『이상한 화요일 Tuesday』(1991)의 데이비드 위스너(David Weisner, 1956~) 등을 들 수 있다.

그 외에도 미국에서는 많은 화가들이 활동하였는데, 『해티와 거친 파도 Hattie and The Wild Waves』(1990)의 바버러 쿠니(Babara Cooney, 1917~2000)는 글 작가와의 호흡을 잘 맞추었을 뿐만 아니라 아크릴 물감으로 아름다운 그림책을 많이 남긴 작가이다. 『배고픈 애벌레 The Very Hungry Caterpillar』(1969)의 에릭 칼(Eric Carle, 1929~)은 물리적 장치를 그림책에 천재적으로 사용한 작가이다. 『프레드릭 Frederick』(1967)의 레오 리오니(Leo Lionni, 1910~1999)는 동물을 주인공으로 자아 정체성을 다룬 그림책을 여러 권 출간하였다. 『눈 오는 날 The Snowy Day』(1962)의 에즈라 잭 키츠(Ezra Jack Keats, 1916~1983)는 흑인 아이를 주인공으로 하여 어린이들의 도시 생활 경험을 누구나 공감할 수 있도록 감수성 있게 표현하였다.

영국에서는 『빈터의 서커스 Wasteground Circus』(1975)의 찰스 키핑 (Charles Keeping, 1924~1988)과 『회전목마 Carousel』(1988)의 브라이언 와일드스미스(Brian Wildsmith, 1930~)가 포터 이후의 시기를 이끌어갔다. 『검피 아저씨의 뱃놀이 Mr. Gumpy's Outing』(1970)의 존 버닝햄(John Burningham, 1936~)은 1970년대부터 최근까지 그림책을 출간하고 있다. 한국에 많은 수의 그림책이 번역 출판된 작가인 『고릴라 Gorilla』(1983)의 앤서니 브라운(Anthony Browne, 1946~)은 현대 생활에서 가족과 여성의 삶에 대해 다시 생각해볼 수 있는 『돼지책 Piggybook』(1986), 『동물원 Zoo』(1992), 『행복한 미술관 The Shape Game』(2004), 『우리 엄마 My Mum』(2005) 등을 잇따라 출간하고 있다. 프랑스 작가로 미국에서 활동한 『달 사람 Der Mondmann』 (1966)의 토미 웅거러(Tomi Ungerer, 1931~)의 작품도 우리나라에 많이 소개되었다.

이외에도 다수의 미국과 영국 작가의 작품이 소개되고 있고, 1960년대 이후 활발히 활동하고 있는 프랑스, 독일, 일본 작가의 작품도 소개되고 있다. 이 장에서는 장인 정신을 가지고 그림책 작업에 임하여 그림책의 전통을 이어 오고 만들어왔던 거장들을 중심으로 각 시대를 대표하는 작가와 작품을 살펴보고자 한다.

1. 그림책의 탄생

중세 유럽에서 기독교 교리의 내용과 뜻을 알기 쉽게 해석하기 위해 서적에 그림을 사용한 것이 그림책의 뿌리라고 할 수 있다. 초기에는 책의 형태가 아닌 한 장의 펼친 그림 형태였다. 그 예로 성 크리스토퍼를 그린 낱장 그림을 들 수 있는데 이것은 1417년에 목판 인쇄물로 나왔다. 그리고 15세기에 서적이 보급되면서 종교뿐만 아니라 다양한 주제의 책이 만들어지기 시작했다. 대표적인 예가 윌리엄 캑스턴(Willam Caxton, 1442~1491)이 출판한 책들이다. 그는 영국 최초의 인쇄업자로서 『트로이의 역사 Histories of Troye』(1475),

2-1 성 크리스토퍼의 일화를 그린 낱장 그림. 초기의 책은 한 장의 펼친 그림 형태였다.

 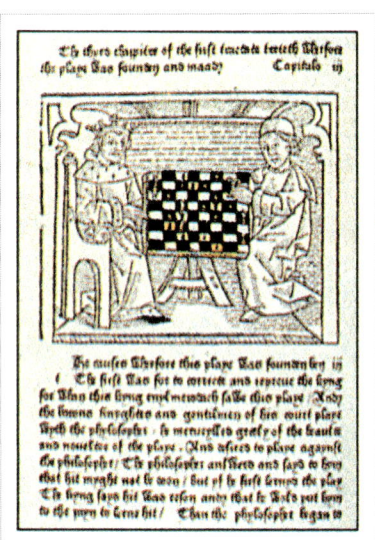

2-2 윌리엄 캑스턴이 출판한 『이솝 우화』(1484), 왼쪽. 『캔터베리 이야기』(1475), 오른쪽.

『이솝 우화 Aesop's Fables』(1484), 『캔터베리 이야기 Canterbury Tales』 (1475) 등을 출판하였다.[3]

어린이를 위한 최초의 그림책은 1657년 코메니우스가 출판한 『세계 최초의 그림교과서』이다(라틴어 판은 1657년, 영어 판은 1658년에 출판되었다). 이 책은 『세계의 그림』, 『세계도회』라고 불리기도 하는데 그림과 글의 연관성 면에서 근대적 의미의 그림책으로서 기점을 이루고 있으며 어린이들이 그림을 통해 사물에 대한 주의력을 향상시키는 데 도움을 주었다. 그리고 어린이들이 배우며 기쁨을 느끼도록, 그림 밑에 있는 사물의 설명을 반복해서 읽는 동안 읽는 법을 완전히 익힐 수 있도록 하였다.

책에는 코메니우스의 기독교적 세계관이 반영되어 있다. 그 점은 첫번째 주제가 '신'이고 마지막 주제가 '최후의 심판'이며 하나님이 자연과 문화의 창조주임을 주장하는 데에서도 드러난다. 60세가 된 코메니우스가 파란만장

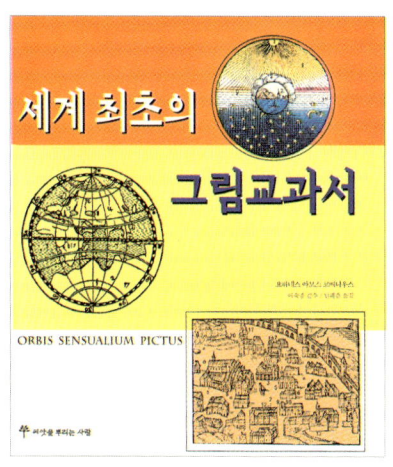 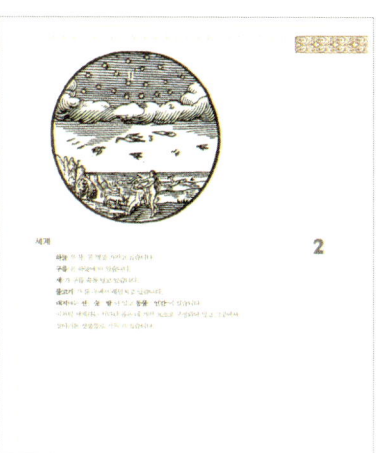

2-3 『세계 최초의 그림교과서』 코메니우스 지음, 남혜승 옮김, 씨앗을 뿌리는 사람들.

한 일생을 통해 얻은 진리를 엮은 이 책은 기독교 신앙과 인간의 생활상에 관한 150가지의 주제를 그림으로 풀어 설명하고 있다.[4]

2. 그림책의 태동기

오늘날 그림책의 전형이 된 챕북은 작은 크기의 책(10×7cm)으로 1700~1840년 사이에 유럽에 보급된 최초의 대중 인쇄물이다. 제본되지 않은 상태의 카달로그 형식이었고, 스토리가 짧고 내용이 단순하며 그림이 많아서 글을 읽지 못해도 내용을 추측할 수 있었다.

내용은 중세의 로맨스, 옛날 이야기, 안데르센 동화, 그림 동화, 마더구스 이야기, 전설, 역사, 전기, 영웅 이야기, 유령·괴기 이야기 등 무서운 이야기, ABC책 같은 교육적 내용, 종교적 내용, 유머, 난센스 등이 포함되어 있었다. 그리고 소설을 요약하여 재화한 것도 있었다. 예를 들어 다니엘 디포(Daniel Defoe)의 『로빈슨 크루소 Robinson Crusoe』(1719)나 조나단 스위프트(Jonathan Swift)의 『걸리버 여행기 Gulliver's Travels』(1726) 등이 그러하다.[5]

챕북은 상류 계층 중심이던 독자층을 전 유럽에 걸쳐 일반 대중과 하층계급까지 확대하였고 여성과 어린이로까지 넓혔다. 그리고 입으로 전승되어 온 문학을 문자화하는 데에도 기여하였다. 그러나 챕북은 문학적인 면에서는 가치를 인정할 만한 수준의 문장을 담아내지 못했고, 제작 과정에서 경비를 줄이기 위해 무성의하고 조악하게 만들어진 경우가 많았다는 점에서 문제가 있었다.

영국의 존 뉴베리(John Newbery, 1713~1767)는 1745년에 영국 런던 세인트폴스 처치야드에 '성서와 태양사'라는 서점을 내고 아동도서 출판과 저작 활동을 시작하였다. 판매하는 책은 챕북이 주종을 이루었고, 약 200여 종의 어린이 도서를 출판하여 어린이를 위한 읽을거리를 풍성하게 제공하였다. 뉴베리가 출판한 도서들은 청교도들이 신대륙으로 이주하면서 미국이나 캐나

2-4 다니엘 디포의 『로빈슨 크루소』(1719)는 챕북 형태로 출간되었다. 챕북은 독자층을 확대하는 역할을 했다(왼쪽).
2-5 조나단 스위프트의 『걸리버 여행기』(1726)도 챕북 형태로 출간되었다(오른쪽).

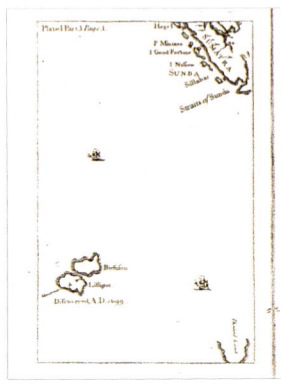
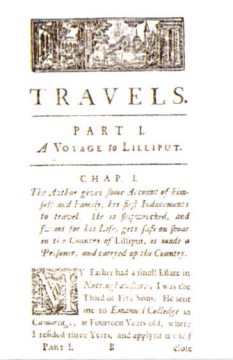

다의 어린이에게도 많이 읽혀졌다. 오늘날 미국의 권위 있는 도서상인 '뉴베리 상'은 바로 그의 이런 업적을 기리기 위해 제정한 것이다.

3. 19세기 초기 그림책의 발전

앞서 언급했듯이 19세기는 초기 그림책의 황금기였다. 『하인리히 호프만 박사의 더벅머리 아이』가 1845년 독일에서 출판되었고, 영국에서는 에드먼드 에번스라는 걸출한 조판사이자 출판기획자이며 인쇄업자가 등장하여 월터 크레인, 케이트 그린어웨이, 랜돌프 칼데콧이라는 세 명의 그림책 거장과 함께 그림책의 전성기를 열었다.

그림책은 19세기에 들어서며 영국에서 비약적으로 발전하였는데, 명예혁명(1688)과 산업혁명(대략 1760~1830)을 거치면서 형성된 신흥 중산 계층이 이를 가능케 했다. 이들은 정치적 안정과 물질적 번영을 바탕으로 교육과 자본 축적을 통해 사회적 지위를 획득하였다. 이들은 성인과 구분되는 '어린이'의 개념을 확고히 하며, 자녀 교육에 지대한 관심을 가졌다. 1870년 초등 교육법이 실시되면서 대중교육이 시작되었고 이 같은 어린이 교육은 어린이책의 발달을 촉진하였다. 충분한 시장, 효과적인 배급 및 유통 수단, 발달한 기술 등 세 가지 조건이 충족되어 19세기 영국의 출판 시장은 흥성기를 맞이했다.[6]

19세기 미국에서는 남북 전쟁(1861-1865)으로 말미암은 사회적 침체 속에서도 마크 트웨인(Mark Twain)의 『허클베리 핀의 모험 The Adventures of Huckleberry Finn』(1884), 프랭크 바움(Lyman Frank Baum)의 『오즈의 마법사 The Wizard of OZ』(1899) 등의 어린이책이 출판되었다. 그러나 그림책 역

사에서 볼 때 미국에서는 20세기가 되어서야 현대적 의미의 그림책이 출판되었다.[7]

1) 하인리히 호프만(Heinrich Hoffmann Donner, 1809~1894)

2-6 『하인리히 호프만 박사의 더벅머리 아이』 Dover Pubili-cation. 운문으로 된 아홉 가지 이야기에 석판 그림이 담겨 있다.

하인리히 호프만은 독일 프랑크푸르트 태생의 정신과 의사로서 아들을 위해서 노트에 글을 쓰고 그림도 그렸는데 이것이 편집자인 칼 레닝의 눈에 띄어 『하인리히 호프만 박사의 더벅머리 아이』(1845)를 출판하게 되었다. 이 책은 어린이를 즐겁게 해주려는 요소와 도덕적으로 엄격한 내용을 담고 있다. 다음은 이 책에 실린 '불장난을 하는 파울린헨 이야기'와 '손가락을 빠는 아이 이야기'의 전문이다.

불장난하는 파울린헨 이야기

집에는 파울린헨 혼자뿐이었어요.
부모님은 외출하셨지요.
파울린헨은 기분 좋게 노래 부르며
방 안에서 이리저리 뛰다가
예쁜 성냥갑을 발견했어요.
"어쩜, 너무 예쁘다!
가지고 놀면 재밌겠는걸.
엄마처럼 불을 붙여봐야지."

그때
민츠와 마운츠가 앞발을 치켜들었어요.
말리려고요.
"이야옹! 야옹! 이야옹! 야옹!
아빠가 그러면 안 됐댔어!
그만둬, 그러다가 새까맣게 타버리고 말 거야!"

파울린헨은 말을 듣지 않았어요.
성냥불은 활활 타올랐지요.
불꽃은 치지직거리며 춤을 추었어요.
여러분이 그림에서 보듯이 말이에요.
파울린헨은 좋아라 하며

2-7 '불장난을 하는 파울린헨 이야기' 장면. 『하인리히 호프만 박사의 더벅머리 아이』 중에서. 심중미 옮김, 문학동네

방 안에서 이리저리 뛰었어요.
민츠와 마운츠는 앞발을 치켜들었어요.
말리려고요.
"이야옹! 야옹! 이야옹! 야옹!
엄마가 그러면 안 됐댔어!
던져버려, 그러다가 새까맣게 타버리고 말 거야!"

큰일 났어요! 옷에 불이 붙었어요.
불은 앞치마에 옮겨 붙더니
계속 번져가요.
손에도, 머리에도 불이 붙어요.
저런, 파울린헨이 다 타버려요.

민츠와 마운츠는 애가 타서 외쳐댔어요.
"여보세요, 여보세요. 누가 좀 도와주세요!
아이가 불타고 있어요!
이야옹! 야옹! 이야옹! 야옹!
도와주세요! 다 타버리겠어요!"
완전히 다 타버렸어요.
아이의 살과 머리카락 전부.
한 줌의 재만 남았어요.
작고 예쁜 신발 한 짝하고요.

작은 민츠와 마운츠는 앉아서 울고 있어요.
"이야옹! 야옹! 이야옹! 야옹!
가엾은 부모님은 어디 계신 거야. 어디에?"
두 고양이의 눈에서는 눈물이 흘러내렸어요.
풀밭 위에 흐르는 작은 샘물처럼.

2-8 같은 책의 '손가락을 빠는 아이 이야기' 장면.

손가락 빠는 아이 이야기

"콘라트!" 엄마가 콘라트를 불렀어요.
"나갔다 올 테니 집에 있으렴.
엄마가 집에 돌아올 때까지
얌전히 있어야 착한 아이지.
그리고 콘라트, 제발
손가락 좀 빨지 말거라.
안 그럼 재단사가 쏜살같이 달려와서
가위로 네 손가락을 잘라버린단다.
종이를 자르듯이 말이야."

엄마가 나가자마자

콘라트는 손가락을 입에 쏘옥 넣었어요!

그때 삐꺽 문이 열리고
재단사가 방으로 뛰어들어와
손가락 빠는 아이에게 다가갔어요.
저런, 재단사가 가위로
엄지손가락을 싹둑 잘라버렸어요.
커다랗고 날카로운 가위로 말이에요!
아! 콘라트가 소리를 질러대요.

엄마가 집에 돌아와보니
콘라트는 울상이었어요.
콘라트의 엄지손가락이 없어져버린 거예요.
두 개 모두 사라져버렸어요.

    과장된 모습의 캐릭터와 익살스러운 동작의 그림은 어린이들에게 재미를 주지만, 지나치게 폭력적이고 잔인하며 슬픈 결말 때문에 현대에도 그 교육성에 대해서는 논란의 여지가 있다. 독일 최초의 그림책은 아니지만, 글과 그림의 상호작용을 통해 전체 의미를 보여준다는 점에서 독일의 아동문학사에서 중요한 책이다.

2) 에드먼드 에번스(Edmund Evans, 1826~1910)

    에드먼드 에번스는 목판 조판사이자 인쇄 기술자, 출판기획자였다. 특히 그는 월터 크레인, 케이트 그린어웨이, 랜돌프 칼데콧 등 세 작가가 개성을 한껏 발휘할 수 있게 제반여건을 갖춰 주어 그림책의 황금시대를 여는 데 기여한 장본인으로, 이들을 발굴하고 이들의 그림책을 제작하고 출판하였다.

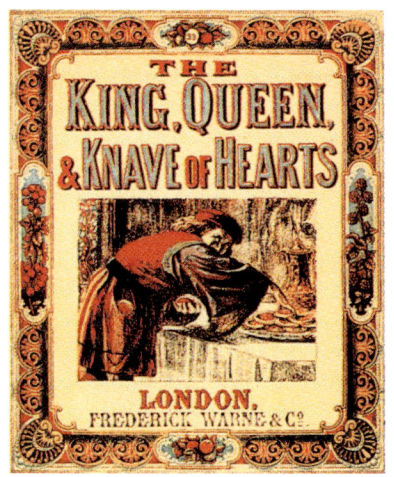 

2-9 에드먼드 에번스가 출판한 '장난감 책'의 하나. 나이테 목판화로 다색 인쇄를 했다(왼쪽).
2-10 에드먼드 에번스가 출판한 '선물용 책' 안데르센 동화 『공주와 완두콩 한 알』(오른쪽).

그는 챕북이 대량 인쇄로 대중화에 기여한 반면, 책의 질이 떨어지는 데 불만을 갖고 목판 다색 인쇄를 기업화하여 다소 싼 가격의 예술적인 '장난감 책(toy book)'과 비싸지만 예술적으로 우수한 '선물용 책(gift book)'을 출판했다. '장난감 책'은 전체적인 구성에서 스토리 보다는 시각적 표현에 중점을 두어 제작되었는데 그림의 매력을 일깨워주고 예술성을 갖춘 '근대 그림책'의 시작이라는 점에서 의미가 있다. '선물용 책'은 호화로운 일러스트레이션으로 장식되어 일부 상류계층에 한하여 고가의 크리스마스 선물로 유통되었다.

3) 월터 크레인(Walter Crane, 1845~1915)

월터 크레인은 화가인 토마스 크레인의 아들로 영국 리버풀에서 태어났다. 당시의 미술평론가 존 러스킨과 동판화가인 윌리엄 제임스 린튼을 사사했다. 그는 에번스와 함께 장난감 책과 선물용 책 같은 아름다운 그림책을 제작하였다.

월터 크레인의 그림책에는 『미녀와 야수 Beauty and the Beast』(1874), 『빨간 모자 Little Red Riding Hood』(1875)처럼 옛이야기를 테마로 한 것이 많다. 그의 그림책에는 의인화된 동물들이 등장하는데, 이는 옛이야기의 판타지적 요소를 그림으로 표현한 것이라 할 수 있다. 『빨간 모자』에서는 늑대가 인간의 옷을 걸치고 인간과 직접 대화를 하거나 심지어는 인간을 속이는 지능적인 면모를 보이기도 한다. 또한 『미녀와 야수』, 알파벳 그림책인 『이상한 ABC Absurd ABC』(1874)에 나타난 동물의 모습은 다소 과장되거나 험상궂은 모습이지만, 성격상 인간을 압도하거나 위협하기 보다는 인간과 대등한 입장에서 인간의 도구를 사용하며 하나의 인성을 가진 인격체로 그려지고 있다.[8]

크레인은 그림책을 만들 때 실내를 채우는 소품, 등장인물의 의상, 자세 하나하나에 세심한 노력을 기울였다. 특히 배경으로부터 그림을 돋보이게 하기 위해 검은색 선을 그림의 한 요소로 사용하였다. 그리고 여백이 없이 그림으로 지면을 가득 채웠다. 『신데렐라 Cinderella』(1873)의 무도회 장면처럼 글을 그림에서 분리하여 흰 면으로 된 상자 속에 넣어 그림의 한쪽 가장자리에 배치했다. 크레인은 복잡한 화면은 어린이의 예술적 감각을 키우기 위한 것이라고 했다. 즉 치밀하게 계산하여 화면을 그리고, 기존에 아는 이야기도 한층

2-11 의인화된 동물이 등장하는 월터 크레인의 작품들. 왼쪽부터 『빨간 모자』, 『미녀와 야수』, 『이상한 ABC』

2-12 『신데렐라』 글과 그림을 분리하여 구성했다.
2-13 『개구리 왕자』 정적인 표현방식을 보완하기 위해 연속 그림을 순서대로 배치했다.

새롭고 아름답게 미화시키고 세밀하게 표현해 어린이들이 싫증내지 않고 신선하게 받아들이도록 하였다는 것이다. 비평가들은 크레인의 지나친 양식성과 장식성을 비판하였지만, 실제 어린이들로부터는 큰 사랑과 인기를 얻었다. 이런 점에서 그는 상류 계층의 전유물이었던 미술을 그림책을 통하여 어린이를 포함한 대중에게 확산시키는 데 공헌하였다고 할 수 있다.

그가 쓴 『내가 만든 어린이 책에 관한 노트』(1913)[9]에서 알 수 있듯 그는 페이지의 레이아웃에도 매우 신경을 썼다. 그리하여 책표지, 속표지 등의 구성을 건물의 대문, 안뜰, 현관, 통로 등을 설계하듯 구성했고, 특히 펼친 양면으로 그림을 전개하는 표현법을 제일 먼저 사용했다. 즉, 그는 현대 그림책의 형태를 이루는 기본적인 틀과 요소를 마련했다. 나아가 월터 크레인은 자신이 글과 그림을 함께 다루어 글과 그림이 조화를 이루는 이미지를 전달하려 하였다. 그림을 통해 이야기를 전달하고자 했던 크레인의 유산은 오랫동안 지속되었다.

4) 케이트 그린어웨이(Kate Greenaway, 1836~1886)

케이트 그린어웨이는 런던의 유명한 목판 조판사의 딸로 태어나 어려서부터 그림 공부를 하였고, 빅토리아 시대의 감상주의 풍의 그림을 그렸다. 에번스의 도움 아래 첫 그림책 『창 밑에서 *Under the Window*』(1878)를 출판했다. 『창 밑에서』는 그녀의 화가로서의 재능과 문학적인 소질이 잘 드러난 작품으로 에번스의 다색 목판 인쇄술에 힘입어 그림의 섬세함이 잘 살아났다.

『금잔화 정원 *Marigold Garden*』(1885)은 그린어웨이의 두 번째 작품으로 구전 동요에 그림을 붙인 것이다. 그녀는 마더구스, 옛이야기 그림책, 알파벳을 가르치는 ABC 책, 일상생활에서 쓰이는 달력, 카드 등 여러 분야에 걸쳐 그림을 그렸는데 주로 소박한 전원 풍경, 건강하고 활기찬 귀여운 어린이 모습을 담았다.[10] 그린어웨이가 그림책에 그림을 그리기 시작한 시기는 1880년대 후반이지만, 그린어웨이의 그림에 나타난 어린이들이 입고 있는 의복은 높은 허리선과 일자로 내려오는 치마선이 특징인 엠파이어 스타일로 이는 1800년대 초반에 유행한 스타일이다.[11] 로버트 브라우닝의 시를 두고 그림을 그린 『하멜른의 피리 부는 사나이 *The Pied Piper of Hamelin*』(1888)에서는 우아하

2-14 『창 밑에서』 다색 컬러 인쇄로 섬세함을 살렸다.

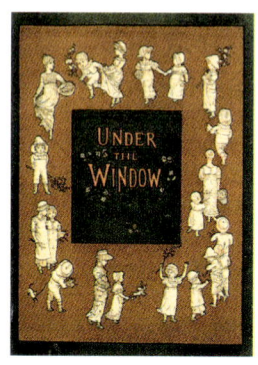

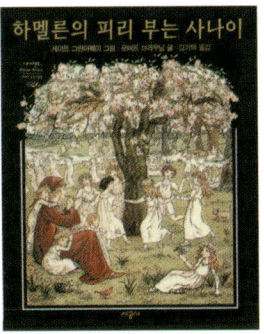

2-15 케이트 그린어웨이의 『금잔화 정원』 구전 동요에 그림을 붙인 것이다.
2-16 『하멜른의 피리 부는 사나이』 로버트 브라우닝 글, 케이트 그린어웨이 그림, 김기택 옮김, 시공주니어. 독립된 존재로서 어린이의 모습을 보여준다.

고 섬세하며 천진하고 사랑스러운 어린이를 독특하게 그려내어 성인과는 다른 독립된 존재로서 개성을 지닌 어린이의 모습을 보여준다. 그녀는 최초의 여성 직업 일러스트레이터로서 자신의 그림에 대한 인세를 요구하였고, 돌려받은 원화를 소장할 갤러리(gallery)에 파는 등 후대 일러스트레이터들에게 직업인으로서의 사례를 제시했다. 1955년부터 영국 도서관 협회는 우수한 어린이 그림책에 그녀의 이름을 따서 만든 케이트 그린어웨이 상을 수여하고 있다.

5) 랜돌프 칼데콧(Randolph Caldecott, 1846~1886)

랜돌프 칼데콧은 영국 체스터에서 태어났으며 정식으로 미술교육을 받지 않았지만 회화, 브론즈, 조각 부문에서 전시회를 열 만큼 솜씨가 뛰어났다. 1878년부터 에번스와 그림책을 제작하게 된 그는 8년 동안 구전동요와 발라드, 18세기의 난센스 희극시 등을 텍스트로 하여, 해마다 두 권씩 크리스마스 그림책을 만들었다.

그가 만든 그림책의 특징을 몇 가지 요약하면 다음과 같다. 첫째, 그림책 레이아웃이 독특하다. 즉 한 페이지에 1~4줄의 글만 들어가기도 하였다. 둘째,

장식적인 요소보다는 회화적인 성격이 강하고 그림과 이야기를 유머러스한 터치로 그려내었다. 셋째, 특유의 선으로 등장하는 인물, 동물을 모두 약동하듯 활기찬 모습으로 그렸다. 넷째, 그림을 그려가는 시선의 위치에 변화를 주어 원근감을 표현했다. 다섯째, 여백과 율동을 중심으로 한 새로운 일러스트레이션을 선보였다. 이러한 특징은 후대 모리스 센닥을 비롯한 많은 그림책 작가들에게 영향을 미쳤다.

『익살꾸러기 사냥꾼 삼총사 The Three Jovial Huntsmen』(1880)는 '마더 구스'에 나오는 노래 중 하나를 칼데콧의 친구이자 시인인 에드윈 워(Edwin Waugh)가 지방색과 유머를 가미시켜 다시 쓴 글에 그림을 그린 것이다. 영국의 시골을 무대로 서민의 소박한 생활을 그렸다. 컬러로 처리한 페이지와 암갈색의 선만으로 스케치한 페이지가 교대로 나온다. 동적인 움직임을 극적인 경지로 끌어올린 작품으로 원경, 중경, 근경을 카메라 렌즈를 통한 스냅 사진처럼 묘사하였다.

이 그림책에 나타난 칼데콧의 유머러스하고 풍자적인 특징은 『그림과 동요 모음집 Complete Collection of Pictures and Songs』(1877)에 실린 〈미친 개의 죽음을 위한 엘레지 An Elegy on the Death of a Mad Dog〉와 『존 길핀의 유쾌

2-17 『그림과 동요 모음집』에 실린 〈미친 개를 위한 엘레지〉(왼쪽)와 『존 길핀의 유쾌한 모험』(오른쪽) 유머러스하고 풍자적인 칼데콧 그림의 특징이 잘 드러나 있다.

2-18 『익살꾸러기 사냥꾼 삼총사』 이종인 옮김, 시공주니어. 원경, 중경, 근경을 스냅 사진처럼 묘사했다.

한 모험 *The Diverting History of John Gilpin*』(1878)과 같은 다른 작품에서도 잘 드러난다.

랜돌프 칼데콧이 구전 동요에 그림을 붙인 그림책으로는 『잭이 지은 집 *The house that Jack Built*』(1880), 『헤이 디들 디들 *Hey Diddle Diddle and baby bunting*』(1882)이 있다. 칼데콧의 『헤이 디들 디들』에는 월터 크레인의 그림책에서 볼 수 있는 동물 의인화 이상의 판타지 요소가 묘사되어 있는데, 무생물인 숟가락과 접시를 인간과 같이 팔, 다리가 달리고 의복을 걸치고 있는 것으로 표현하고 있다.

칼데콧은 건강을 위해 미국 플로리다로 갔다가 그곳에서 1886년에 사망하였다. 1938년부터 미국 도서관 협회는 그의 이름을 딴 칼데콧 상을 제정하여 그 전 해에 출판된 최고의 그림책에 수여하고 있다. 다음의 말은 칼데콧에 대한 현대의 평가를 단적으로 보여준다. "예술가는 월터 크레인의 우아하고 세밀한 재능을 좋아한다. 귀엽고 아름다운 것을 좋아하는 사람은 케이트 그린어웨이를 사랑한다. 그러나 일반대중은 랜돌프 칼데콧을 누구보다도 아끼고 사랑한다."[12]

2-19 『잭이 지은 집』 구전 동요에 그림을 붙인 것이다.
2-20 『헤이 디들 디들』 무생물을 의인화했다.

4. 20세기 초 그림책의 발전

1) 비아트릭스 포터(Beatrix Potter, 1866~1943)

(1) 생애와 작품 배경

비아트릭스 포터는 영국의 부유한 변호사 가정의 장녀로 태어났고, 미술에 조예가 깊었던 아버지의 영향을 많이 받았다. 아버지 루퍼트 포터의 스케치북은 장난기 가득한 낙서로 채워져 있었다. 아버지는 당시 비교적 새로운 분야인 사진술에 관심을 가진 아마추어 사진사이기도 했으며 포터를 데리고 다니며 유명한 일러스트레이터들의 작품을 보여주기도 했다.

포터의 유년시절 교육은 가정교사나 유모에게 받은 것이 전부였다. 당시 유복한 집안의 숙녀들은 대부분 필수 교양으로 가정교사에게 그림 스케치와 편지 쓰기를 배웠는데 그녀는 이를 매우 즐겼다. 이 글쓰기와 그림 그리기는 그림책 작업에 필수적인 소양이라 할 수 있다.

포터의 '피터 래빗 이야기 The Tale of Peter Rabbit' 시리즈는 오늘날 어린

2-21 『피터 래빗 이야기』 신지식·김서정 옮김, 프뢰벨. 훌륭한 그림책의 전형으로 지금까지도 사랑을 받고 있다.

이뿐만 아니라 많은 사람들의 사랑을 받고 있다. 포터는 『피터 래빗 이야기』를 1901년에 자비로 출판했고, 1902년에는 워른(Warne) 사에서 출판했다. 그녀는 1903년에 피터 래빗 인형의 저작권을 등록하였고, 자신이 직접 디자인한 인형을 한정본으로 만들었다. 당시 그녀가 만든 인형들은 인기가 좋았다. 포터는 이후 왕성한 작품 활동을 하였는데, 냉혹한 진실을 감추고 현실에서 벌어지는 약육강식이나 그 반대의 상황을 표현한 『사무엘 위스커스 이야기 The Tale of Samuel Whiskers or the Roly-Poly Pudding』, 이야기 속의 잔잔한 유머가 돋보이는 『파이와 파이틀 이야기 The Tale of the Pie and the Patty-Pan』, 신비로운 판타지 세계를 보여주는 『글루스터의 재봉사 The Tailor of Gloucester』, 남성들의 사회생활상을 동물들을 통해 표현한 『제레미 피셔 이야기 The Tale of Mr. Jeremy Fisher』 등이 잇따라 나왔다.[13]

포터는 평생 워른 사와 관계를 가졌는데, 워른 사의 초대 사장 프레더릭 워른의 뒤를 이은 노먼과의 작업은 사랑으로 변하였으나 결혼으로 이어지지는 못하였다. 1905년 노먼이 백혈병으로 사망하자 포터는 아름다운 레이크 디스트릭트(Lake District) 지방의 힐탑(Hill Top) 농장을 구입하여 농부의 삶을 시작하였다. 이곳이 작품 활동의 주요 무대가 되었다. 그 후 노먼의 동생 해럴드가 회사 공금을 횡령하여 워른 사는 경영 위기를 맞는다. 포터의 아이디어로 시작한 '피터 토끼' 캐릭터 상품은 워른 사에 많은 도움을 주게 된다. 포터는 30년 동안 그려왔던 그림과 자장가를 모아 1917년 『애플리 대플리 자장가 Appley Dapply's Nursery Rhymes』, 1922년 『세실리 파슬리 자장가 Cecily Parsley's Nursery Rhymes』 모음집을 출판하였다.[14]

포터는 농장을 넓힐 때 알게 된 윌리엄 힐리스(William Heelis)와 1913년 47세에 결혼하였다. 그때 이후 포터는 작품 활동을 거의 하지 못했으며, 1943년 77세에 생을 마감하며 자연보호단체 내셔널 트러스트(National Trust)에 농장과 땅을 모두 기부했다. 그 덕분에 500만평에 이르는 농장, 저택은 지금까지 잘 보존되고 있다.

(2) 작품의 특징

『피터 래빗 이야기』는 포터가 병을 앓고 있던 옛 가정교사의 아들을 위로하려고 썼던 편지글에서 비롯되었다. 물론 이 편지에는 그림도 들어가 있었다. 포터는 가족이 휴가를 보낸 스코틀랜드의 호수지방에서 동물과 꽃을 관찰, 스케치하였다. 전원에서 직접 토끼와 양을 키우며 세세히 관찰하여 그렸기 때문에 그림은 생태학적으로 정확했다. 그래서 사람이 살아가는 모습을 담았음에도 불구하고 동물을 사실적으로 묘사할 수 있었다. 인간의 모습을 한 토끼 피터와 옷을 잃어버린 후 야생토끼 같은 토끼 피터도 전혀 어색하지 않다.

피터는 호기심 많은 장난꾸러기이다. 자신의 세계를 찾겠다며 엄마의 말도 잘 듣지 않는다. 어린이의 모습 그대로다. 위험한 모험에서 안전한 집으로 돌아오는 흥미진진함과 안도감을 동시에 느낄 수 있는 이야기이다.[15] 이야기 속의 피터의 친구 '벤자민(Benjamin)'은 실제로 그녀가 처음 키운 토끼와 이름이 같은데 수명을 다해 죽고, 그녀가 두 번째 기른 토끼가 '피터'였다. 피터는 『피터 래빗 이야기』와 이후 많은 작품의 모델이 되었다. 1936년에는 월트 디즈니가 『피터 래빗 이야기』를 영화로 만들자고 제안했으나 포터는 거절했다.

포터는 『피터 래빗 이야기』를 비롯한 이 시리즈를 23권의 작은 책(144mm×110mm)으로 만들었다. 표준 판형은 1실링에 팔고, 금박이 들어간 고급 판형은 1실링 6펜스에 팔았다. 포터는 "6실링짜리 커다란 그림책보다 단 1실링짜리 그림책 두세 권이 더 낫다"고 말하였는데, 아이들이 싼 값으로 많은 책을 접하는 것이 더 좋다고 생각했기 때문이었다.[16]

1902년에 프레더릭 원른 사에서 출판한 『피터 래빗 이야기』는 1901년에 포터가 자비로 출판한 그림책과 비교하면 이야기는 더욱 간결하게, 일러스트레이션은 모두 컬러로 바뀌었다. 포터의 그림책은 때마침 완성된 사진 인쇄술

덕에 풍부한 색채감과 부드러운 톤의 분위기가 살아나 파스텔 색조의 엷은 수채화로 된 아름다운 그림책으로 완성되었다. 스테위그(Stewig)는 포터의 그림책이 일관성 있는 체제, 즉 작고 가장자리 선이 없는 클로즈업 된 일러스트레이션, 파스텔 색조의 그림, 몇 줄의 글로 이루어져 있다[17]고 말한다.

  1987년 워른 사에서 출판한 『피터 래빗 이야기』는 크기는 같았으나, 전의 것에 비해 색의 농담이 강해지고, 선이 명확해지면서 형태들이 더욱 날카로워진 경향이 있다. 한국에 소개된 『피터 래빗 이야기』는 프뢰벨 출판사에서 출판된 세 종류로 1922년판을 번역한 1996년판, 1993년판을 번역한 2000년판, 2002년판을 번역한 2003년판이 있으며 크기가 모두 다르다. 이 중 2002년에 워른사가 『피터 래빗 이야기』 출판 100주년을 기념하여 새로이 낸 그림책 속에는 면지용으로 누락되거나 전혀 사용한 적이 없는 여섯 장의 그림이 실려 있다. 또한 크기도 초판과 같다. 컬리넌과 갤더는 "『피터 래빗 이야기』는 훌륭한 그림책의 예를 보여주고 있다. 날카롭고 예술적인 포터의 눈을 통해서 본 등장인물은 생생하고 매력적이어서 어린이들이 동일시할 수 있다. 그리고 이야기(story), 등장인물, 주제, 그림, 글의 조합은 인상적이고 우아하다. 이 책

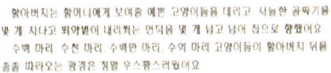

이야말로 어린이들에게 문학을 통한 놀랄 만한 경험을 제공한다"[18]고 평가하였다.

2) 완다 가그(Wanda Gág 1893~1946)

(1) 생애와 작품 배경

완다 가그는 미국의 미네소타 주에서 태어났다. 보헤미아에서 이주해온 완다 가그의 조부는 나무 조각가였으며, 아버지는 화가였다. 그녀는 1남 5녀의 형제가 모두 그림과 노래를 좋아하는 단란한 가정에서 유년 시절을 보냈다. 그러나 14세 되던 해에 아버지와 어머니가 돌아가시자, 가그는 가정의 생계를 책임지기 위해, 뉴욕에서 카드 삽화, 잡지 표지 등을 그렸다. 그녀는 카워드 매칸(Coward McCann) 출판사의 어네스틴 에번스(Ernestine Evans) 편집장에게서 삽화를 부탁받으면서 그림책을 그리기 시작했다. 가그의 그림책은 대중적인 그림책 시장이 열리면서 대중의 사랑을 듬뿍 받았고 대량으로 출판되고 판매되었다. 독특한 터치와 공간의 원근법 등은 버지니아 리 버튼, 매클로스

2-22 『백만 마리 고양이』 강무환 옮김, 시공주니어. 미국 현대 그림책의 시작을 알린 작품이다. 아래는 한글판 본문(왼쪽)과 영어판 본문(오른쪽)이다. 영어판 본문 글씨는 작가의 동생 하워드가 손으로 썼다.

키 등 이후 미국의 작가들에게 커다란 영향을 주었다. 또한 그녀는 그림과 글을 모두 작업함으로써 예술적 통합성을 느끼게 하였고, 이후 글쓰기 재능이 부족한 많은 그림 작가들이 글을 쓰도록 영향을 미쳤다.[19]

(2) 작품의 특징

『백만 마리 고양이 Millions of Cats』(1928)는 미국 현대 그림책의 시작으로 자리매김되는 작품이다. 이 작품 이전에는 그림은 보조역할만 하고 글만으로 내용 전달이 충분한 형식의 그림책이 주류를 이루었는데, 이 작품은 그림이 장식적인 요소가 아니라 본격적으로 스토리를 전달하는 일러스트레이션 전개 방식을 도입하였다. 유럽 보헤미아의 옛이야기를 소재로 하여 운기가 있는 밝은 먹으로 흑백 석판 인쇄*를 하였다. 당시 컬러 인쇄비가 비쌌으므로 그의 선화는 커다란 반향을 불러일으켰다. 더구나 오늘날 컬러로 출판하더라도 더 나은 결과를 얻지는 못하리라는 평가가 주도적이다.[20]

'한 페이지에는 글, 다른 페이지에는 그림, 또는 각 페이지마다 글과 그림을' 배치하던 시기에 장방형으로 된 화면 하나를 채워 레이아웃을 특이하게 구성하고, 독특한 원근법으로 공간을 연출한 것은 특별할 수밖에 없었다. 특히 동생 하워드의 손글씨(hand-lettering)[21]는 독특하고 아름다웠는데 이후 다른 작품에도 사용되었다. 이는 한국에서 번역 출판된 그림책의 본문 서체와 비교하면 알 수 있다.

---

* 리도그래픽 인쇄라고도 한다. 돌 위에 유성 크레용이나 물감 등을 이용하여 그림을 그린 후, 고무 용액을 칠하여 표면을 고정시킨 다음 물로 씻어내면 그림 부분은 더욱 강한 유착성을 띠고, 나머지 부분은 깨끗이 씻겨나간다. 그 표면 위에 롤러에 묻힌 잉크를 칠하면, 물과 기름이 서로 분리되는 반발 작용으로 인하여 그림 부분에만 잉크가 묻게 된다. 석판에 전사시키는 방법의 발명은 원화가 좌우로 바뀌지 않고 인쇄할 수 있게 하였으며, 대중들에게 값싸게 대량으로 인쇄물을 제공할 수 있게 하였다. 오늘날 대부분 석판 대신 아연판을 이용하고 있다.

3) 버지니아 리 버튼(Virginia Lee Burton, 1909~1968)

(1) 생애와 작품 배경

버지니아 리 버튼은 1909년 미국 보스턴 부근의 뉴턴에서 태어났으며, 샌프란시스코에 있는 캘리포니아 미술학교에서 공부했다. 매사추세츠 공과대학 초대 학장인 아버지와 시인이며 음악가인 어머니 사이에서 태어난 버튼은 과학적인 섬세함과 예술성을 함께 지니고 있었다. 그녀는 결혼 후 두 아들을 낳았는데, 만화에 빠진 장남을 위해 그림책 『명마 칼리코 Calico, The Wonder Horse』를 만들었다. 그러나 아이가 『명마 칼리코』에 무관심하자, 만화책에 대항하여 본격적으로 그림책 작업을 하기 시작했다. 처음에는 어린이들이 좋아하는 탈것을 주인공으로 한 그림책 『말괄량이 기관차 치치 Choo Choo』 (1937), 『마이크 멀리건과 증기 삽차 Mike Mulligan and His Steam Shovel』 (1939) 등을 만들었다. 『말괄량이 기관차 치치』, 『마이크 멀리건과 증기 삽차』, 『작은 집 이야기』(1942)는 그림의 나선형식 패턴과 어울리는 글의 배열이 독특하며, 과학적 기구나 탈것, 집을 말하고 느낄 수 있는 인간처럼 의인화

2-23 『작은 집 이야기』 홍연미 옮김, 시공주니어. 작가는 활자까지도 그림의 한 부분으로 삼았다.

하여 표현하고 있다.

(2) 작품의 특징

『말괄량이 기관차 치치』는 만화책의 액션, 드라마, 서스펜스 요소를 듬뿍 담은 동적인 화면 구성이 두드러진 예술적·만화적 성격의 그림책이다. 그리고 기차길의 연장선에 맞추어 씌어진 글은 역동적으로 보이며 S자 구도의 페이지에 S자 구도로 씌어진 글은 재미있고 조화롭다.

『마이크 멀리건과 증기 삽차』는 메리 앤이란 이름의 증기 삽차와 기관사 마이크 멀리건의 이야기이다. 증기 삽차 메리 앤이 지하층을 파는 것은 오늘날의 생활과는 동떨어지지만, 요즘의 유아들은 아직도 이 이야기를 좋아한다. 마지막 페이지에는 현재는 쓰이지 않는 증기 삽차의 각 부분을 그림으로 설명하여 정보를 제공하고 있다.[22]

『작은 집 이야기』는 칼데콧 메달 수상 작품이며, 두 페이지 공간을 자유롭게 사용하면서 활자의 배열까지도 그림의 한 부분으로 삼는 구도가 독특하다. 현대 사회가 안고 있는 환경보전의 문제를 주제로 하고 있다. 그리고 초승달부터 그믐달까지 달의 모양을 달리하여 한 달을, 봄·여름·가을·겨울의 일 년을 그려내고 있어 어린이들에게 자연의 변화, 시간의 개념을 알려준다. 완다 가그의 영향을 받은, 곡선으로 나타난 원근감도 독특하다. 이 집은 그녀가 살았던 글로스터의 집을 모델로 한 것이다.

2-24 『생명의 역사』, 임종태 옮김, 시공주니어. 시간의 변화를 연극 형식으로 보여준다.

『생명의 역사 Life History』(1962)는 버튼이 8년간 작업한 그녀의 마지막 작품이다. 『생명의 역사』는 시간의 변화, 역사의 변화를 우주, 생물, 동물의 생태변화 등을 통해 보여준다. 태양의 탄생으로 시작하는 지구의 생성부터 고생대, 중생대, 신생대, 현대 그리고 오늘날의 생활까지를 여러 시간 단위로 나누어 연극 형식으로 보여주는 그림책이다.

4) 루드비히 베멀먼즈(Ludwig Bemelmans, 1898~1962)

(1) 생애와 작품 배경

루드비히 베멀먼즈는 오스트리아의 티롤에서 태어났다. 그의 부모는 1914년 제1차 세계대전 발발 후 파리를 경유하여 뉴욕으로 이민을 떠났다. 아버지는 벨기에 태생으로 작은 호텔을 운영했는데, 아버지의 부정을 이유로 어머니는 이혼을 강행하였다. 그 시대에는 흔치 않았던 일이다. 그래서 그는 외할아버지 슬하에서 자랐으며, 손자가 화가가 되는 것을 반대하는 할아버지 때문에 14세에 학교를 중퇴하고 호텔 종업원으로 일하다가, 16세에 미국으로 건너갔다. 그는 미국에서 호텔 종업원으로 일하면서 그림 공부를 했다.

베멀먼즈는 리츠 칼튼 호텔에서 다양한 사람들을 그렸는데, 그의 실력을 인정한 주변 사람들의 도움으로 편안하게 그림을 그

2-25 『씩씩한 마들린느』 이선화 옮김, 시공주니어. 당시에는 보기 드문 표현주의 그림책이다.

릴 수 있었다. 그는 잠시 종업원 생활을 접고 만화가로서 삶을 시작했으나 실패하여 다시 호텔 종업원 일을 하게 되었다. 제1차 세계대전 중에 군에 자원입대하고, 전쟁이 끝나자 1918년 미국인으로 귀화하였다.

베멀먼즈는 1925년 웨스트사이드 스트리트에서 '합스부르크 하우스'라는 레스토랑을 경영하다가, 벽에 그린 그의 그림이 바이킹 출판사의 편집자 메이 마시(May Massee)의 눈에 띠어 어린이 책을 써보라는 제의를 받는다. 『한시 Hansi』(1934)라는 첫 동화책은 성공을 거두었다. 두 번째 작품 『황금 바구니 The Golden Basket』(1936)는 뉴베리 상도 안겨주었다. '마들린느' 시리즈의 마들린느는 베멀먼즈의 어머니, 부인과 딸의 모습을 섞어 놓은 캐릭터라고 한다. 1954년에 『마들린느와 쥬네비브 Madeline's Rescue』로 칼데콧 상을 받았다. 이 시리즈는 지금도 세계 어린이들의 사랑을 받고 있다.

말년에 그는 일러스트레이터의 생활에서 벗어나 유화로 순수회화를 하는 화가로서 삶을 즐기며 전시회를 열기도 했다.[23] 손자 존 베멀먼즈 마르시아노 (John Bemelmans Marciano)는 조부의 마들린느 시리즈를 계속 그리다가 최근 자신이 만든 캐릭터로 『아기양 딜라일라 Delilah』(2002)를 출판하였다.

(2) 작품의 특징

『씩씩한 마들린느 Madeline』(1939), 『마들린느와 쥬네비브 Madeline's Rescue』(1953), 『마들린느의 크리스마스 Madeline's Christmas』(1956), 『마들린느와 개구쟁이 Madeline And Bad Hat』((1956) 등 '마들린느' 시리즈는 간결하고 재미있는 시와 단순하고 분명한 그림으로 이루어져 있으며, 그림책에서는 당시 보기 드문 표현주의 양식으로 그림을 그렸다. 즉 엄청나게 키가 큰 클라벨 선생님과 똑같은 모양의 아이들이 시리즈에 주인공으로 등장한다. 베멀먼즈의 어머니가 교육받은 수녀원과 외국 학교 경험을 바탕으로 삼아 파리를 배경으로 하고 있다.

5) 닥터 수스(Dr. Seuss, Theodor Seuss Geisel, 1904~1991)

(1) 생애와 작품 배경

닥터 수스, 즉 시어도어 수스 가이젤은 미국의 독일인 이민 가정에서 태어났다. 수스의 어머니 헨리에타 수스 가이젤(Henrietta Seuss Geisel)은 수스가 어릴 적 잠들 때마다 라임(rhyme)이 있는 노래를 불러주었으며, 이는 수스가 라임이 들어간 이야기를 쓰는 데 적지 않은 영향을 미쳤다. 수스는 스프링필드에서 어린 시절을 행복하게 보냈고, 다트머스 대학(Dartmouth College)에서 바쁜 청년시절을 보냈다. 그는 다트머스의 유머 잡지인 〈잭 오 랜턴 *Jack-O-Lantern*〉의 편집장이었으나, 얼마 지나지 않아 친구들과 벌인 술 파티 때문에 편집장에서 물러났다. 그러나 수스는 필명 'Seuss'를 쓰며 잡지 일을 계속했다. 수스는 그의 중간 이름이자, 어머니의 결혼 전 이름이었다. '닥터 수스'라는 이름은 아들의 이름 앞에 닥터가 붙는 것을 오랫동안 바란 아버지를 위하여 만들었다고 한다. 1956년 수스가 다녔던 대학에서 그에게 명예박사학위를 수여했다.[24]

아버지는 수스가 대학교수가 되기를 원했기 때문에 그는 졸업 후 영국의 옥스퍼드 대학교(Oxford University)에 진학하였다. 그러나 학교 공부에 흥미를 느끼지 못해 유럽에 가기로 결정한다. 한편 그는 옥스퍼드에서 첫 부인이자 어린이책 저자 겸 편집자인 헬렌 팔머(Helen Palmer)를 만난다. 미국으로 돌아온 수스는 만화가로서의 일을 계속하며 〈새터데이 이브닝 포스트 *The Saturday Evening Post*〉와 다른 출판물의 일을 하기도 했다. 이후 그는 15년간 광고 일에 매달렸다. 제2차 세계대전 즈음, 그는 정치만화가로서 잡지 〈피엠 PM〉이나 자유주의 출판에 참여하게 된다. 또한 그는 훈련 영화(trainig movie)를 만드는 미육군 프랭크 카프라의 통신대(Frank Capra's Signal Corps: U.S. Army)에서 일하며 애니메이션 영화, 훈련 영화 필름들을 개발하는 데도

2-26 『모자를 쓴 고양이』 Random House Group. 읽기 기술을 가르치는 말놀이 책이다.

참여하였다.

 수스가 〈라이프 Life〉, 〈배너티 페어 Vanity Fair〉, 〈저지 Judge〉 등 여러 잡지 일을 하던 중 바이킹 출판사가 그에게 『보너스 Boners』에 들어갈 그림을 의뢰한다. 책은 상업적으로 성공하지는 못했지만 그가 어린이 문학에 들어서는 계기를 만들어주었다.[25] 1967년 부인이 죽자 옛 친구 오드리 스톤 가이젤(Audrey Stone Geisel)과 재혼하였다. 그녀는 수스의 후기 작품에 영향을 미쳤으며, 현재 닥터 수스 기업의 대표로서 수스의 유산을 관리하고 있다.

 수스는 바버러 커틀랜드(Babara Cutland) 이후 가장 많은 작품을 출판한 작가이다. 그의 작품 『녹색 계란과 햄 Green Eggs and Ham』(1960)은 영어문화권에서 세 번째로 많이 팔린 책이다. 1937년 그의 첫 번째 어린이 책 『멀버리 거리에서 보았던 것을 생각하다 And To Think That I Saw It On Mulberry Street』가 출판되었다. 이 책은 1936년 유럽여행 중 배 엔진소리의 리듬을 들

고 썼다고 한다. 43개 출판사로부터 출판을 거절당했으나 친구가 출판해주어 성공을 거두었다.

　1954년 수스는 〈라이프〉지에서 학교 어린이들의 문맹에 대한 기사를 읽고, 어린이책이 너무 지겨워 어린이들이 읽는 데 어려움을 겪고 있다는 것을 알게 되었다. 출판업자는 수스에게 중요한 어휘 400단어의 목록을 보내 250 단어(출판업자가 생각한 초등학교 1학년 아동이 한번에 수용할 수 있는 단어의 수)로 줄여 작품을 써달라고 요청하였다. 9개월 뒤 222단어로 된 『모자를 쓴 고양이 The Cat in the Hat』(1957, 1985)가 출간되어 큰 성공을 거두었다. 이 인기 있는 시리즈는 매력적인 글과 난폭한 그림을 결합시켜 기본적인 읽기 기술을 가르치는 말놀이 책이라고 할 수 있다. 이 작품은 어린이들을 재미 없는 읽기 교과서로부터 흥분이 가득한 무한한 상상의 영역에 풀어주었다[26]는 평가를 받는다. 1960년 베넷 서프(Bennet Cerf)는 수스에게 50단어로 작품을 쓴다면 50달러를 내겠다고 했는데, 그 결과 탄생한 작품이 『녹색 계란과 햄』이다.

수스는 작가이자 삽화가로서 44권의 어린이책을 출판하였다. 그 중에는 오디오 카세트, TV 특별 프로그램, 다양한 연령의 어린이를 위한 비디오, 그리고 영화로 제작된 것도 있다. 그는 사후에도 여전히 세계적인 베스트셀러 어린이책 저자이다. 닥터 수스는 1945년 히틀러에 관한 다큐멘터리 『독일에서 당신이 저지른 과오 Your Job In Germany』로 아카데미 상을 받는 등 세 번이나 같은 상을 받았다. 또한 그는 1951년 시사만화 『제럴드 맥보잉 보잉 Gerald McBoing Boing』으로 오스카 상을 받았으며, 1984년에는 '반세기 동안 미국 어린이와 부모의 교육과 즐거움에 공헌한 공로' 로 퓰리처 상을 받았다. 그리고 TV만화 특집으로 피버디 상을, 어린이책으로는 1980년 로라 잉겔스 와일더 상(Laura Ingalls Wilder Award)과 칼데콧 명예상을 세 번 수상하였다.

수스는 중요한 목적을 달성하기 위해 난센스를 사용한다. 그는 이야기의 아이디어를 스위스의 글레취(Gletch)에 사는 사람들에게서 얻는다고 했으며, 동물에 대한 관심은 어릴 때 아버지와 동물원에 갔을 때 싹텄다고 했다. 어린 수스는 동물 우리 밖에서 동물의 그림을 하나하나 자기 식으로 그렸다고 말한다. "그러나 진짜 동물 그림이 아니라 내 방식대로 그렸다. 나는 화가가 아니라 만화가(cartoonist)이기 때문이다." 닥터 수스는 두 번째 부인 오드리가 데려온 두 아이를 함께 키웠고 더 이상 아이를 낳지 않았다. 그는 "나는 2억의 아이들이 있어. 그 아이들로 충분하다"고 말했다.[27]

(2) 작품의 특징

너서리 라임(Nursery Rhyme)과 마더 구스(Mother Goose)의 시적 리듬, 각운(rhyme), 난센스, 두운(alliteration)은 닥터 수스, 모리스 센닥 등 현대 작가의 작품과 관계가 깊다. 특히 닥터 수스는 시적인 난센스 작품의 유일무이한 전형을 『코끼리 호튼이 부화시킨 알 Horton Hatches the Egg』과 『녹색 계란과 햄』에서 보여준다.[28] 그러나 한편으로 닥터 수스의 그림책은 영어의 각운과 두운을 많이 사용하고 있는 탓에 한글로 번역되었을 때 그 느낌을 살리기 어렵다. 그래서 작품 수가 많지만 한국에 번역된 책은 상대적으로 적다. 그의 후기 작품은 상업주의, 환경 오염 등 사회적인 문제를 주제로 다루는 작품이 많다.

닥터 수스에게는 하나의 선이나 단어로 다양한 유머를 표현하는 만화가로서의 재능이 있었다. 그는 흩어지지 않는 그림과 글로 유아들이 가장 좋아하는 종류의 유머를 창조했다. 끝없는 말놀이, 불일치하는 상황, 역동성, 사악한 것에 대한 징계 등이 그런 유머이다. 그의 영웅들은 야만적인 힘 때문이 아니라 삶의 일상적인 순환 때문에 이긴다. 그리고 용감하게 살아남아 영웅들은 다시 소생한다.

닥터 수스는 거북 예틀(Yertle), 코끼리 호튼(Horton), 로락스(Lorax) 등 매우 재미있는 등장인물들을 창조하였고, 과장된 만화적 일러스트레이션은 그들을 기억에 남는 인물로 만들었다. 그의 작품에 등장하는 인물 중 사람은 대부분 어린이들이다. 나머지는 이상하고 우스꽝스러운 괴물처럼 보이며, 오히려 동물들은 우스운 사람들처럼 보인다.

예컨대 한 소년의 끝없는 상상을 그린 『멀버리 거리에서 보았던 것을 생각하다』(1938), 왕의 권위와 대조적인 한 소년의 끝없는 모자 생산을 그린 『바솔러뮤 커빈즈의 모자 500개

2-27 『바솔러뮤 커빈즈의 모자 500개』 김혜령 옮김, 시공주니어. 수스는 하나의 선이나 단어로 다양한 유머를 표현하는 작가이다.

2-28 로버트 매클로스키의 『아기 오리들한테 길을 비켜 주세요』 이수연 옮김, 시공주니어. 시선의 위치를 테마로 다루어 화면을 구성한 최초의 그림책.

The 500 Hats of Bartholomew Cubbins』(1938), 책임감 있고 사랑스러운 코끼리가 받은 정당한 행운을 그린 『코끼리 호튼이 부화시킨 알』(1940) 등이 그렇다.

『그린치의 크리스마스 훔치기 How The Grinch Stole Christmas』(1957)에서는 크리스마스의 현대적 물질주의를 고발하고 크리스마스의 진정한 정신을 강조한다. 이 작품은 영화로도 만들어졌다. 『로락스 The Lorax』(1971)에서는 자연생태에 가한 인간들의 무자비한 착취를 고발하고 있다.

『거북 예틀 외 여러 이야기 Yertle the Turtle and Other Stories』(1958)는 전통적이며 대중적인 도덕을 거북들을 통해서 표현한다. 거북 예틀은 멀리 보려는 욕망에 사로 잡혀 거북들에게 자기 아래로 높은 탑을 쌓으라고 명령한다. 결국 거북들의 배고픔과 고통을 무시한 예틀은 꼭대기에서 아래로 떨어져 죽고 만다. 『미스 봉커 Miss Bonker』(1998)는 유작인데, 수스가 완성하지 못한 것을 잭 프레루츠키(Jack Prelutsky)가 글을 쓰고 레인 스미스가 그림을

그려 완성했다. 특별한 선생님에 대한 이야기이다.

6) 로버트 매클로스키(Robert McClosky, 1914~)

(1) 생애와 작품 배경

　로버트 매클로스키는 미국 오하이오 주에서 태어났으며, 어릴 때 피아노, 하모니카, 드럼, 오보에를 배우면서 음악가가 되리라 생각했다. 그 후 전자기계를 분해하고 조립하는 것을 좋아하여 회전 크리스마스 트리까지 발명하였다. 그러다가 자신의 머리 속에 그리스 신화 속의 이상한 동물들이 가득 차자 그림을 그리기 시작하는데 주위로부터 주목을 받지 못하였다. 바이킹 출판사의 편집자는 좀더 현실적인 이미지를 그려보라고 제안한다. 그는 편집자의 제안을 받아들여 자신의 어린 시절과 평범한 일들을 되새기기 시작했다.

그는 환상을 그리는 대신 평범한 일상에 초점을 두기로 마음먹는다. 첫 작품 『렌틸 Lentil』(1940)은 그의 어린 시절의 경험에서 우러나온 것이다. 두 번째 작품 『아기 오리들한테 길을 비켜 주세요 Make Way For Ducklings』(1941)는 보스턴에서 미술학교를 가기 위해 지나가야하는 보스턴 시민 공원(Boston Public Garden)의 오리들을 주목하여 그림책으로 만든 것이다. 그는 "나는 그런 동물을 그리게 되리라고는 생각하지도 못했다"고 하였다. 그는 작품을 위하여 자신의 아파트에 몇 주 동안 틀어박혀 크리넥스 박스와 스케치북으로 무장하고 오리들을 관찰했다. 심지어는 목욕통 속에 넣고 헤엄치는 것을 관찰하기도 했다.[29]

그는 자신의 일상에 초점을 맞추면서 생활의 일부를 그린 작품을 많이 출판했다. 『어느 날 아침 One Morning in Maine』(1952), 『샐의 블루베리 Blueberries For Sal』(1948), 『기적의 시간 Time of Wonder』(1957), 『어부 버트 다우 Burt Dow Deep-Water Man』(1963) 등은 인간과 자연의 가능한 조화를 보여준다. 매클로스키는 파노라마적 배경을 중심으로 화면을 전개시킨 장 드 브루노프(Jean de Brunhoff)의 '바바' 시리즈의 영향을 받았으며, 그도 이후 많은 작가들에게 영향을 미쳤다.[30] 그는 『아기 오리들한테 길을 비켜 주세요』와 『기적의 시간』으로 칼데콧 메달을 수상했다.

(2) 작품의 특징

『아기 오리들한테 길을 비켜 주세요』는 역사상 매우 유명하고 사랑받는 그림책이다. 시선의 위치를 테마로 다루어 화면을 구성한 최초의 그림책이다. 즉 시선을 수직으로 확대시켜 하늘에서 내려다본 지상의 모습, 지면에서 하늘을 올려다보는 시각에서 포착한 장면을 보여준다. 영화, 사진 등 시대적인 시각 매체의 변화를 재빨리 터득하고 이해하여, 어린이의 세계로 끌어들인 매클로스키의 노력은 그림책에서 중요한 변화를 가져왔다.

그는 장식 없는 콘테의 필치로 석판화를 사용하는데, 부드러운 갈색으로 재복사된 일러스트레이션은 석판화 특유의 멋을 보여준다.[31] 완다 가그와 마찬가지로 제2차 세계대전 중 경제적 어려움 속에서 흑백 선화 작업에 탁월한 능력을 발휘했다.

『샐의 블루베리』는 엄마와 샐이 블루베리를 따러 갔다가 겨울잠을 자기 전에 블루베리로 배를 채우려는 엄마 곰과 아기 곰을 만나며 겪는 특이한 이야기이다. 그림은 흑백의 드로잉인데 그림책 비디오로 만든 작품에는 그림에 갈색 톤이 들어가 있다.

『어느 날 아침』은 젖니가 빠지는 샐의 특별한 경험과 관련된 이야기로 메인의 아침 나절에 일어난 일들을 그리고 있다. 흑백인 이 그림책에서도 매클로스키의 드로잉 기량이 돋보인다.

5. 20 세기 그림책의 역사1 - 미국

1) 모리스 센닥(Maurice Sendak, 1928~)

(1) 생애와 작품 배경

모리스 센닥은 폴란드에서 미국으로 이민을 간 유대인의 아들로 뉴욕에서 태어나 브루클린에서 자랐다. 센닥은 어릴 때 홍역, 폐렴, 성홍열을 앓아 몸이 몹시 허약하였다. 바깥에서 아이들과 뛰어놀 수도 없어서 침대에 누워 많은 시간을 보내야 했다. 침대에 누워 그가 할 수 있는 일은 침실 창문을 통해 바깥을 관찰하는 것이었다. 그는 창 밖에 있는 사물과 사람을 그리기도 하고, 책도 읽었다. 그리고 영화, 음악, 공상으로 하루하루를 보냈다. 이것은 모리스 센닥

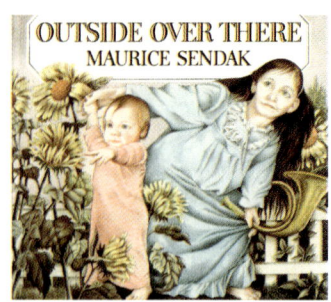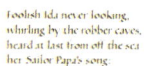

2-29 『창 밖 저 멀리』 HarperCollins Publishers. 여러 가지 예술적 요소를 결합해 신비한 세계를 창조하고 있다.

이 그림책 작가로 성공하는 바탕이 되었으며, 그의 불행한 어린 시절 덕에 현재 많은 어린이들이 그의 그림책에서 행복을 얻고 있다고 해도 지나친 말은 아닐 것이다. 그는 "나는 어렸을 때 이미 어느 누구에게도 의존하지 않는 나를 발견했고, 한편으로 다른 아이들한테서도 고립되어가는 나를 보게 되었으며… 그 점이 나를 예술가로 성장하게 해주었다"고 술회하고 있다. 센닥의 아버지가 들려준 즉흥적인 이야기와 옛이야기들도 그의 작품을 형성시킨 중요한 원천이었다.[32]

센닥은 다른 사람의 글에 그림을 그리는 일을 계속하다가, 센닥의 재능을 눈여겨 본 유명한 출판사 하퍼 앤 브라더스(Harper & Brothers)의 편집자인 우슐라 노드스톰(Ursula Nordstrom)의 권유로 첫 그림책 『로지네 현관의 표지판 The Sign on Rosie's Door』을 펴낸다. 이 책은 아직 우리나라에는 번역되지 않았지만 어린이들이 따분한 여름날을 어떤 상상과 놀이를 하며 즐겁게 보낼 수 있는지 보여준다. 또한 센닥이 어린이들의 상상세계를 얼마나 잘 알고 있는지 다시 한번 놀라게 한다. 센닥이 그림책에서 보여주고자 하는 초점은 어린이들이 다양한 감정들의 지배를 받으며, 또 어떻게 그 감정들을 성공적으로 조절하고 통제해가며 성장해가는가 하는 것이다. 바로 이 점이 우리 시대

어린이들에게 그의 그림책이 중요한 의미를 갖는 이유일 것이다.

센닥은 그림책마다 이야기에 적당한 다양한 그림형식을 사용하였다. 19세기 삽화로부터 21세기 만화까지 위대한 일러스트레이터의 화풍과 업적을 학습하면서 그는 자신의 자질과 개성을 축적하였다. 센닥 스스로 "칼데콧에게서 유머와 이야기 전달의 테크닉을 배웠다. 그리고 디즈니에게 판타지 세계를 배웠다"고 말했다. '꼬마 곰 Little Bear' (1957) 시리즈와 『괴물들이 사는 나라』는 독특한 선묘화로 그려졌으며, 『깊은 밤 부엌에서 In The Night Kitchen』 (1970)는 만화와 대중예술인 팝아트*의 합성이라 할 수 있다. 그리고 『창 밖 저 멀리 Outside Over There』(1981)에서는 르네상스, 영국과 독일의 낭만주의, 라파엘 전파(Pre-Raphaelite Brotherhood)의 미술, 현대 영화의 요소를 융합해 신비한 세계를 창조하고 있다. 샬롯 졸로토(Charlotte Zolotow)의 글에 그림을 그린 『토끼 아저씨와 멋진 생일 선물 Mr. Rabbit and Lovely Present』 (1962, 1990)은 인상주의풍의 그림으로 부드럽고 다양한 수채화의 음영을 사용하여 저워의 모습을 창조했다.[33]

센닥은 『괴물들이 사는 나라』로 1964년 칼데콧 상을 수상하여 세계적 그림책 작가로 부상하였다. 또한 『깊은 밤 부엌에서』와 『창 밖 저 멀리』로 여러 가지 상을 수상하였다. 그리고 50년의 역사를 가진 국제어린이도서협의회(IBBY)에서 세계 아동문학에 끼친 작가의 종합적인 업적을 인정하는 의미로 수여하는 한스 크리스티안 안데르센 상을 1970년에 수상하였다. 최근 스웨덴 정부는 『내 이름은 삐삐 롱 스타킹 Pipi Langstrumpt』 등 많은 훌륭한 작품을 남기고 세상을 뜬 린드그렌을 기리며 린드그렌 상(Lindgren Memorial Award for Literature)을 만들었으며, 그 첫 번째 수상자로 모리스 센닥을 결정했다.[34]

---

*Pop Art: 일상생활의 일반적인 물건을 묘사하고 상업 미술로부터 시각적 테크닉을 사용하는 예술의 한 형태이다.

센닥은 평소 고전음악, 특히 모차르트 음악을 좋아하여 〈마적 *Magic Flute*〉의 세트와 의상을 직접 디자인하였다. 나아가 〈호두까기 인형〉을 무대에 올리고 영화로 만들기도 했다.[35]

그리고 1990년 어린이들을 위해 '깊은 밤 부엌'이라는 극장을 만들어 연극 〈피터팬〉과 연극 〈헨젤과 그레텔〉을 제작 상연하였다. 센닥은 그림책 이외의 다른 예술 활동을 하면서도 자신의 작가적인 상상력과 창의력이 반영되도록 계약을 맺고 일을 하였다.

(2) 작품의 특징

모리스 센닥의 그림책은 어린이 그림책 역사에 새로운 전기를 마련하였다. 특히 그의 그림책은 환상을 다루는 그림책(이후 판타지 그림책)의 주제, 형식, 소재, 등장인물에 큰 변화를 가져왔고, 이후 그림책 작가들에게도 큰 영향을 미쳤다. 센닥 이전의 판타지 그림책들은 어린이의 친숙한 일상생활을 배경으로 어린이다운 천진성이나 상상을 곁들인 것이 대부분이었다. 등장하는 어린이들도 순진무구하고 예의바른 아이들이었다.

반면 센닥의 그림책 『괴물들이 사는 나라』(1963)에는 "내가 엄마를 잡아먹어 버릴 거야!"와 같은 말이 나오고, 무서운 괴물이 등장한다. 이 그림책이 출판되었을 때 많은 부모와 교사들은 경악을 금치 못하였고 도서관에서 책을 대출해주지 않으려는 일까지 벌어졌다. 그러나 어린이들은 자신과 닮은 주인공 맥스를 동일시하며 생활에서 느끼는 자신들의 분노를 책을 통해 해소하였다. 이는 센닥이 어린이들의 두려움, 분노, 기쁨 등을 어린이의 처지에서 적극적으로 글과 그림을 통해 잘 표현하고 있기 때문이었다. 맥스가 엄마에게서 꾸중을 듣고 들어갔던 괴물나라는 현실의 분노를 이완시켜주는 환상의 세계이다. 어떤 여덟 살짜리 어린이는 "괴물들이 사는 나라에 가는 데 돈이 얼마나 들어요? 비싸지 않다면 동생과 내가 여름을 그곳에서 보냈으면 해요"라고 센

닥에게 편지를 보내기도 했다.[36]

『깊은 밤 부엌에서』(1970)가 출판되었을 때 주인공 미키의 벌거벗은 모습은 미국의 부모와 교사들에게 또 한번의 충격을 안겨주었다. "어린이들은 현실세계와 환상세계 두 세계에 살고 있다"고 말하는 센닥은 어린이들의 세계를 잘 이해하고 있으며, 그것을 그림책에 담았다. 이렇게 센닥이 어린이들의 마음을 잘 이해하는 작가가 될 수 있었던 것은 자신이 불행한 어린 시절을 보내면서 어린이가 느끼는 고통과 두려움, 나아

2-30 『깊은 밤 부엌에서』 강무홍 옮김, 시공주니어. 만화와 대중예술인 팝 아트의 합성 작품이다.

가 기쁨까지를 깊이 체험하고 기억했기 때문이다. 센닥은 칼데콧 상 수상 소감에서 "어린이들은 매일매일 두려움, 걱정과 같은 고통스런 감정을 갖고 살아가고 있고, 나름대로 그것을 이겨내려고 노력하고 있는데 어른들은 그런 사실을 너무 쉽게 무시한다. 어린이들이 환상세계를 통해 카타르시스를 얻음으로써 그러한 감정을 다스린다면 더 이상 좋은 방법은 없다"고 말했다.[37]

『괴물들이 사는 나라』, 『깊은 밤 부엌에서』와 우리나라에서는 번역 출판되지 않은 『창 밖 저 멀리』는 '모리스 센닥의 삼부작 그림책'이라고 불린다. 이 삼부작은 집에서 모험을 떠나 다시 집으로 돌아오는 패턴이다. 『괴물들이 사는 나라』에서는 괴물들이 사는 나라로 모험을 떠났다 집으로 돌아오고, 『깊은 밤 부엌에서』는 자신의 침대에서 환상의 부엌으로 가서 모험을 한 뒤 자신의 침대로 돌아온다. 『창 밖 저 멀리』에서는 동생을 돌보는 것을 게을리한 언니이다가 고블린에게 빼앗긴 동생을 찾으러 모험을 떠났다가 동생을 찾아 집으

2-31 『괴물들이 사는 나라』 강무홍 옮김, 시공주니어. 어린이들은 주인공과 동일시하며 자신의 분노를 해소한다. 주인공들은 환상세계로 모험을 떠났다가 현실세계로 돌아온다. 오른쪽은 『깊은 밤 부엌에서』 중의 한 장면이다.

로 돌아온다. 이렇게 삼부작의 결말은 최종 기착지를 안전한 집으로 설정하여 어린이들에 안정감을 주고 있다.

이 세 그림책에서는 적극적으로 자신의 의지로 모험을 떠나, 일을 마치고 돌아오는 자신감 있는 어린이의 모습을 표현하고 있다. 그리고 주인공들이 현실세계에서 일어나는 분노, 두려움, 그리고 죄책감 등과 같은 감정을 어떻게 환상세계로의 여행을 통해 통제하면서 자신의 성장을 도모하는가를 보여준다. 이 과정을 성공적으로 완수하는 어린이에 대한 경이를 센닥은, 승리자 헨리 5세와 같은 천막 앞에 선 맥스, 아침 해의 빛나는 영광을 한 몸에 얻은 구세주와 같은 미키, 동생을 악으로부터 구출하는 성모 마리아와 같은 이다로 표현하고 있다.[38]

『괴물들이 사는 나라』에서는 장면을 독특하고 뛰어나게 구성하여 그림책 구성형식의 변화를 보여주었다. 맥스가 괴물들이 사는 나라에 도착하기까지는 화면 그림의 크기가 점점 커지다가, 맥스가 괴물들이 사는 나라에서 겪는

모험 중 절정에 해당하는 괴물들과 신나게 노는 연속적인 양쪽 세 장면은 전면이며 글도 없다. 그리고 맥스가 집으로 돌아오는 장면에서는 그림 크기가 점점 작아진다. 화면의 크기는 바로 환상의 크기를 나타낸다고 할 수 있다.[39] 그리고 그림책에 표현된 충혈된 눈, 큰 코, 커다란 이빨, 퍼머한 머리, 닭 볏을 가진 괴물들은 센닥이 어릴 때, 괴물처럼 위협적으로 느꼈던 친척 아저씨와 아주머니에게서 연상한 것이라고 한다.[40]

『깊은 밤 부엌에서』의 그림은 만화풍이다. 센닥은 어린 시절 병으로 누워 있을 때 미키마우스 등 디즈니 등장인물이 주인공인 만화책을 즐겼는데, 이 미키마우스의 이미지와 이름을 이 책에 사용하였다. 그리고 맥스의 연속 동작을 표현하기 위해 만화에서처럼 네 개의 분할 장면을 사용하였다.

이 그림책은 "당신이 잘 동안 우리는 빵을 만든다"는 한 제빵 회사의 광고에서 영감을 얻어 씌어졌다고 한다.[41] 이 그림책을 쓰기까지 센닥은 개인적으로 비극적인 사건들을 겪었고, 그러한 사건의 영향은 작품에 스며들어 있다.

센닥은 어머니를 암으로 잃고, 애견 제니도 죽어서 심장발작을 일으키기도 했는데, 그 후 아버지까지 돌아가시자 뉴욕을 떠나 코네티컷으로 이사를 한다. 센닥은 "뉴욕 시에 작별인사를 하는 마음으로 그림책 작업을 하였다. 주인공 미키가 케이크로 구워지기 전에 반죽에서 나온 것은 나의 죽음과도 같은 절망을 극복한 것을 상징한다"고 말했다. 이 책은 부엌을 '거대하고 아름다운 쓰레기'로 장식한 독특하고 현대적인 그림책이다. 작가는 글을 통해서 타인에게 메시지를 전하기도 하지만, 한편으로 글을 쓰는 과정에서 자신의 아픔을 치유한다는 것을 이 그림책의 제작 배경에서 확인할 수 있다.

나아가 센닥의 삼부작 중 마지막인 『창 밖 저 멀리』는 센닥 스스로 어릴 때의 상처를 치유하는 작품이라고 말했다. 센닥이 네 살 때 한 유명한 비행사의 아기가 유괴 되는 사건이 있었는데, 무척 아팠던 센닥은 그 아기가 돌아오면 자신도 병이 나을 것이라는 막연한 희망을 갖고 있었다. 그러나 끝내 아기는 돌아오지 않았고, 그 사건은 센닥의 마음에 오랫동안 상처로 자리 잡고 있었다. 『창 밖 저 멀리』는 센닥 자신에게는 개인적으로 가장 중요한 작품이었지만, 앞의 두 작품과는 달리 크게 인기를 끌지는 못했다.

2) 토미 웅거러(Tomi Ungerer, 1931~)

(1) 생애와 작품 배경

토미 웅거러는 프랑스 스트라스부르(Strasbourg)에서 형제 중 막내로 태어났으며, 패혈증으로 아버지를 잃고 제2차 세계대전을 겪으면서 아동기를 보냈다. 웅거러의 어머니는 대공항으로 경제적 고통을 겪자, 네 자녀를 이끌고 친정집으로 갔다. 그 곳은 콜마(Colmar) 근교의 로젤바크(Logelbach)였으며, 웅거러는 조부모 댁에서 보낸 어린 시절이 행복했다고 회상한다. 별 다른 제약 없이 예술적, 문화적 취향을 발달시키기에 좋은 환경이었다고 한다. 그는

"나는 책에 대한 존경과 사랑을 가지고 자랐다."고 말했다. 어머니는 독일과 여러 지방의 전설을 들려주었고, 근처의 미술관도 그의 그림세계에 많은 영향을 미쳤다.[42]

웅거러는 자신의 그림책에 무서운 강도, 어린이를 잡아먹는 거인, 뱀 등이 등장하는 것은 어린 시절 전쟁 중 폭격을 피해 지하실에서 살았을 때의 경험에 뿌리를 두고 있다고 말한다.[43] 이 시기 동안 그는 전쟁을 혐오하고 나치즘을 증오하게 되었다. 독일 체제 하에서 학교를 다니는 동안, 그리고 전쟁이 끝난 후 프랑스 교사들의 학생들에 대한 비난과 부당한 대우 속에서 학교를 다니면서 가치관의 혼란을 느낀 웅거러는 학교를 자퇴하고 도보로 유럽 여행을 떠났다. 이것은 그가 화가의 길로 들어서는 데 중요한 계기가 되었다.

고향인 스트라스부르로 돌아온 웅거러는 1953년 잠시 미술학교에서 그래픽 아트를 공부하였다. 웅거러는 스트라스부르에 있는 미국 문화센터와 풀브라이트(Fulbright) 장학생들을 통해 미국 문화를 접할 수 있었는데, 특히 그는 다양한 미국 문화 중에서 〈뉴요커〉의 풍자적인 그림에 푹 빠졌다. 이를 계기로 웅거러는 1956년 미국으로 떠났다.

당시 웅거러의 눈에 뉴욕은 자유롭고 편견이 없으며, 모든 것이 가능한 도시였다. 그는 다행이 모리스 센닥에게도 많은 도움을 주었던 우슐라 노드스톰을 만나 계약을 맺고 첫 그림책 『멜롭스 하늘을 날다 Mellops Go Flying』(1957)를 출판하여 성공을 거두었다. 후에 돼지 가족에 관한 '멜롭스' 시리즈를 잇따라 출판하였고, 〈뉴욕 헤럴드〉의 춘계 아동도서 명예상도 받았다. 웅거러는 어린이책을 출판하면서 〈뉴요커〉 등 다양한 잡지에 그림을 그리기도 했다. 그는 뉴욕에서 부를 얻고 재능을 인정받은 일러스트레이터가 되었다.[44] 또한 베트남 전쟁에 반대하는 그의 포스터는 세계 전역으로 팔렸고, 세계에서 가장 풍자적이고 유머러스하며 데생이 뛰어난 화가 중의 하나라는 명성을 얻었다.[45]

1970년대에 들어서 웅거러는 아내와 세 자녀를 이끌고 캐나다의 아름다운 반도 노바 스코티아(Nova Scotia)로 거처를 옮겼다가 얼마 뒤 아일랜드로 이주한다. 그는 자녀 양육에 애쓰는 한편, 뉴욕을 객관적으로 바라보는 시간을 갖는다. 웅거러는 1970년대 이후, 자신의 뿌리인 스트라스부르에 있는 박물관과 연계를 두텁게 하였고, 그림책보다는 다양한 성인용 책을 출판하였다. 최근에는 사회비판적 성격을 띤 그림책을 출판하는 한편 성인용 책과 포스터 아트 부분에서도 명성을 얻고 있다. 그의 작업은 어떤 종류의 것이든 항상 인간 사회를 향하고 있다. 즉 어린이의 특권인 진리를 찾는 데 비판적인 예술을 사용한다.[46] 그는 1998년 한스 크리스티안 안데르센 일러스트레이터 부문 상을 받았다.

지난 2003년 2월 28일에 70대 초반의 웅거러는 에리히 케스트너*상을 받고 기뻐하면서 이를 큰 의미로 받아들였다. 2003년은 알사스 지방에서 프랑스와 독일이 화해한 지 40년이 되는 해인데, 독일의 문학상을 알사스 출신의 프랑스인 토미 웅거러가 받았던 것이다.

웅거러는 수상 강연에서 다음과 같이 소감을 밝혔다.

"케스트너가 글에 담은 것을 나는 그림으로 그렸다. 케스트너와 나는 세상의 악, 인간의 어리석음에 대한 분노와 슬픔을, 웃음을 자아내는 유머를 무기로 사용하여 글을 쓰고 그림을 그렸다는 점에서 같은 피를 가진 예술가라 할 수 있다. 우리의 힘으로 세상을 변화시키는 것은 어렵지만, 그것이 아무리 작은 것이라도 무엇인가는 해야만 한다. 특히 재능을 부여받은 사람은 사회의 선을 위해 재능을 사용해야 한다. 그것이 재능을 부여받은 이유이기 때문이다. 많은 사람들이 그것을 잊어버리고 있다. 선한 의지에서 나온 유머는 세상

---

*Erich Kästner: 케스트너(1899~1974)는 『하늘을 나는 교실』, 『에밀과 탐정들』, 『내가 어렸을 때』, 『5월 35일』 등 많은 작품을 남긴 독일의 어린이책 작가이다.

을 변화시킬 수는 없지만, 전염병처럼 퍼져 나가서 세상 여기저기의 고통을 줄일 수는 있다. 세상은 무서운 곳이긴 하지만, 그리고 점점 나빠지고 있지만, 때때로 기적이 일어나기도 하는 곳이다."[47] 우리는 웅거러의 그림책에서 작은 소녀들— 티파니, 제랄다, 알루메트— 의 선한 의지가 세상을 변화시키는 기적을 볼 수 있다.

(2) 작품의 특징

웅거러의 작품에 등장하는 어린 주인공은 다른 작가들의 작품에 나오는 어린이와 매우 다르고 특이하다. 『세 강도 *Die Drei Rauber*』(1961)에서 어린 고아 소녀 티파니는 세 강도를 만나지만 전혀 두려워하지 않고 오히려 세 강도를 만난 것을 기뻐하여 강도들을 당황스럽게 한다. 티파니의 선입견 없는 태도와 질문은 강도들을 박애주의자로 변하게 한다.

『제랄다와 거인 *Zeraldas Riese*』(1967)에서 소녀 제랄다는 음식으로 야수를 다루는 조련사의 역할을 한다. 바위에서 미끄러져 길바닥으로 떨어진 거인의 얼굴을 닦아주고, "난 배가 몹시 고파!" 하는 거인의 앓는 소리에 시장에 팔러 가던 재료로 음식을 만들기 시작하는 제랄다는 아이를 먹고 싶다는 거인의 생각을 바꾸게 하고, 마찬가지로 거인의 친구들까지도 생각을 바꾸게 하여, 결국은 많은 아이들을 위험에서 구한다. 나아가 흉측한 거인의 모습도 온순한 모습으로 변하게 만든다.

한국에는 아직 출판되지 않은 『알루메트 *Allumette*』(1974)에서 누더기 소녀 알루메트*는 안데르센 동화의 성냥팔이 소녀처럼 기도를 한다. 그런데 안데르센의 『성냥팔이 소녀』와는 달리, 알루메트는 현실에서 자신이 원하는 모든 보물을 얻는다. 그리고 쏟아져나온 보물로 가난하고 불쌍한 사람들을 구

---

*프랑스어로 '알루메트'는 '성냥'이라는 뜻이다.

2-32 『세 강도』 양희전 옮김, 시공주니어. 웅거러의 책은 상징적이고 극적인 색으로 담긴 이야기를 잘 드러낸다.

하는 데 앞장선다. 횃불 크기의 큰 성냥을 들고 있는 선동적이며 감동적인 모습으로 돈 많고 힘이 있지만, 인색한 사람들의 대표라고 할 수 있는 빵장수와 그의 아내를 변화시킨다. 알루메트는 후원자들도 생겨 자신뿐 아니라 다른 사람들까지도 사회에 봉사하는 가치 있는 삶을 살도록 이끈다.[48]

 이 세 편의 그림책을 보면 나약하게만 보이는 작은 소녀들이 어른과 세상을 변화시키는 잠재적인 큰 힘을 갖고 있다. 웅거러는 어린이를 선입견이나 편견이 배제된 존재로 보며, 오히려 어른보다 사물이나 대상이 가진 긍정적인 면과 선한 의지를 정확히 볼 수 있는 존재로 그리고 있다. 그리고 이 어린이의 솔직하고 천진난만한 특성은 나쁜 상황을 통제하고, 바람직한 상황으로 변화시킬 수 있는 능력이 될 수 있다는 것을 보여준다.

 어린이에 대한 절대적인 믿음은 웅거러의 다음과 같은 말에서 그대로 나타난다. "어린이는 그 자체로서 존중받아야 하는 소중한 존재이다. 어린이들은 바보가 아니다. 어린이들은 모든 것을 알고 있다. 그러므로 어린이들은 자발적인 천성에 따르고, 방해 없이 자기를 표현하며 아무 억압 없이 놀이를 할 수 있도록 보장받아야 한다."

웅거러의 그림책은 기존에 사람들이 가지고 있는 선입견을 버리게 한다. 『세 강도』에서는 사람들을 괴롭히던 강도들이 어린 소녀 티파니를 만남으로써 자신들이 훔쳐서 쌓아 놓았던 보물들을 버려진 아이들을 돌보는 데 사용하며, 강도가 아닌 불쌍한 많은 아이들의 아버지로 변한다. 『제랄다와 거인』에서는 어린 소녀 제랄다의 훌륭한 음식 솜씨와 배고픈 사람을 돌보아야 한다는 착한 마음이 어린이를 잡아먹는 거인의 식습관까지 바꾸어 놓는다. 사람들이 위협적이고 혐오스러운 인물로 생각하는 강도들과 거인이 웅거러의 손을 빌어 이렇게 아름다운 인물로 변화한다.

웅거러는 『크릭터 Crictor』(1958)의 뱀, 『달 사람 Der Mondmann』(1966)의 달 사람과 같은 특별한 등장인물에도 새로운 이미지를 부여함으로써 혐오스러운 외모의 뱀이나 외계에서 날아온 달 사람을 사랑스런 캐릭터로 변모시켜 어린이들의 친구로 만든다. 『크릭터』에서 할머니가 받은 선물인 뱀 크릭터는 할머니와 살면서 아기처럼 젖병으로 우유도 먹고, 학교에 가서 공부도 하고, 몸으로 미끄럼틀을 만들어 아이들과 놀기도 한다. 크릭터는 어느 날 밤 할머니 집에 침입한 도둑을 잡아서 정의롭고 늠름한 영웅이 되기에 이른다. 할머니는 처음에 뱀을 보고 놀라지만 크릭터를 돌보면서 기쁨을 느끼고 크릭터도 나름대로 할머니와의 도시 생활에 잘 적응해간다. 크릭터를 보고 놀라는 사람들과는 대조적으로 할머니는 다른 사람의 시선에는 아랑곳하지 않고 손자를 데리고 다니듯 자신있게 행동하며, 뱀을 가족으로 받아들인다. 결국 크릭터는 단순한 애완동물에서 벗어나 인간과 대등한 위치에 서게 된다.

『달 사람』에서는 지구 사람들과 신나게 놀고 싶어하는 외로운 달 사람이 지구에 왔다가 환영받지 못하자 달로 돌아간다. 포동포동하고 푸르스름한 모습과는 다르게 어린이다운 성격을 가진 달 사람은 곧 아이들에게 쉽게 다가선다. 지구사람들이 부러워 별똥별 꼬리를 붙잡고 무작정 지구에 온 달 사람, 감옥을 탈출하여 꽃, 새, 나비를 만나고 가면무도회장에서 사람들과 춤을 추는 달 사람, 총과 경찰옷만 보면 지레 겁먹고 달아나는 달 사람, 지구를 떠나며 눈물을 흘리는 달 사람은 바로 호기심 많고 어리숙한 어린이들 자신의 모습인 것이다. 유아교육기관에서 웅거러의 그림책 『달 사람』을 본 만 5세 유아들은 대부분 달이 차고 기움에 따라, 달 사람도 차고 이지러지는 것의 연관성을 깨닫지는 못했다. 오히려 달의 크기 변화에 관한 과학적 지식을 가진 초등학교 2학년 어린이들이 그림책의 내용과 연관시켜 작가가 나타내고자 했던 환상성을 이해하였다. 그럼에도 불구하고 5세 유아들은 달 사람이라는 등장인물에 몰입하여, 달 사람이 겪는 즐거운 일과 슬픈 일에 감정을 이입하는 경향을 보였다.[49]

　모리스 센닥이 "웅거러는 글과 그림 사이에 균형을 만족스럽게 창조해낼 줄 아는 사람"이라고 극찬하였듯이 웅거러의 글과 그림은 서로를 잘 보완하고 있다. 웅거러의 유머러스하고 익살스런 그림들이 군더더기 없는 간결한 문장을 보충하고 있다. 센닥은 『달 사람』을 예로 들며, 달 사람의 독창성과 독특성, 작품의 아름다운 면에서 당대 최고 그림책 중의 하나라고 말했다.[50] 환상여행을 다룬 대부분의 다른 작품들에서는 사람이 환상세계로 갔다가 집으로 돌아오는 회귀성을 보여주는데 독특하게 『달 사람』에서는 환상세계의 인물이 지구에 왔다가 다시 환상세계로 돌아간다.

　1980년대에 그림책 출판을 하지 않다가 최근 다시 인간 사회에 대한 통찰을 넓은 시각으로 그림책에 담고 있다. 『곰 인형 오토 Otto』(1999), 『꼬마 구름 파랑이 Die Blaue Wolke』(2000)에서 그의 사회관을 엿볼 수 있다. 『곰 인형 오토』에서는 오토의 눈과 입을 통해 제2차 세계대전을 겪으며 사람들에게 닥친 참상과 인간이 인간에게 했던 불공평한 핍박의 역사를 전한다. 전쟁이 끝난

후, 다비드, 오스카, 오토의 재회는 그림과 글에서 주는 두려움을 해소시키며 어린이들에게 감동을 준다.

『꼬마 구름 파랑이』에서는 자기 멋대로만 하던 파랑이도 자신을 희생함으로써 서로 싸우는 사람들을 평화의 길로 인도한다. '사람들은 같은 색일 때만 서로 싸우지 않고, 사랑할 수 있는 것일까?'라는 의문을 남기며 이야기는 끝난다. 아동기에 전쟁의 참상과 고통을 직접 체험한 웅거러는 다음 세대에는 그런 전쟁이 없기를 바라는 마음에서 자라나는 어린이나 부모들을 위해 전쟁을 소재로 한 그림책을 쓰고 그리는 것이라 짐작된다.

웅거러의 익살적인 풍자와 유머 감각은 그림책마다 넘쳐난다. 『달 사람』에서는 별똥별이 떨어졌을 때 총칼을 들고 출동하는 군인과 소방수의 표정, 이 난리통에 차를 몰고 아이들을 데리고 구경가는 사람, 이때를 놓칠세라 한몫 챙겨보려는 아이스크림 장수, 감옥에서 달 사람이 먹지 않는 밥을 먹어 치워 살이 통통 오르는 쥐, 몇백 년 동안이나 달에 가는 우주선을 만들기 위해 연구를 해왔다는 어설픈 과학자의 등장 등에서 그의 익살을 볼 수 있다. 『세 강도』에서 빨간 도끼는 강도의 무기답다 하더라도 나팔총, 후춧가루 발사기를 들고 다니는 어설픈 강도들의 모습, 『제랄다와 거인』의 표지에서 날카로운 칼을 가진 흉칙스러운 거인을 즐거운 얼굴로 바라보는 제랄다의 모습에서도 작가의 유머 감각을 볼 수 있다. 두 쪽 가득 그려진 재미있는 요리들과 요리들의 이름이 적힌 메뉴판은 그림책을 보는 아이들까지 군침 돌게 만든다. 그의 이러한 재능은 읽는 어린이뿐만 아니라 어른들에게도 즐거움을 준다. 『곰 인형 오토』에서는 전쟁이라는 소재의 심각성을 누그러뜨리듯 다비드, 오스카와 오토가 다시 만나는 장면의 뒷벽에 두 개의 누드화 액자가 걸려 있다. 이 장면은 웅거러가 성인을 위한 에로틱한 작품들을 제작해 왔던 경험과 무관하지 않을 것이다.

웅거러의 이야기는 대부분 행복한 결말로 끝난다. 그러나 그는 몇 작품에

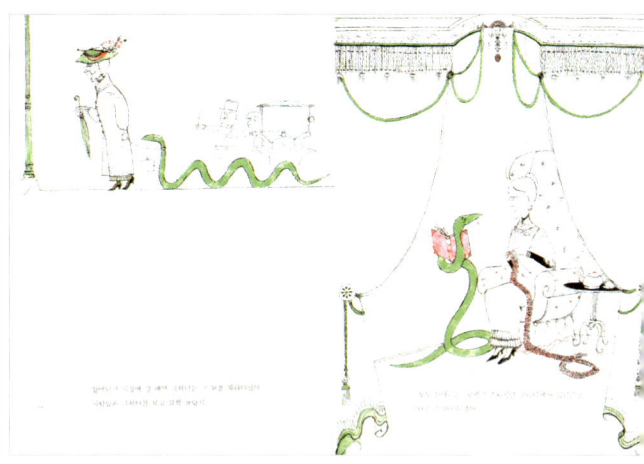

2-33 『크릭터』 장미란 옮김, 시공주니어. 빨강과 녹색의 보색을 활용한 적절한 선처리를 통해 뱀 크릭터는 사랑스런 캐릭터로 재탄생한다.

서 이야기를 끝내면서 여운을 남기는 듯한 그림을 삽입함으로써, 그의 풍자적이고 해학적인 면모를 드러낸다. 『제랄다와 거인』에서는 제랄다와 거인이 결혼하는 장면에 포크와 칼을 들고 갓난아이를 들여다보는 아이의 모습이 다소 섬뜩하다. 『꼬마 구름 파랑이』에서는 모든 사람과 사물이 파란색으로 변한 평화를 표현하는 장면 귀퉁이에 초록색 피부를 가진 사람이 하얀 도끼를 들고 파란 우산을 쓴 채 파란 세상을 바라보고 있다. 나아가 『모자 *Der Hut*』(1972)의 끝 장면에서는 처음 장면의 복선처럼 머리에서 벗겨진 모자가 바람을 타고 날아간다. 그리고 다리 밑의 강물에 빠진 사람이 있는 마지막 장면은 또다시 다음 이야기를 시작한다는 암시를 주며 열린 결말로 끝난다.

웅거러는 그림에 어떤 예술적 매개체를 사용하든 똑같은 열정을 가지고 작업한다. 연필, 크레용, 목탄, 분필, 매직(felt-tip)펜, 잉크, 수채화, 템페라, 오일, 콜라주, 조각 등 그는 이 모든 것을 완벽하게 사용하는 능력이 있다. 웅거러 자신도 "나는 내 공식을 반복하는 것을 싫어한다. 다양한 표현을 원한다"고 했다.[51] 콜라주와 같은 효과를 보여주며 색상을 잘 대비시킨 『세 강도』, 검정 펜화에 녹색과 빨강만 사용한 『크릭터』, 다양한 재료의 물감과 펜을 사용한 『꼬마 구름 파랑이』, 연필 드로잉에 수채화 물감을 사용한 『곰 인형 오토』, 바탕은 수채화 물감으로 가장자리는 검은 펜으로 처리한 『모자』, 불투명 수채화에 검은 펜으로 가장자리를 처리한 『달 사람』 등 그림책마다 다른 재료를 사용하고 있다. 특히 『세 강도』에서 작가가 사용한 색은 상징적이고, 극적인 색상 대비로 이야기를 표현하고 있어 그림의 색만으로도 이야기에 담긴 내용을 이해할 수 있다. 강도의 옷이나 약탈 등 부정적인 것은 검은색으로, 금·장신구·보석·티파니 등 희망을 상징하는 것은 노란색으로 강도들의 검은 모습과 대비되며, 새로운 희망과 사랑을 상징하는 아이들의 모자와 망토는 빨간색으로 처리한다. 이런 색상 대비 때문에 『세 강도』는 유아교육기관에서 그림자 인형극으로 각색하는 단골 작품이며 결과도 성공적이다. 『크릭터』는 웅거러의 여느 작품과는 다른 느낌을 준다. 『크릭터』에서는 연한 빨강과 연한 녹색의 약한 보색을 사용하였고, 부드럽고 가벼운 느낌의 선과 적절한 여백 처리로 뱀은 전혀 위협적으로 보이지 않으며, 등장인물들의 행동과 표정이 잘 드러나 이야기를 재미있게 표현하고 있다. 그림 형식에서도 그림책마다 다양하고 독특한 캐릭터와 분위기를 보여주고 있어 웅거러의 예술적 역량을 엿볼 수 있다.

3) 바버러 쿠니(Barbara Cooney, 1917~2000)

(1) 생애와 작품 배경

바버러 쿠니는 1917년 뉴욕 브루클린(Brooklyn)에서 쌍둥이 남매로 태어났다. 증권 브로커인 아버지의 직업 때문에 도시 근교에 살았으나, 쿠니는 여름을 보내는 메인의 할머니 댁을 좋아했다. 아마추어 인상파 화가인 어머니는 그에게 영향을 끼쳤다. 바버러 쿠니는 어머니에 대해 이렇게 추억했다. "어머니는 내가 원하는 모든 재료를 주고 참견하지 않았다. 절대로 가르치려고 하지 않아서 아주 쉽게 배울 수 있었다. 나는 감기에 걸려 학교에 가지 못하고 하루 종일 그림만 그릴 수 있는 날을 좋아했다. 어머니는 유화와 수채화에 열중하셨는데 내가 어머니의 그림과 붓을 엉망으로 만들어도 야단치지 않았다. 내가 어머니에게 배운 미술교육은 붓을 씻는 방법이었다. 그것 말고는 나를 내버려 두셨다."[52] '나는 감기에 걸려 학교에 가지 못하고 하루 종일 그림만 그리는 날을 좋아했다' 라는 그녀의 이야기는 그림책『해티와 거친 파도 Hattie and The Wild Waves』(1990)에서 해티의 어린 시절 모습으로 등장한다.

바버러 쿠니는 1938년 스미스 대학(Smith College)에서 미술사(Art History)로 학위를 받고, 뉴욕 시의 아트 스튜던트 리그(The Art Student League)에서 에칭과 석판화를 배웠다. 그녀는 흑백 드로잉 기술을 배워 삽화를 그릴 만한 능력을 갖게 되었다. 그러나 어린이책을 그리는 동안에도 "나는 기술적으로 뒤떨어진다는 것을 느낀다. 지금도 나를 뛰어난 화가라고 생각하지 않는다"고 하며 정식으로 미술교육을 받지 못한 것을 후회하였다.[53]

그녀가 전문가로서 일을 시작하려 할 때 제2차 세계대전이 일어났다. 그녀는 여군에 입대했으며, 1944년 결혼하여 임신을 하자 제대를 하였다. 그녀는 매사추세츠의 페퍼렐(Pepperell)에 있는 농장을 사서 전쟁 중에 어린이 캠프를 운영하기도 했다.

(2) 작품의 특징

혼(Horne)은 바버러 쿠니의 작품 시기를 두 번의 칼데콧 상 수상과 관련하여 세 시기로 나누었다.[54]

제1기(1940~1958)는 스크래치보드* 작업기로 대부분 다른 사람의 글에

---

*scratchboard: 표면을 예리한 칼이나 드라이포인트로 찍거나 긁어서 희게 나타난 부분과 남은 검은 부분으로 표현하는 기법. 두산세계대백과 EnCyber.

그림을 그린 시기이다. 1959년 『챈티클리어와 여우 Chanticleer And The Fox』(1958)로 칼데콧 상을 수상하는 시기까지이다. 『챈티클리어와 여우』에서는 파랑, 초록, 황금, 오렌지색과 힘찬 흑백을 사용하였다.[55] 제프리 초서의 캔터베리 이야기 중 〈수녀원 승려의 이야기 Nun's Priest's Tale〉에서 따온 이야기에 바버러 쿠니가 그림을 그린 것이다.[56]

초기에 쿠니는 여러 색을 쓰고 싶었으나 편집자가 반대하여 사용하지 못했는데, 작품이 성공하자 서서히 여러 색을 사용할 수 있게 되었다.

2-34 『챈티클리어와 여우』 박향주 옮김, 시공주니어. 스크래치보드 작업이면서도 색의 한계를 잘 살리고 있다.

『챈티클리어와 여우』는 색의 한계를 잘 살린 책이다. 그러나 그녀는 페이지마다 같이 그리기 힘들고 수정도 불가능한 스크래치보드 작업을 하면서 불만스러워하였다.[57]

제2기(1959~1980)는 다양한 재료와 기법을 실험한 시기로 1980년 『달구지를 끌고 Ox-Cart Man』(1979)로 두 번째 칼데콧 상을 수상한 시기까지이다. 『달구지를 끌고』는 미국 한 농가의 농부가족이 계절에 따라 일년 동안 하는 일을 그린 작품이다. 10월이 되면 농부는 일년 동안 가족이 생산한 것을 달구지에 싣고 도시로 나가 팔고, 대신 이듬해를 위한 도구들과 가족들을 위한 물건을 사서 집으로 돌아온다. 그리고 또다시 일년의 생활이 자연의 변화와 함께 조용히 순서대로 이어진다.

이 시기에 그녀는 펜, 콜라주, 수채화, 워셔(washer)를 사용한 펜과 잉크, 카제인 등 다양한 재료와 기법을 연구하였다. 글에 맞는 그림을 찾기 위해, 한편으로는 화가로서 정규 교육을 받지 못한 것을 보충하기 위한 작업이었으리라 짐작된다. 그녀는 "초기 작업(1기)에서는 흑백 작업 탓에 등장인물들이 배경과 분리되었지만, 모든 색을 사용하면서 분위기(ambiance)를 창조할 수 있었다"고 하였다. 특히 그녀는 사진에 대한 관심이 커지면서 빛을 가진 그림(painting with light)을 이해하려고 했으며, 인간은 달빛을 어떻게 인식하는지, 화가는 어떻게 하면 달의 모습을 가장 잘 표현할 수 있는지 탐구하였다. 그녀는 이 시기를 통해 채색화에 대한 문제를 해결하고, 이후 초기 미국식 민속그림 스타일을 계속 고수하게 된다.

제3기(1980~1999)는 민속 그림을 중심으로 하는 아크릴화* 시기이다. 이 시기의 작품으로 세상을 아름답게 하는 일을 찾아낸 한 여성의 일생을 다룬 『미스 럼피우스 Miss Rumphius』(1982), 섬에서 자라 평생을 섬에서 의미 있는 일생을 산 소년 메테이스(Mattais)의 이야기 『섬 소년 Island Boy』(1988), 바버러 쿠니의 자전적 이야기가 저변에 깔린, 화가의 길을 선택하는 한 소녀의 이야기 『해티와 거친 파도』(1990), 어린 시절 주위로부터 주목을 끌지도 사랑을 받지도 못한 한 소녀가 기숙사에서 살면서 자신이 지적 능력이 있고 인정이 많으며 한편으로 강한 사람임을 깨달으면서 훌륭한 여성으로 성장하는, 프랭클린 루스벨트의 부인 엘리너 루스벨트의 성장기 『엘리너 Eleanor』(1996) 등에는 글과 그림을 모두 작업하였다.

그림을 그리면서 외로움을 이겨내고 행복을 찾는 할머니의 이야기 『엠마 Emma』(1980), 주인공 소녀가 어머니의 음악 세계와 시인 에밀리 디킨슨의 문

---

*acylic painting: 아크릴 물감은 합성 아크릴수지로 만든 것으로 비닐물감에 비해 부착력이 강하여 모든 바탕 재료에 착색할 수 있고 건조가 빨라 1960년대 이후 미술가들에게 회화 재료로 각광받았다. 두산세계대백과 EnCyber.

2-35 『엘리너』 Puffin Books.
2-36 『미스 럼피우스』 우미경 옮김, 시공주니어. 조상, 세대 간의 관계를 다루고 있다.

학 세계를 접하면서 예술이 무엇인지를 감지하게 되는 이야기 『에밀리 Emily』 (1992), 큰 도시의 물 부족을 해결하기 위해 댐을 만들면서 아름다운 강 마을이 물 속으로 사라지자 강 마을을 추억하는 아빠와 딸의 심정을 그린 『강물이 흘러가도록 Letting Swift River Go』(1992), 크리스마스에 가난한 신기료 장수 집을 방문하여 무례한 행동을 하면서 가족에게 선물을 남기고 간 로린 왕의 이야기 『신기료 장수 아이들의 멋진 크리스마스 The Remarkable Christmas of The Cobbler's Sons』(1994), 자신들을 바람이 선택한 존재라고 믿으며, 역시 바람에게 배웠다고 생각하는 바구니 짜는 일에 마음과 몸을 바치는 특별한 사람들에 대한 이야기 『바구니 달 Basket Moon』(1999) 등에는 다른 작가의 글에 그림을 그렸다. 그녀는 다른 작가의 글에도 마치 한 사람이 작업한 것과 같은 그림을 그렸다. 바버러 쿠니가 죽기까지 이 시기의 작품은 이전 시기보다 기술적인 면이나 예술적인 면에서 높은 평가를 받고 있으며 앞으로도 변함없이 사랑받을 것이다.

혼은 바버러 쿠니의 그림책 작업을 아래와 같이 평가하였다. "바버러 쿠니는 그림책 작가로서 훌륭한 기술을 초기 작품보다는 후기 작품에서 세련된 방식으로 보여주는데, 글과 그림이 서로 창조적이고 효과적으로 균형을 유지(tension)하도록 만들었다. 그녀의 후기 작품은 냉정하고 초탈한 듯한 우아함과 따뜻하고 일관된 삶에 대한 찬양을 보여주는데, 언뜻 보기에는 반대적인 요소들의 복합체처럼 보인다." [58]

"『달구지를 끌고』, 『미스 럼피우스』에서 보여주는 미국 초기의 단순한 시대에 대한 우리의 향수는 끝이 없다. 바버러 쿠니의 감동적인 작품에서는 그녀에게 익숙한 뉴햄프셔 주와 메인 주에 대한 깊고 변함없는 사랑이 메아리친다. 게다가 미국 민속그림의 전통을 이어받은 우아한 그림은 지금은 사라진 생활 방식과 가치에 대한 감수성을 보여준다. 바버러 쿠니는 복잡하지 않고 솔직한 스타일로 작업함으로써 더 순수한 세계관을 보여준다." [59] 컬리넌과 갤더는 조상에 관한, 세대 간의 유대를 다룬 그림책으로 『섬소년』, 『미스 럼피우스』, 『해티와 거친 파도』를 추천하고 있다. [60]

4) 레오 리오니(Leo Lionni, 1910~1999)

(1) 생애와 작품 배경

레오 리오니는 네덜란드의 암스테르담에서 태어났다. 아버지는 다이아몬드 세공사였으나, 좀더 지적인 직업을 가지려고 공인회계사가 되어 암스테르담 중상류층 동네로 이사하였다. 이사를 하면서 리오니는 릭스 미술관(Rijksmuseum), 스테델릭 미술관(Stedelyk), 좋은 초등학교 등 더 나은 환경에서 살게 된다. [61]

아버지가 리오니를 남겨두고 가족과 함께 미국으로 갈 때 리오니는 벨기에 브뤼셀의 배피 할아버지 집에서 사는데 2년 후에는 불어를 유창하게 구사하게 되었다. 그 후 미국에서도 1년 동안 생활하게 되어 리오니는 모국어인 네덜란드 어, 영어, 불어, 독일어 등 4개 국어를 할 수 있게 되었다. 그는 다시 가족과 함께 이탈리아 제노바로 이사하였는데, 이탈리아와의 인연은 리오니의 인생에 큰 영향을 끼쳤다.

리오니는 예술적인 가정 분위기에서 자라며, 현대 미술에 대한 안목을 키웠다. 건축가이며 도안가였던 외삼촌 피예트(Piet)의 영향은 매우 컸으며, 스텐실 작업에 조카를 참여시키기도 했다. 미술 애호가였던 빌렘 작은 할아버지는 당시 현대 작가이자 신인들인 샤갈, 클레, 몬드리안 등

2-37 『으뜸 헤엄이』 이명희 옮김, 마루벌. 수채화와 작은 물고기 도장을 사용하고 있다.

의 작품을 소장하여 친척집에 분산 보관하였는데, 리오니의 집에는 샤갈의 '바이올린 켜는 사람'이 걸려 있었다.[62] 후에 리오니는 "아마도 그 그림은 내가 글을 쓰고, 그림을 그리고 상상했던 모든 이야기의 비밀 탄생지였을 것"이라고 회고하였다.[63] 또한 리오니는 피카소, 미로, 모딜리아니 등 현대미술품을 소장한 이모부 르네의 영향도 받았다.

초등학생 시절에 리오니는 화가들 사이에서 릭스 미술관의 석고상을 그리며 전시된 작품들을 감상할 기회를 가지기도 하였다. 뿐만 아니라 당시 유행하던 프뢰벨, 몬테소리, 루소의 자연주의 교육의 영향으로 리오니는 미술과 자연 공부에 중점을 둔 초등교육을 받았다. 그러한 분위기에서 리오니는 아홉 살 때 생일 선물로 피예트 외삼촌에게서 '검은 탁자'를 받았는데, 탁자 위에는 물고기, 곤충, 흰 쥐, 새장 등이 있었다.

리오니는 1931년에 노라 마피(Nora Maffi)와 결혼하여 두 아들을 두었다.

2-38 『파랑이와 노랑이』 이경혜 옮김, 물구나무. 의미를 시각으로 전달하는 데 획기적인 기점을 이룬 책이다.

1935년 제노바 대학에서 다이아몬드 산업에 관한 논문으로 경제학 박사 학위를 취득했으나, 그 분야에는 관심이 적었고, 1939년 29세에 미국으로 이민을 가서 광고회사에서 상업 디자인 일을 시작하였다. 그는 화가, 조각가, 사진작가, 그래픽 디자이너, 아트 디렉터로 성공하였으며, 1959년에야 그림책 작가 및 일러스트레이터로 일을 시작하였다. 손자들을 위해 즉흥적으로 잡지를 찢어 가본으로 만들었던 그의 첫 그림책 『파랑이와 노랑이 Little Blue and Little Yellow』(1959)는 〈뉴욕타임스〉 최고 그림책상을 받았다. 그리고 『한치 한치 Inch by Inch』(1960), 『새앙쥐와 태엽쥐 Alexander and Wind-up Mouse』(1969), 『프레드릭 Frederick』(1967)으로 칼데콧 명예상을, 『으뜸 헤엄이 Swimmy』(1963)로 칼데콧 메달을 수상했다.

리오니는 그림책 작업을 늦게 시작했지만, "내가 일생 동안 한 여러 가지 일 중에 그림책보다 내게 더 큰 만족을 준 것은 없다"고 했으며 『으뜸 헤엄이』 출판 후 어린이들에게서 수많은 편지를 받고 어린이 독자가 존재하고 있다는 것을 실감했다고 한다. 그는 "어린이책을 쓰기 위해서는 어린이가 되어야 한다고 하지만, 나는 그 반대로 어린이책을 쓸 때 한 걸음 떨어져 어린이를 어른의 관점에서 보아야 한다고 생각한다"[64]고 말하기도 했다.

(2) 작품의 특징

레오 리오니 작품의 주제는 『프레드릭』, 『티코와 황금날개 Tico and The

Golden Wings』, 『으뜸 헤엄이』, 『서서 걷는 악어 우뚝이 *Cornellius*』 등에 나타난 자아에 대한 추구 (자신의 정체성), 『새앙쥐와 태엽쥐』에 나타난 개인의 선택권 연습, 『내 거야 *It's mine*』에 담긴 더불어 사는 사회속의 나(휴머니즘)이다.[65] 대부분의 등장인물은 의인화된 동물이다. 그래서 그는 "내 작품들은 우화와 비유로 이루어져 있다"고 하였다.[66]

레오 리오니 그림책의 일러스트레이션은 다양한 매체를 함께 사용한 콜라주*가 대부분이며, 특별히 다른 매체를 사용한 것도 있다. 그의 작품은 콜라주 기법으로 된 『파랑이와 노랑이』, 콜라주와 다양한 매체를 사용한 『프레드릭』, 수채화와 콜라주를 사용한 『새앙쥐와 태엽쥐』, 수채화와 작은 물고기 도장을 사용한 『으뜸 헤엄이』, 파스텔과 색연필화로 된 『세상에서 가장 큰 집 *The Biggest House in The World*』, 연필 드로잉과 콜라주로 만든 『토끼가 된 토끼 *Let's Make Rabbits*』, 색연필 드로잉과 수채화로 그린 『물고기는 물고기야! *Fish is Fish*』 등 다양하다. 레오 리오니의 콜라주 기법은 콜라주 기법 중 종이를 오리거나 찢어서 작업하는 콜라주 기법(Cut and Torn Paper Collage)이라고 할 수 있다.[67]

리오니의 그림책 중 우리나라에 번역 출판된 작품을 중심으로 살펴보자.

『파랑이와 노랑이』(1959)는 등장인물이 의인화된 동그라미들이다. 파란 동그라미와 노란 동그라미가 만나 기쁜 나머지 껴안자 그들은 하나의 녹색 동그라미가 된다. 부모들이 그들을 몰라보아 슬퍼서 눈물을 흘리자, 다시 파란 동그라미와 노란 동그라미로 돌아온다. 이 그림책은 손으로 찢은 듯한 추상적이고 자유로운 콜라주를 사용하여 비구상 일러스트레이션을 그림책에 사용함으로써 의미를 시각으로 전달하는 데 획기적인 기점을 이룬 책이라는 평가를 받는다.[68]

---

*콜라주(Collage)는 'colle'에서 왔으며, '풀로 붙인다'는 뜻이다.

『으뜸 헤엄이』(1968)에 대해 리오니는 이렇게 말했다. "나의 진짜 첫 우화이다. 이 그림책에는 어린이책 작가로서의 긴 여정을 통해 나의 느낌, 나의 손, 나의 마음을 이끈 모든 원리가 들어가 있다. 모든 군중 속에는 자기 자리가 있는데, 나는(으뜸 헤엄이는) 보는(to see) 행운을 얻은 자이다."[69] 이 그림책은 우리에게 심사숙고와 창의적 사고의 중요성을 일깨워주기도 한다.

『티코와 황금날개』(1964)는 자신의 황금 깃털을 뽑아 남을 도우면서 우리 모두는 남과 다르다는 사실을 깨닫는 새의 이야기이다. 이 그림책은 어린이들에게 자신만의 꿈을 소중히 여길 줄 알고, 외모는 비슷할지라도 모든 사람이 다르다는 것을 알려준다. 그리고 특별히 인도인의 모습과 아라비아의 분위기를 담고 있다. 『프레드릭』에서는 예술가의 중요성을 이야기하고 있으며, 『알파벳 나무 The Alphabet Tree』(1968, 1991, 1996)에서는 흩어져 있던 알파벳들이 모여 단어를 이루고 평화와 사랑을 기원하는 문장을 만든다.

『세상에서 가장 큰 집』(1968)은 항상 집을 지니고 다녀야 하는 자신의 숙명을 잊은 채 크고 화려한 집을 꿈꾸는 어린 달팽이를 통해, 무엇을 가진다는 것은 그만큼 무소유의 자유를 잃는다는 것을 보여준다. 『새앙쥐와 태엽쥐』(1969, 1997)에서 새앙쥐는 처음에 태엽쥐를 부러워하지만 결국 생명을 가진 쥐로서의 정체성을 찾는다.

『물고기는 물고기야!』(1970)에서 물고기는 개구리처럼 세상 구경을 하려고 물 밖으로 나가보지만, 결국 물고기는 물 속에서 살아야 한다는 것을 깨닫는다. 자신의 본분과 정체성에 대한 교훈을 주지만, 모험이나 도전에 대해 부정적 시각을 제공한다는 비판도 받는 그림책이다. 물고기가 개구리의 이야기를 듣고 새, 소, 사람을 상상하는 장면은 재미있고 독자의 고개를 끄덕이게 하는 설득력 있는 장면이다. 한편으로는 자기 영역 밖의 넓은 세계를 보지 못하는 사람의 한계성을 풍자하고 있다고 할 수 있다.

『초록 꼬리 The Greentail Mouse』(1973)는 들쥐들이 가면을 벗고 참모습으로 돌아가 행복하게 사는 이야기이다. 이 그림책의 그림은 다른 작품과 달리 아크릴화이다. 쥐들이 이야기를 듣는 장면, '마디그라'를 준비하는 장면, '마디그라'를 하는 장면, 모두 모여 가면을 태우는 장면 등 두 쪽 전면에 펼쳐져 색조가 각각 다른 여섯 장면은 매우 특이하다.

『토끼가 된 토끼』(1982)에서는 연필로 그린 토끼와 색종이로 오린 토끼가 진짜 당근을 깨무는 순간 그림자를 가진 진짜 토끼로 변한다. 『서서 걷는 악어 우뚝이』(1983)에서 우뚝이는 인간처럼 서서 걷는 악어로 태어난다. 우뚝이를 통해 서서 걷는다는 것은 멀리 볼 수 있고 내려다볼 수도 있다는, 직립하는 인간의 이점을 암시해 보여주고 있다. 우뚝이는 원숭이에게 물구나무를 배우고, 꼬리로 매달릴 수 있는 법을 배워 동료 악어들에게 보여주지만 악어들은 무시한다. 그러나 동료 악어들도 어느 사이에 우뚝이에게 동화되어간다.

『재미있게 놀자 Let's Play』(1983, 1993)는 보드북으로 된 작은 크기(8.5cm × 8.5cm)의 영아 그림책이다. 생쥐 두 마리가 '책도 보고', '꽃다발도 만들고' 함께 즐겁게 노는 하루를 그린 그림책으로 장면마다 간단한 글이 들어가 있다.

『내 거야!』(1986, 1986)는 자기밖에 모르던 개구리들이 홍수를 겪으면서 함께 나누는 기쁨을 깨닫는 이야기이다. "내 거야! It's mine!"와 "우리 거야! It's ours!"를 대조시켜 이야기 내용을 상징한다. 『여섯 마리 까마귀 Six Crows』(1988)에서는 대화가 농부와 까마귀의 싸움을 화해시킬 수 있을 정도로 마술적인 힘을 가지고 있음을 부엉이를 통해 보여준다.

『그리미의 꿈 Matthew's Dream』(1991)에서 생쥐 그리미는 친구들과 미술관에 갔다가 새로운 세계를 발견하고, 화가가 되겠다는 꿈을 키운다. 그리미는 열심히 그림을 그려서 유명한 화가가 된다. 콜라주 기법과 물감으로 그린 비구상* 그림이 조화를 이룬다.

---

* 실제 있는 사물이나 사람을 직관이나 상상으로 자유로이 표현하려고 하는 예술의 한 경향.

『아주 신기한 알 An Extraordinary Egg』(1994)에서는 개구리 셋이 알을 하나 발견한다. 알을 깨고 악어가 나오자 개구리들은 악어를 '닭'이라고 부른다. 물에 빠진 개구리들은 '닭'의 도움으로 살아나고 사이좋은 친구가 된다. 악어인 '닭'은 다른 새의 도움으로 엄마 악어를 찾게 된다. 그러나 개구리들은 여전히 그들을 엄마 닭과 아기 닭이라고 생각한다. 이 이야기는 한편으로는 인간들의 좁은 식견을 풍자하고, 다른 한편으로는 인간이 어떤 사물이나 동물의 이름을 정하는 데는 다분히 자의적인 면이 있다는 것을 암시한다. 콜라주와 오일 파스텔을 사용한 그림이 특이하다.

5) 에즈라 잭 키츠(Ezra Jack Keats, 1916~1983)

(1) 생애와 작품의 배경

에즈라 잭 키츠는 폴란드에서 뉴욕 브루클린의 가난한 지역으로 이주한 유태인 가족 속에서 태어났다. 세 명의 아이 중에 셋째로 태어난 키츠는 죽은 첫째 누나, 곱사등인 둘째 누나와 같이 역시 병약한 아이였다. 병약한 키츠는 그림을 벗 삼았고, 동네 도서관에서 마음껏 볼 수 있었던 미술책들은 행복한 도피처였으며, 화가로 성장할 수 있었던 요람이었다.

키츠의 어머니는 불행한 결혼과 가난에도 불구하고 아들의 재능을 인정하고 격려하였다. 어느 날 어머니가 외출했을 때, 키츠가 부엌 테이블에 오두막과 연기 나는 굴뚝, 사람 얼굴, 아이들을 온통 그려놓은 적이 있었다. 키츠는 당황하였지만 돌아온 어머니는 야단치지 않고 오히려 "네가 이걸 다 그렸다구? 굉장하구나." 하고 칭찬한다.[70] 이 일화는 매우 유명하다.

키츠의 아버지는 아들이 화가가 되면 가난에서 벗어나지 못하고 고달픈 삶을 살게 되리라는 걱정 때문에 그림 그리는 것을 반대했다. 그러나 점차 아들의 재능을 인정하고, 내심으로는 아들이 화가로 유명해지는 것을 자랑스럽게 생각했다. 어느 날 아버지는 아들을 메트로폴리탄 미술관(Metropolitan Museum)에 데리고 갔다. 키츠에게 잊을 수 없는 날이었다. 미술의 신비한 세계에 눈을 떴고, 무엇보다도 아버지가 그림 그리는 것을 인정했다는 사실이 기뻤다.[71] 그러나 아버지는 신문에서 오려낸, 키츠가 미술대회에서 상탄 기사들만 지갑 속에 수북이 남긴 채 고등학교 졸업식 이틀 전에 돌아가신다.[72]

갑자기 소년 가장이 된 키츠는 어려운 가계를 돕기 위해 미술대학 장학금을 포기하고 만화 프로덕션에서 밑그림을 그리기 시작했다. 한편으로 키츠는 잡지사의 일러스트레이터로 일하면서 어린이책의 삽화를 의뢰받아 그리다가, 1962년 『눈 오는 날 Snowy day』을 계기로 그림책 작가가 된다. 이듬해 『눈 오는 날』은 칼데콧 상을 수상한다.

키츠는 흑인 어린이를 주인공으로 어린이가 생활 속에서 느끼는 심리적 갈등을 주제로 이야기를 전개시켜 나갔다. 키츠는 어른의 눈으로 보면 사소한 것이라 할지라도, 어린이들은 열심히 성취하고자 노력하며, 그 속에서 얻는 만족과 이해받는 것에 크게 감동한다는 사실을 알고 있었다. 그는 이러한 어린이의 내적 세계에 초점을 맞추어 그림책을 만들었다.[73]

키츠는 그림책에 자신의 어린 시절을 마치 어제처럼 기억하여, 도시의 모습, 소리, 냄새를 표현했다. 그리하여 한 도시 어린이가 겪는 삶의 풍부함, 아름다움, 신비를 세상에 알렸다. 키츠는 〈라이프〉지에서 우연히 본 흑인 소년을 작품의 모델로 삼았는데, 소년의 사진을 자기 작업실에 20년 동안 붙여 놓고 생활했다. 소년의 얼굴에 가난했던 자신의 소년 시절의 모습을 이입시켜 피터라고 이름 짓고 그림책의 주인공으로 등장시켰다. 불행하고 고독하며 가난했던 그의 어린 시절이 창작의 근원이었다.

키츠는 "다른 책이 백인 어린이의 아름다움과 선(善)을 보여주었다면, 나는 흑인 어린이의 아름다움과 선을 공유하기를 원했다"고 말한다. 그는 길거리와 어린이들을 스케치하고 촬영하여 그림을 그리고 벽에 붙여 놓았다. 그리

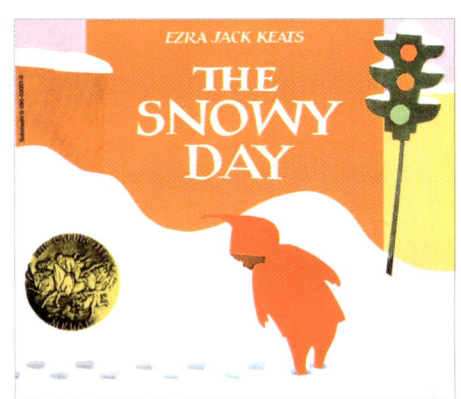

2-39 『눈 오는 날』 Viking. 콜라주와 물감의 동반상승 효과로 이미지가 활기차면서도 평온하다(오른쪽).

고는 그 주인공들이 자신에게 말을 한다면 그림을 잘 그린 것이라고 생각했다고 한다. 1950년대 반 유태인 분위기 때문에 이름을 에즈라 제이콥 키츠(Ezra Jacob Keats)에서 에즈라 잭 키츠로 바꾸었다.[74]

  한편 키츠는 흑인들의 도시 생활 경험을 공감하여 감수성 짙게 표현했지만, 판에 박힌 듯하고 흑인들의 목소리를 제대로 내지 못했다는 평가를 받기도 한다. 그러나 백인이 흑인계 미국인의 삶을 장엄하게 묘사함으로써 어린이책에서 장벽을 깨려고 한 키츠의 선구자적 노력은 존경받아야 한다.[75]

  키츠를 기념하여 만든 에즈라 잭 키츠 상(Ezra Jack Keats New Writer's And New Illustration's Award)은 다른 문화나 인종에 대한 어린이들의 인식과 이해를 확장하는, 세계의 다문화적 성격을 표현한 유망한 젊은 작가에게 수여한다.[76]

(2) 작품의 특징

  『눈 오는 날』(1962), 『휘파람을 불어요 Whistle for Willie』(1964), 『피터의 의자 Peter's Chair』(1967), 『피터의 편지 A Letter to Amy』(1968) 등은 피터의 유년 시절을 다룬 그림책이다.

2-40 『휘파람을 불어요』 김희순 옮김, 시공주니어. 과슈와 콜라주를 조화롭게 표현, 어린이가 자신감을 표현하는 과정, 좋은 부모의 모델을 보여주고 있다.

『눈 오는 날』은 미국 어린이 문학사에 중요한 작품의 하나로 손꼽힌다. 어린이들이 겨울 눈을 보는 경이로움과 즐거움의 신비로운 감정을 포착했다. 어떤 면에서는 줄거리다운 줄거리는 없고, 분위기와 익숙한 것에서 발견한 낯선 것들을 전달한다. 그러나 그림 하나하나가 신비적 경험을 안겨준다.[77] 특히 예술적 매개체로서 콜라주를 사용한 것이 독특한데 포장지, 벽지, 색종이, 사진 등을 사용하였다. 이전의 일러스트레이션은 사물의 사실적 묘사에 중요성을 두었으나, 사진 기술의 발달로 이제 일러스트레이션은 사진으로 만들 수 없는 화면의 아름다움을 찾는 방향으로 바뀌었다. 그림책도 이러한 경향의 영향을 받았다. 그리하여 키츠는 콜라주로 이미지를 재현시키려 하였다. 『눈 오는 날』에서는 콜라주와 물감의 행복한 동반상승 효과로 활기차면서도 평온한 이미지를 만든다.[78] 슬퍼하다가 잠든 피터의 마음을 표현한 장면의 회색 배경은 칫솔과 물감을 이용한 물감 흩뿌리기 작업으로 이루어졌다.[79] 그리고 눈 결정체 모양은 도장 찍기 기법으로 표현하였다. 노란색 마블링 기법*의 배

---

*물 위에 유성물감을 떨어뜨려 젓고, 종이로 물 위를 덮어 대리석 모양의 무늬가 묻게 하는 기법.

경과 신호등 밖으로 흩어진 신호등 알은 피터의 마음을 잘 표현하고 있다.[80] 키츠의 그림책에는 콜라주 기법이 많이 사용되었는데, 색지를 사용한 콜라주도 있지만 다른 인쇄물을 재료로 사용하는 경우가 많아 '포토몽타주'(Photo-montage)로 분류한다.[81]

『휘파람을 불어요』는 과슈* 와 콜라주의 조화를 보여주며 교육적, 심리적, 미적으로 독자들에게 호소력이 있는 그림책으로 어린이가 자신감을 키우는 과정을 다루고 있다. 한편으로 좋은 부모의 역할도 보여주고 있다.[82] 아버지의 모자를 쓰고 아버지 흉내를 내는 피터에게 어머니는 아버지에게 응대하듯 역할놀이를 한다. 그리고 피터가 휘파람을 불 수 있게 되어 자랑스러워하자 격려와 칭찬을 하는 장면은 좋은 부모로서의 모델을 보여준다.

『피터의 의자』는 새 동생을 맞이하는 형제의 소외감과 갈등, 부모의 사랑에 대한 확인을 담고 있다. 이 책에는 벽지, 색지, 레이스를 포함한 헝겊, 잡지 등 다양한 재료를 이용한 콜라주 그림이 나온다.

『피터의 편지』에서는 아크릴 물감과 콜라주를 사용하여 이야기를 잘 표현하고 있다. 피터의 네 번째 모험인 이 작품에서는 낙서가 있는 벽, 'Post No Bills'라는 권위주의적 문구, 스포츠 게임의 점수인 듯한 낙서가 도시생활과 잘 어울린다. 그리고 피터가 편지를 붙이려 노력하는 과정이 키츠의 시각적 기술로 잘 드러난다.[83] 우체통에 씌어진 'U.S. MAIL'과 벽에 씌어진 낙서를 번역본에서 한글로 바꾸기 어려웠을 만큼 미국적인 분위기가 물씬 풍기는 그림책이다.

루이가 주인공인 그림책에는 『내 친구 루이 Louie』(1975), 『상자 속 여행 The Trip』(1978) 등이 있다. 『내 친구 루이』에서 외로운 소년 루이는 친구들이 하는 인형극에서 인형 구씨를 보고 진짜 살아 있는 친구처럼 생각하고 사랑에

---

* 수용성의 아라비아 고무를 섞은 불투명한 수채물감 또는 이 물감을 사용하여 그린 그림.

빠져버린다. 이를 알게 된 친구들은 인형 구씨를 루이에게 선물한다. 주로 아크릴 물감을 사용하고 부분적으로 콜라주 기법을 사용한 이 그림책은 브루클린의 지저분한 골목을 보여주고, 아이들의 인형극 무대를 보여준다. 그리고 『휘파람을 불어요』에서 피터가 그린 하양, 분홍, 노랑 분필 줄처럼 『내 친구 루이』에는 친구들이 루이를 녹색 줄로 구씨에게 안내하는 장면이 나온다.

『상자 속 여행』에서 새로운 곳으로 이사한 루이는 외로워하다 혼자서 만화경 상자를 만들고, 공상 속에서 비행기를 타고 옛 친구들을 만나러 간다. 미국의 추수감사절을 배경으로 하여, 옛 친구들과 '사탕 주면 안 잡아먹지!'(Trick and treat) 놀이를 한다. 결국 루이는 현실로 돌아와 새 친구들과 추수감사절에 입는 가장 복장(costume)을 입고 '사탕 주면 안 잡아먹지!' 놀이를 한다.

『제니의 모자 Jenni's hat』(1966)는 콜라주의 광범위한 가능성을 보여주는 그림책이다. 한 어린 소녀가 평소 먹이를 주던 새들의 도움으로 자신의 평범한 모자를 다양한 재료로 장식하려고 한다. 『클레멘티나의 선인장 Clementina's Cactus』(1982)은 키츠의 마지막 작품이라고 할 수 있으며, 글 없는 수채화 그림책이다.

6) 윌리엄 스타이그(William Steig, 1907~2003)

(1) 생애와 작품 배경

윌리엄 스타이그는 뉴욕의 브루클린에서 태어나 브롱스에서 자랐다. 아버지 조셉 스타이그(Joseph Steig)는 주택 도장업자로서 오스트리아에서 온 이민자였다. 아버지도 어머니도 시간이 나면 그림을 그렸고, 자녀들이 음악이나 미술을 하기를 원했다. 스타이그는 음악이나 미술을 격려하는 이러한 집안 분위기 속에서 자랐다. 그런 분위기는 스타이그 자신의 가정에도 이어져 아들 제레미 스타이그는 재즈 음악가로 그림책 비디오 〈멋진 뼈다귀〉의 음악을 맡기도 했다. 두 딸은 각각 배우와 화가로 일하고 있다.

스타이그는 유년기에 그림뿐만 아니라 창의적인 작품들을 접하면서 상상력을 키웠다. 『그림 동화 Grimm's Fairy Tale』, 『로빈슨 크루소 Robinson Crouso』, 영화 〈찰리 채플린 Charlie Chaplin〉, 하워드 파일(Howard Pyle)의 『로빈 후드 Robin Hood』, 『아서왕의 전설 The Legend of King Arthur』, 『원탁의 기사들 The Knights of Round Table』, 오페라 〈헨젤과 그레텔 Hansel & Gretel〉, 특히 〈피노키오 Pinocchio〉 등이 그에게 영향을 끼쳤다. 그는 시티 칼리지(City College)에서 2년, 내셔널 아카데미(National Academy)에서 3년 수학했으며, 예일학교 미술학부(Yale School of Fine Arts)는 5일을 다니다가 그만두었다.[84]

2-41 『당나귀 실베스터와 요술 조약돌』 이상경 옮김, 다산기획.

스타이그는 고등학교 시절부터 학교신문에 만화를 그려 화가로서 첫 걸음을 시작했다. 1930년 미국이 공황에 접어들었을 때 다른 전문직을 가지고 싶었으나 가족 부양을 위해 〈뉴요커 The New Yorker〉지에 만화를 실었다. 이 잡지와의 인연은 계속 이어져 60년 동안 만화를 연재하여 〈뉴요커〉 독자들에게 즐거움을 안겨 주었다.[85] 후에 카드를 만드는 것과 같은 광고 일을 맡았으나, 내키지 않아 하던 중 어린이책 일을 맡아 광고 일을 떠났다고 한다.

그래서 그는 1968년 60세에 첫 번째 그림책 『CDB!』를 내며 그림책 작가로서 활동을 시작하였다. 1970년 『당나귀 실베스터와 요술 조약돌 Sylvester *and the Magic Pebble*』, 1977년 『멋진 뼈다귀 *The Amazing Bone*』로 칼데콧상을 받았다. 그는 1972년부터 어린이 소설도 쓰기 시작해, 『도미니크 *Dominic*』(1972), 『진짜 도둑 *The Real Theif*』(1973), 『아벨의 섬 *Abel's Island*』(1976) 등을 차례로 내놓았다. 1977년 『아벨의 섬』과 1983년 『치과 의사 드 소토 선생님 *Doctor De Soto*』으로 뉴베리 명예상을 받았다.

조슈아 해머(Joshua Hammer)는 "스타이그는 그가 만든 네버랜드에서 특유의 순수함을 가지고 숙련가의 펜과 어린이의 눈으로 현대 생활의 혼란함과 홀로 싸움을 벌이고 있다. 그리고 인정이 많으면서도 통찰력이 있는 스타이그의 책들은 어린이들에게 인기가 많은데 그 이유는 어린이들이 자신들처럼 열정적이고 넓은 시야를 가진 스타이그의 생각(vision)을 즉각적으로 알아보기 때문"이라고 말했다.[86]

(2) 작품의 특징

스타이그의 그림책에 나타나는 전반적인 특징을 살펴 보면 다음과 같다. 그의 그림책에 비친 아동관을 보면 어른은 어린이로부터 많은 것을 배울 수 있다고 믿지만 어린이에 대해 지나치게 감상적이거나 과장된 표현을 하지는 않는다. 스타이그는 "모든 어린이는 천부적인 재능을 가진 가능성의 존재이다. 그러나 또한 잠재적인 yuckapuck이다"라고 말했다(yuckapuck의 의미는 확실하지 않으나 좋은 의미인 것 같지는 않다).[87] 그가 말하는 어린이의 이런 양면적인 성격은 『용감한 아이린 *Brave Irene*』에서 어려운 일을 용감히 헤쳐나가는 아이린, 『장난감 형 *The Toy Brother*』에서 말썽꾸러기 형 요릭과 아우 찰스, 『부루퉁한 스핑키 *Spinky Sulks*』에서 스핑키 등 특히 사람이 주인공으로 등장하는 그의 책을 통해 짐작할 수 있다.

등장인물은 많은 경우 인간처럼 행동하는 동물 캐릭터를 사용하였다. 마저리 피셔(Magery Fisher)는 "시각적으로 커다란 동물을 의인화하기는 쉽지 않

2-42 『치과 의사 드소토 선생님』 Farrar, Straus, & Giroux, Inc. 경제적인 구성, 효율적인 선이 시각적 풍부함을 제공한다.

다. 그러나 스타이그는 내재적인 문제점을 극복하고 동물들을 인간가족으로 바꾸었다"고 평가하였다.[88]

『치과 의사 드소토 선생님』(1982)에서 여우와 쥐 사이에는 커다란 격차가 있는데, 이 불균형을 쥐들의 지혜로 상쇄한다. 쥐들이 여우의 이를 고쳐주는 장면을 보면 경제적인 구성, 효율적인 선이 서로 도와 시각적 풍부함을 제공하며 칼데콧의 선구자적 노력을 상기시킨다.[89]

『아모스와 보리스 Amos & Boris』(1971)에서는 의인화된 큰 동물 고래와 작은 동물 쥐의 대비를 보여주며, 『멋진 뼈다귀』(1976), 『녹슨 못이 된 솔로몬 Solomon, The Rusty Nail』(1985), 『당나귀 실베스터와 요술 조약돌』(1969)에서도 의인화된 동물들이 등장한다. 『농부 꿀농 씨의 마차 나들이 Farmer Palmer's Wagon Ride』(1974)에서는 인간과 당나귀가 인간처럼 자연스럽게 이야기를 나누고, 심지어는 농부가 마차에 다친 당나귀를 태우고, 마차를 대신 끌기도 하는 등 역할을 바꾸기도 한다. 『슈렉! Shrek!』(1990)에서는 의인화된 동물 이상의 괴물 캐릭터를 등장시킨다. 이 그림책은 영화 〈슈렉〉에 소재와 주제를 제공했다. 한편으로 스타이그는 사람만 등장하는 그림책도 제작했는데 『장난감 형』(1996), 『부루퉁한 스핑키』(1988), 『아빠랑 함께 피자 놀이를 Pete's A Pizza』(1998), 『용감한 아이린』(1986) 등이다.

스타이그의 그림책이 다루고 있는 주제를 살펴보면 대부분의 작품에 기본적으로 가족의 사랑과 안전에 대한 욕구가 깔려 있다. 그 외에도 『치과 의사 드소토 선생님』에서는 힘을 이기는 지혜, 『아모스와 보리스』에서는 깊은 우정, 『용감한 아이린』에서는 자신감에서 나온 용기와 지혜, 『슈렉!』에서는 세상의 상식을 깨는 남녀 간의 사랑이 주제이다. 또한 이야기 속에서 등장인물들이 어려움을 겪지만 마침내 이겨내고 행복한 결말로 끝나는 것도 스타이그 그림책의 특징이다.

스타이그의 작품에는 마술이 자주 등장한다. 『멋진 뼈다귀』에서는 말도 하고 마술을 부리는 뼈가 등장하고, 『녹슨 못이 된 솔로몬』에서는 우연히 코를 후비면서 동시에 발가락을 꼼지락거렸더니 녹슨 못으로 변한다. 『당나귀 실베스터와 요술 조약돌』에서는 빨간 조약돌을 손에 쥐고 소원을 빌면 마술이 일어난다. 『장난감 형』에서는 실험실에서 약을 마신 형이 소시지 한 토막 크기로 변하는데, 동생을 포함한 가족들이 노력하여 마술약과 주문으로 원래 모습으로 돌아온다. 『슈렉!』에서 괴물 슈렉은 눈빛으로 꿩다리를 태우고 번갯불도 꿀꺽 삼키며, 입으로 불기둥도 내뿜는다.

스타이그의 이야기를 읽으면 독자의 마음을 읽는 듯하다. 일상생활에서 사람들이 떠올리는 공상을 그림책 안에 담기 때문에 독자들은 그의 진솔한 유머와 생생함에 즐거워한다. 예를 들어 『장난감 형』에서 형이 작아지자, 동생은 형이 영원히 그렇게 자신의 장난감으로 있어 주기를 내심 바란다. 하지만 형이 우박 속에서 위험에 빠지자 '형이 커져서 자기를 다시 아기처럼 다룬다 해도' 형을 원래대로 돌리려고 애를 쓴다. 마술 때문에 변신이 일어나는 여러 작품 속에서 독자들은 모두들 한번쯤은 자신이 아닌 다른 것으로 변신하고 싶은 마음을 대리 만족시킨다. 동시에 다시 제 모습으로 돌아오지 못할 수 있다는 걱정을 하며, 지금 자신의 모습이 가장 행복한 것이라는 자기 정체성을 발견하기도 한다.

『용감한 아이린』에서는 친구에게 하듯 자신을 괴롭히는 바람을 꾸짖는다. 『농부 꿀농 씨의 마차 나들이』에서는 하모니카에서 나오는 놀라운 음악을 들으려고 굴러가다가 멈추어 서는 바퀴, 당나귀 에베네저의 우는 소리에 움찔 놀라는 언덕, 에베네저 대신 고삐를 매고 짐마차를 끄는 꿀농 씨, 짐마차를 즐겁게 타고 가며 꿀농 씨와 가끔씩 번갈아가며 짐마차를 끌어야겠다고 생각하는 당나귀 에베네저 등 스타이그의 글은 독자들에게 즐거움과 동시에 감동을 준다.

또한 스타이그의 글에는 사전에 없는 단어가 나온다. 새로운 단어의 창조와 시적이고 마술적인 주문은 판타지의 중요한 요소로 어린이들의 말놀이와 성격이 비슷하다. 『농부 꿀농 씨의 마차 나들이』, 『슈렉!』에서의 시와 같은 음악소리, 노래 소리, 흥얼거림, 연가, 『장남감형』에서 아버지가 아들에게 치즈가 섞인 약을 먹이면서 외는 주문, 『멋진 뼈다귀』에서 여우를 토끼만 하게, 결국은 생쥐만 하게 만드는 주문 등은 이야기의 재미를 더한다. 스타이그 특유의 목록으로 『당나귀 실베스터와 요술 조약돌』에서 소풍을 갈 때 가져가는 음식 목록은 발음하면서 즐거움을 느끼게 한다. 'alfalfa sandwiches, pickled oats, sassafras salad, timothy compote' 는 사전에 있는 단어들을 재미있게 조합한 것이다. 또한 『농부 꿀농 씨의 마차나들이 *Farmer Palmer's Wagon Ride*』의 Farmer와 Palmer는 비슷하지만 발음이 다른 단어를 겹쳐 만든 제목이어서 발음하면서 주의를 기울여야 하지만, 오히려 그것 때문에 독자들은 즐거워한다.

또한 스타이그의 그림책에서는 주인공들이 거의 죽음에 직면하는 순간을 맞이하고, 그 순간을 다행히 모면함으로써 삶의 소중함과 생명의 기쁨을 표현한다. 『멋진 뼈다귀』에서 펄은 여우가 자신을 음식으로 만들려고 하는 것을 알고 차라리 빨리 끝났으면 좋겠다고 생각한다. 결국, 펄은 뼈다귀의 주문으로 여우로부터 빠져나온다. 『당나귀 실베스터와 요술 조약돌』에서 실베스터는 영원히 바위로 살아야 할지 모른다는 생각 때문에 다시는 깨어나지 않도록 깊이 잠들어버린다. 실베스터는 소풍을 나온 아버지와 어머니에 의해 다시 당나귀로 돌아온다. 『녹슨 못이 된 솔로몬』에서 못이 된 솔로몬은 고양이 때문에 벽에 박혀 꼼짝할 수 없게 되자 빠져 나가려면 백년이 걸릴지 모르고, 그때까지 살아 있을지 모른다고 걱정한다. 결국, 솔로몬은 화재가 난 틈을 이용하여 도망쳐 집으로 돌아온다. 『아모스와 보리스』에서 생쥐 아모스는 배 위에서 세상의 아름다움에 취하는 바람에 바다로 빠지고 만다. 아모스는 죽음을 생각하며 '오래 걸릴까? 무섭기만 할까? 내 영혼은 하늘나라로 올라갈까? 하늘나라에도 다른 쥐가 있을까?' 이런 '끔찍한' 질문들을 한다. 한편 허리케인 때문에 해변으로 밀려온 고래 보리스는 자신이 죽을 거라고 생각하고 죽을 각오를 한다. 아모스와 보리스는 서로를 도와 죽음의 위기에서 벗어난다. 『치과의사 드소토 선생님』에서 생쥐 부부는 생명의 위협을 느끼면서도 여우를 치료한다. 결국, 생쥐 부부는 여우를 치료해주고 지혜를 발휘해 위기를 벗어난다. 『장난감 형』에서 몸이 작아진 요릭은 우박이 떨어지자 거의 죽을 지경에 빠진다. 찰스는 작아진 형이 당나귀나 엄마 발에 밟히거나, 고양이에게 잡아먹힐 수도 있다는 위험을 깨닫는다. 『용감한 아이린』에서 아이린은 눈에 푹 빠져 죽을 지경이 되자, '이대로 얼어 죽지 뭐, 그럼 이 고생도 끝날 것 아냐? 안될 거 뭐 있어? 벌써 이렇게 묻히기까지 했는데' 하는 생각을 한다. 하지만 아이린은 엄마의 얼굴과 냄새를 떠올리며 자신의 의지와 노력으로 눈 속을 빠져나온다. 이렇게, 스타이그 그림책의 주인공들은 다른 사람(동물)의 도움과 가족의 사랑으로 또는 자신들의 의지로 죽음의 길에서 벗어나 다시 행복하고 건강한 삶으로 돌아온다.

만화가였던 스타이그는 만화 스타일로 계속 작업을 하였다. 그의 그림은 만화적인 요소의 장난기가 있는 그림에 엷은 수채화 물감을 사용한 것이 특징이다. 그는 한결같은 스타일을 견지해 왔으며, 꽤 두껍게 스케치하는 듯한 검은 선에 수채화 물감을 자연스럽게 첨가했다. 때때로 선, 물방울 무늬, 꽃무늬 패턴을 등장인물의 옷이나 배경에 사용하기도 했다.[90] 『슈렉!』, 『부루퉁한 스핑키』, 『치과 의사 드소토 선생님』에서 등장인물의 옷, 『아빠랑 함께 피자 놀이를』, 『장난감 형』, 『녹슨 못이 된 솔로몬』에서 방바닥과 침대, 소파 등의 문양에서 그 예를 볼 수 있다.

모스(Moss)는 "스타이그는 미국의 위대한 예술가 중의 한 사람이다. 그의 재치 있고, 유머러스한 책들은 상상력, 예술, 언어, 자연의 힘을 찬양한다. 그의 만화 작품은 지극히 인간적이어서 어린이, 성인, 비평가 모두에게 감동을 준다"고 하였다.[91]

6. 20세기 그림책의 역사2 - 영국

20세기를 여는 그림책 『피터 래빗 이야기』(1901, 1902)의 작가 비아트릭스 포터(Beatrix Potter, 1866~1943) 이후 부진했던 영국의 그림책은 1960년대에 들어서면서 활기를 띠게 되었다. 『검피 아저씨의 뱃놀이』의 존 버닝햄(John Burningham, 1936~), 찰스 키핑(Charles Keeping, 1924~1988), 『회전목마』의 브라이언 와일드스미스(Brian Wildsmith, 1930~), 『눈사람 아저씨 The Snowman』(1978)의 레이먼드 브리스(Raymond Briggs, 1934~)가 그들의 첫 그림책을 출간하기 시작했다. 그 후『학과 해오라기 The Heron and The

Crane』(1999)의 퀀틴 블레이크(Quentin Blake, 1932~),『티치 *Titch*』(1971)의 팻 허친스(Pat Hutchins, 1942~), 최근에는『터널 *The Tunnel*』(1989)의 앤서니 브라운(Anthony Browne, 1946~) 등이 좋은 그림책을 출간하고 있다.

1) 존 버닝햄(John Burningham, 1936~)

(1) 생애와 작품 배경

존 버닝햄은 영국 서리(Surrey) 주의 파넘(Farnham) 시에서 태어났다. 세일즈맨인 아버지를 따라 자주 이사를 하고 학교를 옮겨다녀야 했다. 그 중 자유주의적 교육방침을 가진 닐의 섬머힐 학교는 존 버닝햄의 세계관과 예술활동에 크게 영향을 미친 것으로 보인다. 또한 그는 당시 유행하던 청년 문화에 따라서 병역 대신에 남부 이탈리아와 이스라엘에서 삼림일, 농장일, 슬럼가 철거작업, 학교 짓는 일을 하였다. 1956년에서 59년까지 런던의 디자인 학교에서 미술공부를 하였고, 이스라엘로 돌아가 필름 회사에서 모델과 인형작업을 하였다. 버닝햄은 1960년에 영국으로 돌아와, 첫 그림책을 내기까지 포스터와 잡지 만화 그리기, 크리스마스 카드 디자인 일을 하였다.

1963년 버닝햄은 첫 그림책『깃털 없는 기러기 보르카 *Borka*』로 케이트 그린어웨이 상을 받았다. 보르카는 다른 형제들과는 달리 깃털 없이 태어나는데 어미의 보살핌 속에서도 날지도 헤엄치지도 못하는 기러기로 뒤떨어진다. 게다가 날씨가 추워져 모든 기러기들이 따뜻한 곳으로 여행을 떠나버리자 보르카는 홀로 남는다. 잠잘 곳을 찾아 헤매던 보르카는 부두에 정박한 배를 타게 된다. 다행히 보르카는 선장의 배려로 런던의 큐 가든에 살게 되는데, 큐 가든에는 이상야릇한 새들이 모여 사는 곳이라 따돌림 당하지 않고 행복하게 살게 된다. 이 그림책은 장애를 가졌거나 소외된 어린이들에게 희망을 주는 작품으로 지금도 사랑을 받고 있다. 수상 인터뷰에서 버닝햄은 "이 상은 나의 인생에서 중요한 의미를 가집니다. 내가 만약 소설을 써서 이런 상을 받았다면 계속 소설을 쓸 것입니다"라고 말했다. 케이트 그린어웨이 상은 버닝햄에게 이후 그림책 작가의 길로 들어서는 분명한 계기를 만들어주었다.[92]

1964년 훗날 유명한 『곰 사냥을 떠나자 We're Going On A Bear Hunt』의 그림책 작가인 헬렌 옥슨버리(Helen Oxenbury)와 결혼하였고, 현재 아들과 두 딸을 두고 있다. 7년 후 버닝햄은 『검피 아저씨의 뱃놀이 Mr. Gumpy's Outing』 (1970)로 케이트 그린어웨이 상을 두 번째 수상했다.

(2) 작품의 특징

존 버닝햄의 그림책에 나오는 어린이는 현실세계와 환상세계를 자유롭게 오가는 존재이며, 현실에서는 작고 힘도 없는 나약한 존재이지만, 환상세계에서는 대단한 능력을 가진 존재이다.[93] 어린이들은 환상세계에서 현실과 미래를 살아갈 에너지를 얻을 수 있다는 것을 확인시켜준다. 어린이들에게 환상문학의 필요성을 주장하는 어린이문학 연구가들에 따르면, 어릴 때 환상세계에 대한 상상을 충분히 키웠던 어린이는 어른이 되어 현실에서 어려움을 겪어도 그것을 이겨나갈 힘이 있다고 한다. 환상세계에서 얻은 대단한 에너지는 어른의 모습에 가려져 깊이 잠재되어 있는데, 난관에 부딪히면 그 힘을 발휘한다는 것이다.

버닝햄의 그림책 『구름나라 Cloudland』(1996), 『알도 Aldo』(1991), 『장바구니 The Shopping Basket』(1980), 『야, 우리 기차에서 내려 Oi! Get Off Our Train』(1989), 『지각대장 존 John Patric Norman McHennessy: The Boy Who Was Always Late』(1987)에서 어린이는 현실세계와 환상세계를 오갈 수 있으며, 환상세계에서 힘을 얻기도 하고 힘을 발휘하기도 한다. 『구름나라』에서는 절벽에서 떨어진 앨버트가 환상세계인 구름나라로 갔다가 다시 현실세계로 돌아온다. 앨버트는 언제든지 다시 환상세계로 돌아갈 수 있다고 생각한다.

『야, 우리 기차에서 내려!』에서 잠들기 전에 기차놀이를 하던 아이가 꿈속에서도 여러 동물을 만나 기차놀이를 계속하면서 놀이를 즐긴다. 그리고는 잠을 깬 후에도 현실 속 엄마의 잔소리에도 여전히 환상세계에서 벗어나지 못한다. 『알도』에서는 친구들과 잘 어울리지도 못하고, 다투는 부모 때문에 행복하지 못한 한 소녀가 환상세계의 친구 '알도'에게서 현실의 아픔을 보상 받는다. 소녀는 자유로운 상상으로부터 현실을 견디는 힘을 얻는다.

나아가 『장바구니』, 『지각대장 존』에서는 환상세계 속 어린이의 대단한 힘을 잘 보여주고 있다. 『장바구니』에서 스티븐은 엄마의 심부름을 다녀오면서 장바구니를 넘보는 곰, 개, 원숭이, 캥거루, 염소, 돼지, 코끼리를 만나 곤경에 빠지지만 모두 물리치고 돌아온다. 『지각대장 존』에서는 어린이들이 환상세계와 현실세계를 얼마나 쉽게 오갈 수 있는지, 환상세계에서 어린이는 그 대단한 선생님도 굴복시킬 수 있는 힘을 갖는다는 것을 보여준다. 존은 등교길에 악어, 사자, 커다란 파도를 만나 모두 물리치지만, 그것 때문에 현실세계인 학교에서는 어린이의 환상세계를 이해 못하는 선생님한테서 벌을 받는다. 그러나 마지막 부분에서 곤경에 빠진 선생님의 부탁을 거절함으로써, 선생님의 떨어지는 지팡이가 상징하듯 선생님의 힘을 보잘것없는 것으로 만들어 버린다. 그 장면은 바로 존이 힘을 얻는 환상세계의 공간이기 때문이다.

버닝햄의 그림책에는 두 가지 유형의 어른이 대조적으로 나타난다. 하나는 놀이가 어린이의 생활에 필수적이고 자연스러운 부분이라고 보는 어른이다. 『검피 아저씨의 뱃놀이』, 『검피 아저씨의 드라이브 Mr. Gumpy's Motor Car』(1973)의 검피 아저씨, 『우리 할아버지 Granpa』(1984)의 할아버지, 『크리스마스 선물 Harvey Slumfenbuger's Christmas Present』(1993)의 산타할아버지 등이다.

검피 아저씨는 동물들과 아이들이 배를 타면서 한 약속을 어겼지만 벌주지 않고 오히려 따뜻한 차를 대접하며 다음에 또 놀러오라고 한다. 제멋대로인 동물들과 아이들이 나중에 단정히 앉아 차를 마시는 장면을 보면, 어린이를 교육시키는 데 벌을 주는 것이 반드시 좋은 방법은 아니라는 것을 알 수 있다.

『검피 아저씨의 드라이브』에서 동물들과 아이들은 자기중심적인 성격을 그대로 드러낸다. 드라이브를 하던 중 비가 와서 길이 질퍽해지고 급기야는 바퀴가 진흙탕에 빠져버린다. 아저씨가 동물들과 아이들에게 차를 밀어달라고 부탁하자, 모두 "난 안돼요." 하며 핑계를 대고 다른 이에게 미룬다. 이때 아저씨는 결코 훈계하지 않는다. 그러나 미룰 수 없을 정도로 난감한 상황이 되자, 모두 흙탕물을 뒤집어쓰며 힘을 합쳐 자동차를 진흙탕에서 끄집어낸다. 그리고 집에 도착했을 때, 아저씨는 흙탕물을 뒤집어쓴 아이들과 동물들에게

2-43 『셜리야, 물가에 가지 마』 Jonathan Cape Children's Books. 부모들이 있는 면(왼쪽 그림)은 파스텔 색조로, 상상의 세계(오른쪽 그림)는 총천연색으로 대비시켜 어른과 어린이의 세계가 다르다는 것을 보여준다.

수영하고 놀다 가라고 한다. 검피 아저씨는 정말 어린이들을 잘 이해하는 어른이다.

『우리 할아버지』에서 할아버지는 자신도 한때 어린이였다는 것을 잘 기억하는 어른이다. 그래서 손녀의 환상세계로의 여행에 동참한다. 버닝햄이 이상적으로 보는 어른은 이렇게 어린이들이 상상세계와 놀이를 즐긴다는 것을 잘 이해하는 사람이다. 『크리스마스 선물』의 산타할아버지는 크리스마스 아침에 비어 있는 양말을 발견하고 슬퍼할 한 소년을 위하여 순록도 없이 어려운 길을 나선다. 산타할아버지는 온갖 역경을 딛고 무사히 선물 꾸러미를 소년의 양말에 넣고 돌아간다. 자신의 작은 실수로 한 어린이가 커다란 실망에

빠질 수 있다는 생각을 하는, 어린이를 존중하고 인정이 많은 어른의 모습을 보여준다.

또 다른 유형은 어린이의 상상의 세계를 도무지 이해하지 못하며 현실생활의 도덕률만을 가르치려는 권위적인 어른이다. 『지각대장 존』의 선생님, 『셜리야, 물가에 가지 마! Come Away From The Water, Shirley』(1977)와 『셜리야, 목욕은 이제 그만! Time to Get Out of The Bath, Shirley』(1978)의 부모, 『내 친구 커트니 Courtney』(1994)의 부모 등이 그렇다. 이 유형에 속하는 어른의 다른 특징은 어린이가 듣든 말든 잔소리가 심하다는 것이다. 『지각대장 존』에서 존에게 소리소리 지르며 점점 커져가는 선생님과 상대적으로 점점 작아져 가는 존의 그림만 보아도 어른에게 억압 받는 어린이의 현실세계가 드러난다.

우리나라에 최근 번역 출판된 『셜리야, 물가에 가지마!』, 『셜리야, 목욕은 이제 그만!』은 환상세계로 자유롭게 들어갈 수 있는 어린이와 현실의 일상사 밖에 볼 줄 모르는 어른의 차이를 극명하게 보여준다. 이 두 권의 그림책에서 펼쳐진 면의 오른쪽 면에는 셜리가 해적을 만나 싸워 이겨 보물섬을 찾고(『셜리야, 물가에 가지마!』에서), 중세의 성에서 왕과 고무튜브를 타며 놀이를 하는 장면이 나온다(『셜리야, 목욕은 이제 그만!』에서). 왼쪽 면에서는 셜리의 어머니가 계속 셜리에게 잔소리를 해댄다. 그리고 부모들이 있는 왼쪽 면은 파스텔 색조로, 셜리가 있는 상상의 세계는 총천연색으로 대비시켜 어른과 어린이의 세

2-44 『검피 아저씨의 뱃놀이』 이주령 옮김, 시공주니어. 질감을 얻기 위해 많은 펜 선을 겹치고 다양한 잉크색 선을 사용하였다.

계가 다르다는 것을 보여준다. 『내 친구 커트니』에서 "아무도 안 데려가는, 그런 개 없어요? 우리가 본 개들은요, 전부 우리 말고도 데려갈 사람이 많을 것 같아요"라는 어린이들의 말은 어른보다 어린이들이 간혹 생각이 깊다는 사실을 보여준다. 어른들은 커트니의 능력에 감동하다가도, 커트니가 잠깐만 없어져도 '안 좋은 개'로 매도한다. 커트니는 자신을 믿어주는 어린이들에게 끝까지 신뢰를 지킨다.

장애와 소외를 다룬 『깃털 없는 기러기 보르카』, 동물들의 멸종 문제를 다룬 『야, 우리 기차에서 내려』, 자아 정체성을 다룬 『대포알 심프 Cann-onball Simp』(1966), 권위주의적 교육현장을 고발하는 『지각대장 존』, 인간의 늙음과 죽음, 손녀로 이어지는 삶의 순환에 관한 이야기 『우리 할아버지』 등은 어떻게 보면 무거운 주제들을 다루고 있다. 그러나 버닝햄의 그림책을 보면 우선 유머러스한 글과 단순하면서도 매력적인 그림에 매료되기 때문에 무거운 주제들은 이야기 뒤로 숨어버린다.

버닝햄의 그림은 전체적으로 다양한 선을 사용하여 자유분방한 느낌을 준다. 버닝햄은 "나는 그림을 그릴 때 의식적으로 생동감 있는 선을 찾으려고 노력합니다. 생동감 있는 선이 어떤 것이라고 단정적으로 말하기는 어렵지만, 단조로운 테두리는 재미가 없습니다. 살짝 잉크에 담근 펜으로 누르는 정도에 따라 다양한 종류의 선을 얻을 수 있어요"라고 말한다. 특히 『검피 아저씨의 뱃놀이』에서는 수채화 물감의 부드러운 파스텔 색을 밑그림으로 하여 다양한 질감의 효과를 내기 위해 많은 펜 선을 사선 방향, 가로 세로 방향으로 겹쳐 음영을 만들었다. 사용한 잉크색은 녹색, 갈색, 빨강, 파랑 등 다양하다. 예를 들면 돼지에는 다양한 갈색 잉크선, 양에는 부드러운 회색과 흰색 잉크선이 사용되었다.[94]

버닝햄의 그림은 초기 그림책 『깃털 없는 기러기 보르카』, 『대포알 심프』, 『사계절 Seasons』(1969)의 불투명한 수채화에서 『검피 아저씨의 뱃놀이』,

2-45 『대포알 심프』 Jonathan Cape Children's Books.

『검피 아저씨의 드라이브』, 『장바구니』, 『우리 할아버지』, 『지각대장 존』에서 보듯 투명하고 밝은 색조로 변한다. 『야, 우리 기차에서 내려!』, 『알도』, 『내 친구 커트니』, 『구름나라』, 『크리스마스 선물』, 『마법침대 The Magic Bed』(2003)에는 콜라주 기법과 크레용, 파스텔, 펜, 색연필, 목탄 등 다양한 종류의 재료가 사용되었다. 특히 『구름나라』에서 사진 그림을 배경으로 한 콜라주 그림은 이야기 내용만큼이나 독특하다.

　　버닝햄의 초기 작품인 『깃털 없는 기러기 보르카』, 『대포알 심프』에서 기러기 보르카나 버려진 심프는 자신을 받아들일 수 있는 세계 속에서 제 몫을 하며 사람들과 (또는 다른 집단과) 어울려 행복을 찾는다. 『검피 아저씨의 뱃놀이』와 『검피 아저씨의 드라이브』에서는 동물들과 아이들이 아저씨 말대로 언젠가 다시 놀러오겠지만, 나름대로 결말을 맺는다.

　　그러나 그의 80년대 이후 작품에서는 결말을 열어 놓고 여운을 남긴다. 『장바구니』에서는 스티븐은 동물들을 물리치느라 심부름으로 사온 물건을 없앴는데, 어머니는 자신이 부탁한 물건들을 정확히 기억한다. 스티븐은 어떻게 될까? 『지각대장 존』에서는 존이 고릴라에게 붙잡힌 선생님을 버려둔 채 교실을 나와버린다. 선생님은 어떻게 되었을까? 『야, 우리 기차에서 내려!』에서는 "그런데 우리 집에는 웬 동물이 이렇게 많은 거니? 현관에는… 도대체 어떻게 된 일이니?"로 끝을 맺는다. 그리하여 환상세계가 현실에도 그대로 이어지고 있다는 여운을 남긴다. 『내 친구 커트니』에서는 '아이들을 구한 것은 커트니일까?' 그럼 '커트니는 어디에 있는 걸까?' 하는 많은 의문을 독자에게 남기며 이야기가 끝난다. 『구름나라』에서 앨버트는 집으로 돌아온 뒤 구름나라로 돌아갈 수 있는 주문을 기억해내려고 애쓴다. 앨버트는 정확한 주문을 외우지 못하는 것으로 이야기가 끝나, '구름나라로 돌아갈 수 없는 것일까?' 그러면 '앨버트가 정확한 주문을 기억해내면 구름나라로 돌아갈 수 있을까?' 이렇게 버닝햄은 최근 작품들에서 뒷이야기를 독자의 몫으로 남기고 이야기를 끝내고 있다. 현은자는 이와 같은 그림책의 열린 결말 형식을 포스트 모더니즘의 영향으로 정리하였다.[95]

 버닝햄의 그림책에서는 어른과 어린이(부모와 자녀, 선생님과 학생) 사이의 단절된 관계를 다룬다. 버닝햄은 그림책을 통해 어른과 어린이의 이상적인 새로운 관계를 정립해보려고 했으며, 나아가 부모나 교사의 억압에서 벗어난 어린이의 자율성 획득 문제를 제기했다. 섬머힐 학교에서 받은 교육은 보수적인 영국 사회 속에서 교육현장과 가정에서 억압 받는 어린이의 세계를 똑바로 볼 수 있었던 바탕이 되었을 것이다. 어린이들이 그림책 『지각대장 존』의 '선생님이 고릴라에게 붙잡혀 있는' 마지막 장면을 보며 '잘 됐다, 고소하다' 하는 통쾌한 감정을 느끼는 한, 어른과 어린이 사이의 거리감은 줄어들 수 없다. 버닝햄이 추구하는 세계는 어린이들이 추구하는 세계이며, 어린이문학이 지향하는 세계이다. 그것은 어른과 어린이가 각자의 세계를 서로 이해하며, 적어도 가끔은 어린이가 타고난 대로, 자기 의지에 따라 자율적으로 살아볼 수 있도록 허용하는 행복한 세상이다.

2) 찰스 키핑(Charles Keeping, 1924~1988)

(1) 생애와 작품 배경

찰스 키핑은 영국 런던에서 태어났다. 어려서부터 그림을 좋아하여 신문배급업자인 아버지가 가져다주는 가판 포스터 뒷면에 그림을 즐겨 그리곤 했다. 평범했던 그의 삶은 여덟 살 때 아버지가 죽고, 이어 할아버지마저 세상을 떠남으로써 깊은 상처를 입게 되었다.

열네 살에 학교를 그만두고 인쇄공으로 일하던 키핑은 제2차 세계대전 중이던 열여덟에 군에 입대하였는데, 군대에서 머리에 부상을 당해 한동안 우울증에 시달렸다. 이 경험은 완치된 뒤에도 그의 내면에 적잖은 영향을 끼쳤다.

1946년 전역을 한 뒤 런던 리전트 가에 있는 폴리테크닉 미술학교에 들어가 낮에는 가스 검침원 일을 하고, 밤에는 그림 공부를 했다. 석판화와 일러스트레이션을 전공한 키핑은 졸업 후 신문 만화 일을 시작으로 일러스트레이터의 길을 걸었으며, 이후 200여 권의 책에 그림을 그렸다.

1966년 『검은 돌리』를 시작으로 평생 22권의 그림책을 쓰고 그렸는데, 대부

2-46 『창 너머』 박정선 옮김, 시공주니어. 작가의 자전적 작품으로 작가의 감정이 독특한 구도와 움직임으로 전달된다.

분 자신의 어린 시절이나 급속한 현대화 과정에서 대도시의 변화 한가운데 놓여 있는 어린이들의 내면 또는 자기 내면의 어린이를 그린 작품들이다. 표현하고자 하는 이미지를 독자에게 능수능란하게 전달하는 일러스트레이터로 유명하며, 1967년에 『찰리와 샬롯과 황금 카나리아 Charley, Charlotte and the Golden Canary』로, 1981년에는 『노상강도 The Highwayman』로 케이트 그린어웨이 상을 두 차례 받았다. 우리나라에 번역 출판된 『창 너머 Through the Window』(1970), 『빈터의 서커스 Wasteground Circus』(1975), 『길거리 가수 새미 Sammy Streetsinger』(1984)에도 글을 쓰고 그림을 그렸다.

한편으로 빼어난 조형성과 색감, 심오한 주제와 심리적 접근은 어린 독자에게는 너무 어렵다는 평가를 받고 있다. 타운젠드는 "실제로 어린이에게 책을 줄 때는 최고의 작품을 주어야 한다는 원칙을 고집한다. 어린이들은 그림책에서 미술과 문학을 최초로 접한다. 조잡하고 진부한 그림책을 주는 것은 조잡하고 진부한 모든 길을 열어주는 것이나 다름없다. 설령 어린이가 최고의 것을 보면서 모든 것을 다 이해하지는 못한다고 해도, 보지 않으면 그것을 이해할 기회조차 갖지 못한다"[96)]고 하며 찰스 키핑의 그림책은 어렵지만, 어린이들에게 보일 만한 가치가 있다고 평가하고 있다.

(2) 작품의 특징

『창 너머』는 한 아이가 이층 거실에 앉아 창 밖으로 거리에서 일어나는 일을 지켜보면서 느끼는 감정이, 독특한 구도와 움직임을 통해 읽는 이에게 그대로 전달되는 독특한 그림책이다. 전체적으로 무겁고 어두워서 으스스한 느낌을 주며 위험과 죽음을 암시하고 있다.

어린 제이콥이 내다보는 창 밖은 늘 비슷하다. 쭈그렁이 할머니와 비쩍 마른 할머니의 개, 청소부 위레트 씨, 이웃 양조장집의 멋진 말이 끄는 짐마차 소리. 그런데 갑자기 비둘기가 푸드득 날아오르고 말들이 좁은 골목을 질주한

2-47 「빈터의 서커스」 서애경 옮김, 사계절출판사. 갈색 톤의 빈터에서 시작하여 점점 화려해지는 색을 통해 두 주인공의 생각을 보여주고 있다. (화면 순서 - 왼쪽 위부터 시계 방향으로)

다. 이때 화면은 온통 붉은 핏빛이다. 곧이어 마부가 말을 잡아오고 모든 사태가 가라앉지만, 양조장 사람들이 개를 품에 안고 흐느끼는 쭈그렁이 할머니에게 변명을 하는 것 같다. 제이콥은 그냥 "개가 말하고 싸운 걸 거야. 분명히 그랬을 거야"라고 중얼거리며 입김으로 뿌옇게 변한 유리창에 손가락으로 할머니가 개를 안고 있는 그림을 그린다. '나는 이층에 있으니까 안전해'라는 글은 현실과 떨어져 있는 방관자로서의 자신과 이야기 속의 불안한 상황과는 달리 커튼 뒤의 상대적으로 안전한 관찰자로서의 자신을 그리고 있다.

이런 음울한 작품세계의 뒤에는 키핑의 어린시절의 경험이 녹아 있다. 다른 아이들에 비해 너무 작고 약하게 태어난 외아들을 보호하기 위해, 그의 아버지는 밖에 나가 놀지 못하게 했다고 한다. 그래서 키핑은 방에서 늘 창 밖을 바라보며 세상구경을 했다. 그러나 여덟 살이 되던 해 아버지와 할아버지가 잇달아 세상을 떠나자 집안 형편이 어려워졌다. 결국 그는 열네 살에 학교를 그만두고 인쇄소에 취직해야 했다. 어릴 적 창 밖으로만 보던 호기심 가득한 세상과는 달리, 키핑이 조금 커서 직접 대면한 세상은 죽음, 가난 등 고통이 가득했던 것이다. 따라서 이 작품은 자전적이라고 할 수 있다.[97]

『빈터의 서커스』(1975)에서 스콧과 웨인은 낡은 주택과 공장, 창고들이 헐린 자리에 빈터가 생기자 그 곳에서 공을 차고 논다. 그러던 어느 날 빈터로 서커스단이 들어온다. 두 아이는 집으로 달려가 돈을 마련한 뒤 천막으로 들어간다. 공연이 시작되기 전에 바라본 서커스단 사람들과 동물들의 모습은 기대하던 것과 달라 보인다. 하지만 먼저 놀이기구를 타고 나서 공연을 보자 어릿광대, 말, 외줄타기, 공중그네, 사자, 코끼리의 곡예는 정말 환상적이다. 서커스 천막이 걷힌 후, 빈터는 텅 비고 다시 쓸쓸한 놀이터가 된다. 그러나, 웨인과 달리 스콧은 빈터의 서커스를 기억하며 늘 무슨 일이든 일어날 수 있는 곳으로 간직하게 된다.

개구쟁이들이 뛰어노는 잿빛 공터, 그 곳에 서커스가 들어서면서 둘은 잊지 못할 환상적인 경험을 하게 된다. 빈터에 갑자기 서커스단이 들어왔다가 철수하는 것처럼 인생에서도 우리를 들뜨게 하는 경험은 잠깐일 뿐이고 대부분의 시간은 평범한 일상이다. 그러나 다시 일상으로 돌아왔을 때, 그 환상적 경험을 간직하고 떠올릴 수 있다면 그것은 우리에게 평범한 일상을 견디어 나가게 하는 힘이 될 수 있다. 스콧은 그것을 서커스의 경험을 통해 얻는다.

갈색 톤의 황량한 빈터, 다음 페이지에서는 녹색의 긴 짐차가 들어오고, 장면이 어어지면서 색은 점점 화려해진다. 서커스가 진행되는 장면에서는 무지개 색인 빨강, 주황, 노랑, 초록, 파랑, 남색, 보라가 모두 등장하여 환상적인 화면을 제공한다. 그러다 검정 바탕에 '어둠이 찾아왔습니다' 라는 글이 나오고 다음 페이지에서 서커스의 짐마차가 떠난 황량한 빈터의 화면을 검은 색이 채우고 있다. 마지막 페이지, 화면은 반으로 나뉘어 웨인이 있는 곳은 검은 색, 스콧이 있는 곳은 화려한 색으로 서커스의 분위기를 여운처럼 담고 있다. 웨인과 스콧의 다른 생각을 색상이 대조적으로 보여주고 있다.

찰스 키핑은 『길거리 가수 새미』에서 매스 미디어의 조작적인 스타만들기 현실을 길거리 가수 새미를 통해 보여준다. 새미는 매스 미디어의 조작으로 어느 날 갑자기 신문, 텔레비전, 레코드, 비디오 등에서 스포트라이트를 받는다. 새미는 현기증이 날 만큼 황홀한 성공을 거두지만, 얼마 후 모든 것은 사라지고 공허감만 남는다. 결국 새미는 어린이들과, 좋아하는 개들, 동전 몇 개를 구걸하기 위해 노래하지만 진정한 행복의 의미를 깨닫는다.[98]

3) 브라이언 와일드스미스(Brian Wildsmith, 1930~)

(1) 생애와 작품 배경

브라이언 와일드스미스는 영국 페니스턴에서 광부의 아들로 태어났다. 그는 열여섯 살에 화가가 되기로 결심하고 반슬레이 미술학교에 들어갔으며 미술학교 졸업 후에는 런던대학의 예술학부로 진학하였다. 군대 제대 후 스물네 살에 미술교사가 되었고, 낮에는 미술교사로 밤에는 책 표지 디자이너로 일했다. 일러스트레이터로 일하는 데에는 부인 오일리에의 적극적인 지지가 큰 힘이었다.

3년 간의 교직 생활 후 그는 옥스퍼드 대학 출판부의 편집자 메이블 조지의 눈에 띄어 만든 처녀작 『ABC』(1962)로 영국 최고의 그림책상인 케이트 그린어웨이 상을 수상하면서 화려하게 데뷔했다. 메이블 조지는 와일드스미스가 그림책 작가로 성장하도록 지원을 아끼지 않았다. 지금도 활발하게 활동하고 있는 그의 그림책은 전세계에서 8백만 부가 넘게 팔렸다. 그는 탄광촌에서 어린 시절을 보내면서 색에 대한 목마름으로 화려한 컬러를 구사한다고 했다. 와일드스미스는 현란하리만치 화려하고 다채로운 색상을 자유자재로 구사하여 '색채의 마술사'로 불린다.

(2) 작품의 특징

와일드스미스는 자신의 그림을 '햇빛의 흐름'과 같다고 말한다. 자유분방한 색채와 힘 있는 터치를 사용한다. 그러나 그가 그리는 화려한 그림의 전체적인 분위기를 좌우하고 있는 것은 어두운 톤의 검은 빛이다. 창조적인 그림을 통해서 어린이들에게 세상의 아름다움을 보여주고, 마음속에서 보고 느낀 것을 그린다고 하였다. 모든 자연물의 형태를 섬세한 색채로 나타내고, 자연의 소리나 아름다움, 사물의 본질을 색이라는 시각적 언어로 표현하는 것이 그의 매력이다. 그는 "아름다운 것은 해가 되지 않는다. 충분히 아름답다고 생각할 때까지 최선을 다해 그림을 그린다"고 말한다. 그림책에 대한 이러한 진지한 자세가 그의 작품이 사랑받는 이유일 것이다.

와일드스미스는 그림책에서 반 페이지의 그림을 가운데 삽입시키는 방식으로 더 많은 공간을 확보하는 특징이 있다. 『데이지 Daisy』(1984), 『개에게

2-48 『데이지』 김선애 옮김, 시공주니어. 반 페이지 그림을 화면 가운데 삽입하여 더 많은 공간을 확보하고 있다.

뼈다귀를 주세요 *Give A Dog A Bone*』(1985), 『펠리컨 *Pelican*』(1982) 등이 그렇다. 『산양을 따라 갔어요 *Goat's Trail*』(1986)에서는 화면의 한부분에 뚫린 공간을 만들고, 그 공간을 통하여 양쪽 면에 다른 화면을 구성했다.

1969년부터 70년대의 그의 초기 작품을 살펴보면, 우화에 그림을 담은 그림책과 서커스, 다람쥐 등 어떤 동물이나 사물에 대한 정보를 그림으로 알려주는 그림책이 대부분이다. 우화를 글감으로 만든 그림책으로 시골 장에 당나귀를 팔러 가는 아버지와 아들이 남의 말대로만 하다가 우스운 꼴을 당하는 『팔려 가는 당나귀 *The Miller, The Boy and The Donkey*』(1969), 『바람과 해님 *The North Wind And The Sun*』(1970) 등이 있다. 『바람과 해님』은 널리 알려진 우화이지만 다른 사람의 작품에는 바람, 해님, 지나가는 사람만 등장하는데, 이 그림책에는 다른 사람, 동물들, 곤충, 새, 꽃들이 등장하고 마을 풍경도 펼쳐진다. 그래서 모든 등장인물이 함께 바람에 날려 허둥대고, 함께 해님의 따뜻한 햇살을 즐긴다. 네모, 동그라미, 세모 등 도형을 바탕 무늬로 삼아 크레용으로 그림을 그렸다. 그리고 마치 콜라주 같은 느낌을 주는 그림들의 구성은 매우 특이하다.

사물이나 동물에 대한 정보를 주는 그림책으로 『서커스 Circus』(1970), 『다람쥐 Squirrels』(1974), 『달님이 본 것은? What the Moon Saw?』(1978)이 있다. 『서커스』는 '마을에 서커스단이 왔습니다.', '서커스단이 떠나갑니다.' 단 두 문장으로 된 그림책이다. 서커스단의 현란한 색채, 흥분과 열광의 분위기가 생생하다. 『다람쥐』는 숲 속에 사는 귀여운 동물인 다람쥐의 생태를 통해, 도시생활에만 익숙한 어린이들에게 자연과 동물에 대한 관심을 환기시키는 그림책이다. 다람쥐의 생김새와 버릇, 특징, 생활 모습 등을 화려하고 생동감 있는 그림으로 담아냈다. 『달님이 본 것은?』에서는 달님이 세상 구경을 제대로

2-49 『바람과 해님』 우순교 옮김, 보림. 크레용으로 네모, 동그라미, 세모 등 도형을 바탕 무늬로 그렸다.

"이건 뚱뚱한 하마고."   "이건 홀쭉한 도마뱀이지."

2-50 『달님의 본 것은?』 우순교 옮김, 보림. 어린이들이 알아야 할 개념을 뚱뚱이 하마와 홀쭉한 도마뱀 등 대립하는 짝을 통해 구성하고 있다.

한 적이 없다고 투덜대자, 해님이 세상 구경을 시켜준다. 도시와 시골, 커다란 숲과 작은 꽃, 무거운 코끼리와 가벼운 새, 뚱뚱한 하마와 홀쭉한 도마뱀 등 어린이들이 알아야 할 가장 기본적인 개념을 대립하는 짝을 통해 재미있게 가르쳐준다. 특히 동물들의 그림이 아름답다.

1980년대 와일드스미스는 화려한 색채의 그림 이상으로, 내용에서도 깊이가 있는 그림책을 출판하였다. 동물을 의인화시켜 자신의 정체성을 찾아가는 이야기나 사회적 문제에 대한 관심도 반영하고 있다. 『펠리컨』(1982)과 『데이지』(1984)는 자기 정체성에 관한 문제를 다루고 있다.

『펠리컨』은 안데르센의 『미운 오리 새끼』와 비슷한 이야기의 그림책이다. 닭이 품고 있던 알에서 희한하게 생긴 새가 태어난다. 생긴 것도 이상한 이 새는 주인이 주는 모이는 거들떠보지도 않으면서 생선을 훔쳐 먹고, 온갖 말썽을 다 피운다. 그러나 스스로 물고기도 잡을 수 있게 되면서 자신이 펠리컨임을 알게 되고, 펠리컨 무리에 끼기 위해 길을 떠난다.

『데이지』에서는 텔레비전을 통해서 본 바깥세상을 동경하던 시골 암소 데이지가 주인아저씨가 방심하는 틈을 타서 도망쳐 말썽을 피우다가 정말로 많은 사람들의 이목을 집중시키는 스타가 된다는 이야기이다. 그러나 암소는 도시나 스타가 무작정 좋은 것은 아니라는 것을 깨닫고 자기가 살던 고향이 그리워 다시 주인아저씨 곁으로 돌아온다. 이 그림책에서는 와일드스미스의 좀더 넓어진 시각과 새로이 생겨난 문제의식을 엿볼 수 있다. 『데이지』는 찰스 키핑의 『길거리 가수 새미』와도 주제가 비슷하다.

『개에게 뼈다귀를 주세요』(1985)와 『산양을 따라 갔어요』(1986)는 물리적 장치를 이용하여 재미를 줄 뿐만 아니라, 어린이들을 즐겁게 하는 요소들이 많이 들어간 그림책들이다. 『개에게 뼈다귀를 주세요』에서는 떠돌이 개가 뼈다귀를 얻을 때마다 일이 생겨 뼈다귀를 잃어버리는 상황을 재미있게 표현했다. 집 없는 떠돌이 개는 뼈다귀를 구하러 여기저기 돌아다니는데, 어렵게 구한 뼈다귀를 어처구니없이 계속 모두 놓치고 만다. 그런데 마침에 뼈다귀와 깡통을 매달고 떠나는 신혼부부를 운 좋게 만나, 이 새 주인과 아주 행복하게 산다는 이야기다. 『산양을 따라 갔어요』에서는 높은 산꼭대기에 사는 외로운 산양이 마을에서 들려오는 소리를 따라 산 아래로 내려간다. 가는 도중에 양, 소 등 다른 동물들을 만나고 함께 어울려 마을에서 말썽을 피운다. 결국 산양은 혼자 산으로 돌아온다.

『회전목마 Carousel』(1988)에서는 삶에 대한 희망을 잃고 병을 앓고 있는 로지가 친구들이 가져다준 그림으로 회전목마의 기억을 되살려 병을 이겨낼 힘을 갖는다. 특히 이 그림책의 앞부분은 와일드스미스의 다른 그림책과는 달리 한 면을 두 개로 정확히 분할한 그림들로 이야기가 전개된다. 로지가 회전목마를 타는 꿈의 세계로 들어가면서 와일드스미스 특유의 환상적인 색감과 구성이 돋보이는 그림이 전개된다. 특히 '커다란 시계' 그림은 '시간이 가

2-51 브라이언 와일드스미스의 『회전목마』 김선애 옮김, 시공주니어. 환상(왼쪽)과 현실(오른쪽)을 구분하여 화면 구성을 달리하는 새로운 방식을 시도하고 있다.

장 좋은 약이랍니다' 라는 글과 함께 상징성이 크며 아름답다. 병이 나아가고 있는 현실 속의 이야기에서는 그림이 다시 작아진다. 와일드스미스는 이 그림책에서 환상과 현실을 새로운 방식으로 표현하려고 시도한 것 같다.

나아가 1990년대 와일드스미스는 『잭과 못된 나무 Jack and The Meanstalk』(1994)를 통해 사회문제에 대한 관심을 보여주고 있다. 『잭과 못된 나무』는 옛이야기 〈잭과 콩나무〉를 패러디해 딸과 공동 작업한 그림책이다. 박사는 채소를 빨리 자라게 하기 위해 여러 가지 실험을 한다. 실험 과정에서 자란 못된 나무 한 그루가 오존층을 뚫어 우주 괴물들이 지구를 침략한다. 사람들이 이를 해결하지 못하자, 땅을 팔 줄 아는 동물들이 모두 땅 속으로 파고 들어가 거대한 나무뿌리를 파괴한다. 현대의 중요한 사회문제인, 과학의 발달

이 가져올 수도 있는 환경 문제를 다루고 있다.

4) 앤서니 브라운(Anthony Browne, 1946~)

(1) 생애와 작품 배경

영국 셰필드(Sheffield)에서 태어나 핼리팩스(Halifax)에서 살았다. 어린 시절 운동을 하거나 혼자 그림을 그리며 자랐다. 그래머 스쿨(Grammar School)과 리즈 예술학교(Leeds College of Art)의 생활은 즐겁지 못하였다. 그리고 가족들은 미술을 공부하는 그를 이해하지 못하였다. 대학을 졸업할 즈음 아버지의 죽음은 그에게 충격을 주었다. 맨체스터 로얄 병원(Manchester Royal

2-52 『동물원』, 장미란 옮김, 논장. 기린과 벽돌담 등 유사함의 원칙을 효과적으로 사용하고 있다.

Infirmary)에서 3년 동안 의학전문화가로 일하였는데, 이 경험은 그림책에 세밀한 사실 표현을 하는 데 도움을 주었고, 그림책에 색다른 장면을 그리는 계기가 되었다. 15년 동안 고든 프레이저(Gordon Fraser) 갤러리에서 연하장을 디자인하면서 다양한 스타일과 주제를 경험하였다. 1983년 『고릴라 Gorilla』로 케이트 그린어웨이 상과 커트 매쉴러 상을 받았고, 『동물원 Zoo』(1992)으로 케이트 그린어웨이 상을 두 번째 수상하였다. 2000년 한스 크리스티안 안데르센 일러스트 부문상을 받기도 하였다.

앤서니 브라운의 그림책에 등장하는 아버지의 모습에는 아버지에 대한 그의 씁쓸한 기억이 담겨 있다. 『고릴라』(1983), 『동물원』, 『행복한 미술관 The Shape Game』(2004)에서 아버지의 모습이 그렇다. 그의 그림은 현대 미국의 사실주의 작가 데이비드 호크니(David Hodkney), 벨기에의 사실주의 작가 르네 마그리트(Rene Magritte), 프랑스의 화가 에두아르 마네(Edouard Manet), 미국의 대중 일러스트레이터 노먼 록웰(Norman Rockwell) 등 다양한 작가의 영향을 받았다.[99]

(2) 작품의 특징

독특하고 뛰어난 작품으로 세계적으로 높은 평가와 주목을 받고 있다. 즉 완벽한 구성, 간결하면서도 유머가 넘치는 글, 유연하면서도 정밀한 그림, 기발한 상상력을 담은 그림책은 어린이뿐만 아니라 어른들에게도 세상의 권위와 편견에 대해 생각해 볼 수 있는 기회를 준다. 앤서니 브라운은 시각적인 방법으로 보이지 않는 것들을 보여준다. 그리고 많은 작품에서 사실주의와 초현실주의가 서로 겨룬다. 그러나 그의 모든 작품은 행복한 결말을 맺음으로써 바람직한 변화의 방향과 낙관주의를 담고 있다.

『고릴라』는 전래동화의 구조적인 요소를 포함한다. 즉 마술, 소망실현, 어린이를 돕는 동물 등과 같은 전통적인 주제들이 독창적으로 결합되어 있다. 아빠가 어린이를 돌보지 않는 현대판 주제도 들어 있다.[100]

이야기는 하나의 집과 상상속의 두 장면이 펼치는 드라마라고 할 수 있다. 이 그림책에서도 브라운은 극사실주의(hyper-realism)의 그림을 그리고 있다. 주제는 어린이가 사랑을 추구하는 과정에서 판타지의 역할, 아빠와 딸의 관계이다. 한나는 다소 강박적으로 아버지를 갈망하는데 고릴라는 투사(projection)의 역할을 하며, '비유적 시각화'(Metaphoric Visualization)로 집과 마을을 채운다.[101]

특히 이 그림책에서 현대의 관료적이고 기술공학적 현상인 아빠의 일, 신문, 텔레비전은 냉담하고 정서적으로 불만족스러운 생활방식을 표현한다.[102] 이러한 것은 문화의 중요한 가치들을 수렁에 빠지게 만든다. 그러나 한나의 환상으로 나타난 따뜻함에 대한 갈구는 아버지를 변화시킨다.

『특별한 손님 The Visitors Who Came to Stay』(1984, 2005)에서 케이티는 어머니와 이혼(또는 별거) 중인 아버지와 바닷가의 집에서 살고 있다. 어느 날 아버지의 여자 친구 메리 아줌마와 그녀의 아들 션이 온다. 메리 아줌마는 아버지의 모든 관심을 독차지하고, 션은 장난을 쳐서 케이티를 괴롭힌다. 참다못해 케이티는 아버지에게 이야기하고, 메리 아줌마와 션은 떠난다. 그들이 떠난 뒤 아버지와 케이티는 일상으로 돌아오지만 무엇인가 빠진 듯한 느낌을 갖는다. 아버지가 메리 아줌마의 집으로 놀러가자고 케이티에게 제안했을 때 그녀도 동의한다.

　매카피(McAfee)의 사실적인 글은 창의적인 상상력으로 그린 브라운의 그림과 부딪치며 몇몇 페이지에서 시선을 분산시키기도 한다. 그러나 원래 독창적인 글은 열린 결말(open-ending)을 향하여 매끄럽게 이어진다. 분위기의 극단적인 진폭(oscillation) 때문에 통합성과 연속성이 없어 보이지만, 자세히 보면 통합성, 시각적 이야기(visual narrative), 연속성이 잘 갖추어져 있다.[103]

　케이티의 기분은 두 가지 그림 스타일로 나타난다. 케이티가 만족스러울수록 그림은 더욱 사실적이다. 그러나 그녀가 불안정하고 확신하지 못하면 못할수록 그림은 더욱 초현실적인 요소들로 가득 찬다. 두가지 스타일은 이야기 끝 부분에 가서 이 두 기능이 서로 바뀔 때까지 교대로 나타나고 섞이며 상호 작용한다.[104]

2-53 『특별한 손님』 앤서니 브라운 그림, 안나레나 매카피 글, 허은미 옮김, 베틀북. 등장인물의 정서가 두 가지 그림 스타일로 표현된다.

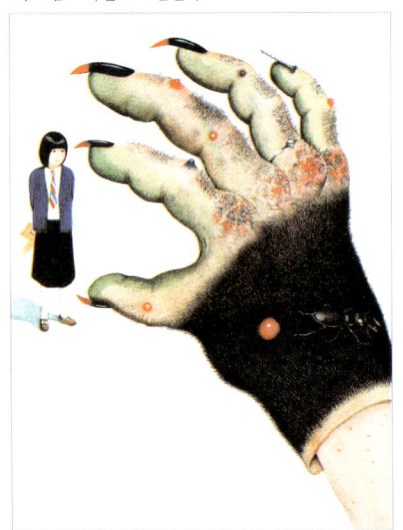

『돼지책 Piggybook』(1986)에서는 가정에서 가사노동에 시달리는 여성들의 불평등한 현실을 다루고 있다. 엄마가 아버지, 두 아들을 한꺼번에 등에 업은 표지 그림에서 주부의 고된 삶을 단적으로 보여주고 있다. 요구만 할 줄 아는 아버지와 두 아들, 보잘것없이 취급되는 엄마가 대비되어 이야기가 이어지다가, 결국 돼지처럼 행동하던 아버지와 아들은 돼지로 변한다. 아버지와 아들은 어머니가 얼마나 중요한 존재인지 깨닫는다. 그림책 안의 모든 장면에 들어가 있는 돼지 문양과 명화들의 변형, 그들을 위협하는 창문 밖의 늑대 그림자(옛이야기의 모티브 사용)는 앤서니 브라운의 초현실적인 면을 보여준다. 행복한 결말 부분은 사실적인 그림으로 처리하고 있다.

『터널 The Tunnel』(1989)은 남녀의 전통적인 성향을 강조하였다는 점에서 다소 거부감이 들지만, 일반적으로 남매의 성격 차이는 존재하므로 설득력이 있다. 책에서 남매는 전형적인 성격 차이로 화합하지 못한다. 그러나 남매 간의 사랑은 세상의 모든 두려움을 넘어서서 돌로 변한 오빠에게 생명을 불어넣는다. 이 장면은 성경이나 신화에서 그 모티브를 가져온 듯한데, 그 한계를 넘어서 더욱 긍정적인 방향으로 결말을 맺고 있다는 점에서 작가의 긍정적인 세계관을 확인할 수 있다. 마지막 장면의 '거울 이미지'를 통해 남매는 그들만의 비밀을 가지고 있으며 이제 서로를 이해한다는 것을 알 수 있다.

『동물원』에서는 가부장적 가정의 불행한 모습을 보여주고 있다. 이야기는 아주 마음에 들지 않는 아버지, 추종하는 그의 아내, 동물을 보는 데 마음을 빼앗겨버린 성가신 두 아들에 관한 것이다. "동물원은 동물을 위한 곳이 아닌 것 같아. 사람들을 위한 곳이지"라는 엄마의 말이 오늘의 동물원 구경을 한마디로 표현하고 있다. 그림에서는 유사함의 원칙을 효과적으로 사용하고 있다.[105] 예컨대 기린과 배경의 벽돌담과 나무 밑둥, 오랑우탄의 갈기 털과 같은 문양의 얼룩이 있는 벽 등이 그렇다.

『미술관에 간 윌리 Willy's Pictures』(2000)는 세계 명화를 패러디한 그림책으로 윈슬로 호머의 '청어 잡이'를 바나나를 낚는 과정으로 재구성하고, 피터 브뤼겔의 '바벨탑'은 윌리가 쌓을 모래성으로 재현한다. 에드워드 호퍼의 '이른 아침의 꿈'에서는 윌리가 붓을 문 고릴라를 끌고 가고 있고, 반 고흐의 '해바라기'는 창가에 있다.

『행복한 미술관』은 미술관 구경을 간 어느 가족의 이야기를 통해 가족 간의 소통과 관계의 회복을 전해주는 감동적인 이야기이다. 런던의 테이트 미술관에 전시된 그림을 이용한 작품이다. 작가가 미술관에서 아이들을 직접 가르쳤던 경험과 작품에 대한 아이들의 다양한 반응이 토대가 되었다. 예술 작품의 진정한 가치, 작품을 감상하는 방법 등에 대한 앤서니 브라운만의 독특하고 유쾌한 시각이 잘 드러나 있다.[106]

2-54 앤서니 브라운의 『미술관에 간 윌리』 Walker Books Ltd. 세계 명화를 패러디한 그림책이다.

『윌리와 악당 벌렁코 Willy The Champ』(1985)와 『축구선수 윌리 Willy The Wizard』(1995)에서는 자아 정체성을 다루고 있다. 왜소한 윌리는 거구의 벌렁코를 이기자, 더 이상 마술 축구화에 의존하지 않고 뛰어난 축구선수가 된다. 이외에도 새 동생을 맞이하는 형제의 불안한 심리를 담은 『달라질 거야 Changes』(1990)와 옛이야기 〈빨간 모자〉를 패러디한 『숲 속으로 Into the Forest』(2004)가 있다. 『숲 속으로』에서는 주인공 소년이 숲 속을 지나가며 두려움에 떨 때는 소년과 빨간 외투를 제외하고 모두 흑백이다. 할머니를 만나고, 또 아버지를 만나면서 모든 것이 색을 얻는다. 여기서 색은 아이의 편안하고 안전한 느낌을 대변하고 있다.

최근작으로 2005년에 출판된 『우리 엄마 My Mom』가 있는데, 면지에서부터 각 장면마다 같은 꽃무늬 천으로 만든 다양한 옷과 물건이 인상적이다. 이 꽃무늬 패턴은 『숲 속으로』에서 아버지가 앉아 있던 할머니 댁의 소파 문양, 『돼지책』의 소파 문양과도 같다.

요약

서양 그림책은 종교적인 목적에서 시작하였지만, 교육적인 목적과 책의 미적인 면을 중시하면서 『하인리히 호프만 박사의 더벅머리 아이』의 저자인 독일의 하인리히 호프만과 영국의 에드먼드 에번스가 키워낸 월터 크레인, 케이트 그린어웨이, 랜돌프 칼데콧, 이 세 거장이 초기 그림책을 크게 발전시켰다. 20세기 현대 그림책은 아동문학사의에 초석인 비아트릭스 포터의 『피터 래빗 이야기』가 그 첫 시작이다.

이렇게 유럽에서 시작한 그림책은 1, 2차 세계대전을 겪으며 미국으로 터전을 옮긴다. 특히 1910년부터 시작된 도서관의 보급과 1938년 칼데콧 상의 제정은 1940년대 이후 미국 그림책을 세계 최고의 위치로 부상시켰으며, 지금도 그 자리는 매우 견고하다. 미국 그림책의 황금기를 선도했던 작가로는 완다 가그, 루드비히 베멀먼즈, 버지니아 리 버튼, 닥터 수스, 로버트 매클로스키를 들 수 있다.

1960년대 이후 환상 그림책에 새로운 전기를 마련한 모리스 센닥의 『괴물들이 사는 나라』(1963)를 출발점으로 미국의 현대 그림책을 발전시킨 작가로는 모리스 센닥, 바버러 쿠니, 에즈라 잭 키츠, 윌리엄 스타이그, 레오 리오니, 에릭 칼 등이 있으며 최근에 와서는 크리스 반 알스버그, 데이비드 위스너 등이 주목을 받고 있다.

영국에서는 1960년대부터 존 버닝햄, 찰스 키핑, 브라이언 와일드스미스가 포터 이후의 시기를 이끌어갔다. 최근에는 앤서니 브라운이 좋은 작품을 출간하고 있다. 그리고 프랑스 인으로서 미국에서 활동했던 토미 웅거러도 빼놓을 수 없는 작가이다. 이 장에서는 위의 작가들, 그리고 한국에 번역 출판된 작품을 중심으로 살펴보았다. 그러기에 다소의 한계는 있지만, 한편으로 그들의 대표작들이 번역 출판되었다는 점 또한 간과할 수 없을 것이다.

영미 문화권 중심의 그림책 시장은 이제 국제적인 도서 전시회나 도서 축제에서의 교류를 통하여 전세계로 넓어지고 있다. 현재 그림책의 전통을 계승하면서도 새로운 전통을 만들어가는 그림책 작가들이 새로운 서양 그림책 역사를 만들어가리라 생각한다. 21세기에는 세계 그림책의 역사 속에 한국 작가들도 다수 포함되리라 생각하며 다음 장에서는 한국 그림책의 역사와 한국 그림책 작가를 살펴보기로 하겠다.

미주목록

1) Silvey, A.(1995). *Children's Books and Their Creators*. Boston: Houghton. Mifflin Company.
2) 한국어린이문학교육연구회(1999). 환상그림책으로의 여행. 서울: 다음세대.
3) 신명호(1994). 그림책의 세계. 서울: 계몽사.
4) Comenius, J. A.(1685). Orbis Sensualium Pictus. 남혜승 역(1999). 세계 최초의 그림교과서. 씨앗을 뿌리는 사람.
5) 신명호(1994). 같은 책
6) Hearn, M. P., Clark, T. & Clark, N. P.(1996). *Myth, Magic, and Mystery: One Hundred Years of American Children's Book Illustration*. Colorado: Roberts Rinehart Publishers.
7) 황선정(2005). 영국 빅토리아 시기의 어린이책 삽화에 나타난 시대성. 아화여자대학교 대학원 석사학위 청구논문. p.3, p.9, p.13, p.19, p.24, p.25.
8) 황선정(2005). 같은 책. p.47
9) 신명호(1994). 같은 책. p.88.
10) 월간 일러스트 26호. 2001년 2월. Kate Greenaway.
11) 황선정(2005). 같은 책. p.27
12) 신명호(1994). p.104.
13) 월간 일러스트 18호. 2000년 6월. Beatrix Potter.
14) 카밀라 핼리넌 기획, 구성(2002). Dorling Kidersley Limited. 프뢰벨 유아교육연구소 역(2002). 영원한 피터 래빗 이야기. 비아트릭스 포터의 비주얼 가이드. 서울: 프뢰벨.
15) Cullinan, B. E. & Galda, L.(2002). *Literature and the Child*. FL: Harcourt Brace & Company.
16) 카밀라 핼리넌 기획, 구성(2002). 같은 책.
17) Stewig, J. W.(1995). *Looking at Picturebooks*. Wisconsin: Highsmith press.
18) Cullinan, B. E. & Galda, L.(2002). 같은 책.
19) Hearn, M. P., Clark, T. & Clark, N. P.(1996). 같은 책.
20) Hearn, M. P., Clark, T. & Clark, N. P.(1996). 같은 책.
21) Hearn, M. P., Clark, T. & Clark, N. P.(1996). 같은 책. p.107.
22) Stewig, J. W.(1995). 같은 책
23) 월간 일러스트 71호. 2004년 11월. Ludwig Bemelmans.
24) 월간 일러스트 63호. 2004년 3월. Dr. Suess.
25) http://www.catinthehat.org/history.htm
26) Hearn, M. P., Clark, T. & Clark, N. P.(1996). 같은 책.
27) Kovacs, D. & Preller, J.(1991). *Meet The Authors and Illustrators*. Scholastic Inc. p.57.
28) Hearn, M. P., Clark, T. & Clark, N. P.(1996). 같은 책.
29) Kovacs, D. & Preller, J.(1991). 같은 책.
30) 신명호(1994). 같은 책.
31) Stewig J. W.(1995). 같은 책.
32) http://childrensbooks.about.com/cs/authorsillustrato/a/sendakartistry.htm
33) Stewig, J. W.(1995). 같은 책. p.194.

34) http://www.barclay.com/senak.html
35) http://www.npr.org/programs/morning/features/2001/dec/nutcracker/...
36) http://www.eyeontomorrow.com/embracingthechild/Bookspecialsendak
37) http://www.eyeontomorrow.com/embracingthechild/Bookspecialsendak
38) Schwarcz, J. H. & Schwarcz, C. (1991). *The Picture Book Comes of Age*. American Library Association. pp. 194~205.
39) Stewig, J. W. (1995). 같은 책. p.89.
40) Wood Knapp video. *The Maurice Sendak Library: Getting to know Maurice Sendak*.
41) Wood Knapp video. *The Maurice Sendak Library: Getting to know Maurice Sendak*.
42) http://www.asm-humaninterest.ch/e/tu4e.html(from Therere Willer, catalogue of the exhibition on Tomi Ungerer at the Wilhelm-Busch-Museum of Hanover, June 1995 - translated and adapted from the French by Catherine Lapautre).
43) http://www.asm-humaninterest.ch/e/tu4e.html
44) http://www.ricochet-jeunes.org/eng/biblio/author/ungerer.html
45) http://www.ricochet-jeunes.org/eng/biblio/author/ungerer.html
46) http://www.asm-humaninterest.ch/e/tu4e.html
47) http://www.coe.int/t/e/com/files/events/2003-02-kastner-ungerer/
48) Schwarcz, J. H. & Schwarcz, C. (1991). 같은 책. pp.154~155.
49) 한국어린이문학교육연구회(1999). 같은 책.
50) Sendak, Maurice. 재인용. 같은 책. pp.283~284.
51) http://www.ou.edu/orldlit/NSK/Ungerer.html
52) http://www.ortakales.com/illustators/Cooney.html
53) Horne, J. C. (2001). Six Decades of Picture Book Illustration: The Art of Babara Cooney. *Children's Literature in Education* 32(2). Human Sciences press, Inc.
54) Horne, J. C. (2001). 같은 책.
55) Stewig, J. W. (1995). 같은 책. p.115.
56) Townsend, J. R. (1995). *Written For Children*. 강무홍 역(1996). 어린이책의 역사. 서울: 시공사. p.558.
57) Babara Cooney. 재인용: Horne, J. C. (2001). 같은 책. pp.93-94.
58) Babara Cooney. 재인용: Horne, J. C. (2001). 같은 책, p.108.
59) Hearn, M. P., Clark, T. & Clark, N. P. (1996). 같은 책. p.83.
60) Cullinan, B. E. & Galda, L. (2002). 같은 책.
61) Lionni, Leo(1997). *Between Worlds: The Autobiography of Leo Lionni*. New York: alfred a. Knopf, p.18.
62) Hella(1993). *Leo Lionni: Many Things to Many People*. Washington: Library of Congress. p.19.
63) Lionni, Leo(1997). 같은 책. p.13.
64) Lionni, Leo(1997). 같은 책. p.234.
65) 한국어린이문학교육연구회(1999). 같은 책. pp.256~258.
66) Townsend, J. R. (1995). 같은 책. p.559.

67) Prudhoe, C. M. (2003). Picture Books and the Art of Collage. *Childhood Education*. fall.
68) 신명호(1994). 같은 책. p.220 ; Cullinan, B. E. & Galda, L. (2002). 같은 책. p.79.
69) Lionni, Leo(1997). 같은 책. p.232.
70) Kovacs, D. & Preller, J. (1991). 같은 책. p.38.
71) Kovacs, D. & Preller, J. (1991). 같은 책. p.38.
72) 조은수(2003). 창비어린이 2호.
73) 신명호(1994). 같은 책.
74) Kovacs, D. & Preller, J. (1991). 같은 책.
75) Hearn, M. P., Clark, T. & Clark, N. P. (1996). 같은 책.
76) Stewig, J. W. (1995). 같은 책. p.23.
77) Townsend, J. R. (1995). 같은 책.
78) Hearn, M. P., Clark, T. & Clark, N. P. (1991). 같은 책.
79) Kovacs, D. & Preller, J. (1991). 같은 책.
80) 조은수(2003). 창비어린이 2호.
81) Prudhoe, C. M. (2003). 같은 책.
82) Schwarcz, J. H. & Schwarcz, C. (1991). 같은 책.
83) Hearn, M. P., Clark, T. & Clark, N. P. (1996). 같은 책. p.87.
84) www.galegroup.com
85) Hearn, M. P., Clark, T. & Clark, N. P. (1996). 같은 책. p.105.
86) www.galegroup.com
87) Kovacs, D. & Preller, J. (1991). 같은 책. p.59.
88) Fisher, M. . 재인용: Stewig, J. W. (1995). 같은 책. p.132.
89) Hearn, M. P., Clark, T. & Clark, N. P. (1996). 같은 책. p.105.
90) www.galegroup.com
91) www.galegroup.com
92) 한국어린이문학교육연구회(1999). 같은 책.
93) Bradford, C. (1994). Along the Road to Learn: Children and Adults in the Picture Books of John Burningham. *Children's Literature in Education*. 25(4). p.211.
94) Stewig, J. W. (1995). 같은 책. pp.38~39.
95) 현은자(2003). 기독교 세계관으로 아동문학 보기. 서울: 학지사. pp.155~157.
96) Townsend, J. R. (1995). 같은 책. p.569.
97) 이무경. 경향신문. 2004. 04. 17.
98) Schwarcz, J. H. & Schwarcz, C. (1991). 같은 책. p.139.
99) 현은자(2003). 같은책. p.217.
100) Schwarcz, J. H. & Schwarcz, C. (1991). 같은 책. p.67.
101) Schwarcz, J. H. & Schwarcz, C. (1991). 같은 책. p.68.
102) Schwarcz, J. H. & Schwarcz, C. (1991). 같은 책. p.72.
103) Schwarcz, J. H. & Schwarcz, C. (1991). 같은 책. p.73.
104) Schwarcz, J. H. & Schwarcz, C. (1991). 같은 책. p.73.

105) Stewig, J. W. (1995). 같은 책. pp.66~67.
106) 김진경. 동아일보. 어린이 책. 2004. 6. 21.

참 고 문 헌

김수진(2004). 루이스 캐럴의 필사본. 2004년 한국어린이문학교육학회 4월 월례발표자료.
사계절출판사(2005). 보도자료. 『빈터의 서커스』『길거리 가수 새미』
신명호(1994). 그림책의 세계. 서울: 계몽사.
월간 일러스트 18호. 2000년 6월. Beatrix Potter.
월간 일러스트 26호. 2001년 2월. Kate Greenaway.
월간 일러스트 63호. 2004년 3월. Dr. Seuss.
월간 일러스트 71호. 2004년 11월. Ludwig Bemelmans.
조은수(2003). 에즈러 잭 키츠의 '거대한 뿌리'. 창비어린이 가을호(제2호). pp.114~133.
카밀라 핼리넌 기획, 구성(2002). Dorling Kidersley Limited. 프뢰벨 유아교육연구소 역(2002). 영원한 피터 래빗 이야기. 비아트릭스 포터의 비주얼 가이드. 서울: 프뢰벨.
한국어린이문학교육연구회(1999). 환상그림책으로의 여행. 서울: 다음세대.
현은자(2003). 기독교 세계관으로 아동문학 보기. 서울: 학지사.
Bradford, C. (1994). Along the Road to Learn: Children and Adults in the Picture Books of John Burningham. *Children's Literature in Education* 25(4). pp.203~211.
Cullinan, B. E. & Galda, L. (1981, 1989, 1994, 2002). *Literature and the Child*. FL: Harcourt Brace & Company.
Hearn, M. P., Clark, T. & Clark, N. P. (1996). *Myth, Magic, and Mystery: One Hundred Years of American Children's Book Illustration*. Colorado: Roberts Rinehart Publishers.
Hella, S. (1993). *Leo Lionni: Many Things to Many People*. In S. A. Jagusch(ed.) Leo Lionni at the Library of Congress. Washington: Library of Congress.
Hoffmann, H. (1845). Der Struwwelpeter. Toronto: Dover Publication. 1995. 심동미 역(2004). 하인리히 호프만 박사의 더벅머리 아이. 파주: 문학동네.
Horne, J. C. (2001). Six Decades of Picture Book Illustration: The Art of Babara Cooney. *Children's Literature in Education* 32(2). Human Sciences press, Inc.
Judith & Morgan, N. (1995). *Dr. Seuss & Mr. Geisel: A Biography*. New York: Da Capo Press.
Kovacs, D. & Preller, J. (1991). *Meet The Authors and Illustrators*. Scholastic Inc.
Lionni, Leo(1997). *Between Worlds: The Autobiography of Leo Lionni*. New York: Alfred A. Knopf.
Prudhoe, C. M. (2003). Picture Books and the Art of Collage. *Childhood Education*. 2003, fall.
Schwarcz, J. H. & Schwarcz, C. (1991). *The Picture Book Comes of Age*. American Library Association.
Silvey, A. (1995). *Children's Books and Their Creators*. Boston: Houghton Mifflin Company.
Stewig, J. W. (1995). *Looking at Picturebooks*. Wisconsin: Highsmith press.

Townsend, J. R. (1995). *Written For Children*. 강무홍 역(1996). 어린이책의 역사. 서울: 시공사.
Wood knapp video. *The Maurice Sendak Library: Getting to know Maurice Sendak*.

Web Site
두산세계대백과 EnCyber
http://www.ortakales.com/illustators/Cooney.html
http://www.eyeontomorrow.com/embracingthechild/Bookspecialsendak
http://www.barclay.com/senak.html
http://childrensbooks.about.com/cs/authorsillustrato/a/sendakartistry.htm
http://www.npr.org/programs/morning/features/2001/dec/nutcracker/...
http://www.ricochet-jeunes.org/eng/biblio/author/ungerer.html
http://www.coe.int/t/e/com/files/events/2003-02-kastner-ungerer/
http://the-office.com/bedtime-story/aliceunderground.htm
http://www.asm-humaninterest.ch/e/tu4e.html
http://www.catinthehat.org/history.htm
http://www.ricochet-jeunes.org/eng/biblio/author/ungerer.html
http://www.asm-humaninterest.ch/e/tu4e.html

참고 그림책 목록

Anthony Browne
(1983). *Gorilla*. New York: Knopf. 장은수 역(1998). 고릴라. 비룡소.
(1984). *The Visitors Who Came to Stay*. written by Annalena McAfee. London: Hamish Hamilton. 허은미 역(2005). 특별한 손님. 베틀북.
(1985). *Willy The Champ*. London: Walker Books Ltd. 허은미 역(2003). 윌리와 악당 벌렁코. 웅진닷컴.
(1986). *Piggy book*. New York: Knopf. 허은미 역(2001). 돼지책. 웅진닷컴.
(1989). *The Tunnel*. New York: Knopf. 장미란 역(2002). 터널. 논장.
(1990). *Changes*. New York: Knopf. 허은미 역(2003). 달라질거야. 아이세움.
(1992). *Zoo*. London: Random House. 장미란 역(2002). 동물원. 논장.
(1995). *Willy The Wizard*. London: Random House. 허은미 역(2003). 축구 선수 윌리. 웅진닷컴.
(2000). *Willy's Pictures*. London: Walker Books Ltd. 장미란 역(2000). 미술관에 간 윌리. 웅진닷컴.
(2004). *Willy's Pictures*. London: Random House. 서애경 역(2004). 행복한 미술관. 웅진닷컴.
(2004). *Into the Forest*. London: Walker Books Ltd. 허은미 역(2004). 숲 속으로. 베틀북.
(2005). *My mom*. London: Random House. 허은미 역(2005). 우리 엄마. 웅진주니어.

Barbara Cooney
(1958). *Chanticleer And The Fox*. New York: HarperCollins. 박향주 역(1997). 챈티클리어와 여우. 시공

주니어.

(1979). *Ox-Cart Man*. written by Donald Hall. New York: Donald Hall c/o Curtis Brown Inc. 주영아 역 (1997). 달구지를 끌고. 비룡소.

(1980). *Emma*. written by Wendy Kesselman. New York: The Random House Group Ltd. 강연숙 (2004). 엠마. 느림보.

(1982). *Miss Rumphius*. New York: Viking. 우미경 역(1996). 미스 럼피우스. 시공주니어.

(1988). *Island Boy*. New York: Viking.

(1990). *Hattie and The Wild Waves*. New York: Viking. 이상희 역(2004). 해티와 거친 파도. 비룡소.

(1992). *Emily*. written by Michael Bedard. New York: A Doubleday Book for Young Readers. 김명수 역(1998). 에밀리. 비룡소.

(1992). *Letting Swift River Go*. written by Jane Yolen. New York: Little, Brown and Company Inc. 이상희 역(2004). 강물이 흘러가도록. 시공주니어.

(1994). *The Remarkable Christmas of The Cobbler's Sons*. written by Ruth Sawyer. New York: Viking Pengiun Inc. 이진영 역(1996). 신기료 장수 아이들의 멋진 크리스마스. 시공주니어.

(1996). *Eleanor*. New York: Viking.

(1999). *Basket Moon*. written by Mary Lyn Ray. New York: Little, Brown and Company. 이상희 역 (2000). 바구니 달. 베틀북.

Brian Wildsmith

(1962). *ABC*. Oxford University Press.

(1969). *The Miller, The Boy and The Donkey*. Oxford University Press. 조은수역(1996). 팔려 가는 당나귀. 비룡소.

(1970). *The North Wind And The Sun*. written by Jean de La Fontaine. Oxford University Press. 우순교 역(1996). 바람과 해님. 보림.

(1970). *Circus*. Oxford University Press. 홍연미 역(1996). 서커스. 시공주니어.

(1974). *Squirrels*. Oxford University Press. 장미란 역(1996). 다람쥐. 보림.

(1978). *What the Moon Saw?*. Oxford University Press. 우순교 역(1996). 달님이 본 것은? 보림.

(1982). *Pelican*. Oxford University Press. 김경미 역(1996). 펠리컨. 시공주니어.

(1984). *Daisy*. Oxford Publishing Limited. 김선애 역(1996). 데이지. 시공주니어.

(1985). *Give A Dog A Bone*. Oxford University Press. 박숙희 역(1996). 개에게 뼈다귀를 주세요. 비룡소.

(1986). *Goat's Trail*. Oxford University Press. 김정하 역(1996). 산양을 따라 갔어요. 비룡소.

(1988). *Carousel*. Oxford Publishing Limited. 김선애 역(1996). 회전목마. 시공주니어.

(1994). *Jack and The Meanstalk*. cooperated with Rebecca Wildsmith. Oxford Publishing Limited. 김선애 역(1996). 잭과 못된 나무. 시공주니어.

Beatrix Potter

(1992). *The Tale of Peter Rabbit*. London: Frederick Warne & Co. 신지식, 김서정 역(1996). 피터 래빗 이야기. 프뢰벨.

(1993). *The Tale of Peter Rabbit*. London: Frederick Warne & Co. 신지식, 김서정 역(2000). 피터 래빗

이야기. 프뢰벨.
(2002). *The Tale of Peter Rabbit*. London: Frederick Warne & Co. 신지식, 김서정 역(2003). 피터 래빗 이야기. 프뢰벨.

Chales Keeping

(1975). *Wasteground Circus*. Oxford University Press. 서애경 역(2005). 빈터의 서커스. 사계절.
(1984). *Sammy Streetsinger*. Oxford University Press. 서애경 역(2005). 길거리 가수 새미. 사계절.
(1987). *Through the Window*. RenateKeeping, c/o B. L. Kearley Ltd. 박정선 역(1998). 창 너머. 시공주니어.

Chris Van Allsburg

(1981). *Jumanji*. Boston: Houghton Mifflin Co.

David Weisner

(1991). *Tuesday*. New York: Houghton Mifflin Company. (2002). 이상한 화요일. 비룡소.

Dr. Seuss

(1937). *And To Think That I Saw It On Mulberry Street*. Random House.
(1938, 1965). *The 500 Hats of Bartholomew Cubbins*. New York: Random House Books for Young Readers. 김혜령 역(1994). 바솔러뮤 커빈즈의 모자 500개. 시공주니어.
(1940). *Horton Hatches the Egg*. New York: Random House.
(1957). *How The Grinch Stole Christmas!* New York: Random House.
(1957, 1985). *The Cat in the Hat*. New York: Random House Group.
(1958). *Yertle the Turtle*. New York: Random House.
(1960). *Green Eggs and Ham*. Random House Books for Young Readers.
(1971). *The Lorax*. New York: Random House.
(1991). *Six by Seuss : And to Think That I Saw It on Mulberry Street, The 500 Hats of Bartholomew Cubblins, Horton Hatches the Egg, Yertle the Turtle and Other Stories, How the Grinch Stole Christmas!, The Lorax*. New York: Random House.

Eric Carle

(1969). *The Very Hungry Caterpillar*. New York: Philomel Books, a division of The Putnam & Grosset Group.

Ezra Jack Keats

(1962). *Snowy day*. New York: Viking. 김소희 역(1995). 눈 오는 날. 비룡소.
(1964). *Whistle for Willie*. New York: Viking. 김희순 역(1999). 휘파람을 불어요. 시공주니어.
(1966). *Jenni's hat*. New York: Harper Trophy. 김미련 역(2004). 제니의 모자. 느림보.
(1967). *Peter's Chair*. New York: Harper Collins Publishers. 이진영 역(1996). 피터의 의자. 시공주니어.

(1968). *A Letter to Amy*. New York: Viking. (1968). 이진수 역(1996). 피터의 편지. 비룡소.
(1975). *Louie*. New York: Harper Collins Publishers children's Books. 정성원 역(2001). 내 친구 루이. 비룡소.
(1978). *The Trip*. New York: Viking children's Books. 공경희 역(2003). 상자 속 여행. 중앙 M&B.
(1982). *Clementina's Cactus*. New York: Harper Collins Publishers children's Books. 클레멘티나의 선인장(2004). 미래 M&B.

Heinrich Hoffmann Donner
(1845). *Der Struwwelpeter*. Toronto: Dover Publication. 1995. 심동미 역(2004). 하인리히 호프만 박사의 더벅머리 아이. 문학동네.

Helen Oxenbury
(1989). *We're Going On A Bear Hunt*. written by Michael Rosen. 공경희 역(1994). 곰 사냥을 떠나자. 시공주니어.

Johannes Amos Comenius
(1658). *Orbis Sensualium Pictus*. 남혜승 역(1999). 세계 최초의 그림교과서. 씨앗을 뿌리는 사람.

John Burningham
(1963). *Borka*. London: Random House. 이진수 역(1996). 깃털 없는 기러기 보르카. 비룡소.
(1966). *Cannonball Simp*. London: Jonathan Cape Children's Books. 이상희 역(2001). 대포알 심프. 비룡소.
(1969). *Seasons*. London: Jonathan Cape Children's Books. 박철주 역(1997). 사계절. 시공주니어.
(1970). *Mr. Gumpy's Outing*. New York: Holt. 이주령 역(1996). 검피 아저씨의 뱃놀이. 시공주니어.
(1973). *Mr. Gumpy's Motor Car*. London: Jonathan Cape Children's Books. 이주령 역(1996). 검피 아저씨의 드라이브. 시공주니어.
(1977). *Come Away From The Water, Shirley*. Jonathan Cape Children's Books. 이상희 역(2003). 셜리야, 물가에 가지 마. 비룡소.
(1978). *Time to Get Out of The Bath, Shirley*. Jonathan Cape Children's Books. 최리을 역(2004). 셜리야, 목욕은 이제 그만!. 비룡소.
(1980). *The Shopping Basket*. London: Jonathan Cape Children's Books. 김원석 역(1996). 장바구니. 보림.
(1984). *Granpa*. London: Jonathan Cape Children's Books. 박상희 역(1995). 우리 할아버지. 비룡소.
(1987). *John Patric Norman McHennessy: The Boy Who Was Always Late*. London: Jonathan Cape Children's Books. 박상희 역(1995). 지각대장 존. 비룡소.
(1989). *Oi! Get Off Our Train*. London: Jonathan Cape Children's Books. 박상희 역(1995). 야, 우리 기차에서 내려!. 비룡소.
(1991). *Aldo*. London: Jonathan Cape Children's Books. 이주령 역(1996). 알도. 시공주니어.
(1993). *Harvey Slumfenbuger's Christmas Present*. Walker Books. 이주령 역(1996). 크리스마스 선물. 시공주니어.

(1994). *Courtney*. London: Jonathan Cape Children's Books. 고승희 역(1996). 내 친구 커트니. 비룡소.
(1996). *Cloudland*. London: Jonathan Cape Children's Books. 고승희 역(1997). 구름나라. 비룡소.
(2003). *The Magic Bed*. London: Jonathan Cape Children's Books. 이상희 역(2003). 마법침대. 시공주니어.

John Bemelmans Marciano

(2002). *Delilah*. Viking Children's Books. 지혜연 역(2003). 아기양 딜라일라. 시공주니어.

Kate Greenaway

(1878). *Under the Window*.
(1885). *Marigold Garden*.
(1888). *The Pied Piper of Hamelin*. Frederick Warne & Co. 김기택 역(1995). 하멜른의 피리 부는 사나이. 시공주니어.

Leo Lionni

(1959). *Little Blue and Little Yellow*. New York: HaperTrophy. 이경혜 역(2003). 파랑이와 노랑이. 물구나무(파랑새어린이).
(1964). *Tico and The Golden Wings*. New York: Random House Children's Books. 이명희 역(2004). 티코와 황금날개. 마루벌.
(1967). *Frederick*. Alfred A. Knopf, Inc. 최순희 역(1999). 프레드릭. 시공주니어.
(1968). *Swimmy*. New York: Random House Children's Books. 이명희 역(1997). 으뜸 헤엄이. 마루벌.
(1968, 1991, 1996). *The Alphabet Tree*. New York: Random House Children's Books. 이명희 역(2005). 마루벌. 알파벳 나무.
(1968). *The Biggest House in The World*. New York: Random House Children's Books. 세상에서 가장 큰 집(2003). 이명희 역. 마루벌.
(1969, 1997). *Alexander and Wind-up Mouse*. New York: Random House Children's Books. 이명희 역(1999). 새앙쥐와 태엽쥐. 마루벌.
(1970). *Fish is Fish*. New Work: Random House Children's Books. 최순희 역(2000). 물고기는 물고기야. 시공주니어.
(1973). *The Greentail Mouse*. New York: Random House Children's Books. 이명희 역(2004). 초록 꼬리. 마루벌.
(1982). *Let's Make Rabbits*. New York: Random House Children's Books. 이명희 역(2003). 토끼가 된 토끼. 마루벌.
(1983). *Cornelius*. New York: Random House Children's Books. 엄혜숙 역(2004). 서서 걷는 악어 우뚝이. 마루벌.
(1983, 1993). *Let's Play*. New York: Random House Children's Books. 이명희 역(2002). 재미있게 놀자. 마루벌.
(1986, 1986). *It's Mine*. New York: Random House Children's Books. 이명희 역(2003). 내 거야. 마루벌.
(1988). *Six Crows*. New York: Random House Children's Books. 이명희 역(2004). 여섯 마리 까마귀.

마루벌.
(1991). *Matthew's Dream*. New York: Random House Children's Books. 김서정 역(2004). 그리미의 꿈. 마루벌.
(1994). *An Extraordinary Egg*. New York: Random House Children's Books. 이명희 역(1997). 아주 신기한 알. 마루벌.

Ludwig Bemelmans

(1934). *Hansi*. New York: Viking Press.
(1936). *The Golden Basket*. New York: Viking Press.
(1939). *Madeline*. New York: Viking Pengiun Inc. 이선화 역(1996). 씩씩한 마들린느. 시공주니어.
(1953). *Madeline's Rescue*. New York: Viking Pengiun Inc. 이선화 역(1994). 마들린느와 쥬네비브. 시공주니어.
(1956). *Madeline's Christmas*. New York: Viking Pengiun Inc. 이주령 역(1996). 마들린느의 크리스마스. 시공주니어.
(1956). *Madeline and Bad Hat*. New York: Viking Children's Books. 햇살과나무꾼 역(2004). 마들린느와 개구쟁이. 시공주니어.

Maurice Sendak

(1957). *Little Bear*. written by Else Holmelynd Minarik. HarperTrophy. 엄혜숙 역(1997). 꼬마 곰. 비룡소.
(1960, 1988). *The Sign On Rosie's Door*. New York: Harper Collins Publishers.
(1962). *Mr. Rabbit and Lovely Present*. written by Charlotte Zolotow. New York: Harper Row, Publishers, Inc. 고정아 역(2000). 토끼 아저씨와 멋진 생일 선물. 보림.
(1963). *Where The Wild Things Are*. New York: Harper & Row, Publishers, Inc. 강무홍 역(1994). 괴물들이 사는 나라. 시공주니어.
(1970). *In The Night Kitchen*. New York: Harper & Row, Publishers, Inc. 강무홍 역(1994). 깊은 밤 부엌에서. 시공주니어.
(1981). *Outside Over There*. New York: HarperCollins Publishers.

Pat Hutchins

(1999). *The Geron and The Crane*. Written by John Yeoman. Penguin Book Ltd. 김경미 역(2004). 마루벌.

Quentin Blake

(1971). *Titch*. Simon & Schuster Book for Young Readers. 박현철 역(1997). 티치. 시공주니어.

Randolph Caldecott

(1877). *An Elegy on the Death of a Mad Dog* poem by Oliver Goldsmith, from *Complete Collection of Pictures and Songs*. Special Collections, Regenstein Library, The University of Chicago.
(1878). *The Diverting History of John Gilpin* poem by William Cowper.
(1880). *The Three Jovial Huntsmen*. 이종인 역(1995). 익살꾸러기 사냥꾼 삼총사. 시공주니어.

(1882). *Hey Diddle Diddle and Baby Bunting.*

Raymond Briggs
(1978). *The Snowman.* Great Britain: Hamish Hamilton Ltd. (1997). 눈사람. 마루벌.

Robert McClosky
(1941). *Make Way For Ducklings.* New York: Viking Pengiun Inc. 이수연 역(1995). 아기 오리들한테 길을 비켜 주세요. 시공주니어.
(1948). *Blueberries For Sal.* New York: Viking Pengiun Inc. 샐의 블루베리. 프뢰벨 주식회사.
(1952, 1980). *One Morning in Maine.* New York: Viking 장미란 역(2004). 어느 날 아침. 논장.
(1957, 1985). *Time of Wonder.* New York: Viking Children's Books. 김서정 역(2002). 기적의 시간. 문학과 지성사.
(1963). *Burt Dow Deep-Water Man.* New York: Viking Press.

Tomi Ungerer
(1957). *Mellops Go Flying.* HaperCollins.
(1958). *Crictor.* HaperCollins. 장미란 역(1995). 크릭터. 시공주니어.
(1961). *Die Drei Rauber.* Zurich: Diogenes Verlag AG. 양희전 역(1995). 세 강도. 시공주니어.
(1964). *Flat Stanley.* written by Jeff Brown. New York: HaperCollins. 지혜연 역(1999). 납작이가 된 스탠리. 시공주니어.
(1966). *Der Mondmann.* Zurich: Diogenes Verlag AG. 김정하 역(1996). 달 사람. 비룡소.
(1967,1967). *Zeraldas Riese.* Zurich: Diogenes Verlag AG. 김경연 역(1996). 제랄다와 거인. 비룡소.
(1970). *Der Hut.* Zürich: Diogenes Verlag AG. 진정미 역(2002). 모자. 시공주니어.
(1974). *Allumette.* Zürich: Diogenes Verlag AG.
(1999). *Otto.* Zürich: Diogenes Verlag AG. 이현정 역(2001). 곰 인형 오토. 비룡소.
(2000). *Die Blaue Wolke.* Zürich: Diogenes Verlag AG. 이현정 역(2001). 꼬마 구름 파랑이. 비룡소.

Virginia Lee Burton
(1937). *Choo Choo.* Boston: Houghton Mifflin Co. 홍연미 역(1993). 말괄량이 기관차 치치. 시공주니어.
(1939). *Mike Mulligan and His Steam Shovel.* Boston: Houghton Mifflin Co. 서애경 역(1996). 마이크 멀리건과 증기 삽차. 시공주니어.
(1942) *The Little House.* Boston: Houghton Mifflin Co. 홍연미 역(1993). 작은 집 이야기. 시공주니어.
(1962) *Life History.* Boston: Houghton Mifflin Co. 임종태 역(1997). 생명의 역사. 시공주니어.

Walter Crane
(1873). *Cinderella.*
(1874). *Absurd ABC.*
(1874). *Beauty and the Beast.*
(1874). *The Frog Prince.*

(1875). *Little Red Riding Hood*.

Wanda Gág
(1928). *Millions of Cats*. New York: Coward-McCann, Inc. 강무환 역(1994). 백만 마리 고양이. 시공주니어.

William Steig
(1969). *Sylvester and the Magic Pebble*. Simon & Schuster. 이상경 역(1994). 당나귀 실베스터와 요술 조약돌. 다산기획.
(1971). *Amos & Boris*. New York: Farrar, Straus & Giroux, Inc. 우미경 역(1996). 아모스와 보리스. 시공주니어.
(1974). *Farmer Palmer's Wagon Ride*. New York: Farrar, Straus & Giroux, Inc. 조은수 역(2001). 농부 꿀농 씨의 마차 나들이. 한솔교육.
(1976). *The Amazing Bon*. New York: Farrar, Straus & Giroux, Inc. 멋진 뼈다귀. 조은수 역(1995). 비룡소.
(1982). *Doctor De Soto*. New York: Farrar, Straus & Giroux, Inc. 조은수 역(1995). 치과 의사 드소토 선생님. 비룡소.
(1985). *Solomon, The Rusty Nail*. New York: Farrar, Straus & Giroux, Inc. 박향주 역(2000). 녹슨 못이 된 솔로몬. 시공주니어.
(1986). *Brave Irene*. New York: Farrar, Straus & Giroux, Inc. 김서정 역(2000). 용감한 아이린. 웅진닷컴.
(1988). *Spinky Sulks*. New York: Farrar, Straus & Giroux, Inc. 조은수 역(1995). 부루퉁한 스핑키. 비룡소.
(1990). *Shrek!*. New York: Farrar, Straus & Giroux, Inc. 조은수 역(2001). 슈렉! 비룡소.
(1996). *The Toy Brother*. HarperCollins Children's Books. 이경임 역(2002). 장난감 형. 시공주니어.
(1998). *Pete's A Pizza*. New York: Farrar, Straus & Giroux, Inc. 박찬순(2000). 아빠랑 함께 피자 놀이를. 보림.

제 3 장
한국 그림책의 역사

1. 그림책 인식기
2. 본격 창작 그림책의 출간과 번역
3. 세계 속의 한국 그림책
4. 한국 그림책 작가

조혜란의 『참새』, 정유정 그림의 『풀 꽃 안녕』, 이억배의 『개구장이 ㄱㄴㄷ』 (왼쪽부터)

한국 그림책의 역사

한국 그림책의 역사는 1980년대 이전까지의 전(前) 그림책 시기, 1980년대부터 1990년대 초까지의 그림책 인식기, 1990년대 중반부터(대략 1993년까지) 현재에 이르는 본격 창작 그림책의 출간과 번역 그림책의 정리기로 나눌 수 있다. 한국 그림책의 역사가 언제 시작했는지는 아직 정리된 바가 없다. 그리고 최초의 한국 그림책이 무엇이냐에 대한 논의 결과도 확실하지 않다. 무엇보다도 저자들의 능력으로는 이러한 한국 그림책의 시작 시점과 최초의 그림책을 논하기에는 역부족이라고 생각한다. 그리하여 여기서는 1980년대 이후의 한국 그림책의 역사에 대해 정리하고자 한다.

1980년대부터 1990년대 초까지의 그림책에 대한 인식기는 '그림책이란 무엇인가'에 대한 개념을 형성한 시기라고 할 수 있다. 이 당시에는 그림책의 '그림'을 삽화(揷畵)*라고 부를 정도로 일반인은 물론이고, 편집자, 글 작가, 그림 작가도 그림책에 대한 올바른 개념을 갖지 못한 경우가 많았다. 그리하여 이 시기에는 소위 해적판이기는 했지만, 외국의 번역 그림책을 보면서, 그리고 소수의 한국 그림책을 만들어가면서 그림책 관련 분야의 사람들이 그림책에 대한 개념을 형성해갔다. 여기서는 이 시기에 출판된 전집, 단행본, 그림책 관련 이론서로 나누어 살펴보고, 전집과 단행본의 한국 창작 그림책과 번역 그림책과 적은 수이지만 그동안 출판된 그림책 관련이론서를 살펴보려고 한다.

---

*인쇄물의 글의 뜻이나 내용을 보충 설명하기 위하여 넣는 그림(한글학회. 우리말 큰사전., 어문각. 1992)이며, 그림책의 그림은 삽화와 차별화하여 사용한다.

1990년대 중반부터 현재까지의 본격 창작 그림책의 출간과 번역 그림책의 정리기는 한국 그림책의 출판이 활기를 띠기 시작하고, 많은 번역 그림책을 정식으로 계약 출판하기 시작하여 현재에 이른 시기라고 할 수 있다. 한국 창작 그림책과 번역 그림책의 출판과 아울러 이 시기에 그림책과 관련하여 그림책 연구지의 창간, 그림책 서평지의 창간, 한국 그림책 상 제도의 마련, 어린이 도서관의 발전, 그림책 관련 연구 모임 등의 발족, 그림책 관련 이론서의 출판 등의 영역도 크게 발전하였다. 이 시기 동안 이러한 영역과 관련한 정보를 정리하고자 한다.

　그리고 한국 그림책은 최근 세계적인 그림책으로 발돋움하고 있다. 그리하여 '세계 속의 한국 그림책' 부분에서는 외국의 그림책상을 받았거나, 세계적으로 인정받은 한국 그림책 작가와 그림책을 소개하고자 한다. 뿐만 아니라 그와 관련한 국제적인 단체와 국제 도서전도 소개하려고 한다.

　나아가 이제 몇몇 작가들은 공히 역량 있는 한국 그림책 작가로서 자리매김하고 있다. 그리고 신인작가들도 주목받는 그림책을 출간하고 있다. 여기에서는 한국 그림책의 지평을 연 이우경, 홍성찬 선생을 시작으로 글과 그림을 함께 작업한 중견 그림책 작가를 중심으로 작가의 약력과 그림책을 간단히 소개하고자 한다. 작가들의 그림책은 계속되는 각 장에서 자세히 소개되므로 여기에서는 목록만 다루고자 한다.

1. 그림책 인식기 (1980년대~1990년대 초)

　1980년대 그리고 1990년대 중반까지(대략 1993년까지) 전집으로 이루어진 한국 창작 그림책과 저작권도 없이 외국 그림책을 번역한 그림책, 특히 전집 그림책들이 우리나라 그림책 시장의 중심을 차지하고 있었다. 외국 그림책을 번역한 전집 그림책의 경우 원서를 출판한 나라, 저자, 번역자의 이름을 밝히지 않은 그림책도 있었다. 그러나 당시 그러한 전집 그림책이라도 보고 자란 어린이들은 혜택 받은 소수에 불과했다. 대부분의 어린이들은 디즈니 만화 영화를 축약하여 만든 그림책을 그림책의 대명사인양 즐겨보고 자랐다.

1990년대 초까지 대부분의 출판사들은 외국의 유명한 그림책이나 상을 받은 그림책을 드물게는 정식 계약, 대부분은 해적판으로 번역하는 데 주력하였다고 할 수 있다. 출판사들이 그림책을 번역하는 데 주력하는 것은 비용을 적게 들이고 외국에서 이미 시장성이 확인된 책들을 출판함으로써 경제적으로 위험 부담률을 줄이고, 빠른 시간 내에 출간할 수 있다는 장점이 있기 때문이다. 그리하여 번역 그림책이 그림책 시장의 대부분을 차지하게 되었다.[1]

1) 전집

(1) 창작 그림책

1980년대 후반에 우리나라 창작 그림책 단행본이 소량 출판되긴 했지만, 1990년대 초 웅진출판사에서 나온 '올챙이 그림책' 시리즈는 단행본 창작 그림책의 대중화에 기여했다. '올챙이 그림책'은 전집물이었지만 단행본처럼 어린이나 부모들이 골라서 살 수 있는 선택권이 있었고, 당시 디즈니 다이제스트 판보다 싼 가격인 2000원(후에는 2500원)에 살 수 있었던 우리나라 창작 그림책의 초창기 작품이었다. 그 전집에는 현재 우리나라 그림책 작가 중 중견작가라 할 수 있는 작가들이 대거 참여하였다. 예를 들어 보리 글, 박경진 그림의 『흉내장이 찍찍이』(1990), 보리 글, 정승각 그림의 『눈먼 곰과 다람쥐』(1993), 보리 글, 김환영 그림의 『나도 잘해』(1992) 등이 포함되어 있었다. 이 전집의 그림책들은 같은 크기로 작게 만들어져야 했기 때문에, 원화의 위나

3-1 정승각 그림의 『눈 먼 곰과 다람쥐』 웅진출판. 초창기 창작 그림책으로 단행본 창작 그림책의 대중화에 기여했다.
3-2 정준용 그림의 『휘파람을 부는 눈사람』 선화교육사. '재미있는 동화집'(전50권) 시리즈 중 하나로 만화 그림책이 범람하는 실정에서 나온 우수한 창작 그림책이다.

아래가 잘려나가는 경우가 많았다. 요즈음 그런 일이 있다면 어느 그림 작가도 묵과하지 않을 것이다. 또한 면지와 저작권 페이지도 없으며, 마지막 페이지와 뒤표지가 붙어 있어 그림책의 기본 형태를 무시하고 있었다. 그리하여 도서관 서가에 꽂혀 있는 책에는 대출 카드를 넣는 봉투가 마지막 장의 그림 위에 붙어 있기도 했다. 당시 한 장이라도 인쇄비를 줄이기 위한 것이라 보이며, 현대 그림책에서 면지의 중요성에 대한 개념이 출판계에서 아직 형성되지 않았음을 반영하는 것이다. 이 전집은 2001년부터 '개똥이 그림책' 시리즈로 보리출판사에서 나오고 있는데, 판매 방식으로는 낱권 판매 혹은 전집 판매 방식을 모두 취하고 있다.

동화출판공사의 '그림나라 100'(1981~1989)은 현재 역량 있는 작가로 손꼽히는 작가들이 참여한 그림책이었다. 한국 창작 그림책의 초기 형태를 볼 수 있는데 모두 같은 판형이었다. 예를 들어 윤흥길 글, 김종학 그림의 『나무집게 헐렁이』와 박완서 글, 김아영 그림의 『7년 동안의 잠』 등이 있다.

선화교육사에서는 당대의 아동문학 작가들과 일러스트레이터들의 작업을 모아 강원희 글, 정준용 그림의 『휘파람 부는 눈사람』, 박상재 글, 조명화 그림의 『엄마 찾은 뻐꾸기』 등 창작 그림책 50권을 '재미있는 동화집' (1992)으로 출판하였다. 그러나 이 창작 그림책 시리즈에는 순수한 창작 그림책과 외국 그림책의 번안 작품이 섞여 있었다. 그러나 당시 정식 계약도 맺지 않고, 외국 그림책을 복사하고 번역 출판한 책들과 소위 애니메이션이라고 불리는 만화 그림책이 범람하는 실정에서 '재미있는 동화집' 시리즈는 한국 글 작가들과 일러스트레이터들이 만든 우수한 창작 그림책이라는 데 의의를 둘 수 있겠다. 그러나 『휘파람 부는 눈사람』에는 눈사람과 주인공의 머리가 잘리고 아래 공간은 비어 있는 장면 등 편집이나 디자인의 현대적 개념이 아직 부족함을 드러내고 있다. 이 전집은 판매가 부진하여 절판되었다.

웅진출판사에서 초등학생용 어린이 대상 전집류를 내면서 '한국 전래동화' 전집(1985)을 출간하였다. 전집 20권에는 민담(옛날이야기)이 가장 많으며 국조신화인 단군왕검을 비롯하여 고구려를 세운 고주몽, 백제를 세운 온조왕, 신라를 세운 박혁거세, 가야를 세운 김수로왕, 탐라를 세운 고을나, 양을나, 부을나 등의 신화도 포함되어 있고, 꽃에 관한 전설, 동물들의 이야기(우화), 생물이나 무생물의 기원이나 현상에 관한 이야기(바다는 왜 짠가, 개미 허리는 왜 잘록한가) 등도 포함되어 있다. 이러한 전집을 보아도 우리나라에서는 옛이야기인 민담은 물론 신화, 전설, 우화 등도 모두 재화하여 전래동화의 범주에 포함시켰다는 것을 알 수 있다. 이 전집은 표지가 있고, 면지, 속표지, 저작권 페이지 등이 순서대로 들어 있어 현대 그림책의 전형적인 형태를 띠고 있다는 데에 그 의의가 있다. 웅진출판사는 이 전래동화집을 1989년 다시 40권으로 재편집하여 출판하였다.

민담(옛날이야기)의 경우 글 쓴 사람을 '엮은이'로, 그림 그린 사람을 '그린이'로 명시하고 있어 출판에 대한 올바른 개념을 가지고 있었다는 것을 알 수 있다. 뿐만 아니라 현대 그림책에서 사용하고 있는 다양한 예술적 매체로 그림을 표현하고 있다. 즉 책에는 수채화, 크레파스 스크래치화, 판화, 색연필화, 점묘화, 색지 부조, 크레용화, 한지 콜라주, 종이접기 등 다양한 매체를 사용한 수준 있는 그림이 들어 있다. 그리하여 당시 그림책에 대한 인식이 부족한 시기에 인식을 높이며 수준을 선도하였다고 할 수 있다.

이 시기 우수한 전집 출간에 기여를 하였던 웅진출판사는 그림책 관련 분야의 작업자들에게 그림책에 관한 초기 경험을 제공하는 데 적지 않은 역할을 했다. 당시 편집자들은 전집 〈어린이 마을〉과 유년 잡지 〈어린이 아이큐〉를 발간하기 위해서 그림책에 관한 자료들과 외국 그림책을 직접 접하면서 그림책 공부도 하였다. 이에 관련한 일을 하였던 작가, 일러스트레이터들은 당시 그림책 관련 작업을 바탕으로 현재 그림책 작가로서, 기획자로서, 출판 편집자, 번역가로서 활동하고 있다. 이들 중에는 엄혜숙, 문승연, 이형진, 허은미 등이 있다.

(2) 번역 그림책

번역 전집 그림책은 대부분 해적판이 많았는데, 외국 번역 그림책을 정식 계약 없이 원판 필름이 아니라 이미 인쇄된 그림책의 그림을 필름으로 다시 만들어 인쇄하고 한글을 삽입하는 방식으로 출판한 것이다. 그리하여 색상도 원작에 비해 크게 떨어질 뿐만 아니라 번역 수준도 낮은 것이 많았다. 원본 그림책들은 작품 특성에 따라 크기가 다양했지만, 전집 속의 그림책을 같은 크기로 만들기 위해 원화의 위나 아래를 잘라낸 경우도 많았다. 한편 보림의 '위대한 탄생'(1989)과 선진여성의 '위대한 만남'(1992) 시리즈는 정식으로 저작권을 계약하여 내지는 않았으나, 그림책에 번역자가 명시되어 있어 번역자를 밝히지 않은 당시의 많은 해적판들과는 달랐다.

그리고 '위대한 탄생'에는 많은 수는 아니지만 우리나라의 글 작가와 그림 작가가 공동작업한 창작 그림책이 포함되어 있었다. 예를 들면 이준연 글, 박찬복 그림의 『생일나무』(1989)와 송명호 글, 최정은 그림의 『경수의 하루』(1989) 등이다.

1988년 정보 그림책으로 '과학앨범' 전집이 선을 보였다. 1987년 일본의 아케네쇼보사에서 출간한 것을 웅진출판사에서 번역 출판한 것인데, 이 전집은 해적판 전집류가 대부분이던 시기에 정식 계약을 맺고 출판하였다는 데에서 의의를 찾을 수 있다. 과학앨범이 나오기 이전이나 이후에 나온 조악한 정보 그림책들과 비교하여 선명한 사진 그림과 설명 그림을 담고 있는 우수한 그림책이다. 다만 번역자의 이름이 없고, 감수자만 밝히고 있다.

또한 꼬마 샘터는 프랑스 갈리마르 출판사(Gallimard Jeunesse)와 정식으로 계약을 하고 1991년부터 로라 부르(Laura Bour)의 『곰 L`ours』(1991), 장 피에르 베르데(Jean Pierre Verdet) 글, 실밴 페롤(Sylvaine Pérols) 그림의 『지구와 하늘 La terre et le ciel』, 클로드 드라포스(Claude Delafosse) 글, 제임스 푸르니에(James Prunier) 그림의 『코끼리 L`éléphant』(1991) 등 1993년까지 어

3-3 레이먼드 브릭스의 『눈사람』 보림, 『눈사람 아저씨』 가나출판사, 『눈사람 아저씨』 마루벌(왼쪽부터 차례로). 번역 그림책 출판의 시대적 변화를 단적으로 보여준다.

린 연령의 유아를 위한 '첫 발견'(전8권) 시리즈를 번역 출판하였다. 여기서도 번역자를 밝히고 있지 않다. 특기할 사항이라면 낱권으로 판매했다는 부분이다. 2005년 현재 134권까지 나왔다.

레이먼드 브릭스의 『눈사람 아저씨 The Snowman』(1978)는 번역 그림책 출판 과정의 시대적 변화를 단적으로 보여주는 예이다. '위대한 탄생' 전집에 들어 있는 『눈사람』(1989)은 정식 계약을 하지 않고 필름이 아닌 그림책을 찍어 출판한 것이다. 그러므로 원본과 비교하여 표지 모양새가 다르고 색상 톤도 차이가 크다. 가나출판사의 『눈사람 아저씨』(1992)는 앞 면지에 눈사람 문양을 넣어 분위기를 살렸으나, 마찬가지로 필름이 아닌 그림책을 찍어 출판한 해적판이다. 그림책을 복사하였기 때문에 색상이 흐려지는 것을 보완하기 위해 그림에 손을 댄 흔적도 있다. 가장 최근에 출판된 것이 도서출판 마루벌에서 정식 출판 저작권 계약을 하고 1997년에 출판한 『눈사람 아저씨』이다.

2) 단행본

(1) 창작 그림책

단행본으로 류재수의 『백두산 이야기』(통나무, 1988), 이규경의 『여름을 보고 싶은 눈사람』, 『희망이 뭔지 아니?』(예림당, 1989) 등을 꼽을 수 있다. 이규경의 그림책들은 현대 그림책의 형식인 면지 부분이 없고, 그림책의 마지막 장과 뒤표지가 붙어 있다.

한림출판사는 1992년부터 그림책

3-4 이규경의 『여름을 보고 싶은 눈사람』 예림당. 초창기 단행본 그림책의 대표작 중 하나.

의 번역 출판에서 축적한 안목과 기술로 한국 창작 그림책을 출판하였다. 1993년에는 임동권 편, 류재수 그림의『자장자장 엄마 품에』, 이경우 글, 임부미 그림의『빨주노초파남보』, 이은화 글, 한유민 그림의『윷놀이 이야기』등을 출판하였다. 이들은 면지, 저작권 페이지, 속표지, 겉옷(dust jacket)을 갖춘 전형적인 그림책으로서 다가올 본격 그림책 시대를 예고하였다.

그리고 현재 활동 중인 몇몇 중견작가들의 첫 그림책들이 나오기도 했다. 김영희 글, 홍성찬 그림의『정배와 아가』(한국 프뢰벨 주식회사, 1992)와 이경애 글, 한병호 그림의『도깨비와 범벅 장수』(국민서관, 1992) 등이 대표적인 예이다.

(2) 번역그림책

한림출판사는 일본 복음관서점(福音館書店)과 정식으로 계약을 하고 그림책을 번역 출판하였다. 1988년에는 하야시 아키코(はやし あきこ)의『구두구두 걸어라 くつくつあるけ』,『손이 나왔네 おててがでたよ』,『싹싹싹 きゅっきゅっきゅっ』,『달님 안녕 おつきさまこんばんわ』과 나카노 히로다카(なかの ひろたか)의『빨간사과 あかいりんご』, 야부우치 마사유키(やぶうち まさゆき)의『누구의 아기일까요? なにのこどもかな』,『어떻게 잠을 잘까요? どうやってねるのかな』,『이상한 발자국 누구 것일까? なにのあしあとかな』등을 출판하였다.

1989년에는 쓰쓰이 요리코(つつい よりこ) 글, 하야시 아키코 그림의『순이와 어린 동생 おさえとちいさいいもうと』,『병원에 입원한 내동생 いもうとのにゅういん』과 나카가와 리에코(なかがわ りえこ) 글, 야마와키 유리코(やまわき ゆりこ) 그림의『구리와 구라의 손님 ぐりとぐらのおきゃくさま』과 나카노 히로다카의『코끼리 형님의 나들이 ぞうくんのさんぽ』, 1990년에는 나카노 히로다카의『외톨이 사자는 친구가 없대요 ひとりぼっちのライオン』, 1991년에는 쓰쓰이 요리코 글, 하야시 아카코 그림의『이슬이의 첫 심부름 はじめてのおつか

3-5 『순이와 어린 동생』 하야시 아키코 그림, 쓰쓰이 요리코 글, 이영준 옮김, 한림출판사.

이』, 기시다 에리코(きしだ えりこ) 글, 나가타니 치요코(ながたに ちよこ) 그림의 『새 둥지를 이고 다니는 사자 임금님 ジオジオのかんむり』, 사토 와키코(さとう わきこ)의 『도깨비를 빨아버린 우리 엄마 せんたくかあちゃん』 등을 출판하였다.

1992년에는 비얀키(Vianki) 글, 야마다 사부로(やまだ さぶろう) 그림의 『여우를 골려준 들쥐 きつねとねずみ』가 번역 출판되었다. 그러나 이 그림책들에 번역자를 명기하고 있지 않다는 점은 현대 그림책의 관점에서 볼 때 그림책에 대한 인식이 부족했다고 볼 수 있다. 1992년 타지마 신지(たじま しんじ) 글에 한국 작가 강우현이 그림을 그려 『사막의 공룡』, 『봄을 찾은 원숭이』를 출간한 것은 특기할 만하다.

사계절출판사는 1993년 독일의 볼프 에를브루흐(Wolf Erlbruch)의 그림책

『누가 내 머리에 똥 쌌어? *Vom Kleinen Maulwurf, der wissen wollte, wer ihm auf den Kopf gemacht hat*』, 『아빠가 되고 싶어요 *Das Barenwunder*』, 『개가 무서워요! *Leonard*』를 정식으로 계약하여 번역 출판하였다. 그러나 이 그림책에도 번역자를 명시하지 않고 있다. 사실 당시 번역자를 명기한 책은 드물었다.

3) 그림책 관련 이론서

마쓰이 다다시(まつい だだし)(1990)의 『어린이와 그림책』은 번역본이기는 하지만 그림책에 대한 인식이 부족한 시기에 그림책에 대한 부모나 교사를 비롯한 일반 대중의 올바른 인식을 증진시키는 데 큰 역할을 하였다. 2003년에 다시 수정본이 출간되었다.[2]

김세희와 현은자는 『어린이의 세계와 그림 이야기책』(1995)에 해적판 그림

3-6 마쓰이 다다시의 『어린이와 그림책』 이상금 엮음, 샘터. 일반인들의 그림책에 대한 인식을 높였다.
3-7 김세희, 현은자의 『어린이의 세계와 그림 이야기책』 서원.

책, 정식 계약으로 번역 출판한 창작 그림책, 그리고 소수였지만 우리나라 창작 그림책 중 우수한 그림책을 모아 정리하고, 그림책의 가치와 특징, 좋은 그림책의 선별기준, 어린이의 발달적 특성과 그림책에서 다룰 수 있는 어린이의 세계, 어린이에게 책을 읽어주는 방법 등을 소개하였다.[3] 당시 그림책에 대한 일반인의 이해수준은 매우 낮았고, 출판사 편집자들이나 그림책 작가들의 안목도 부족한 부분이 있었다. 이러한 상황에서 『어린이의 세계와 그림 이야기책』은 그림책 출판 편집자들, 그림 작가, 유아교육과와 아동학과 학생들, 유아교사들의 그림책에 대한 인식을 높이는 데 기여하였다. 또한 이 책은 책에서 추천한 해적판 그림책들 중 다수가 후에 정식 계약으로 여러 출판사에서 나오는 계기를 제공하였다는 데 의의가 있다. 이 책은 1995년에 출간되었지만 수록된 그림책들이 거의 대부분 1980년대와 1990년대 초반에 출판되었던 것이어서 그림책에 대한 인식기에 포함시켰음을 밝혀둔다. 이 책은 정식 계약을 맺지 않고 번역 출판된 그림책이 다수 수록되어 있어서 저자가 절판시켰다.

2. 본격 창작 그림책의 출간과 번역 그림책의 정리기
(1990년대 중반부터 현재)

1) 그림책 출판

1990년대 중반부터 현재까지 여러 출판사에서는 외국 출판사와 정식 계약을 하고 저작료를 지불한 외국 그림책들의 번역본을 계속 출판하고 있다. 주로 일본과 영어문화권에만 국한되었던 번역 그림책은 유럽, 남아메리카, 중국 등 다양한 나라의 그림책으로 그 지평을 넓혀가고 있다. 그 동안 특기할 만한 사항은 성인 대상 출판사들이 그림책 출판에 참여함으로써 그림책 출판사 수가 급격하게 증가했다는 것이다. 뿐만 아니라 신흥 그림책 출판사들도 번역 그림책, 한국 창작 그림책 출판에 참여하고 있다. 그러나 아직도 한국 창작 그림책보다는 위험 부담률이 적고 생산비도 적게 들며 짧은 시간 내에 출판하기 쉬운 번역 그림책이 그림책 출판계에서 더 많은 비중을 차지하고 있다. 어떤 출판사는 번역 그림책만 출판하고 있는 실정이다. 또한 특정 출판사는 유명한 특정 외국 그림책을 처음 번역 출판할 당시부터 전집으로 묶어서 판매하는 경우도 있다. 비아트릭스 포터(Beatrix Potter)의 그림책이 그렇고, 에릭 칼(Eric Carle)의 그림책 번역본 역시 주로 전집으로 판매하고, 일부 몇 권만이 서점에서 낱권으로 판매되고 있다. 앞으로 이러한 그림책 모두 서점에서 독자가 직접 접할 수 있도록 해야 할 것이다.

그러나 한편으로 재미마주, 초방책방 등과 같이 한국 창작 그림책 출간만을 고수하는 출판사도 있다. 한국 창작 그림책의 출간이 날로 급증하고 있지만, 아직 전체 그림책 출판에서 외국 번역 그림책에 비해 그 비율은 낮다. 그러므로 한국 창작 그림책의 비중을 늘리기 위해 글 작가, 그림 작가, 출판계, 어린이도서관 등의 노력이 필요하다. 이 책의 제2장 '서양 그림책의 역사'에서 이미 우리나라에 번역된 그림책을 중심으로 다루었고, 제4장부터 장르별 그림책에서 번역 그림책을 소개할 것이므로 이 장에서는 1994년 이후에 출간된 번역 그림책을 따로 다루지는 않겠다.

1990년대 중반에 그림책 출판사들은 적은 수이기는 하지만 외국 그림책에 손색이 없는 그림책들을 출판하기 시작하였다. 보림출판사는 1994년에 '연필과 크레용' 시리즈를 출간하였다. 이 시리즈는 한 작가가 글도 쓰고 그림도 그린 창작 그림책이라는 데 의의가 있다. 시리즈 속에는 이영원의 『밝음이와 어둠이』, 어순영의 『봄이다! 어서 나와라』, 김복태의 『둘이서 둘이서』, 유애로의 『쇠똥 구리구리』, 정대영의 『꼬니는 친구』와 『바닷물고기 덩치』, 나애경의 『꽃 요정+4』, 리춘길의 『숲 속에 떨어진 의자』, 강우현의 『랑랑, 한빛탑에 오르다』, 최정훈의 『목이 길어진 사자』 등이 있다. 김복태의 『둘이서 둘이서』는 같은 작가가 새로 그림을 그려 영아를 위한 '나비잠' 시리즈(2003)로 다시 출간되었다. 이 시리즈의 그림책 중 상당수는 절판되었으며 몇 권만이 계속 판매되고 있다.

 1994년, 95년, 96년에 그림책다운 창작 그림책이 출판되기 시작하면서 현재 활동 중인 중견작가들의 첫 번째, 또는 두 번째 그림책들이 나오기도 했다. 이형구 글, 홍성찬 그림의 『단군신화』(1995)와 강영환 글, 홍성찬 그림의 『집 짓기』(1996), 조대인 글, 홍성찬 그림의 『땅 속 나라 도둑 괴물』(1996), 이억배의 『솔이의 추석이야기』(1995), 권윤덕의 『만희네 집』(1995), 정승각의 『까막나라에서 온 삽사리』(1994)와 권정생 글, 정승각 그림의 『강아지똥』(1996), 정차준 글, 한병호 그림의 『도깨비 방망이』(1996), 이규희 글, 심미아 그림의 『해와 달이 된 오누이』(1996) 등이 있다. 한국인의 정서와 감정을 글과 그림에 담아내는 데 성공한 우수한 그림책들이다. 그 외에도 '세밀화로 그린 보리 아기그림책' 시리즈(1996), 이호백의 『쥐돌이는 화가』(1996)가 있다.

 뿐만 아니라 우리나라의 역사와 문화를 소재로 한 그림책들도 출판되었다. 보림출판사의 전통 문화 그림책 '솔거나라' 시리즈(1995)는 전문가와 전문 일러스트레이터가 결합하여 작업하였는데 유애로의 『갯벌이 좋아요』(1995)와 『쪽빛을 찾아서』(1996), 하문식 글, 이춘길 그림

3-8 『세상을 담은 그림 지도』 김향금 글, 최숙희 그림, 보림. '솔거나라' 시리즈 중 하나.

의 『고인돌』(1995), 정병락 글, 박완숙 그림의 『숨쉬는 항아리』(1995), 김향금 글, 최숙희 그림의 『세상을 담은 그림 지도』(2003) 등이 있다. 현재도 계속 출판되고 있는 이 시리즈는 대부분 정보책과 그림 이야기책을 통합한 형태로 어린이들에게 우리 문화의 뿌리를 일깨워주고 있으며, 외국에 우리 문화를 생생하게 전하는 역할도 하고 있다.

한국 옛이야기 그림책으로는 보림출판사의 '까치 호랑이' (1997~1998), 웅진출판사의 '두껍아 두껍아 옛날 옛적에' 시리즈(1998)를 들 수 있다. 이 시기에 한국이나 외국의 옛이야기 그림책 전집이 다수 나왔다. 그러나 대부분 전집으로 판매되어 서점에서 낱권으로 구입할 수 없으므로 논의에서 제외하였다.

도서출판 보리의 윤구병 글, 이태수 그림의 '도토리 계절 그림책' (1997~1999)도 우리 농촌의 정서를 보여주는 훌륭한 그림책이라고 할 수 있다. 『우리끼리 가자』(1997), 『우리 순이 어디 가니』(1999), 『심심해서 그랬어』(1999), 『바빠요 바빠』(2000) 등이 그 속에 들어가 있다. 또한 웅진출판사 발행, 윤구병 기획의 '달팽이 과학동화' (1994) 전집 역시 우리나라 정보 그림책의 발전에 많은 영향을 미친 그림책이다. 2000년부터는 40권 개정판으로 도서출판 보리에서 출판, 전집과 단행본으로 판매되고 있다. 이러한 한국 창작 그림책은 그림책이 단행본 시대로 가는 길을 열었다는 데에서 그 의의를 찾을 수 있다. 1980년대부터 현재까지 출판된 한국 창작 그림책 연도별 목록은 부록 3으로 실었다.

2) 그림책 연구지

1990년대 말에 그림책에 관한 연구지 〈월간 Illust〉와 〈꿀밤나무〉가 창간되었다. 이 두 간행물은 그림책 기획자, 편집자, 디자이너, 일러스트레이터, 작가들에게 많은 정보를 제공하였다.

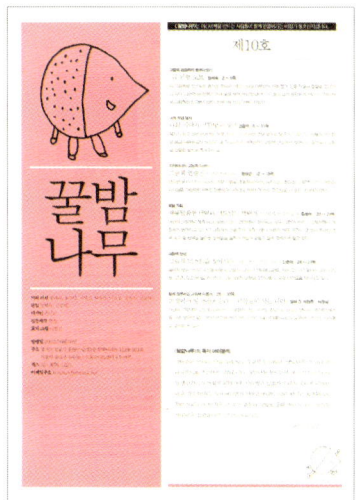

3-9 〈월간 일러스트〉 동화나무. 일러스트레이션 연구지.
3-10 〈꿀밤나무〉. 그림책 비평 전문지.

〈계간 Illust〉는 1997년 9월 준비호로 〈I♥Illust〉를 배포한 후, 좋은 반응을 얻어 1998년부터 유가지로 전환, 계간지로 1998년 봄호부터 1999년 여름호까지 나왔다. 1999년 9월부터 〈월간 Illust〉로 발행되었으며, 일러스트레이션에 대한 일반인들의 인식을 넓히고, 전문적인 내용과 출판에 관심이 많은 독자들도 흥미롭게 읽을 수 있도록 꾸며져 있었다.

〈꿀밤나무〉는 1999년 1월에 창간한 계간지이다. 꿀밤나무는 그림책 편집자, 작가 및 기획자, 일러스트레이터, 디자이너 등 여섯 명으로 기획위원을 구성, 편집, 디자인, 일러스트, 그림책을 비평한 전문적 성격의 간행물이었다. 〈꿀밤나무〉는 2002년 6월 제10호를 마지막으로 휴간하였다.[4]

3-11 〈열린어린이〉 오픈키드. 어린이책 종합 서평지.
3-12 〈창비어린이〉 창작과비평사. 어린이책 종합 서평지.

3) 그림책 서평

그림책 서평은 독자에게 새로운 그림책에 관한 구체적인 정보를 제공하는 기능을 한다. 또한 책에 대한 전문가적 해석과 평가도 제공하여 그림책을 선택하여야 하는 학부모, 교사, 도서관 사서에게 도움을 준다. 뿐만 아니라 작가는 그림책의 글과 그림을 창작하고, 출판인과 출판사는 그림책을 만들고 판매하며, 전문가의 서평은 독자의 반응과 더불어 다른 그림책의 창작, 출판에 다시 영향을 미치는 순환과정을 이룬다. 이런 순환과정을 통해 그림책의 발전을 도모할 수 있다. 이렇게 볼 때 그림책 서평지는 한국 그림책 발전에 중요한 기능을 담당한다고 할 수 있다.

2000년대에 들어서 책자로 발간되기 시작한 〈열린어린이〉와 〈창비어린이〉는 그 역할이 자못 기대된다. 이 잡지들은 어린이책 종합서평지로서 그림책뿐만 아니라 어린이책 전반에 관해 다루고 있다.

어린이책 전문 서평지 월간 〈열린어린이〉의 발간 의도는 날로 융성해 가는 우리 어린이 문학과 좋은 어린이책들을 독자들에게 빠르고 충실하게 소개하고, 다양한 형식의 비평 문화를 형성하여 '어린이책을 보는 새로운 눈'이 되고자 하는 것이다. 〈열린어린이〉는 2001년 1월에 시작된 웹진(www.openkidzine.co.kr)에 이어 2002년 12월부터 책자로 나오고 있다. 매달 15,000부 이상 제작되어 전국 초등학교와 어린이 도서관, 어린이 전문서점, 정기구독 회원들에게 배포되고 있으며, 2005년 6월 현재 통권 31호에 이르고 있다.

우리나라에서 어린이책 관련 월간지로서 최대 발행부수를 유지하고 있고, 지속적이고 폭넓게 보급하여 좋은 어린이책을 대하며 고르는 판단 기준을 제시하며 비평적 사고를 풍성하게 함으로써, 우리 어린이책 비평 문화의 대중화 및 양질화에 기여하려고 한다. 그리고 특정한 당파성이나 상업성을 추구하지 않고 우리 어린이 문학의 내실 있는 발전과 공정한 언로 계발에 기여하고자 노력하고 있다.[5]

계간 〈창비어린이〉는 2003년 4월 1일에 창간하였으며 아동문학의 현주소를 정밀하게 진단하고 미래지향적 전망을 모색하는 비평의 장이다. 우리 아동문학의 쟁점을 찾아 기탄없는 논쟁을 이끌어내고, 외국의 주요 비평이론을 소개하며, 창간과 함께 '신인평론상'을 공모하여 평단에 새로운 활력을 불어넣는 등 아동문학 평론의 수준을 한 단계 끌어올리고자 노력하고 있다. 또한 영화, 음악(동요), 교육 등 다양한 어린이 문화 영역에도 귀기울이며, '주제가 있는 독자투고' 등의 꼭지를 통해 독자와 소통하고 있다. 〈창비어린이〉는 아동문학의 한 장르로서 그림책에도 지대한 관심을 기울이고 있다. 그림책에 대한 깊이 있는 서평은 물론 좌담, 산문 등 그림책의 현주소를 진단하는 여러 기획을 선보이고 있다.

현재 그림책 전문가가 쓰고 있는 인터넷 서평으로는 한국어린이문학교육학회 이사진들이 한국에서 1년 내에 출판된 그림책에 대해 학회 홈페이지 (www.childrenbook.org)에 매달 2회 올리는 서평과 사이버아동문학관 (www.iicl.or.kr) 홈페이지에 게재하고 있는 그림책 서평이 있다.

4) 그림책 상 제도

그림책의 양적 발전도 중요하지만, 질적 발전도 꾸준히 이루어야 할 과제이다. 우수 그림책에게 주는 상 제도는 그림책 작업에 애쓰고 있는 편집자, 작가, 일러스트레이터, 기획자, 디자이너들을 격려하고 한국 창작 그림책의 수준을 높일 수 있을 것이다. 나아가 많은 그림책 중에 우수한 그림책을 평가하고 선택할 수 있는 일반인의 인식도 높일 수 있다. 한국의 그림책 상 또는 그림책 관련 상 제도를 살펴보도록 하자.

(1) 한국어린이도서상

대한출판문화협회가 아동도서 및 과학기술도서의 질적 향상을 도모하고자 제정한 한국어린이도서상은 우수한 어린이 도서에 대한 포상을 통하여 어린이 도서 제작에 참여한 각 분야의 창작의욕을 북돋움으로써 우리나라 어린이 도서의 질적 발전과 출판문화 향상에 기여하기 위해 지난 1980년 제정되었다. 그리하여 매년 저작, 일러스트레이션, 기획·편집 부문의 우수한 도서들을 선정해 오고 있다.

지난 해 3월 1일부터 당해년도 2월 29일 사이에 국내에서 간행한 어린이 도서가 심사대상이다. 2003년까지는 세 부문에서 본상만을 주었으나, 2004년 제25회부터는 각 부문 특별상 부문을 제정하여 상을 주고 있다. 한국어린이도서상을 수상한 어린이 도서 중 그림책이 다수 들어가 있는데, 그 동안 수상자와 수상작품들은 부록 2에 수록되어 있다.

(2) 황금도깨비상

어린이책 출판사인 비룡소가 주최하는 황금도깨비상은 1992년 첫 발을 뗀 이후 작가 발굴은 물론 우리나라 어린이 문학에 새로운 힘을 불어넣어 왔다. 2004년 수상작 『이모의 결혼식』(그림동화 부문)까지 10회째를 맞고 있다. 황금도깨비상은 신인과 기성 작가 모두에게 문이 열려 있어 신인에게는 등단의 기회를, 기성 작가에게는 폭넓은 창작의 발판을 제공하는 어린이 문학상으로, 그동안 정순희, 한유민, 김선희, 임파, 김세온, 김종렬, 공지희 등 역량 있는 작가들을 발굴해 왔다. 6회까지는 그림동화와 장편동화 부문으로 나누어 진행해 왔으나, 7회(2001년)부터는 그림책 원고와 장편동화 부문으로 새롭게 개편, 우리나라 창작 동화 및 창작 그림책의 발전에 중요한 통로 역할을 하고 있다. 1회부터 10회까지 역대 황금도깨비상 수상자와 수상작품들은 부록 2에 수록되어 있다.

(3) 서울동화일러스트레이션상

문학동네 출판사가 주최하는 서울동화일러스트레이션상은 어린이책의 모태라고 할 수 있으며, 1999년 첫 발을 내디딘 이래 조은수, 김진수와 같은 참신한 작가들을 발굴하였고 해를 거듭할수록 개성 있고 의욕 넘치는 작품들이 투고되어 역량 있는 신인들의 등용문으로 자리를 잡아가고 있다. 몇 안 되는 국내의 동화 일러스트 공모전인만큼 해마다 응모작들이 늘어나고 있고, 관심을 갖는 사람들도 많다.

모집 부문은 직접 창작한 글이나 기존의 동화를 이용하여 작업한 12컷 이상의 그림 원고이다. 대개 직접 창작한 글을 소재로 작업한 작품이 선정되었지만 1회에 선정된 『말하는 나무』(조은수)의 경우 오스카 와일드의 작품을 각색하여 작업한 것이다. 매년 10월 말까지 작품을 접수하고 다음 해 1월 1일에 당선작을 발표한다. 역대 수상자와 수상작품들은 부록 2에 수록되어 있다.

(4) 보림 창작 그림책 공모전

보림 출판사의 보림 창작 그림책 공모전은 국내 그림책 작가들의 창작 정신을 북돋우고 상상력이 뛰어난 개성 있는 작품을 발굴하여 우리 어린이들에게 좋은 그림책을 주자는 뜻으로 시작하였다. 2000년 제1회 공모전을 시작으로 해마다 열린다. 공모 내용은 만 3~10세 어린이에게 알맞은 창작 이야기 그림책의 글과 그림 원고이며, 옛이야기나 민담, 신화, 전설 등에서 모티브를 얻어 이야기를 재창작한 것도 가능하다. 그러나 작가의 새로운 해석이나 견해가 들어 있지 않고 원전 그대로 이용한 경우에는 제외한다. 응모할 때는 글 원고, 그림 원화, 가제본을 제출해야 한다.

시상 내용은 대상 1편, 우수작 2편이며, 상금은 순수 창작 지원금이며, 심사 결과에 따라 부문별 입상작이 없을 수도 있다. 수상작으로 선정되었다 하더라도 추후 다른 작품을 표절하거나, 저작권을 침해한 사실이 밝혀지면 수상이 취소된다. 응모 기간은 매년 5월 1일부터 5월 31일까지이다. 심사 결과는 매년 6월 30일 (주)보림출판사의 홈페이지에 발표한다. 보림 창작 그림책 공모전의 역대 수상자와 수상작품은 부록 2에 수록되어 있다.

(5) 한국안데르센그림자상

한국안데르센그림자상은 한국어린이육영회와 국제어린이도서협의회 한국위원회(KBBY)가 한스 크리스티안 안데르센 탄생 200주년과 국제안데르센상 역대 수상작가 한국전 개최 기념으로 제정하였다. 2005년은 한스 크리스티안 안데르센 탄생 200주년이 되는 해이며, 안데르센 탄생일인 4월 2일은 국제어린이도서협의회(IBBY, International Board on Books for Young People)가 정한 '세계 어린이책의 날'(International Children's Book Day)로서 세계 각국의 어린이 관련단체나 교육기관들은 매년 안데르센의 작가정신과 작품을 계승 발전하는 다양한 행사들을 활발하게 전개하고 있다.

한국에서는 지난 2003년 2월부터 10월까지 국제어린이도서협의회 한국위원회(KBBY)가 안데르센 탄생 200주년을 기념하여 22개국 화가들의 작품을 초청, '안데르센 동화와 원화전'을 서울, 광주, 남이섬, 서울랜드 등에서 개최하였으며 2만5천 명 이상이 유료 관람하는 등 호평을 받은 바 있다. 전시 기간 중에는 동화구연, 인형극, 동화주인공 그리기 대회, 섬마을 책방 등 부대행사가 열렸고, 남이섬에는 이를 기념한 다목적전시관 '안데르센홀'이 탄생하기도 하였다.

한국어린이육영회는 20여 년 간의 차세대 교육연수 업적을 더욱 발전시키고 21세기의 시대감각 변화에 적극 대응하기 위해 국제어린이도서협의회 한국위원회(KBBY)와 함께 어린이책의 노벨상이라 일컬어지는 '국제안데르센상(The Hans Christian Andersen Awards)'이 탄생한 1956년부터 2002년까지 역대 수상자들을 모은 '국제안데르센상 수상자들-작가와 작품전'을 한국에 유치했다. 그리고 2004년 2월 11일부터 4월 11일까지 남이섬에서 한국 초유의 전시회를 공동 주최함으로써 명실공히 한국 어린이 문화의 수준 향상과 세계화를 향한 견인차 역할을 자임할 수 있게 되었다.

이에 따라 안데르센 탄생 199주년과 '세계 어린이책의 날'인 4월 2일을 기념하여 문학과 미술, 음악 등 어린이 문화예술 분야에서 활약하는 차세대 신진작가들의 창작의욕을 북돋우고 국내외적으로 활동공간을 넓혀주기 위하여 '한국안데르센그림자상'(Korea Award for Hans Christlian Andersen)을 제정하였다. 아동문학, 출판미술(일러스트레이션), 동요음악 등 현대 어린이책 컨텐츠의 근간인 세 분야에서 매년 신작품을 공모하여 우수작을 선정, 시상한다. 단 미발표 신작에 한한다.

이 세 분야 중 그림책과 직접 관련이 있는 것은 '안데르센그림자미술상'이다. 응모작품은 자유 주제의 그림책 일러스트레이션으로서 작품마다 5매 이상의 원화를 60cm×90cm 이내의 우드락 또는 전시용 판넬에 부착, 제출해야 한다. 공모마감은 매년 3월 15일이고, 입상작 발표는 매년 4월 2일 (안데르센 탄생일)이며, 시상일시는 매년 5월 1일 (첫 어린이날인 1922년 5월 1일을 기념하여)이다. 시상내용은 그림자 대상, 우수상(각 분야 1명씩)이 있다. 특별상에는 덴마크 왕국 엠배서더상, 안데르센 탄생 200주년 기념사업 실행위원회상, 유네스코 한국위원회 사무총장상, 대한출판문화협회 회장상, 출판미술협회 회장상(부문별 각 3명) 등이 있다. 가작에는 상패 및 부상(부문별 5인 이내)을 준다. 2004년과 2005년 수상자와 수상작품은 부록 2에 수록되어 있다.

5) 어린이 도서관

현재 외국의 우수한 그림책들이 계속 번역, 출판되고 있고 한국 창작 그림책의 수도 점진적으로 증가하고 있으며 그 동안 참여하지 않았던 출판사들도 창작 그림책 출판을 준비하고 있다. 이제 우리 어린이들은 바야흐로 풍성한 양의 그림책 속에서 기쁨을 누릴 수 있고, 그림책을 통해 전인적인 발달에 도움을 받을 수 있는 시기에 살고 있다. 그러나 아직 경제적으로 열악한 조건에서 살아가는 어린이들이나 농어촌의 어린이들은 이러한 혜택을 넉넉히 누리고 있지 못하다. 모든 어린이들이 이러한 좋은 그림책들을 접하려면 전국 곳곳에 어린이 도서관이 있어야 한다.

공립도서관으로는 우리나라에서 최초로 1979년 5월 4일 세계 어린이의 해를 기념하여 사직동에 서울시립어린이도서관이 설립되었다. 이 도서관에는 그림책만 비치되어 있는 유아방이 따로 있고 대여 제도를 갖추고 있다. 또한 2002년 노원구에 '노원 어린이 도서관'이 설립되었는데, 이 도서관에도 그림책이 비치되어 있는 유아방이 있으며, 2004년 구로꿈나무도서관, 서초어린이도서관 등이 공립 어린이 도서관으로 개관하였다.

최근 많은 시립 및 구립 도서관에서도 열람실을 정비하여 어린이들이 쉽게 그림책을 접할 수 있게 되었다. 2000년 개관한 광진구 정보도서관이 온돌마루에 그림책을 열람할 수 있는 유아방을 개설하였으며, 최근 은평구, 성동구, 중랑구 도서관 등이 새로 개관하거나 리모델링을 하면서 유아방을 개설하는 등 공립 도서관에서의 그림책 열람이 활성화되고 있는 추세이다.

다른 공공 도서관으로서는 공 기관 법인이 설립 운영하는 부천문화재단의 동화기차어린이도서관, 광명 평생학습원의 청개구리어린이도서관, 수원청소년문화센터의 한아름도서관, 영통종합사회복지관의 반달어린이도서관 등이 있다.

민간 도서관으로는 1990년 에스콰이어 재단의 인표 어린이 도서관이 상계동에 1호 어린이 도서관을 개관하였다. 현재 인표도서관은 국내에 14개소, 국외에 8개소의 어린이 도서관을 운영 중이다. 또다른 민간도서관으로는 법인이 운영하는 느티나무 어린이도서관이 2003년 개관하였다.

한편, 2003년 '책읽는사회만들기국민운동'과 MBC가 공동 주최한 '기적의 도서관' 프로젝트는 어린이도서관 영역을 확대하는 계기를 만들어내면서 전국에 많은 민관 협력의 '기적의 도서관' 건립이 이루어졌다. 전남 순천(2003년 12월 15일), 충북 제천(2003년 12월 15일), 경남 진해(2003년 12월 22일), 제주 서귀포(2004년 5월 5일), 충북 청주(2004년 7월 15일), 울산 북구(2004년 7월 28일), 충남 금산(2005년 5월 5일) 등에 기적의 도서관이 잇따라 세워졌다. 괄호 안의 날짜는 개관일이다.

이렇게 어린이 도서관이 점점 활성화되는 데는 90년대 이후부터 생기기 시작하여 전국에 퍼져있는 문고 규모의 사립어린이도서관들의 역할이 컸다고 볼 수 있다.

더 많은 어린이들이 그림책을 좀더 쉽게 접할 수 있으려면 어린이 도서관을 더 많이 설립하고 체계적으로 정비해나가야 한다. 미래에 전국의 어린이 도서관과 유아교육기관들이 좋은 그림책을 다수 보유한다면 출판사도 좋은 책들을 꾸준히 출판할 수 있는 경제적 기틀을 마련할 수 있다. 이것은 마치 순환고리와도 같다.

6) 그림책 관련 단체

어린이 문학의 학문 분야에서도 그림책에 대한 연구를 계속 진행하고 있다. 그리고 연구 결과들은 매년 석사, 박사학위 논문과 학회지에 발표되고 있다. 그러나 좀더 깊이 있고 폭넓은 학문적 연구가 필요하다.

어린이 문학에 대한 좀더 심도 있는 연구를 통해 궁극적으로는 한국 어린이 문학 발전에 기여하고자 대학의 유아교육과나 아동학과에서 유아문학이나 아동문학을 강의하는 교수들을 주축으로 석사, 박사 대학원 학생들이 모여 1995년 12월 '한국어린이문학교육연구회'를 창립하였다. 한국어린이문학교육연구회는 어린이 문학 교육의 이론과 실제에 관한 제반 연구를 하고 우리나라의 어린이 문학 교육의 발전과 보급에 공헌함을 목적으로 한다. 2000년에 한국어린이문학교육연구회는 한국어린이문학교육학회로 승격하였고 2005년 현재 약 180여 명의 회원들이 활동하고 있으며, 회원들은 교수, 아동문학 관련 대학원생, 일러스트레이터, 그림책 작가, 아동문학가, 유아교육 관련 텔레비전 프로그램의 작가, 유치원 교사, 그림책 관련 출판인 등 다양한 분야에서 일하고 있다.

창립 후 현재까지의 사업은 다음과 같다. 1996년 3월 25일부터 4월 2일까지 연세대학교 박물관에서 개최한 제1회 KBBY 어린이책 전시회 '세계의 그림책 우리의 그림책'에 참가하여 그림책에 관한 연구 결과를 발표하였다. KBBY에 대해서는 이어지는 '3. 세계 속의 한국 그림책'에서 자세히 소개하려고 한다. 2000년 12월에는 학회 학술지인 〈어린이문학교육연구〉를 창간하였다. 2001년부터는 매년 2회 학술지를 발행하고 있으며, 2004년 12월 5권 2

 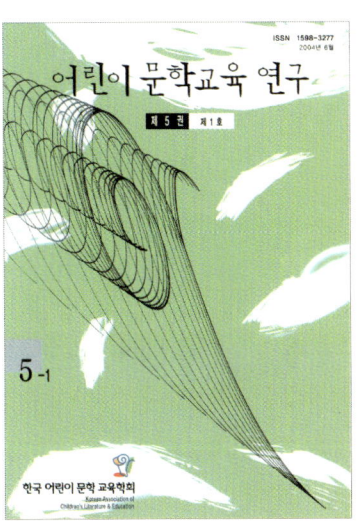

3-13 제1회 KBBY 어린이책 그림 전시회 카달로그.   3-14 한국 어린이문학교육학회 학회지 〈어린이문학교육연구〉.

호를 발행하였다. 1999년 3월에 〈한국어린이문학교육학회 소식〉 제1호를 창간하였으며, 지면 발행은 2003년 6월 제17호를 마지막으로 하고, 이후 학회 홈페이지(www.childrenbook.org)에 학회 소식을 올리고 있다.

1999년 7월에는 '그림책 전문가 집단의 목소리' 라는 주제로 제1차 학술대회를 개최하였다. 이후 2000년 7월에는 '정보 그림책의 이해와 분석' 이라는 주제로 제2차 학술대회를, 2001년 7월에는 '독서치료의 가능성 탐색' 이라는 주제로 제3차 학술대회를, 2002년 7월에는 '어린이 문학과 과학기술' 이라는 주제로 제4차 학술대회를, 2003년 10월에는 '어린이와 전쟁: 어린이 문학에 나타난 전쟁' 이라는 주제로 제5차 학술대회를, 2004년 9월에는 '그림책에 대한 독자들의 반응: 작가가 시작한 것을 독자는 어떻게 완성하는가?' 라는 주제로 제6차 학술대회를 개최하였다. 2005년 10월에는 '영아 그림책: 세상을 여는 창'을 주제로 제7차 학술대회를 개최할 예정이다.

그리고 1997년부터 시작한 판타지 그림책에 관한 연구 결과물인 『환상 그림책으로의 여행』을 1999년 10월에 출판하여 판을 거듭하고 있다. 또한 한국 어린이문학교육학회에서는 '그림책 분과', '문학교육 프로그램 분과', '정보 그림책 분과'를 구성하여 그림책을 포함한 어린이책에 대해 심도 있는 연구를 계속하고 있다. 한편 2003년 3월 본 학회 내 '독서치료 분과'가 '한국독서치료학회'로 분리하여 발족하였다.

한국출판미술협회는 1988년 2월 제1회 국제 그림동화 원화전을 계기로 일러스트레이션 분야의 통합창구 역할을 담당할 협회의 필요성을 느끼고 창립위원회를 구성함으로써 시작되었다. 1980년대 후반만 해도 일러스트레이션이라는 용어가 생소했고 대부분 출판사에서는 삽화나 도안으로 본문의 이해를 돕는 도표개념으로 이해하던 시대였다. 창립위원들은 개인적으로 몇몇 출판사를 통해서 개인적으로 활동하고 있는 일러스트레이터, 출판계통에서 편집디자이너를 겸하고 있는 일러스트레이터, 교단에서 활동하는 교수, 만화가 등으로 이루어져 있었다. 특히 무지개일러스트라는 일러스트그룹 회원이 대거 참여했다. 무지개일러스트는 일제 강점기 때도 활동했던, 초대회장을 지낸 고 김영주 선생과 고 이우경 선생 등 원로 일러스트레이터들이 참여했던 단체이다.

국립중앙박물관 강당에서 열렸던 1988년 11월 창립총회에서 김영주 선생을 초대회장으로 선출하였다. 그 후 한국출판미술협회는 초창기에는 일러스트레이터에게는 가장 기본적인 문제인 원화 돌려받기 운동을 출판사를 상대로 꾸준히 펼쳤으며, 최근에는 저작권에 관한 문제를 제기하고 있다.

다른 한편으로는 매년 〈출판미술연감〉을 발행해서 출판사에 일러스트레이터의 최신 포트폴리오를 제공하고, 일러스트레이터가 출판사에서 원고를 의뢰받는 가교 역할을 하고 있으며 그림책 워크숍도 열고 있다. 창립 이후 개최하고 있는 한국출판미술대전을 통하여 신인을 발굴해왔으며, 출판시장의 발전으로 일러스트레이션의 수요가 많아지고 그림책의 질도 높아짐에 따라

해외진출도 눈에 띄게 늘었으며 이에 맞추어 한국출판미술협회도 국제화에 노력하고 있다.

2004년부터는 한국출판미술대전을 어린이 그림책 일러스트 대축제라는 명칭으로 출판사와 작가와 어린이가 참가하는 축제로서 대학로에서 행사를 벌임으로써 일러스트레이터의 사회참여를 시도했다. 특히 1998년부터는 한국출판미술대상을 선정하여 좋은 그림책을 그린 일러스트레이터에게 상을 수여하고 있으며, 2002년에는 한국출판미술대상을 김영주상(본상)과 이우경상(신인상)으로 명칭을 바꾸어 시상하고 있다.

7) 그림책 관련 이론서

1990년 중반부터 아동문학 이론서에서 부분적으로 그림책을 다루는 경우가 있었고, 어린이에게 그림책을 읽어주는 방법에 관한 책도 출판되었다. 여기에서는 그림책에 대해 전반적으로 다룬 평론서나 이론서를 중심으로 살펴보고자 한다.

신명호의 『그림책의 세계— 시각 표현의 변천과 가능성』(1994)[6]은 디자인 분야의 시각에서 그림책을 다룬 이론서이다. 교육이나 문학보다는 미술가의 입장에서 서양 그림책의 역사를 다루며, 작가와 작품을 상세히 설명하고 있다. 이 책은 당시 한국에 그림책에 대한 체계적인 이론서가 전무한 시기에 그림책을 연구하는 사람들에게 한글로 그림책에 대한 역사와 그림책 작가들에 대한 정보를 제공했다는 점에서 높이 평가된다. 현재는 책이 절판되어 구하기 어렵다.

마쓰이 다다시 글, 이상금 옮김·엮음의 『어린이 그림책의 세계』(1996)[7]는 크게 세 부분으로 나뉘어 있다. 첫 부분에서는 그림책을 왜 읽어주어야 하는지, 그림책을 듣고 자란 아이는 무엇이 다른지, 그림책이 주는 감동과 기쁨에 대하여 딱딱하지 않으면서도 이해하기 쉽게 다루고 있다. 두 번째 부분은 어린이 성장과 더불어 0세 아기에게는 어떤 그림책이 적합한지, 2세 무렵과 3세 무렵의 그림책은 어떠한 힘을 가졌는지를 다루고 있다. 마지막 부분은 구체적으로 21권의 뛰어난 그림책의 탄생 배경, 작가의 인생관, 책에서 놓쳐서는 안 될 것들 등 한 편집자가 평생을 걸쳐 이루어온 그림책에 대한 안목과 지식을 섬세하고도 상세하게 설명하고 있다. 이 책은 그림책의 이론적인 근거와 방법을 제시하며 그림책을 보는 부모나 교사의 안목을 높이는 안내서 역할을 하였다.

이상금의 『그림책을 보고 크는 아이들』(1998)[8]은 그림책이 유년기의 아이들에게 미치는 영향과 역할, 좋은 그림책을 판별하는 능력, 아이들이 그림책을 흥미롭게 읽고 즐길 수 있는 방법 등을 정리한 책으로서 그림책으로 시작하는 아이 교육서이다. 특히 그림책을 만드는 사람, 권장하는 사람, 구매하는 사람 등의 역할에 대한 중요성도 상세히 곁들여 그림책에 대한 안목과 이해를 넓혀준다.

한국어린이문학교육학회의 『환상 그림책으로의 여행』(1999)[9]은 판타지 동화의 본질과 역사, 판타지 그림책의 유형과 평가 준거, 판타지 동화의 연구방법을 제시하였다. 그리고 판타지 그림책 작가 존 버닝햄, 윌리엄 스타이그, 모리스 센닥, 레오 리오니, 토미 웅거러, 요코타 미노루의 생애와 작품 세계를 다루었다. 나아가 독자반응이론에 기초하여 판타지 그림책에 대한 어린이들의 반응에 대해 연구하였으며, 연구 결과에 대한 분석을 제시하였다.

이 연구서는 판타지 그림책에 어린이를 위한 판타지 문학에 관한 이론들을 적용하여 연구하였다는 데 의의가 있다. 사실적인 동화, 그림책에 대한 선호도가 높은 우리나라에 외국의 많은 판타지 그림책이 번역 출판되면서, 이에 대한 이해가 필요한 시기에 판타지 문학에 관한 이론 고찰, 판타지 그림책 작가와 작품에 대한 소개, 나아가 판타지 그림책에 대한 어린이들의 반응까지 살펴본 완성도 높은 연구서라고 할 수 있다. 이 책은 판타지 그림책 연구서임에도 불구하고 현대 그림책 전반에 대해 그림책 관계자들의 안목을 높이는 데 기여하였다.

최윤정의 『책 밖의 어른 책 속의 아이』,[10] 『슬픈 거인』[11]이 부분적인 그림책 평론집이라고 한다면, 같은 작가의 『그림책』(2001)[12]은 본격 그림책 평론집이라고 할 수 있다. 저자는 그림책을 음미하고 간직할 수 있는 종합예술로 보고 어린이 문학 가운데 '그림책'이라는 장르를 집중 조명하고 그림책 작가를 분석, 그림책 세계를 조명하고 있다. 『리디아의 정원』, 『도서관』, 『책읽기를 좋아하는 할머니』, 『아름다운 책』에 관한 글과 그림 해석, 존 버닝햄과 가브리엘 뱅상의 작품들 속에서 풍부한 예를 꺼내 그림책의 성격과 매력, 이야기를 전달할 수 있는 소통방법 등을 잘 드러내고 있어, 그림책을 고르는 부모들에게 좋은 지침서로 쓰이고 있다. 마지막 장에 한국 그림책이 세계의 그림책이 되기 위해 나아가야 할 방향을 제시하고 있어, 그림책 출판 관련자들에게 여러 가지 논의를 제공해주고 있다.

현은자 외의 『그림책의 그림 읽기』(2004)[13]는 그림책의 글과 그림을 종합적으로 분석하는 연구서이다. 그림책 속 글과 그림의 다양한 관계, 그림책의 시간과 공간의 표현 양상을 정리하였으며, 그림책을 기호학적 관점과 현대 서사 이론을 적용하여 분석하는 등 그림책을 분석하는 질을 한층 높인 수준 높은 이론서이다. 이 책은 그림책을 연구하고 공부하는 이들뿐 아니라 그림책 작가, 일러스트레이터, 편집 기획자, 아동문학 비평가 그리고 어린이들에게 좋은 그림책을 효과적으로 소개하고 싶어 하는 교사와 학부모 모두에게 유용하다.

김이산의 『똑!똑!똑! 그림책』(2004)[14]에서는 그림책 비평이 예술적 안목과 함께 아동 심리와 사고, 흥미, 기호 등 다양한 특수성에 관심을 갖고, 그에 대한 이해와 열린 해석이 뒷받침되어야만 한다고 말한다. 그리하여 이 책은 어린이 도서 중에서 특히 비중이 높은 그림책을 제대로 고르고 이해하는 데 도움이 되고자 세계의 그림책 중에서 내용은 물론이고 화가의 눈으로 본 좋은 그림이 담긴 책을 소개하였다.

3. 세계 속의 한국 그림책

한국의 창작 그림책은 특유한 문화에서 유래한 예술 문화적 터전과 외국 여러 나라의 번역 그림책의 영향 속에서 변화하고 발전하였다고 할 수 있다. 한국의 출판사들은 외국의 그림책을 수입하여 번역하는 동시에 좀더 세계적인 장에 적극적으로 참여함으로써 한국 그림책을 세계에 알릴 필요가 있다. 최근 한국의 그림책은 한국인만의 책이 아니라 세계의 책으로 인정받고 있다. 다음은 외국의 그림책상을 받았거나, 세계적으로 인정받은 그림책 작가와 한국 창작 그림책을 소개하고자 한다. 뿐만 아니라 그와 관련된 국제적인 단체와 국제 도서전도 소개하려고 한다.

1) 국제어린이도서협의회

1953년 스위스 취리히에서 제1회 총회로 시작된 국제아동청소년도서협의회(IBBY, International Board on Books for Young People)는 세계 60여 개국에 지부를 두고 있다. IBBY는 아동도서를 통해 국제적인 이해를 도모하고 세계 어린이들에게 양서를 접할 기회를 제공하고, 우수 아동도서의 출판과 보급을 장려하고, 아동문학과 관련한 이들을 후원하며, 아동문학에 관한 연구와 학문적 발전을 꾀하는 데 있다. 한국은 1995년 국제아동청소년도서협의회 한국위원회(KBBY, Korean Board on Books for Young People)를 조직하여, 1996년에 네덜란드에서 개최된 제25차 대회부터 정식으로 참여했다. IBBY는 2년마다 총회를 열어 아동문학 작가의 전체 업적을 평가하여 '국제안데르센상'을 주고 있다. 1966년부터 일러스트레이터에게도 상을 수여하고 있다. 안데르센이 덴마크인이기 때문에 덴마크의 여왕 마거릿 2세가 이 상을 수여한다.

3-15 류재수의 『노란 우산』(재미마주).

안데르센 일러스트레이션 부문상을 받은 그림책 작가로는 모리스 센닥(1970, 미국), 안노 미쓰마사(1984, 일본), 로버트 잉펜(1986, 호주), 두산 칼라이(1988, 체코슬로바키아), 토미 웅거러(1998, 영국), 앤서니 브라운(2000, 영국), 퀀틴 블레이크(2002, 영국), 막스 벨투이스(2004, 네덜란드), 로베르토 인노첸티(2010, 이탈리아) 등이 있다.[15]

IBBY 장애어린이를 위한 좋은 책(Outstanding Books)으로 선정된 그림책으로는 2000년에는 이호백 글, 이억배 그림의 『세상에서 제일 힘센 수탉』, 2002년에는 류재수의 『노란우산』, 2007년도에는 『삐비 이야기』가 선정되었다. 2011년에는 엄정순의 『점이 모여 모여』, 최숙희의 『괜찮아』, 김진기 글, 김재홍 그림의 『무지개』가 선정됨으로써 세 범주* 모두에 해당하는 한국 그림책이 선정되는 결과를 얻었다.

---

*범주 1. 장애아동을 위하여 특별하게 제작된 책으로, 수화 촉감 등 다른 소통 방식을 포함하는 책
범주 2. 읽기에 어려움을 가진 아동 청소년을 위한 책, 일반아동과 함께 공유할 수 있는 책
범주 3. 장애아동을 묘사한 책 (www.kbby.org 참조)

2) 〈뉴욕타임스〉 선정 최우수 어린이 그림책

외국의 그림책도 포함하여 최우수 어린이 그림책을 선정하는 〈뉴욕타임스〉 최우수 어린이 그림책에 2002년에는 류재수의 『노란 우산』(2001), 2003년에는 이호백의 『도대체 그동안 무슨 일이 일어났을까?』(2000)가 선정되었다.

3) 볼로냐 국제어린이도서전

해마다 4월에는 이탈리아 볼로냐에서 국제어린이도서전(The International Children's Book Fair in Bologna)이 열린다. 각국에서 전시장, 부스를 설치하여 각양각색의 어린이책을 선보이고 출판계약, 공동출판 등을 협의한다. 우리나라에서는 1997년에 처음으로 도서출판 재미마주와 어린이책 전문서점 초방(현재는 출판사 초방책방을 운영하고 있다)이 부스를 설치하여 진출하였다. 이후 재미마주는 2003년까지 단독부스를 설치하여 한국 그림책을 꾸준히 소개하였다. 더불어 2002년 길벗어린이와 2003년에는 사계절출판사가 단독부스를 설치하였고, 초방 등 여러 출판사가 공동으로 참여한 대한출판문화협회가 공동부스를 새롭게 설치하였다.

2004년에는 그 수가 늘어나 문공사, 다섯수레, 길벗어린이, 언어세상, 대원씨아이, 보리, 낮은산, 초방, 마루벌, 아이세움, 창작과비평사, 재미마주, 웅진닷컴, 애플비, 대교출판, 에듀엠, 계림닷컴, 대한출판문화협회 이상 18개사가 한국관에 참가하였고, 교원, 씽크씽크(꿈틀), YBM시사, 여원미디어, 비룡소 등 다섯 개사가 단독으로 참여하였다. 전시 도서는 1546종 1913권이었다.

한국 출판사들의 참가는 국제 아동 출판시장으로 진출하는 기회가 되었는데 도서전 기간 중 저작권 상담 및 계약 성과가 있었다. 2003년에 비하여 저작권 수출 실적이 크게 늘어났는데, 이는 다음 두 가지 원인으로 분석할 수 있다. 첫째, 2004년 볼로냐 라가찌 상 수상을 계기로 대한민국 아동출판물이 세계 시장에서 인정을 받아 전시회 기간 중 이전에 볼 수 없었던 관심을 끌어내었다. 둘째, 2003년에는 국내에서 모두 15개사 정도가 도서전에 참가하였으나, 2004년에는 전 해인 2003년보다 1.5배가 많은 24개 사가 저작권 수출을 위하여 직접 참가했다.

2004년에는 4월 14일에서 17일까지 4일간 도서전이 열려 63개국 1100개사가 참여하였다. 그리고 이탈리아 국내를 제외하고 전세계 70여 개국에서 4000여 명 이상의 전문가들이 다녀갔다. 이 도서전에서는 아동도서전시회 이외에 별도로 일러스트레이션 전시관을 운영하며, 매년 전세계적으로 2000여 명 이상의 일러스트레이터들로부터 픽션과 논픽션 분야의 일러스트레이션을 접수받아 100여 명의 일러스트레이터들을 '올해의 일러스트레이터'로 선정한다. 2004년에는 한국 일러스트레이터로서 픽션 부분에서 황은아가 선정되었다.

2005년에는 전세계에서 3700여 명의 일러스트레이터들로부터 픽션과 넌픽션 분야에서 일러스트레이션을 접수받아 85명을 선정하였다. 한국인 작가는 일곱 명이었다. 국적 분포로 보면 세계 4위의 놀라운 결과이다. 픽션 부문에서는 박철민의 『육촌형』(보림), 백희나의 『구름빵』(한솔교육), 이수지의 『동물원』(비룡소), 논픽션 부문에서는 최숙희의 『세상을 담은 그림 지도』(보림), 한성옥의 『나의 사직동』(보림)이 선정되었다. 나머지 두 명은 일러스트레이터 박해경과 이혜경이다. 그리고 다섯 명의 심사위원 중 초방의 신경숙 대표가 한국인으로는 처음으로 심사위원으로 초대되었다. 2004년 일러스트레이션 주제국가로는 그리스가 선정되었으며, 2005년에는 스페인이 선정되었다. 대한민국은 2009년에 일러스트레이션 주제국가로 참가할 예정이다.

볼로냐 라가찌 상은 창작성, 교육적 가치, 예술적인 디자인을 기준으로 우수한 아동도서 출판물에 대하여 픽션, 논픽션, 뉴 호라이즌 분야로 나누어서

3-16 신동준의 『지하철은 달려온다』 초방책방.

시상한다. 시상 작품들은 볼로냐 국제어린이도서전에서 특별 코너를 마련하여 쇼케이스에 넣은 후 전시를 하며, 포스터를 제작하여 각 전시관 홀을 연결하는 통로 등에 전시회 기간 동안 게시된다. 2004년 볼로냐 라가찌 상 수상작은 모두 여덟 작품으로 프랑스가 네 개, 미국이 한 개, 이란이 한 개, 그리고 대한민국이 두 개의 상을 받았다. 픽션 분야에서 웅진닷컴의 『팥죽할멈과 호랑이』, 논픽션 분야에서 초방책방의 『지하철은 달려온다』가 각각 우수상(Honorable Mentions)을 받았다. 2006년에는 픽션 분야에서 재미마주의 『마법에 걸린 병』이 우수상을 받았고, 2009년에는 논픽션 분야에서 여원미디어의 『미술관에서 만난 수학』이 우수상을 받았다. 2010년에는 픽션 부문에서 웅진씽크빅의 『석굴암』이 우수상을 받았다. 2011년 논픽션 부문에서 창비의 『마음의 책』이 대상을 받았고, 같은 해 시공주니어의 『거짓말 같은 이야기』도 논픽션 부문에서 우수상을 받았다. 또한 2012년 신인 작가에게만 수여하는 오페라프리마 분야에서 상 출판사의 『그리미의 하얀 캔버스』가 상을 받았다.

4) 브라티슬라바 국제 일러스트레이션 비엔날레

체코슬로바키아의 브라티슬라바에서 2년마다 개최되는 브라티슬라바 국제 일러스트레이션 비엔날레(BIB, The Biennale of Illustrations Bratislava)는 1967년에 시작되어 2003년 19회를 맞은 국제적인 행사이며, 9월부터 약 두 달 동안 열린다. 초기부터 IBBY의 지원을 받았고, 동유럽 사회주의 국가의 높은 교육열과 활발한 어린이책 출판, 그리고 뛰어난 일러스트레이터의 활약이 있었다. BIB는 그림책 원화에 대해 상을 주고 있고, 세계적으로 권위 있는 상으로 인정받고 있다. 일러스트레이터는 오리지널 일러스트레이션과 출간된 책을 보내 심사를 받는다. 비엔날레 최고상은 그랑프리로 한 명이 받으며, 황금사과상과 황금패상은 각각 다섯 명이 받는다. 이외에도 세 명의 작가에게 주는 특별상이 있는데 출판사가 상을 받는다.

세계에서 가장 큰 어린이책 박람회인 볼로냐 국제어린이도서전이 신진 일

3-17 이억배 그림의 『세상에서 제일 힘센 수탉』 이호백 글, 재미마주

3-18 리춘길 그림의 『재주 많은 다섯 친구』 양재홍 글, 보림.

러스트레이터를 발굴하는 출판업자를 위한 자리라면, BIB는 각국에서 최근 출간된 어린이책과 일러스트레이션 경향을 파악할 수 있는 자리이다. 전년도 안데르센 수상작도 전시한다. 또한 슬로바키아 일러스트레이터 한 명을 선정해 작품을 전시한다. 일본의 노마 그림책 원화전 수상작 역시 BIB 본 전시와 함께 주행사장에 전시된다. 매회 개막 이틀 동안 전 세계 학자를 초청해 어린이책과 일러스트레이션에 대한 학문적 토론을 나누는 심포지엄도 있다. 2003년 주제는 '어린이책 일러스트레이션에 나타난 포스트모더니즘'이었다.

한국 작가로는 강우현이 『사막의 공룡』으로 1989년 황금패상을, 한병호가 『새가 되고 싶어』로 2005년 황금사과상을 받았다. 2012년에는 조은영이 『달려 토토』로 대상을, 유주연이 『어느 날』로 황금사과상을 받았다.

5) 노마 국제 그림책 원화 콩쿨

노마 국제 그림책 원화 콩쿨(Noma Picture Book Original Illustration Concours)은 1978년부터 2년마다 열리고 있다. 아시아, 태평양, 아프리카, 아랍, 남미의 유망한 일러스트레이터, 그래픽 디자이너, 화가들을 발굴하기 위한 자리이며 그들의 작품을 전시하고 창의적인 활동을 장려하는 장을 제공하기 위한 것이다. 어린이책의 유명 편집자나 일러스트레이터로 이루어진 세계 각국의 심사위원들은 동경에 모여서 대상(grand prize) 한 명, 은상(second prize) 두 명, 입선(runner-up) 열 명, 장려상(encouragement prize) 스무 명 등 수상자를 정한다. 상을 받은 작품들은 다양한 관객들을 위한 전시 및 출판 기회를 위해 다음 해 동경과 BIB에서 전시된다.

모든 수상자에게는 스기타 유타카(Sugita Yutaka)가 디자인한 메달을 수여한다. 그리고 대상 수상자에게는 3000달러, 은상 수상자에게는 1000달러, 입선 수상자에게는 300달러의 상금도 수여한다. 대상 수상자는 동경에서 진행되는 시상식에 초대를 받으며, 작품은 웹사이트를 통해 발표된다. 이 노마 콩쿨은 고단샤(Kodansa)의 명예회장이며 유네스코(UNESCO) 아시아태평양 문화센터(ACCU)의 초대 부회장인 노마 쇼이치(Noma Shoichi)가 1974년 국제적인 도서상을 받은 것을 기념하여 설립한 노마 세계도서 발달기금(Noma International Book Development Fund)이 관리한다. 1983년에 노마 콩쿨은 주로 서구화가들의 작품에 초점을 맞춘 국제적인 전시회인 BIB와 공식적으로 교환을 시작했다. 그 이후 콩쿨에서 상을 받은 참가자들이 유럽에서 활동하기 시작했다. 동경과 브라티슬라바의 전시회는 상 수여자에게 더할 나위 없는 기회와 기반을 제공하고 있다.[16]

한국의 역대 수상자와 수상작은 다음과 같다. 1982년 제3회에는 『견우와 직녀』로 김교만이 장려상을, 1984년에는 『춤추는 호랑이』로 유정진이 가작을, 1986년에는 강우현이 『사막의 공룡』으로 대상을, 류재수가 『턱 없는 탈』로 가작을 수상했다. 1988년에는 이창우가 『못생긴 별 이야기』로 장려상을 수상하였다. 1990년에는 안기영이 『곶감과 호랑이』로 가작을, 최정훈이 『지혜로운 아기 양』으로 장려상을 수상하였다. 1992년에는 박성완이 『미운 오리새끼』로 대상을, 나애경이 『숭어 보라 이야기』로 가작을 수상하였다. 1994년에는 홍은경이 『거북선』으로 가작을, 정연미가 『색이 태어나는 별』로 가작을, 박완숙이 『엄마의 모습』으로 장려상을 수상하였다. 1996년에는 리춘길이 『거북 이야기』로 가작을, 송수정이 『표범의 얼룩무늬는 어떻게 생겼을까?』로 가작을 수상하였다. 1998년에는 이혜경이 『색의 세계로의 여행』으로 가작을, 최규자가 『1000살의 물고기』로 장려상을 수상하였다. 2000년에는 이혜경이 『색 만들기 명인』으로 은상을 수상하였다. 2002년에는 박철민이 『호랑이를 잡은 아들』로 은상을, 리춘길이 『열두 띠 이야기』로 가작을, 심미아가 『장난꾸러기 고양이 고양순』으로, 남정숙이 『천지창조』로 장려상을 받았다.[17]

6) 한국 그림책의 일본어 번역판 출간

일본에서 한국 그림책의 번역 출판이 증가하고 있다는 것도 세계 속에서 한국 그림책의 위상이 높아지고 있다는 것으로 해석할 수 있다. 1990년에 류재수의 『백두산 이야기』(1988)가 『山になった巨人』이라는 제목으로 일본 복음관서점(福音館書店)에서 출간되었고,[18] 1998년에 일본 평범사(平凡社)에서 권윤덕의 『만희네집』(1995), 1999년에는 이영경의 『아씨방 일곱 동무』(1998), 2000년에는 권정생 글, 정승각 그림의 『강아지똥』(1996), 이억배의 『솔이의 추석 이야기』(2000)가 번역 출판되었다.

2001년에는 권정생 글, 정승각 그림 『오소리네 꽃밭』(1997), 이호백 글, 이억배 그림의 『세상에서 가장 힘센 수탉』(1997), 2003년에는 윤구병 글, 이태수 그림의 『심심해서 그랬어』(1999), 『우리끼리 가자』(1997), 『우리 순이 어디 가니』(1999), 『바빠요 바빠』(2000), 심조원 글, 권혁도 그림의 『누구야 누구』(1998), 이호백의 『도대체 그 동안 무슨 일이 일어났을까?』(2000), 권정생 글, 정승각 그림의 『황소 아저씨』(2001), 정차준 글, 한병호 그림의 『도깨비 방망이』(1996), 2004년에는 김동수의 『감기 걸린 날』(2002), 이상 글, 한병호 그림의 『황소와 도깨비』(1999)가 번역 출판되었다.[19]

7) 일본의 그림책 원화전과 한국 그림책 작가 초빙

2000년 5월 5일 도쿄 우에노 국제 어린이도서관 개관 기념행사로 한국 그림책 원화전이 열렸다. 여기에는 강우현, 이영경, 한병호, 홍성찬, 류재수, 이억배, 정승각 등의 그림 작가가 참여하였다.

2004년 6월 12일부터 13일까지 열린 일본 그림책 학회 제7회 학술대회에 『도대체 그 동안 무슨 일이 일어났을까?』의 작가 이호백이 초청을 받았다. 이호백은 대회 첫날인 12일 1994년 그림책 기획사로 시작해 출판사 재미마주를 설립하면서 전통문화를 중시하는 한편 언제나 새로운 그림책 세계를 염두에 두며 그림책을 만들어 왔던 과정을 이야기하였다. 그의 전통적이고 독창적인 스타일의 그림책 만들기는 많은 일본 청중들에게 공감을 불러일으켰다.

이튿날인 13일 '그림책의 국제 교류, 아시아 그림책—한국 그림책'을 주제로 이틀에 걸쳐 진행된 라운드 테이블에서 이호백은 심리학적으로

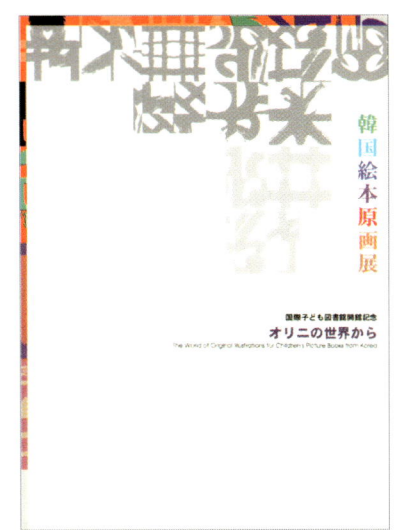

3-19 도쿄 우에노 국제어린이도서관 개관 기념행사(2000년 5월 5일) '한국 그림책 원화전' 카탈로그.

접근하여 그림책을 연구하고 있는 사사키 히로코와 함께 발제자로 참가하였다. 이호백의 이야기는 다양한 층의 사람들에게 큰 공감을 불러일으켰다. 높은 연배 분들에게는 그림책을 통해 고유한 전통을 다음 세대로 알려가고자 하는 모습이, 젊은 그림책 작가 지망생들에게는 새롭고 예술성이 있으며 재미난 그림책을 만들어가고자 하는 열정이 큰 공감을 불러일으켰다고 한다.[20]

2004년 8월 4일부터 9일까지 나고야와 토야마에서 열린 제7회 아시아 아동문학대회에서는 『솔이의 추석 이야기』의 그림 작가 이억배가 '그림책 안의 민족성을 생각한다'라는 심포지엄에 초빙되었다. 이억배는 '전통문화와 나의 그림책'이라는 제목으로 한국 사회와 역사의 흐름을 염두에 두고 한국인으로서 그림책 만들기에 임하는 작가의 진지한 성찰과 열정에 대해 얘기했다고 한다.[21]

4. 한국 그림책 작가

공적으로 역량 있는 한국 그림책 작가로서 자리매김한 작가 중 글과 그림을 함께 작업한 중견 그림책 작가를 중심으로 작가의 약력과 그림책을 간단히 소개하고자 한다. 작가들의 작품 내용은 다른 장에서도 소개되므로 이 장에서는 그림책의 목록만 다루기로 한다.

1) 이우경(1922~1998)

서울에서 출생하여 일제 강점기 때 경성 제2고보(현 경복고등학교) 재학 중 일본, 만주까지 포함한 전국학생전람회에서 최우수상을 수상하였다. 경성 제2고보를 졸업한 뒤 〈서울신문〉 조사부, 〈경향신문〉 문화부에서 근무하였다. 1955년 이후 신문, 잡지, 책에 삽화를 그렸다. 1941년부터 선전에 3회 입상한 이후 50년 넘게 어린이 그림동화 작가로 활동하였다. 비교적 단순 간결한 선을 구사, 등장인물의 표정과 동작을 코믹하게 표현한 독특한 삽화를 그렸으며 이야기의 설명에 그치지 않고 예술성을 부여하여 삽화의 격을 한층 높인 독창적 세계를 열었다는 평을 들었다. 우리 문화 및 풍습에 뿌리를 둔 이야기와 전통색채를 주로 사용하는 그의 작품은 전통그림의 세계를 현대적으로 잘 해

3-20 『춤추는 호랑이』(국민서관).

석하였다는 평도 받고 있다. 1981년 전래동화 『은혜 갚은 까치』에 그린 그림으로 제2회 한국어린이도서상 일러스트레이션 부문 상을 받았고, 1997년 '이우경 전래동화집'으로 같은 상을 또 받았다.

그림책 목록
황금으로 변한 보리 / 이슬기 글 / 한국프뢰벨주식회사 / 1992.
씨름하는 쥐 / 세계의 민화 4— 일본편 / 국민서관 / 1992.
춤추는 호랑이 / 국민서관 / 1992.
이우경전래동화집(1~4) / 한국프뢰벨주식회사 / 1997.

2) 홍성찬(1929~)

서울에서 출생하여 독학으로 미술을 공부하였다. 우리나라 출판 미술이 본격적으로 꽃피기 시작한 1955년 월간잡지 〈희망 希望〉과 〈야담 野談〉에 역사물을 그리면서 일러스트레이션을 시작하였다. 작가는 철저한 독학으로 사실적인 묘사에 뛰어난 능력을 발휘하였으며, 교과서, 책, 신문, 잡지 등에 전통적인 화법을 독창적으로 발전시킨 그림들을 선보였다.

3-21 『재미네골』 재미마주.

우리 민족의 옛 모습, 옛 물건, 옛 사람들의 정서를 사실에 가장 가깝게 그릴 수 있는 현존하는 유일한 일러스트레이터라고 할 수 있다. 작가의 작품 특징은 고증을 통한 적절하고 사실적인 묘사라 할 수 있으며, 사소한 부분까지도 역사적 근거를 바탕으로 그린다. 작가는 앞으로 글과 그림 작업을 함께하는 그림책을 출판하고 싶어 하며, 창작에 대한 식지 않는 열정을 보여주며 후배 일러스트레이터들의 귀감이 되고 있다. 『정배와 아가』는 제1회 어린이문화대상을 수상하였으며, 『집짓기』는 1996년 제17회 한국어린이도서상 일러스트레이션 부문 상을 수상하였다.[22]

그림책 목록
정배와 아가 / 김영희 글 / 한국프뢰벨주식회사 / 1992.
못생긴 당나귀 / 한국몬테소리 / 1995.
단군신화 / 이형구 글 / 보림 / 1995.
집짓기 / 강영환 글 / 보림 / 1996.
땅 속 나라 도둑 괴물 / 조대인 글 / 보림 / 1996.
재미네골 / 중국조선족 설화 / 재미마주 / 2000.

3) 강우현(1953~)

충북 단양에서 출생하여 홍익대학교에서 그래픽 디자인을 전공하고, 산업미술대학원에서 광고디자인을 공부하고 1980년부터 작품 활동을 시작했다. 1986년에 『사막의 공룡』으로 제5회 일본 노마 국제 그림책 원화 콩쿨에서 대상을 받고, 1989년에는 제20회 고단샤 출판문화상 그림책상, BIB-89에서 금패상을 받았다. 1995년 『랑랑, 한빛탑에 오르다』로 한국어린이문화대상을 받았다. 2001년 『양초귀신』으로 제22회 한국어린이도서상 일러스트레이션 부문상을 받았다. 이외에도 그는 1999년 문화발전 공로로 국무총리상, 1992년 좋은 아버지상 등 많은 상을 수상하였다. 1998년에는 프랑스 칸느 영화제 포스터 디자이너로 선정되기도 하였다. 1988년 한국출판미술가협회를 창립하고 3, 4대 회장(1994~1998)을 지냈으며, 현재는 KBBY 위원장으로 일하고 있다. 2004년 KBBY는 안데르센 탄생 200주년 기념 '안데르센 동화와 원화전'을 개최하고 새세대 육영회와 함께 한국안데르센그림자상을 제정하였다.

그는 고유한 에니메이션 캐릭터를 개발하는 그림 동화 작가이면서 재생 공책을 보급하는 일에도 열심이다. 또한 '좋은 아버지가 되려는 사람들의 모임'을 1991년 창립하였으며 국제 문화 교류활동 등 여러 방면에 걸쳐 활발히 일하고 있다. 현재 (주)남이섬 대표로서 종합적인 마스터플랜 기획과 관리 등을 포함하여 '남이섬을 동화나라로 만들자'는 운동을 전개하고 있으며, 2004년 조선일보 환경 대상을 수상했다.

3-22 『양초귀신』 다림.

그림책 목록
봄을 찾은 아기 원숭이 / 타지마 신지 글 / 한림출판사 / 1992.
사막의 공룡 / 타지마 신지 글 / 한림출판사 / 1992.
랑랑, 한빛탑에 오르다 / 보림 / 1994.
양초귀신 / 다림 / 2000.
바다로 간 가우디 / 타지마 신지 글 / 계수나무 / 2003.

4) 류재수(1954~)

충남 홍성에서 출생하여 홍익대학교 미술대학과 교육대학원을 졸업하였고 1984년 유네스코 아시아문화센터 주관 일러스트레이션 트레이닝 코스를 수료하였다. 그는 『턱 없는 탈』로 1986년 노마 국제 그림책 원화 콩쿨에서 가작으로 입상하였고, 1987년에는 같은 작품으로 한국어린이도서상 일러스트레이션 부문 상을 수상하였다. 그는 1990년 『백두산 이야기』로 볼로냐 국제어린이도서전에서 지명작가로 선정되었으며, 2002년 11월 『노란 우산』이 〈뉴욕타임스〉 올해의 최우수 어린이 그림책에 선정되었다. 1990년 제1회 한국출판미술 신인대상전 준비위원 및 심사위원을 지냈다.

3-23 『백두산 이야기』(통나무)

그의 초기 작품은 백두산에 관한 신화를 웅장하게 표현한 『백두산 이야기』, 우리나라의 전통적인 자장가를 붓 터치가 강한 토속적인 그림으로 표현한 『자장자장 엄마품에』 등에서 보듯 한국적인 주제가 중심을 이루고 있다. 그림도 한국적인 주제에 맞게 힘차다. 그 후 지금까지 『눈사람이 된 풍선』, 『보라풍선』, 『노란 우산』 등에서 볼 수 있듯 작가의 작업은 한국적인 주제에 대한 무거움에서 벗어나 세계 어린이들과 어른들도 공감할 수 있는 정서를 가진 세계적인 그림책을 지향하고 있다.

그림책 목록

턱 없는 탈 / 일신각 / 1984

백두산 이야기 / 통나무 / 1988
자장자장 엄마품에 / 한림출판사 / 1993
눈사람이 된 풍선 / 보림 / 1999
보라풍선: 색깔 시리즈 / 재미마주 기획 / 재미마주 / 2000
노란 우산 / 재미마주 / 2001
귀뚜라미 / 재미마주 / 2002

5) 리춘길(1954~)

서울에서 출생하여 서양화를 전공하였다. 그는 그림책에 중후한 질감과 깔끔하게 정리된 화면, 독특한 캐릭터를 잘 표현한다. 그리고 인물들의 동적인 움직임을 파격적인 구도로 표현하여 이야기의 사실성을 살려준다. 작가는 이야기의 순간적인 흐름을 놓치지 않고 그림에 실어내는 재치가 있으며, 거칠고 마른 붓 자국이 인물들에게 묘한 생명력을 주고 있다.[23]

3-24 『열두 띠 이야기』, 정하섭 글, 보림.

노마 국제 그림책 원화전에서 1996년 『거북 이야기』로, 2002년에는 『열두 띠 이야기』로 가작을 받았다. 1996년 프랑스 퐁피두 미술관 어린이 그림책 초청작가로 선정되었으며, 1998년에는 『재주 많은 다섯 친구』로 BIB 국제 그림책 비엔날레에 초청 작가로 선정되었다. 한국출판미술가협회장(2002~2004)을 지냈으며 일러스트레이터로 활동하고 있다.

그림책 목록

숲 속에 떨어진 의자 / 보림 / 1994.
촌장 개구리와 커다란 배 / 보림 / 1994.
거북 이야기 / 아이들 / 1995.
브레멘의 동물 음악대 / 그림 형제 글 / 웅진닷컴 / 1995.
재주 많은 다섯 친구 / 양재홍 엮음 / 보림 / 1996.
고인돌 / 하문식 글 / 보림 / 1997.
한지돌이 / 이종철 지음 / 솔거나라 / 1999.
탈무드 이야기 / 나희덕 엮음 / 웅진닷컴 / 2001.
열두 띠 이야기 / 정하섭 엮음 / 보림 / 2001.
팥죽 할멈 / 김양순 글 / 계림닷컴 / 2004.
꾀 많은 토끼 / 김양순 글 / 계림닷컴 / 2004.
황소가 된 게으름뱅이 / 이건국 글 / 계림닷컴 / 2004.

6) 유애로(1955~)

충남 강경에서 출생하여 숙명여자대학교와 같은 학교 대학원에서 그래픽 디자인을 전공하였고 지금은 그림책 작가로 활동하고 있다. 음악과 사랑이 있는 풍요로운 가정 속에서 자란 작가의 배경은 글을 쓰는 화가로서의 길, 바로 그림책의 세계로 들어설 수 있는 바탕이 되었다. 『갯벌이 좋아요』로 제5회 어린이문화대상을 받았다.

작은 생물들의 삶에 관심이 많아 심지어 집안에서 청개구리, 달팽이, 남생이, 우렁이, 토끼, 그리고 고양이들을 키우며 함께 살 정도이다. 혼신을 다하여 최선의 것을 추구하기 때문에 각 작품마다 독특한 맛을 보여준다.

작가의 그림은 색감이 풍부하고 따뜻하다. 어린이들은 작가의 캐릭터에 대해 호기심과 매력을 느끼는데, 이는 작가가 스토리와 전체적인 장면 못지 않게 등장인물에 비중을 두기 때문이다. 어린이들이 작가의 그림책 등장인물에게 놀잇감처럼 친근감을 느끼는 것은 작가가 실제 등장인물을 3D로 만들어 그림책을 제작한 결과이다. 앞으로 조형놀이를 다룬 이야기가 있는 만들기 그림책과 어린이들의 색깔 감각을 키워주는 그림책을 작업할 예정이다.

3-25 『갯벌이 좋아요』 보림.

그림책 목록

쇠똥 구리구리 / 보림 / 1994.
갯벌이 좋아요 / 보림 / 1995.
쪽빛을 찾아서 / 보림 / 1996.
견우 직녀 / 이미애 글 / 보림 / 1997.
하늘이랑 바다랑 도리도리 짝짜꿍 / 김세희 글 / 보림 / 1998.
반짝반짝 반디각시 / 보림 / 2000.
개구리네 한솥밥 / 백석 글 / 보림 / 2001.
돼라돼라 뽕뽕 / 국민서관 / 2001.
으악, 도깨비다! / 손정원 글 / 느림보 / 2002.

7) 권혁도(1955~)

경상북도 예천에서 출생하여 농사일을 거들면서 어린 시절을 보냈는데, 어렸을 때부터 그림 그리기를 좋아했다. 추계예술대학 동양화과를 졸업하고, 『꼭꼭 숨어라』, 『누구야 누구』, 『세밀화로 그린 보리 어린이 식물도감』, 『세밀화로 그린 보리 어린이 동물도감』에 그림을 그렸다. 1995년부터 세밀화로 곤충이 사는 모습을 꾸준히 그리고 있다. 생명이 숨쉬는 따스한 세밀화를 그리는 그는 "그림을 그릴 때는 세밀하게 그려야 되겠다거나 빨리 그려야 되겠다는 생각은 하지 않는다. 편안한 마음으로 그냥 하는 일에 빠져 있으면, 그 순간 모든 것으로부터 충만해 있는 나의 존재를 느낀다"고 말한다.

3-26 『누구야 누구』, 심조원 글, 보리.

그는 단지 책에서 얻은 지식만으로 그림을 그리지 않고 늘 가까이에서 관찰하고 조사하고 검증한 결과를 가지고 그림을 그린다. 그리고 사진이 정확한 것 같지만 실제로 비교해 보면 세밀화는 명암 대비나 어두워서 보이지 않는 부분까지 묘사할 수 있어 사진보다 더 정확히 보여줄 수 있는 장점을 가지고 있다고 말한다.[24]

그림책 목록
누구야 누구 / 심조원 글, 권혁도 그림 / 보리 / 1998.
세밀화로 그린 보리 어린이 동물도감 / 남상호·박시룡·유재명·임현식 글,

권혁도·김미혜·김종도·윤봉선·이제호 외 그림, 김용란·심조원·유현미·이대경·이창훈 기획·편집 / 보리 / 1998.
세밀화로 그린 보리 어린이 식물도감 / 전의식 글, 권혁도·윤봉선·윤종진·이제호·이태수·정태련 그림 / 보리 / 2000.
세밀화로 그린 보리 아기그림책(전3권) / 이태수·권혁도 세밀화, 서은영·김성민·박영신 그림 / 보리 / 1996, 2000.
엄마따라 쫑쫑쫑 / 허은미 글 / 아이세움 / 2001
세밀화로 그린 곤충도감 / 도토리 기획 / 김진일 외 감수 / 보리 / 2002.
세밀화로 보는 곤충의 생활 / 길벗어린이 / 2003.
날아라, 호랑나비야 / 길벗어린이 / 2004.

8) 한성옥(1957~)

서울에서 출생하여 사직동에서 자랐다. 대학에서 서양화를 전공하며 졸업한 때까지 그림은 작가에게 본질을 알 수 없는 인생에 대한, 지친 독백이었다고 한다. 졸업 2년 후, 작가의 표현에 따르면 '천지가 개벽하는' 개인적인 사건을 계기로, 마음을 닫아왔던 사람들과 그림을 통해 소통하려고 시도하면서 일러스트레이션 세계로 발을 내딛었다. 1983년 미국으로 건너가 뉴욕의 FIT(Fashion Institute of Technology)에서 대학과정을, SVA(School of Visual Art)에서 석사과정을 마쳤는데 그때는 삶을 보는 눈이 미성숙한 만큼이나 일러스트레이션 언저리에 있었다고 한다.

세월을 살수록, 사람을 경험할수록, 자연의 질서와 세월살이의 오묘한 관계를 깨달아갈수록, 또한 인간이라는 유기체의 자연스러운 시각 활동을 이해하고 다룰수록, 생각과 마음을 담아 적절한 그림언어를 찾고, 또 그를 통해 다른 사람과 소통하는 이 세계에 더욱 깊이 매료된다고 한다. 한때는 살아가는 실력이 그대로 드러나는 것 같아 당혹감을 가진 때도 있었지만, 요즈음은 오

3-1 『나의 사직동』 김서정 글, 보림.

히려 그대로 드러나는 것에 평안함을 느낀다고 한다.

미국에서 활동하다 귀국하여 지금은 학생들을 가르치며, 그림책 작가로 아트디렉터로 미국과 한국에서 일한다. 최고의 어린이책 원화전(The Very Best of Children's Book Original Show), 더 파이어 오브 이미지네이션 공모전 수상작 원화전(the Fire of Imagination Competition Original Show), 미국 일러스트레이터협회전(The Society of Illustrators Annual Show) 등 여러 전시회에 참여했다. 미국에서 처음 출간한 『황부자와 황금돼지 Sir Whong and the Golden Pig』는 미국 캔사스 주 초등학교 교재로 채택되었다. 2000년 『피터와 늑대 Peter and the Wolf』로 제42회 미국 일러스트레이터 협회상(The Society of Illustrators of American Illustration Awards)을 수상했으며, 2004년(46회)에도 『시인과 요술 조약돌 Basho and the River Stones』로 같은 상을 받았다. 2002년에는 『수염 할아버지』로 제23회 한국어린이도서상 일러스트레이션부문 본상인 문광부장관상을, 2004년에는 『나의 사직동』으로 제25회 한국어린이도서상 일러스트레이션부문 본상인 문광부장관상을 받았다. 이르마—제임스블랙상 명예상(Irma S. & James H. Black Honor Book for 2001)을 받은 『시인과 여우 Basho and the Fox』는 스미스소니언(Smithsonian) 우수도서로, 〈뉴욕타임스〉 북리뷰에 베스트셀러에 오르기도 했다. 그리고 2005년 '볼로냐 도서전 올해의 일러스트레이터 80인'에 한국인 작가 일곱 명 가운데 하나로 선정되었다.

그림책 목록
우렁각시 / 보림 / 1998.
수염 할아버지 / 이상교 글 / 보림 / 2001.
시인과 여우 / 팀 마이어스 글 / 김서정 옮김 / 보림 / 2001.
나의 사직동 / 김서정, 한성옥 글 / 보림 / 2003.
시인과 요술 조약돌 / 김서정 옮김 / 보림 / 2004.
아주 특별한 요리책 / 보림 / 2005.

9) 김재홍(1958~)

1958년 경기도에서 태어났고, 홍익대학교에서 서양화를 공부했다. 수많은 개인전과 단체전을 통해 평소 자연과 인간은 하나라는 생각을 꾸준히 펼쳐왔다. 아름다운 동강의 모습을 원숙한 그림 솜씨와 순화된 정서로 새롭게 표현한 '그림 속의 숨은 그림전'은 사람들에게 많은 사랑을 받았다. '동강전'은 서양화가로서 전업작가의 길을 걷던 그에게 처음으로 그림책의 세계에 발을 디디게 했다. 이 전시를 계기로 『동강의 아이들』도 출간하였다.

그는 '2004 에스파스 앙팡(Espace Enfants)' 상 수상자로 선정됐다. '에

3-28 『동강의 아이들』 길벗어린이.

스파스 앙팡'은 책마을로 유명한 스위스 발레(Valais)에 본부를 둔 어린이문화재단이다. '에스파스 앙팡' 상은 전세계 어린이책을 대상으로 2년에 한 번, 단 한 권의 책을 선정해 시상한다. 출품작을 대상으로 상을 주는 것이 아니라 재단 관계자들이 직접 세계 주요 도서전을 순회하며 책을 골라 심사위원에게 넘긴다. 심사위원은 작가, 편집자, 심리학자 등 다양한 분야의 다국적 전문가들로 구성되어 있다. 이 상은 1987년 제정됐으며 환경운동가이자 침팬지 전문가인 제인 구달을 비롯, 제르다 뮐러 등이 역대 수상자들이다. 2003년 이탈리아 볼로냐 국제어린이도서전에서 당시 출판사 길벗어린이가 『동강의 아이들』 등 30여 권의 책을 선보였는데, 에스파스 앙팡 재단 관계자들이 찾아와 『동강의 아이들』에 관심을 보인 것이 수상의 영광으로 이어졌다고 한다.

『동강의 아이들』은 장에 간 어머니를 기다리는 두 남매의 이야기로 현실 속의 동심을 자연 속에 녹인 것으로 높은 평가를 받고 있다. 작가는 앞으로도 어린이들의 꿈을 그리는 화가가 되고 싶다[25]'고 했다.

그림책 목록

동강의 아이들/ 길벗어린이/ 2000.
숲 속에서/ 길벗어린이/ 2000.
고향으로/ 김은하 글/ 길벗어린이/ 2003.
옛날 스님들은 어떻게 살았을까/ 김종상 글/ 파랑새어린이/ 2003.
누구 소리지?/ 신혜은 글/ 사계절/ 2004.
영이의 비닐 우산/ 윤동재 시/ 창비/ 2005.

10) 이억배(1960~)

경기도 용인에서 출생하여 홍익대학교 조소과를 졸업하였다. 졸업 후 지역에서 문화운동에 참여하였고 90년대 초반 이후 그림책 작업을 시작하였다. 1997년에는 『세상에서 가장 힘센 수탉』으로 BIB 국제 그림책 비엔날레에 초청받았고, 1998년에는 『손 큰 할머니의 만두 만들기』로 어린이 문화대상 미술 부문상을 수상하였다. 『솔이의 추석 이야기』는 작가가 고구려 벽화의 대행렬도, 조선시대 능행도 등 행렬도 그림에서 회화적 모티브를 얻은 작품으로, 미국과 일본에서 번역 출간되었다. 최근에 출판된 『모기와 황소』는 작가의 무르익은 그림 표현력과 텍스트 해석력이 돋보이는 한국적인 그림책이다. 이 그림책은 1949년 5월 잡지 〈어린이〉에 실린 글에 작가가 그림을 그린 작품이어서, 그림책에서의 글과 그림의 관계에 대한 많은 논의를 제공하고 있다. 현재 그림책 일러스트레이터인 아내 정유정과 안성에서 살고 있다.

3-29 『개구쟁이 ㄱㄴㄷ』(사계절).

그림책 목록
솔이의 추석 이야기 / 길벗 어린이 / 1995.
세상에서 제일 힘센 수탉 / 이호백 글 / 재미마주 / 1997.
반쪽이 / 이미애 글 / 보림 / 1997.
손 큰 할머니의 만두 만들기 / 채인선 글 / 재미마주 / 1998.
모기와 황소 / 현동염 글 / 길벗어린이 / 2003.
개구쟁이 ㄱㄴㄷ / 사계절 / 2005.

11) 권윤덕(1960~)

경기도 오산에서 출생하여 홍익대학교 산업미술대학원을 졸업하였다. 1987년 안양에서 지역 미술운동을 하였고, 1993년부터 아들 만희에게 보여줄 그림책을 찾다가 글을 쓰고 그림 그리는 일을 하게 되었다. 정승각의 『까막나라에서 온 삽사리』의 디자인 작업에 참여하면서 예술과 문학이 결합한 그림책의 세계를 폭넓고 깊게 알게 되었다고 한다.

3-30 『혼자서도신나벌레는 정말 신났어』 재미마주.

작가의 '벌레' 시리즈에 거부감을 느끼는 어른들도 있지만, 변화하는 자신들의 환경과 세계를 닮아 좋아하는 아이들도 많다. 벌레 시리즈는 『씹지않고꿀꺽벌레는 정말 안 씹어』의 혼자 노는 벌레, 『생각만해도깜짝벌레는 정말 잘 놀라』에서 친구인 '무서워도꾹꾹벌레'에게 위로를 받는 '생각만해도깜짝벌레', 『혼자서도신나벌레는 정말 신났어』에서 '무얼해도심심벌레'를 비롯한 여러 친구들을 즐겁게 하는 '혼자서도신나벌레' 등이 나와 아이들을 신나게 한다. 동시에 벌레의 세계 속에서 점점 넓어지는 어린이의 사회를 다루고 있으며, 그로 인한 성장과 행복을 표현하고 있다.

그녀는 1998년 중국 북경에 머물면서 산수화 공필화를 공부하기도 했다. 전래동요 제주도 꼬리 따기 노래를 바탕으로 한 『시리동동 거미동동』은 어린이와 어른 모두의 사랑을 받고 있다. 작가는 옛 그림의 미감을 그림책에 재현하려고 노력하고 있다고 한다.

그림책 목록

만희네 집 / 길벗어린이 / 1995.
엄마 난 이 옷이 좋아요 / 재미마주 / 1998 .
씹지않고꿀꺽벌레는 정말 안 씹어 / 재미마주 / 2000.
생각만해도깜짝벌레는 정말 잘 놀라 / 재미마주 / 2001.
혼자서도신나벌레는 정말 신났어 / 재미마주 / 2002.
시리동동 거미동동 / 창작과비평사 / 2003.

12) 정유정(1960~)

서울에서 출생하여 세종대학교에서 동양화를, 이화여자대학교 교육대학원에서 미술교육학을 전공했다. 『고사리손 요리책』은 우리나라에서 처음으로 출간된 어린이용 요리 그림책이다. 『오리가 한 마리 있었어요』는 제 1회 보림 창작 그림책 공모전에 가작으로 입상하여 출간되었는데, 단아한 수묵화로 용기와 희망으로 꿈을 이루는 오리를 그리고 있다.

3-31 『풀 꽃 안녕』 신혜은 글, 사계절.

2005년에는 딸기 한 포기가 싹을 틔우고 많은 딸기가 열릴 때까지를 섬세하게 그린 『딸기 한 포기』가 출간되었다. 지금은 시골에서 나무와 풀에 둘러싸여 살면서 그림책을 그리고 있다.

그림책 목록

고사리손 요리책 / 배영희 글 / 길벗어린이 / 1995.
바위나리와 아기별 / 마해송 글 / 길벗어린이 / 1998.
오리 한 마리가 있었어요 / 보림 / 2001.
우리 함께 길러요 / 차보금 글 / 사계절 / 2004.
우리 함께 먹어볼까 / 정해왕 글 / 사계절 / 2004.
풀꽃 안녕 / 신혜은 글 / 사계절 / 2004.
딸기 한 포기 / 돌베개어린이 / 2005.

13) 이혜리(1961~)

서울에서 출생하여 홍익대학교와 같은 학교 대학원에서 시각디자인을 전공하였다. 그동안 각종 매체에 일러스트를 발표하였고 지금은 그림책에 주력하고 있다. 어린이의 세계를 잘 아는, 자유로운 발상과 재기발랄한 상상력이 돋보이는 일러스트레이터다.

3-32 『비가 오는 날에…』 보림.

작가는 "재미있는 것을 좋아하거든요. 아하! 하고 웃게 하는 그런 그림을 좋아해요. 그런 힘을 기르려면 카툰(cartoon)을 많이 봐야지요"라고 말한다. 전래 동요를 그림책으로 구성한 『노래 나라 동동』에 말 풍선을 사용한 것도 카툰의 영향으로 보인다. 그림책 『데굴데굴 굴러가네』를 함께 작업하면서 쌓은 작가 허은미와의 신뢰감을 바탕으로 『우리 몸의 구멍』을 함께 작업하게 되었다. 『우리 몸의 구멍』은 디자이너 문승연의 도움으로 더 좋은 그림책으로 나오게 되었고, 과학 지식을 어린이들에게 흥미롭게 전해주고 있다.

비 오는 날, 아이들의 상상 세계를 그린 책 『비가 오는 날에…』는 여름에 갑자기 내린 비의 냄새에서 까만 우산을 쓴 치타의 뒷모습 이미지를 떠올리고 작업을 하게 되었다고 한다. 이 책은 힘들게 선 연습을 하면서 자연스러운 선을 표현할 수 있었던 작품이라고 한다. 원래 작가는 펜 터치를 사용한 시사 일러스트레이션을 주로 그렸는데, 그림책에 주력하면서부터 다양한 기법을 사용하며 그림책에 대한 적응력을 키워왔다. 특히 절제되고 힘있는 선을 이용하여 '장주의 나비 꿈' 이야기를 그리고 싶다[26]고 한다.

그림책 목록

보바보바 / 웅진출판사 / 1986.
날씨가 좋아요 / 윤구병 기획, 보리기획 글 / 보리 / 1986.
아기참새 찌꾸 1 / 곽재구 글 / 국민서관 / 1986.
아기참새 찌꾸 2 / 곽재구 글 / 한양출판사 / 1994.
데굴데굴 굴러가네! / 허은미 글 / 웅진닷컴 / 1997.
고릴라야, 힘내! / 조은수 글 / 웅진닷컴 / 1997.
주먹이 / 김중철 엮음 / 웅진닷컴 / 1998.
노래 나라 동동 / 조은수 글 / 비룡소 / 1998.
아무도 모를 거야 내가 누군지 / 김향금 글 / 보림 / 1998.
우리 몸의 구멍 / 허은미 글 / 돌베개어린이 / 2000.
무얼 먹을까? / 허은미 글 / 아이세움 / 2001.
아장아장 걷다가 / 허은미 글 / 아이세움 / 2001.
비가 오는 날에… / 보림 / 2001.
이게 뭔지 맞혀 볼래? / 박완서 글 / 미세기 / 2001.
꼬리가 있으면 좋겠어! / 정재원 글 / 보림 / 2003.

수학은 재밌어 1~5권 / 이소라 글 / 비룡소 / 2004.
우리집에 괴물이 우글우글 / 보림 / 2005.

14) 정승각(1961~)

충청북도 덕동에서 출생하여 중앙대 서양화과를 졸업했다. '물난리 난 우리 집', '노래야, 나오너라', '우리동네' 등의 생활 이야기가 담긴 벽화를 아이들과 함께 골목길이나 놀이터, 아파트 상가 벽면에 그려왔다. 지금은 충북 충주시 산척면에서 동시를 쓰는 아내와 두 아이와 살고 있다.

3-33 『강아지똥』 권정생 글, 길벗어린이.

작가는 '전통 그림의 맥을 되살리는 것이 꾸밈없는 동심을 표현하는 작업'이라고 생각할 정도로 서양의 그림책과 서양 색채에 둘러싸인 아이들에게 우리 고유의 색감과 정서를 전해주기 위해 노력하고 있다. 이런 평가처럼 작가는 우리나라 옛 그림의 맛과 정서를 그림책에 줄기차게 표현해왔다. 목판화, 탱화, 민화들의 전통적인 회화 기법을 적극적으로 활용하여 표현한 그림책들은 환상적이면서도 투박한 맛을 느끼게 한다.

그림책 목록
까막나라에서 온 삽사리 / 길벗어린이(초방) / 1994.
강아지 똥 / 권정생 글 / 길벗어린이 / 1996.

오소리네집 꽃밭 / 길벗어린이 / 1997.
에이 또 놓쳤다 / 심조원 글 / 보리 / 2001.
황소 아저씨 / 권정생 글 / 길벗어린이 / 2001.
눈 먼 곰과 다람쥐 / 보리기획 / 보리 / 2001
물은 어디로 가나요 / 보리기획 / 보리 / 2001.
장난꾸러기 도깨비 / 보리기획 / 보리 / 2001.

15) 이태수(1961~)

서울에서 출생하여 민통선 지역 안에 있는 경기도 백학마을에서 자랐다. 백학마을은 벼농사를 주로 짓는 전형적인 농촌이었고 그의 부모님도 농사를 지었다. 홍익대 서양화과를 졸업한 뒤 딸이 태어났을 때 아버지로서 딸에게 보여주기 위해 1991년부터 세밀화 작가로 본격적으로 나섰고 현재 15년째 아이들을 자연으로 이끄는 그림을 그리고 있다.

아름다운 자연을 정교하게 그려내는 대표적인 생태 '세밀화 작가'이다. 외국의 어린이 그림책 분야에서는 오래 전부터 세밀화가 등장했지만 우리나라의 경우에는 보리출판사가 명명하고 이태수가 뿌리내렸다고 해도 지나치지 않다. 그는 1993년에 보리출판사와 함께, 어린이책에 생태세밀화를 그렸는데, 그 중 대표적인 '세밀화로 그린 보리 아기그림책' 시리즈는 1994년부터 총 열다섯 권 중 아홉 권을 출간하였다.

3-34 『심심해서 그랬어』 윤구병 글, 보리.

그의 세밀화는 크게 두 가지 유형으로 나눌 수 있다. 그림책에 들어가는 그림과 사물 그림책이나 도감에 삽입하는 그림이다. 도감에 들어가는 그림을 그릴 때 작가는 감성을 자제한 채 개념을 중심에 놓고 그림을 그린다. 도감에 들어가는 그림은 언어로 보면 사전에 들어가는 언어와 같기 때문이다. 그는 최대한 있는 그대로 그린다는 원칙을 철저하게 지키며 특별한 기교를 부리지 않는다고 한다. 이와 반대로 그림책에 들어가는 그림엔 비교적 작가의 감성이 들어가는 편이다.

그는 지금까지 개발을 하지 않았거나 망가지지 않은 자연의 모습을 그렸다면, 앞으로는 도시 아이들이 쉽게 다가갈 수 있는 자연의 모습을 그리려고 노력하고 있다. 그의 세밀화는 자연을 정확하고 자세하게 관찰하고 마음이 와 닿는 그림으로 표현하는 것이라고 할 수 있다.

그림책 목록

세밀화로 그린 보리 아기그림책 / 보리 / 1996.
우리끼리 가자 / 윤구병 글 / 보리 / 1997.
보리 어린이 식물도감 / 편집부 글 / 보리 / 1997.
보리 어린이 동물도감 / 남상호 외 글 / 보리 / 1998.
우리 순이 어디 가니 / 윤구병 글 / 보리 / 1999.
심심해서 그랬어 / 윤구병 글 / 보리 / 1999.
바빠요 바빠 / 윤구병 지음 / 보리 / 2000.
개구리가 알을 낳았어 / 이성실 글 / 다섯수레 / 2001.
개미가 날아 올랐어 / 이성실 글 / 다섯수레 / 2002.
잘 가 토끼야 / 이상권 글 / 창작과비평사 / 2003.
잃어버린 구슬 / 현덕 글 / 아이세움 / 2003.
가로수 밑에 꽃다지가 피었어요 / 우리교육 / 2004.

16) 한병호(1962~)

서울에서 출생하여, 초등학교 시절 그림을 잘 그리던 짝꿍을 따라 그림을 그리기 시작했고 노트에는 글자보다 그림이 더 많았다고 한다. 그림 그리는 사람을 좋지 않게 여기던 어른들의 눈을 피해 화실에 다니며 스승의 국전 준비도 돕는 등 혼자서 미술 공부를 게을리 하지 않았다.

추계예술대학 미술학부에서 동양화과를 졸업한 후 문구회사에 취직하여 일러스트레이터로 3년간 일하면서 동양화뿐만 아니라 펜화, 수채화 등 다양한 기법을 익히고 일러스

3-35 『도깨비와 범벅 장수』 이상교 글, 국민서관.

트레이터로서의 기초를 다졌다. 작가는 '아동도서 제작을 위한 트레이닝' 코스를 수료한 후 그림책에 그림을 그리기 시작했다. 처음 그림책 일러스트레이터가 되고자 한 것은 그림책이 드라마 같아서 순수 회화보다 생명력이 더 강해 보였기 때문이라고 한다.

동양화의 먹 선을 바탕으로 다양한 재료를 사용하여 변화시킨 그림은 작가만의 독특한 현대적인 감각을 담고 있다. 변화와 균형감이라는 두 가지 요소가 잘 안배된 그림 구도는 동적인 느낌을 주면서도 독자들에게 편안하게 다가온다.

1992년에는 테헤란 국제 그림 원화전(이란)에, 1993년에는 서울 국제 그림 원화전(서울)에, 그리고 1996년에는 한국 어린이그림책 원화전(프랑스)에 출

품하였고, 2000년에 한국 그림책 원화전(동경, 오사카)과 2003년에 안데르센 탄생 200주년 기념전과 그림동화 원화 초대전(서울)에 참여하였다. 또한 판타지의 상상력 21(Le Immagini de la Fantasia 21, 이탈리아)에 2003년에 이어 2005년 『해치와 괴물 사 형제』로 참여하였다.

2002년에는 『꼬꼬댁 꼬꼬는 무서워』로 일본 아시아 일러스트레이션 비엔날레(Biennale of Asian Illustrations Japan, 동경)에서 대상을 수상하였다. 『도깨비 방망이』는 1997년 제6회 어린이 문화대상 미술상을 받았고 영어, 불어, 러시아 어, 중국어, 일어 등 5개 국어로 번역 출판되었다. 2001년에는 『무엇이 무엇이 똑같을까?』로 SBS 어린이 미디어 그림책 부문 상을 수상하였다.

1998년에는 도깨비를 주제로 제1회 개인전을 열었으며, 2004년 3월 이몽(異夢)을 주제로 하여 열린 제2회 개인전 '한병호 일러스트레이션 전'은 많은 사람들의 주목을 받았다. 최근에는 글도 쓰고 그림도 그린 그림책을 여러 권 출판하였다.

그림책 목록

도깨비와 범벅 장수 / 이경애 글 / 국민서관 / 1992.
도깨비 방망이 / 정차준 글 / 보림 / 1996.
복 타러 간 사람 / 정해왕 글 / 보림 / 1997.
무엇이 무엇이 똑같을까? / 이미애 글 / 보림 / 1998.
도깨비와 산타할아버지 / 이준연 글 / 여명 / 1999.
황소와 도깨비 / 이상 글 / 다림 / 1999.
해치와 괴물 사 형제 / 정하섭 글 / 길벗어린이 / 1999.
토끼와 늑대와 호랑이와 담이와 / 채인선 글 / 시공주니어 / 2000.
미산 계곡에 가면 만날 수 있어요 / 고광삼 사진, 김익수 감수 / 보림 / 2001.
꼬꼬댁 꼬꼬는 무서워! / 도깨비 / 2001.
말썽꾸러기 또또 / 김성은 글 / 길벗어린이 / 2001.

산에 가자 / 이상권 글 / 보림 / 2003.
어디 어디 숨었니(사계절 아기그림책) / 신혜은 글/ 사계절/ 2004.
새가 되고 싶어 / 캐릭터플랜 / 2004.
야광귀신 / 이춘희 글 / 언어세상 / 2004.
정말이야! / 안데르센 글 / 계수나무 / 2004.
도깨비와 범벅 장수 / 이상교 글 / 국민서관 / 1992, 2005.

17) 이호백(1962~)

서울에서 출생하여 서울대 산업미술학과, 고려대 신문방송학과 대학원을 졸업하였다. 파리 제2대학 커뮤니케이션과 이미지 인스티튜트에서 수학했다. 이호백은 『세상에서 제일 힘센 수탉』과 같은 따뜻한 가족애를 담은 이야기부터 『뽀끼뽀끼 숲의 도깨비』처럼 어린이들의 재미를 잘 아는 사람만이 쓸 수 있는 이야기까지 쓰는 작가이자, 출판인이자, 교육자이자, 문화 기획자이다.

3-36 『도대체 그 동안 무슨 일이 일어났을까?』 재미마주.

작가는 "대학시절에 우연히 토미 웅거러 화집을 구하게 되어 그의 열렬한 팬이 되었는데, 그 때 감동 받은 그림들 대부분이 어린이를 위한 그림책의 그림이었다는 것을 나중에 프랑스 유학 시절에 알게 되었다. 그것은 어린이를 위한 그림책 예술에 대해 새롭게 각성하는 계기가 되었다. 그리고 가장 좋은 그림책은 '자연스러운 데 예술적인 새로움이 들어 있는 것"이라고 말한다. 그러한 소재의 그림책 『도대체 그 동안 무슨 일이 일어났을까?』는 2003년에 〈뉴욕타임스〉 우수도서로 선정되었다.

작가는 1989년에 프랑스로 유학한 후 93년에 귀국했는데 삼성출판사, 길벗어린이 등 어린이책 전문 출판사에서 기획과 편집 일을 맡는가 하면 어린이책 기획사 재미마주를 설립하여 직접 운영도 했다. 1995년 어린이책 전문 출판사인 재미마주로 전환하여 출판인과 그림책 작가의 길을 동시에 걷고 있다. 1997년부터 볼로냐 어린이 도서전에 한 해도 거르지 않고 재미마주 부스를 설치하여 한국의 그림책을 세계에 알리는 데 공헌했다.

그림책 목록
쥐돌이는 화가 / 비룡소 / 1996.
도시로 간 꼬마 하마 / 재미마주 / 1999.
도대체 그 동안 무슨 일이 일어났을까? / 재미마주 / 2000.
우리 집 고양이 봄이 / 정경진 그림 / 논장 / 2001.
토끼의 소원 / 윤열수·이호백 공저 / 재미마주 / 2003.
무얼 타고 어디 가요? / 윤열수·이호백 공저 / 재미마주 / 2004.
모기보시 / 재미마주 / 2005.

18) 한태희(1962~)

서울에서 출생하여 서울예술전문대학 응용미술학과를 졸업하였다. 그 후 어린이책을 위한 그림 작업을 하다가 『솔미의 밤하늘 여행』으로 그림책 장르에 본격적으로 데뷔하고부터는 글 작업도 함께 해오고 있다. 1997년에 첫 번째 개인전 '동화속으로의 여행'을 열었다. 그는 초기에는 아크릴화 같은 마티

에르가 강한 기법을 많이 썼지만 그 후로는 파스텔화, 또는 전통적인 기법과 연결된 그림을 많이 시도했고 컴퓨터 그래픽까지 다양한 기법의 그림책을 시도하고 있다. 『불꽃놀이』는 사람과 동물, 그리고 여러 가지 사물을 모두 동그라미, 네모, 점의 조합으로 표현하여 컴퓨터 그래픽의 효과를 살린 작품이다.

3-37 『불꽃놀이』 한림출판사.

고창 선운사에 얽힌 전설을 섬세하고도 웅장하게 채색 수묵화로 그린 『도솔산 선운사』, 손바닥을 이용한 찍기 놀이를 소재로 한 그림책 『손바닥 동물원』, 『손바닥 놀이 공원』, 『손바닥 물고기』, 그에 이어 발도장의 이미지를 우리의 탈춤과 연결시킨 『덩더쿵 쿵쿵』을 잇따라 내놓았다. 가장 최근 출간된 우리의 전통적인 그림과 문양을 살린 『아름다운 모양』은 채색화로 나아가는 작가의 또 다른 새로운 면모를 보여준다. 그는 어린이와 어른이 함께 즐길 수 있는 친숙하고 편한 이미지부터 좀 더 품격 있고 세심한 노력을 필요로 하는 진중한 이미지까지 함께 아우르기 위해서 노력하고 있으며 그런 다양한 즐거움을 어른과 어린이들이 함께 가질 수 있기를 소망하고 있다. 그림책이라는 공간은 그런 꿈이 이루어지는 한 방법이라고 믿고 있다.

그림책 목록

솔미의 밤하늘 여행 / 길벗어린이 / 1999.
달에 토끼가 산다면 / 웅진닷컴 / 2001.

도솔산 선운사 / 이상희 글 / 한림출판사 / 2001.
손바닥 동물원 / 예림당 / 2002.
손바닥 놀이공원 / 예림당 / 2002.
불꽃놀이 / 한림출판사 / 2002.
열두 띠 / 신명희 글 / 초방책방 / 2003.
구름놀이 / 아이세움 / 2004.
손바닥 물고기 / 예림당 / 2004.
덩더쿵 쿵쿵 / 여원미디어 / 2005.
아름다운 모양 / 한림출판사 / 2005.

19) 최숙희(1964~)

부산에서 태어나 서울대학교 산업디자인과에서 시각디자인을 공부하였다. 광고 일러스트레이터로 시작하였으나 어린이 그림책 작업에 많은 비중을 두고 있다. 2000년 보림 창작 공모전 가작과 2002년 비엔날레 아시아 일러스트레이션(일본)에서 가작으로 입상했다. 2005년 볼로냐 국제어린이도서전에서 『세상을 담은 그림 지도』로 일러스트레이션 선정 작가가 되었다. 『세상을 담은 그림 지도』는 지도의 형성, 역사, 기능을 그림과 이야기로 쉽게 알려주는 정보 그림책이다. 『열두 띠 동물 까꿍놀이』는 『열두 띠 동물 둘이서 까꿍』으로 재출간되었으며 영유아들의 사랑을 받고 있다.

그림책 목록

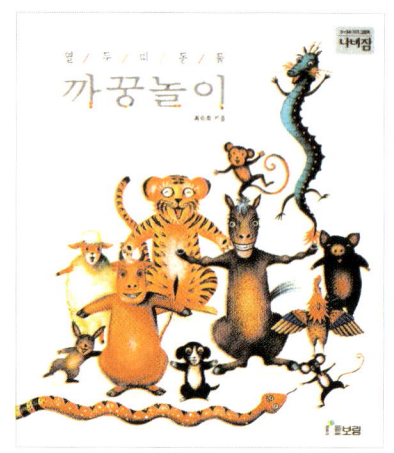

3-38 『열두 띠 동물 까꿍놀이』 보림.

빨간 모자 / 그림 형제 글 / 웅진 / 1985.
팥죽 할머니와 호랑이 / 조대인 글 / 보림 / 1997.
열두 띠 동물 까꿍놀이 / 보림 / 1998.
누구 그림자일까? / 보림 / 2000.
열두 띠 동물 둘이서 까꿍 / 보림 / 2003.
안데르센 동화 / 안데르센 글 / 파랑새어린이 / 2003.
세상을 담은 그림 지도 / 김향금 글 / 보림 / 2004.

20) 이형진(1964~)

전라북도 정읍에서 출생하여 다섯 살에 서울로 이사했다. 아직 도시화가 덜 된 신정동에서 혼자 놀기를 좋아했는데 조용한 성격의 그가 유달리 좋아한 것은 그림 그리기였다. 특히 만화를 좋아했는데 어린 시절을 떠올리면 청계천과 낡은 외국 잡지가 생각나고 그 때의 만화가 자신의 그림 스타일에 영향을 끼쳤다고 한다.

가족들의 반대를 무릅쓰고 서울대 산업미술학과에 진학하였으나 디자인에는 관심이 없고 이야기하기를 좋아해 진짜 사람 얘기를 담아 강한 메시지를 전달할 수 있는 만화를 하겠다고도 생각했다. 그런데 대학 2학년 때 일러스트레이션을 알게 되었다. 그리고 졸업 후 웅진출판사 디자인팀에 참여했다가 퇴사 후 일러스트레이션 작업을 시작했다. 조용하면서도 강렬한 이야기, 강렬한 이미지의 글을 그림으로 그리는 것을 좋아한다. 그리고 작가 자신은 꼼꼼함보다는 발랄함과 재치가 특기라고 말한다. 작가는 짧은 기간 동안 다작을 하는 것으로도 유명한데 1년에 20편 정도를 한다. 그 중 두세 편은 자신이 주도하기도 하지만 나머지는 삽화나 공동작들이며, 가끔 자신을 '해결사'라고 자책하기도 한다.[27]

3-39 『끝지』 느림보.

그의 작품을 보면 여러 사람의 작품인가 할 정도로 다양하다. 한 가지의 기법과 화풍을 고수하지도 않는다. 작품 의뢰가 오면 즐겨 글을 읽고 핵심을 찾아내어 그 작품에 맞는 그림을 창작해낸다. 작가는 "출판미술에는 그림을 잘 그리는 능력보다 글을 잘 쪼개서 시각적 언어 체계로 번역해내고 그 결과물로 다시 언어 체계로까지 자극을 주는 역할이 필요하다. 글의 하부구조로 그림을 그려선 아니 되며, 시각화시키되 글의 빈 자리를 보충해주어야 한다. 그림 스타일을 고민할 것이 아니라 글의 해석법을 연구해야 한다"고 말한다.

작가가 만든 캐릭터에는 개성이 살아 있고 그 캐릭터의 심리를 인물의 표정과 몸짓으로 드러내어 그림에 활력과 즐거움을 준다. 그의 캐릭터는 전면에 나와 이야기를 이끌어가는 것이 많고 배경이 배제되어 있는 경우가 많은데 이것은 만화의 영향일 것이다.

노란색을 많이 쓰는 편인데 노란색을 쓰면 안정감을 주고 노란색은 다른 색이 모자라도 그 색을 충분히 채워주는 것 같아서 즐겨 쓴다고 한다. 캐릭터의 특징으로는 코 선을 들 수 있는데 뾰족뾰족 날아갈 듯한 코, 두루뭉실 주먹코, 콧구멍이 뻥 뚫린 것 같은 뻥코 등이 눈에 띈다. 이야기 안에서 자유롭게 움직이는 캐릭터를 그리다보니 둔탁한 선보다는 날아가는 듯한 선을 쓰게 되었고 글이 서양풍이거나 번역물인 경우에 주로 그런 선을 쓴다. 지금은 한겨레 문화센타에서 '그림책 함께 배우고 만들기'를 강의하고 있다.

그림책 목록

알락 뱀의 멋내기 / 조남주 글 / 웅진주니어 / 1997
불가사리 / 김중철 글 / 웅진출판 / 1998.
고양이 / 현덕 글 / 길벗어린이 / 2000.
우리는 모두 한 몸이야 / 심조원 글 / 보리 / 2000.
쉬잉쉬잉, 빙글빙글 / 시공주니어 / 2001.
살아 있는 지구의 얼굴 / 김동광 글 / 아이세움 / 2001.
코주부 왕눈이 당나귀 귀 / 보리기획 / 보리 / 2001.
곰 세 마리 / 전유준 구성 / 예림당 / 2003.
꼭 한 가지 소원 / 낮은산 / 2002.
끝지 / 느림보 / 2003.
산 위의 아이 / 느림보 / 2003.
명애와 다래 / 느림보 / 2003.
하나가 길을 잃었어요 / 시공주니어 / 2003.
데굴 데굴 공을 밀어봐 / 곽영직 글 / 웅진닷컴 / 2003.
꽃밭, 좋은 우리 동시로 백창우가 만든 노래 / 보리 / 2003.
튼튼 쑥쑥 내몸! / 채인선 글 / 사계절 / 2004.
뽐내는 걸음으로 / 현덕 글 / 한길사 / 2004.
과자 / 현덕 글 / 한길사 / 2004.
움직이는 건 뭐지? / 김동광 글 / 아이세움 / 2004.
알과 씨앗 / 김동광 글 / 아이세움 / 2004.
내가 병을 이겼어요 / 김동광 글 / 아이세움 / 2004.
꿍이 뭐하니 시리즈(전 5권) / 토마토 하우스 / 2004.

21) 조혜란(1965~)

충남 서천에서 태어나 홍익대 동양화과를 졸업하였다. 1988년부터 여러 종류의 책에 일러스트레이션 작업을 하기 시작하였으며, 1993년 결혼 후 본격적으로 어린이책에 그림을 그렸다.

표현 재료는 다양하지만 선(라인)을 살려 표현하는 방식이 대부분이고, 우리의 옛 그림은 전문적인 화가라 할 수 있는 화원의 그림보다는 민화 같은 서민적인 느낌의 그림을 좋아한다.

3-40 『똥벼락』 김회경 글, 사계절.

그림책 『사물놀이』는 사물놀이 공연장을 따라다니며 사물놀이의 소리와 춤사위에 심취했을 만큼 큰 애정을 기울여 작업을 했던 것이다. 판화 작업을 했는데, 판화를 통해 색의 명징함을 잘 표현할 수 있을 것이라고 보았기 때문이다. 하지만 까다로운 '석판화 작업' 과정을 겪으며 그 효과를 검토하게 되었으며, 인쇄 기술을 이용한 분판작업이 좀더 효율적일 수 있다고 생각하는 계기가 되었다고 한다.

『똥벼락』은 실제 도깨비의 형상을 보여주지 않으면서도 도깨비의 존재를 성공적으로 그려내었다. 그림 작업은 크게 전반부와 후반부로 구분하여 도깨비의 역할을 드러냈는데, 전반부는 돌쇠 아버지의 성공과 이를 도와주는 자비로운 도깨비를 그렸다면, 후반부는 욕심 많은 김부자를 똥구름으로 응징하는 도깨비의 위력을 표현하는 데 비중을 두었다. 여기에 글에는 잠시 등장하고 만 금반지를 일정한 흐름을 가지고 끝 장면까지 보여줌으로써, 찾아보는 재미 요소와 함께 금반지의 상징적 역할을 부각하는 색다른 그림책의 형식을 시도하였다.

『참새』는 참새를 갖고 놀았던 어린 시절의 기억 한 자락을 그림책으로 만든 것이다. 초가집에 살았던 어린이들이라면 누구나 구렁이, 지네, 왕벌 등 다양한 생명들과 함께 살았던 기억을 갖고 있을 텐데, 『참새』는 이것이 모티브가 된 그림책이다.

서울에서 삶의 터전을 옮긴 후 벼농사를 지을 계획을 세우거나, 텃밭을 가꾸는 등 자연과 더불어 생활하는 시간이 많아져, 이것이 이후 그림책 작업과 삶을 보는 태도에 변화를 가져올 것 같다고 한다.[28] 그녀는 또한 엄마이면서 동시에 그림책 작가인 자신의 역할에 남다른 의미를 부여하고 있는데, 두 아이가 너무나 빨리 커버리는 것 같아 안타깝다고 한다.

그림책 목록
사물놀이 / 김동원 구음·감수 / 길벗어린이 / 1998.
똥벼락 / 김회경 글 / 사계절 / 2001.
참새 / 사계절 / 2002.

22) 조은수(1965~)

서울에서 출생하여 연세대학교에서 교육학을 전공하고 같은 대학 대학원에서 국문학을 전공했다. 그 뒤 어린이책 기획자 모임인 '보물섬'에서 일하다가 영국에서 그림 공부를 하고 돌아와 어린이책을 펴내고 있다. 『옛날 사람들은 어떻게 살았을까?』로 제1회 '좋은 어린이책' 공모에 당선되기도 했다. 오스카 와일드의 원작을 바탕으로 글과 그림을 그린 그림책 『말하는 나무』로

3-41 『타조는 엄청나』 웅진닷컴.

제1회 서울동화 일러스트레이션 우수상을 수상하였다. 그녀는 그림책 작가이자 번역가로 일하고 있다.

그림책 『재주 많은 손』, 『봄날, 호랑나비를 보았니?』, 『아재랑 공재랑 동네 한 바퀴』, 『한참 갖고 놀다가』, 『누가 입지?』에 글을 썼다. 그리고 〈까치〉, 〈월간학습〉 등의 어린이 잡지와 〈창비어린이〉에 글을 쓰기도 했다. 『멋진 뼈다귀』, 『난 토마토 절대 안 먹어』, 『책 읽기 좋아하는 할머니』 등을 번역하였다. 시 그림책 『내 동생』은 시를 그림과 함께 새로운 방식으로 감상하는 즐거움을 제공하고 있다.

그림책 목록

말하는 나무 / 문학동네 / 2000.
엄마랑 아기랑 / 아이세움 / 2001.
영리한 눈 / 허은미 글 / 아이세움 / 2001.
장난감 놀자 / 아이세움 / 2001.
땅콩할멈의 아주 아주 이상한 날 / 웅진주니어 / 2002
땅콩할멈의 떼구르르 연필찾기 / 웅진주니어 / 2002
땅콩할멈의 두근두근 밤소풍 / 웅진주니어 / 2002
내 동생 / 주동민 글 / 창비 / 2003.
갈아입는 피부 / 아이세움 / 2003.

타조는 엄청나 / 웅진닷컴 / 2004.
나야, 고릴라 / 아이세움 / 2004.

23) 심미아(1966~)

서울에서 출생하여 10여 년간 그림책과 동화 일러스트레이션 작업을 하였다. 현재도 그림을 그리는 남편, 그림책을 좋아하는 딸과 함께 살며 어린이책에 그림을 그리고 있다. 자유로운 상상과 놀이를 담은 즐거운 그림책을 만드는 게 목표이며, 서정적인 분위기를 잘 표현하는 작가로 평가받고 있다. 작가는 수채화를 가장 좋아하여 수채화로 된 그림책을 만들고 싶다고 한다. 제2회와 제3회 출판미술대전에서 특별상을 받았고, 『고양순』으로 제2회 보림 창작그림책 공모전에서 우수상을, 2002년 노마 국제 그림책 원화전에서 장려상을 받았다. 최근 다양한 재료를 사용, 안데르센의〈벌거벗은 임금님〉을 패러디한 현대적인 그림책『장화 쓴 공주님』에 그림을 그려 많은 사랑과 주목을 받고 있다.

3-42 『고양순』보림.

그림책 목록

해와 달이 된 오누이 / 이규희 글 / 보림 / 1996.
이렇게 자볼까? 저렇게 자볼까? / 이미애 글 / 보림 / 2000.
외눈박이 한세 / 곽재구 글 / 미세기 / 2000.
고양순 / 보림 / 2001.
장화 쓴 공주님 / 느림보 / 2003.

24) 이영경(1966~)

3-43 『아씨방 일곱 동무』 비룡소.

대구에서 출생하여 서울대학교 동양화과를 졸업했다. 1990년부터 1년여 동안 출판사에 취직하여 학습지에 삽화를 그리는 일로 출판미술과 인연을 맺었다. 1993년 위인전기 전집 그림책 『윤봉길』 편에 그림을 그려 그림책 화가로서 첫 발을 뗐다. 아주 어렸을 적부터 그림 그리기를 무척 좋아했고, 이야기와 그림이 어우러진 '그림책' 매체에 관심을 갖고 장래 희망의 일부로 마음속에 간직하며 성장했다.

고등학교 국어교과서에 실린 고전문학의 맛에 심취하던 중 가전체 규방수필 〈규중칠우쟁론기〉에서 강한 인상을 받았는데, 그림책 화가의 길을 걸으면서 자연히 오랜 구상을 실현하게 되었다. 처녀작인 『아씨방 일곱 동무』는 일본어와 프랑스어로 번역되어 널리 읽히고 있으며, 2001년 SBS 어린이 미디어 창작 그림책 부문 금상을 받기도 하였다. 주로 한지에 수묵채색으로 작업하며 인물(캐릭터) 설정에 주안점을 둔다. 작품을 선택할 때 글의 짜임새와 이야기 전개의 독특성 또는 소재의 신선함 등을 중요한 기준으로 삼는다.

역시 우리 고전문학의 하나인 〈전우치전〉을 모티브 삼아 그림책으로 만든 『신기한 그림족자』는 주인공의 성격과 이야기 자체의 분위기를 담아내는 방법으로, 의도된 '비정형성(Deformation)'을 추구하였다. 그림책이 지향하는 유연한 메시지 전달의 힘을 운용하는 것에 관심을 기울이고 있으며 그림책에서 비롯하는 다른 시각적 예술작업으로 확장하는 길도 탐색중이다.

그림책 목록

아씨방 일곱 동무 / 비룡소 / 1998.
신기한 그림족자 / 비룡소 / 2001.
투덜 할멈 생글 할멈 / 이지현 글 / 아이세움 / 2002.
넉 점 반 / 윤석중 글 / 창비 / 2004.

요약

한국 그림책의 역사를 쓴다고 하면, 우선 최초의 한국 그림책은 무엇인가? 최초의 한국 창작 그림책은 무엇인가?, 하는 질문이 먼저 떠오를 것이다. 한국 그림책의 역사가 시작된 시점에 대해서는 아직 정리된 바가 없고, 최초의 한국 그림책을 어떤 그림책으로 볼 것인지에 대한 논의 결과도 확실하지 않다. 무엇보다도 저자들의 능력으로는 이러한 한국 그림책의 시작 시점과 최초의 그림책을 논하기에는 역부족이라고 생각한다. 그리하여 이 책에서는 1980년대 이후부터 한국 그림책의 역사에 대해 정리하였다. 그리하여 1980년대 이전까지를 전(前) 그림책 시기, 1980~1990년대 초까지를 그림책에 대한 인식기, 1990년대 중반부터(대략 1993년까지) 현재까지를 본격 창작 그림책의 출간과 번역 그림책의 정리기로 나누어 정리하였다.

1980~1990년대 초까지 그림책에 대한 인식기는 '그림책이란 무엇인가'에 대한 개념을 형성한 시기라고 할 수 있다. 이 시기에는 소위 저작권 계약을 맺지 않고 출판된 외국의 번역 그림책을 보면서, 그림책 관련 분야의 사람들이 소수의 한국 그림책을 만들고 그림책에 대한 인식을 키워가며 개념을 형성해 갔다.

1990년대 중반부터 현재까지 본격 창작 그림책의 출간과 번역 그림책의 정리기는 한국 그림책이 활발하게 출판되기 시작하고, 많은 번역 그림책이 정식 계약 절차를 밟아 출판되기 시작하여 현재에 이른 시기라고 할 수 있다. 한국 창작 그림책과 번역 그림책의 출판과 아울러 이 시기에 그림책과 관련하여 몇 가지 영역이 발전하였다. 그 영역 가운데 그림책 연구지의 창간, 그림책 서평지의 창간, 한국 그림책 상 제도의 마련, 어린이 도서관의 발전, 그림책 관련 연구 모임 등의 발족, 그림책 관련 이론서의 출판 등에 대하여 정리하였다.

그리고 한국 그림책은 최근 세계적인 그림책으로 발돋움하고 있다. 그리하여 세계 속의 한국 그림책 부분에서 외국의 그림책상을 받았거나, 세계적으로 인정받은 한국 그림책 작가와 그림책을 소개하였다. 뿐만 아니라 그와 관련한 국제적인 단체와 도서전도 소개하였다.

저자들이 1990년대 중반에 『환상 그림책으로의 여행』이라는 이론서 집필에 참여했을 때, 한 사람의 한국 그림책 작가라도 외국 유명 그림책 작가와 함께 다루려고 노력했지만, 결국은 한국을 대표하는 판타지 그림책 작가를 한 사람도 소개하지 못하는 아픈 경험을 하였다. 그러나 이제는 공히 역량 있는 한국 그림책 작가로 자리매김한 일단의 작가 군이 형성되어, 그들의 작품세계와 작품을 모두 소개하기에는 이 책의 지면이 모자랄 정도가 되었다. 또한 많은 신인작가들이 훌륭한 그림책을 새롭게 출간하고 있다. 이들 그림책 작가들의 초기 작품부터 최근 작품까지 역량 있는 그림 작가로 성장하고 발전하는 과정을 기쁜 마음으로 지켜보면서, 한국 그림책의 역사 속에 이렇게나마 정리할 수 있게 되어 그 동안 그림책 제작을 위해 애쓴 작가들과 출판사 여러분에게 무한한 감사를 드린다. 이 장에서는 한국 그림책의 지평을 연 이우경, 홍성찬 선생을 시작으로 글과 그림을 함께 작업한 중견 그림책 작가를 중심으로 작가의 약력과 그림책을 간단히 소개하였다. 그러나 저자의 실수로 빠진 작가가 있으면 기회를 만들어 다시 소개할 것을 약속하며 이 장을 마치기로 한다.

미주목록

1) 김세희. 열린어린이. 2003년 12월호.
2) 마쓰이 다다시(1990). 이상금 역. 어린이와 그림책. 서울: 샘터.
3) 김세희, 현은자(1995). 어린이의 세계와 그림 이야기책. 서울: 서원.
4) 꿀밤나무 10호. 2002년 10월.
5) 열린어린이. 창간호. 2002년 12월.
6) 신명호(1994). 그림책의 세계. 서울: 계몽사.
7) 이상금(1996). 어린이 그림책의 세계. 서울: 한림출판사.
8) 이상금(1998). 그림책을 보고 크는 아이들. 서울: 사계절.
9) 한국어린이문학교육연구회(1999). 환상 그림책으로의 여행. 서울: 다음세대.
10) 최윤정(1997). 책 밖의 어른 책 속의 아이. 문학과지성사.
11) 최윤정(2000). 슬픈 거인. 문학과지성사.
12) 최윤정(2001). 그림책. 서울: 비룡소.
13) 현은자 외(2004). 그림책의 그림읽기. 서울: 마루벌.
14) 김이산(2004). 똑!똑!똑! 그림책. 서울: 현암사.
15) Cullinan, B. E. & Galda, L.(1981, 1989, 1994, 2002). *Literature and the Child*. FL: Harcourt Brace & Company.
16) http://www.accu.or.jp/noma/
17) 일본 동경학예대학 대학원 교육학 연구과 미술교육전공 김민건 원자료 입수 번역. m031731s@u-gakugei.ac.jp 혹은 jgun71@hotmail.com
18) 류재수 선생님 인터뷰 자료.
19) 김영순. 창비어린이 5호. 2004년 여름호.
20) 김영순. 창비어린이 5, 6호. 2004년 여름, 가을호.
21) 김영순. 창비어린이 5, 6, 7호. 2004년 여름, 가을, 겨울호.
22) 월간 일러스트 62호. 2004년 2월. 홍성찬.
23) 월간 일러스트 65호. 2004년 5월. 리춘길·볼로냐 2004.
24) 열린어린이 12호. 2003년 11월. 권혁도.
25) 이동형. 경향신문 인터뷰. 2004.11.29.
26) 열린어린이 23호. 2004년 10월. 이혜리.
27) 열린어린이 2호. 2003년 1월. 이형진.
28) 열린어린이 25호. 2004년 12월. 조혜란.

참고문헌

Cullinan, B. E. & Galda, L.(1981, 1989, 1994, 2002). *Literature and the Child*. FL: Harcourt Brace & Company.

김세희. 열린어린이. 2003년 12월호.
김세희, 현은자(1995). 어린이의 세계와 그림이야기책. 서울: 서원.
김영순. 창비어린이 5,6,7호. 2004년 여름, 가을호.
김이산(2004). 똑!똑!똑! 그림책. 서울: 현암사.
마쯔이 다다시(1990). 이상금 역. 어린이와 그림책. 서울: 샘터.
신명호(1994). 그림책의 세계. 서울: 계몽사.
열린어린이 12호. 2003년 11월. 권혁도.
열린어린이 2호. 2003년 1월. 이형진.
열린어린이 6호. 2003년. 5월. 이영경.
열린어린이 10호. 2003년 9월. 권윤덕.
열린어린이 23호. 2004년 10월. 이혜리.
열린어린이 25호. 2004년 12월. 조혜란.
열린어린이 16호. 2004년 4월. 송재찬.
열린어린이 19호. 2004년 6월. 심미아.
열린어린이 21호. 2004년 8월. 이태수.
오픈키드 작가 인터뷰. 2001. 10.
월간 일러스트 22호. 2000년 10월. 이태수.
월간 일러스트 23호. 2000년 11월. 정승각.
월간 일러스트 25호. 2001년 1월. 한병호.
월간 일러스트 24호. 2001년 2월. 이억배.
월간 일러스트 48호. 2002년 12월. 유애로.
월간 일러스트 59호. 2003년 11월. BIB.
월간 일러스트 62호. 2004년 2월. 홍성찬.
월간 일러스트 65호. 2004년 5월). 리춘길·볼로냐 2004.
이동형. 경향신문 인터뷰. 2004. 11. 29.
이상금(1996). 어린이 그림책의 세계. 서울: 한림출판사.
이상금(1998). 그림책을 보고 크는 아이들. 서울: 사계절.
이진우(2005). 보고서: 어린이 도서관의 현황 및 국립 어린이 청소년 도서관(가칭)의 역할에 대한 제안.
창비어린이 5, 6, 7호. 2004년 여름, 가을, 겨울호.
최윤정(1997). 책 밖의 어른 책 속의 아이. 문학과지성사.
최윤정(2000). 슬픈 거인. 문학과지성사.
최윤정(2001). 그림책. 서울: 비룡소.
한국어린이문학교육연구회(1999). 환상 그림책으로의 여행. 서울: 다음세대.
현은자 외(2004). 그림책의 그림 읽기. 서울: 마루벌.

Web Site

http://www.childrenbook.org
http://www.kids.munhak.com/index.php
http://www.iicl.or.kr

http://www.openkidzine.co.kr
http://www.accu.or.jp/noma/
http://www.bookfair.bolognafiere.it
http://www.bookfair.bolognafiere.it/Standard.asp?p=Libro2001immagini&m=12&l=2
http://www.kwooz.net/

참고 그림책 목록

'4. 한국 그림책 작가' 편에서 소개한 '그림책 목록'의 그림책은 여기서 제외하였다.

1. 그림책에 대한 인식기

그림나라 100. 동화출판공사(1981~1982)
    윤흥길 글, 김종학 그림(1981). 나무집게 헐렁이.
    한승원 글, 석란희 그림(1981). 하늘을 나는 바위.
    이청준 글, 이두식 그림(1981). 뻐꾸기와 오리나무.
    최인훈 글, 최영림 그림(1981). 순이와 참새.
    이상현 글, 김종휘 그림(1981). 꽃게.
    김소운 글, 오세영 그림(1981). 다시 지은 둥지.
    김은국 글, 이세득 그림(1982). 파랑새 이야기.
    김원용 글, 김태호 그림(1982). 세 잠자리.
    구 상 글, 김 원 그림(1982). 우리 집 털보.
    유경환 글, 이만익 그림(1982). 짤룩이와 동고리.
    김형석 글, 변종하 그림(1981). 사과의 기도.
    박완서 글, 김애영 그림(1982). 7년 동안의 잠.
한국전래동화. 웅진출판사(1985).
    김창완 엮음, 장진영 그림(1985). 단군왕검.
    김창완 엮음, 김의환 그림(1985). 고구려를 세운 고주몽.
    김창완 엮음, 정미영 그림(1985). 백제를 세운 온조왕.
    김창완 엮음, 김의환 그림(1985). 신라를 세운 박혁거세.
    김창완 엮음, 이은주 그림(1985). 가야를 세운 김수로왕.
    김창완 엮음, 김영미 그림(1985). 탐라를 세운 고을나 양을나 부을나.
과학앨범. 웅진출판사(1988).
    Masada Modoki(1987). *Turtles*. Tokyo: Akane Shobo. 오창영 감수(1988). 거북의 생활.
위대한 탄생. 보림(1989).
    이준연 글, 박찬복 그림(1989). 생일나무.
    송명호 글, 최정은 그림(1989). 경수의 하루.

위대한 만남. 보림(1992).
올챙이 그림책. 웅진출판사(1991)/ 개똥이 그림책. 보리(2001).
    보리 글, 박경진 그림(1990). 흉내쟁이 찍찍이.
    보리 글, 정승각 그림(1991). 눈먼 곰과 다람쥐.
    보리 글, 김환영 그림(1993). 나도 잘해.
첫 발견. 꼬마 샘터(1991~1993).
    Laura Bour(1991). L`ours. Gallimard Jeunesse. 곰.
    Jean Pierre Verdet(1991). Illustrated by Sylvaine Péols. *La terre et le ciel*. Gallimard Jeunesse. 지구와 하늘.
    Claude Delafosse(1991).Illustrated by Jame`s Prunier. *L'éléphant*. Gallimard Jeunesse. 코끼리.
재미있는 동화집. 선화교육사(1992).
    강원희 글, 정준용 그림(1992). 휘파람 부는 눈사람.
    박상재 글, 조명화 그림(1992). 엄마 찾은 뻐꾸기.
Raymond Briggs(1978). *The Snowman*. Great Britain: Hamish Hamilton Ltd.
    (1989). 눈사람. (위대한 탄생). 보림.
    (1992). 눈사람 아저씨. 가나출판사.
    (1997). 눈사람 아저씨. 마루벌.
이규경(1989). 여름을 보고 싶은 눈사람. 예림당.
    희망이 뭔지 아니?. 예림당.
이경우 글, 임부미 그림(1993). 빨주노초파남보. 한림출판사.
이은하 글, 한유미 그림(1993). 윷놀이 이야기. 한림출판사.
はやし あきこ(1986). くつくつあるけ. 福音館書店. (1988). 구두 구두 걸어라. 한림출판사.
    おててがでたよ. 福音館書店. (1988). 손이 나왔네. 한림출판사.
    きゅっきゅっきゅっ. 福音館書店. (1988). 싹싹싹. 한림출판사.
    おつきさまこんばんわ. 福音館書店. (1988). 달님 안녕. 한림출판사.
なかの ひろたか(1971). あかいりんご. 福音館書店. (1988). 빨간 사과. 한림출판사.
やぶうち まさゆき(1987). なにのごどもかな. (1987). 누구의 아기일까요?. 한림출판사.
    どうやってねるのかな. (1987). 어떻게 잠을 잘까요?. 한림출판사.
    なにのあしあとかな. (1987). 이상한 발자국 누구 것일까?. 한림출판사.
すすい よりこ(1982). おさえとちいさいいもうと. はやしあきこ畵. 福音館書店. (1989). 순이와 어린 동생. 한림출판사.
    (1987). いもうとのにゅういん. はやしあきこ畵.福音館書店. (1989). 병원에 입원한 내 동생. 한림출판사.
なかがわ りえこ(1989). ぐりとぐらのおきゃくさま. 福音館書店. (1989). 구리와 구라의 손님. 한림출판사.
なかの ひろたか(1977). ぞうくんのさんぽ. 福音館書店. (1990). 코끼리 형님의 나들이. 한림출판사.
    (1972). ひとりっちのウィオン, 福音館書店. (1990). 외톨이 사자는 친구가 없대요. 한림출판사.
すすい よりこ(1977). はじめてのおつかい. はやしあきこ畵. 福音館書店. (1991). 이슬이의 첫 심부름.

한림출판사.
きしだ えりこ(1960). ジオジオのかんむり. ながたに ちよこ畵 (1991). 새둥지를 이고 다니는 사자 임금님. 한림출판사.
さとう わきこ(1982). せんたくかあちゃん. (1991). 도깨비를 빨아버린 우리 엄마. 한림출판사.
ビアンキ(1967). きつねとねずみ. やまだ さぶろう畵. (1993). 여우를 골려준 들쥐. 한림출판사.
Werner Holzwarth(1993). *Vom Kleinen Maulwurf, der wissen wollte, wer ihm auf den Kopf gemacht hat*. Illustrated by Wolf Erlbruch. Wuppertal(Deutsch): Peter Hammer Verlag. (1993). 누가 내 머리에 똥 쌌어?. 사계절.
Wolf Erlbruch(1993). *Lonard*. Wuppertal(Deutsch): Peter Hammer Verlag. (1993). 개가 무서워요!. 사계절.
Wolf Erlbruch(1993). *Das Barenwunder*. Wuppertal(Deutsch): Peter Hammer Verlag. (1993). 아빠가 되고 싶어요. 사계절.

2. 본격 창작 그림책의 출간과 번역 그림책의 정리기

달팽이 과학동화. 웅진출판사(1994)./ 보리(2000).
연필과 크레용 시리즈(1994). 보림.
    이영원(1994). 밝음이와 어둠이.
    어순영(1994). 봄이다! 어서 나와라.
    김복태(1994). 둘이서 둘이서.
    정대영(1994). 꼬니는 친구.
        바닷물고기 덩치.
    나애경(1994). 꽃 요정+4.
    최정훈(1994). 목이 길어진 사자.
    김복태(1994. 2003). 둘이서 둘이서.
솔거나라 시리즈(1995~). 보림.
    정병락 글, 박완숙 그림(1995). 숨쉬는 항아리.
까치 호랑이(1997~1998). 보림.
두껍아 두껍아 옛날 옛적에(1998). 웅진출판사
도토리 계절 그림책(1997~1999). 보리.
Sarah Stewart(1997). *The Gardner*. illustrated by David Small. New York: Farrar, Straus & Giroux, Inc.. 이복희역(1998). 리디아의 정원. 시공주니어.
Sarah Stewart(1995). *The Library*. illustrated by David Small. New York: Farrar, Straus & Giroux, Inc.. 지혜연 역(1998). 도서관. 시공주니어.
John Winch(1997). *The Old Woman Who Loved to Read*. Scholastic Australis Pty Ltd. 조은수 역(2000). 책 읽기를 좋아하는 할머니. 파랑새어린이.
Claude Boujon(1990). *Un Beau Livre*. Paris: l'ecole des loisirs. 최윤정 역(2002). 아름다운 책. 비룡소.

3. 세계 속의 한국 그림책

백희나 글·그림, 김향수 사진(2004). 구름빵. 한솔교육.
이수지(2004). 동물원. 비룡소.
조호상 글, 윤미숙 그림(2003). 팥죽할멈과 호랑이. 웅진닷컴
신동준(2003). 지하철은 달려온다. 초방책방.
김동수(2002). 감기 걸린 날. 보림.

제 4 장

판타지 그림책

1. 판타지 그림책의 성격
2. 판타지 그림책의 분류
3. 판타지 그림책의 평가 준거

숀 탠의 『잃어버린 것』, 앙또냉 류샤르의 『누가 내 코 못 봤니?』, 피터 시스의 『세 개의 황금 열쇠』(왼쪽부터)

판타지 그림책

그림책은 판타지와 가장 관련이 깊다. 말하는 하마와 기관차, 사람처럼 옷을 입은 쥐와 여우, 사람을 닮은 괴물 등은 그림책에 자주 등장하는 매력적인 캐릭터들이다. 일반적으로 판타지는 현실과는 다른 초자연적인 소재나 대상, 또는 사건이 중심이 되는 이야기로 알려져 있다. 판타지에서는 과학적 설명과 자연 법칙이 유보되는 반면, 마술과 마법이 적용되고 시공간의 제약으로부터도 자유롭다.

어떤 판타지 그림책은 순수하고 가벼운 재미를 주기도 하지만, 인류 보편의 진실이나 심오한 주제를 담고 있는 것들도 있다. 때로는 새로운 통찰력으로 현실 세계를 보여주기도 한다. 티머먼(Timmerman)은 판타지의 세계는 우리의 현실세계와 잘 맞으며, 오히려 실제 세계에서 확실히 보지 못한 것을 더 통합적이고 분명하게 드러낸다고 지적한 바 있다.[1]

또한 윈터스와 슈미트(Winters & Schmidt)는 판타지의 의미는 독자가 인식한 '현실세계'에 의지하면서 동시에 독자가 그 맥락에서 인정할 수 있는 '다른 세계'를 창조하는 작가의 능력에서 우러나온다고 언급한 바 있다.[2]

다시 말하여 판타지는 환상의 세계를 그리고 있으나 현실에 뿌리박고 있으며 독자에게 새로운 시각으로 현실을 바라볼 수 있도록 도와준다. 성공적인 판타지는 불신을 뛰어넘도록 다리를 제공하고 현실과 다른 세상을 사용하여 의미를 창조하는 것이다. 그래서 판타지는 사실적(realistic)일 수 있다.

그림책에서 의인화된 동물의 성격적 특성은 종종 현실의 인물과 비슷하며 시공간적인 배경도 우리에게 친숙한 것들이다. 아놀드 로벨(Arnold Lobel)의 『개구리와 두꺼비는 친구 Frog and Toad Are Friends』(1970) 시리즈에 등장하는 개구리와 두꺼비는 성격이나 행동, 사고 방식 면에서 사람들과 비슷하며 의식주에서도 인간과 같은 생활을 한다. 시공간적인 배경은 우리에게 친숙하며 에피소드들도 일상생활에서 일어날 수 있는 일들을 소재로 삼고 있다. 이러한 장르에서 나타나는 판타지적인 요소는 의인화된 동물뿐이다.

판타지 그림책의 역사는 영국의 빅토리아 여왕과 에드워드 시대로 거슬러 올라간다. 비아트릭스 포터의 『피터 래빗 이야기』(1897, 1902)는 최초로 동물을 의인화한 그림책으로 평가되고 있으며 20세기에 들어서 아서 래컴(Arthur Rackham, 1909)이 그림형제의 요정 이야기를 그렸다.

그림책의 황금기라 불리는 1930년대에는 어린이가 겪는 일상 경험에 바탕을 두고 있는 그림책들이 많이 나타났다. 예를 들면, 제임스 도허티(James Daugherty)의 『앤디와 사자 Andy and the Lion』(1938)의 경우가 그러하다. 이

4-1 아놀드 로벨의 『개구리와 두꺼비는 친구』 HarperTrophy. 판타지에서 의인화된 동물은 종종 현실의 인물 그대로이다.
4-2 제임스 도허티의 『앤디와 사자』 이선아 옮김, 시공주니어. 어린이가 겪는 일상 경험이 바탕이 되었다.

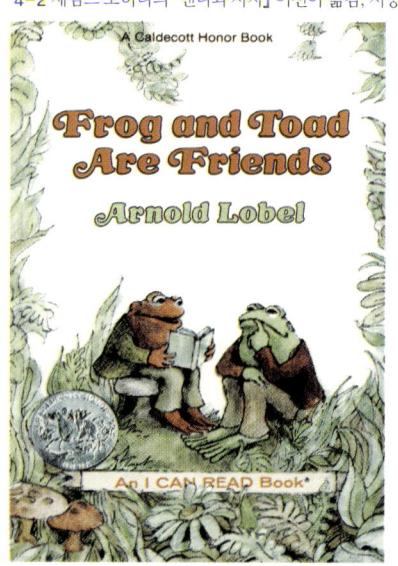

4-3 모리스 센닥의 『괴물들이 사는 나라』 강무홍 옮김, 시공주니어. 어린이의 내면 심리 표출에 초점을 두고 있다.

책은 하루 종일 도서관에서 빌려온 동물도감을 읽는 등 동물에 대한 관심이 많은 주인공 앤디가 어느 날 실제로 사자를 만나 그의 발에 박힌 가시를 뽑아 주고, 그 후 그 사자를 서커스단에서 다시 만난다는 이야기이다. 이 책은 동물에 대한 관심으로 가득찬 어린이가 꿈이나 상상을 통해 적극적으로 동물과의 관계를 발전시키는 모습을 그리고 있다.

친숙한 일상 생활을 배경으로 어린이의 천진함이나 호기심을 그리고 있는 1930~1960년까지의 판타지 그림책과는 달리 1963년에 나온 모리스 센닥(Maurice Sendak)의 『괴물들이 사는 나라 Where the Wild Things Are』는 어린이의 내면 심리 표출에 초점을 두고 있다. 이 그림책은 일상생활에서 볼 수 있는 소재에 기초를 둔 것이 아니라 어린이 자신의 적극적인 상상력으로 상상의 세계를 따로 만들어냄으로써 기존 아동의 이미지에 도전하고 있다. 『괴물들이 사는 나라』 이후 판타지 그림책의 특징 중 하나는 인물이나 형식이 매우 다양해 졌다는 점이다.[3]

소재나 내용의 다양성은 레오 리오니(Leo Lionni)의 판타지 그림책에 나오는 의인화된 쥐, 물고기, 카멜레온, 토끼, 자벌레 등과 토미 웅거러(Tomi

Ungerer)의 그림책에 등장하는 뱀, 독수리, 낙지, 사람을 잡아먹는 거인, 강도에서 찾아볼 수 있다. 이렇게 의인화된 캐릭터들의 성격은 그 동물의 특성과 밀접히 관련되어 있는 한편, 그러한 대상들에 대한 기존의 부정적 이미지를 바꾸어 놓는 역할을 하고 있다.

현대 판타지 그림책의 또 다른 특징은 글보다 그림의 비중이 점차 커지고 글과 그림이 어우러지는 새로운 코드를 보여주고 있다는 점이다. 『괴물들이 사는 나라』가 글과 그림 읽기의 새로운 방식을 보여준 이후부터 특히 판타지 그림책에서 매우 다양해진 그림책의 코드는 내포독자의 이슈와 함께 다층적인 의미 때문에 평론가들의 관심을 모으고 있다. 대표적인 판타지 작가인 존 버닝햄(John Burningham), 앤서니 브라운(Anthony Browne), 데이비드 위스너(David Wiesner), 크리스 반 알스버그(Chris Van Alsburg) 등은 자신이 글과 그림 작가를 겸하면서 환상과 현실세계의 경계가 모호한 작품들을 선보이고 있다.[4]

1. 판타지 그림책의 성격

판타지 그림책의 특징은 그림의 문학적인 요소에서도 드러난다. 판타지 그림책의 주제, 등장인물, 배경, 플롯은 사실주의 그림책과 가장 자주 비교된다. 그러나 흥미로운 사실은 글과 그림의 대위를 통해 장르 절충주의를 보여주는 그림책들도 등장하고 있다는 점이다. 다시 말하여 그림은 판타지를, 글은 사실주의를 보여주는 그림책들은 니콜라예바(Nikolajeva)가 지적하였듯이 다른 예술 장르보다도 그림책에서 장르 절충주의가 더 효과적으로 이루어질 수 있음을 보여준다.[5]

1) 주제

판타지에서 다루는 주제가 사실주의의 주제와 크게 다른 것은 아니다. 알렉산더(Alexander)가 "판타지와 사실주의 문학은 양극단에 있는 것이 아니라 같은 것을 표현하는 두 양식일 뿐"이라고 지적한 바와 같이 판타지에서도 훌륭한 사실적인 문학에 나타나는 대부분의 주제를 다룰 수 있다.[6] 즉, 판타지의 주제는 일상생활에서 일어날 수 있는 문제들에서 시작하여, 유머, 난센스, 선과 악의 대결, 삶과 죽음의 의미와 같은 무거운 것까지 모두 다 포함한다.

대표적인 판타지 그림책 작가인 닥터 수스(Dr. Seuss)의 작품에서는 우스꽝스러운 외모와 성격의 인물들이 등장하여 끊임없이 예기치 못한 사건을 일으키며 독자는 작가의 기발한 상상력을 마음껏 즐길 수 있다. 완다 가그(Wanda Gág)의 『백만 마리 고양이 Millions of Cats』(1928)에서는 그 많은 고양이 중에 결국 할아버지, 할머니와 함께 살게 되는 고양이는 가장 연약하고 못생긴 고양이일 수 있다는 것이 주제이며, 삶과 죽음의 문제가 포함되어 있다. 레오 리오니(Leo Lionni)의 『새앙쥐와 태엽쥐 Alexander and the Wind-Up Mouse』(1969)를 비롯한 『티코와 황금날개 Tico and the Golden Wings』(1964), 『물고기는 물고기야 Fish is fish』(1970), 『으뜸 헤엄이 Swimmy』(1963) 등 많은 그림책에서는 자아 개념이 주제이다. 『티코와 황금날개』는 티코라는 새를 의인화하여 정체성의 문제를 다루고 있다. 날개 없이 태어난 새 티코는 날개를 달라는 기도를 하여 천사로부터 황금날개를 선물 받는다. 그러나 황금날개 때문에 다른 새들에게 따돌림을 당한 티코는 자신의 깃털을 한 개씩 가난하고 불쌍한 사람들에게 나눠준다. 깃털이 빠진 자리에 다른 새의 것과 같은 깃털이 자라자 동료들은 그들과 같은 모습이 된 그를 반갑게 맞아준다. 그러나 그들 틈에서 티코는 겉모습은 그들과 같지만 자신은 그들과

4-4 완다 가그의 『백만 마리 고양이』 강무환 옮김, 시공주니어. 판타지는 유머부터 죽음까지 모든 주제를 포함한다.

다른 꿈과 생각을 가진 존재임을 깨닫는다.

판타지 세계에서 등장인물은 선이 위험에 직면하였을 때 지혜나 마술의 힘으로 그 상황을 극복한다. 윌리엄 스타이그(William Steig)의 『치과 의사 드소토 선생님 Doctor De soto』(1982)은 마음씨 착한 생쥐 치과 의사 드소토가 음흉한 육식 동물인 늑대가 이빨을 치료하려고 왔을 때 아내와 함께 기지를 발휘하여 난관을 극복하고 의사의 역할을 훌륭히 감당해내는 모습을 보여준다. 때로는 판타지에서 주인공은 우연히 마법의 도구나 힘을 소유하지만 이것을 사용하는 데에는 엄청난 책임이 따른다.[7] 『당나귀 실베스터와 요술 조약돌 Sylvester and the Magic Pebble』(1969)에서 당나귀 실베스터는 요술 조약돌의 힘을 남용하여 돌로 변하고 만다. 그리고 실베스터가 다시 가족의 품으로 돌아온 후 그들은 그 돌을 금고 안에 넣어둔다.

2) 인물

판타지에는 인간을 비롯하여 초현실적인 존재, 말하는 동물이나 무생물과 같은 특별한 유형의 인물이 등장한다. 특별한 유형의 인물은 그 자체가 환상적 느낌을 지니고 있기 때문에 이야기를 좀더 쉽게 환상적으로 전개할 수 있게 한다. 초기 판타지에 등장하는 초현실적 인물은 도깨비, 요정, 마녀와 같이 전래동화에서 쉽게 만날 수 있는 인물이었으나, 현대 판타지 그림책에서는 종종 의인화된 동물과 무생물이 등장한다.

『피터 래빗 이야기』(1897)는 최초로 의인화된 동물이 등장한 그림책이다. 토끼 피터는 말썽꾸러기에다가 엄마의 충고를 듣지 않아 곤경에 빠지는 소년인 동시에 맥그리거 씨 농장에 들어갈 수 있는 토끼로서 인간과 동물의 특성을 모두 갖춘 주인공이다. 밀른(A. A. Milne)의 『위니 더 푸우 Winnie-the-Pooh』(1926)에서는 의인화된 장난감과 사물들이 등장하며, 버지니아 리 버튼(Virginia Lee Burton)의 『마이크 멀리건과 증기 삽차 Mike Mulligan and His Steam Shovel』(1939)와 『작은 집 이야기 The Little House』(1942)가 그 뒤를 이어 의인화된 사물을 등장시켰다. 레오 리오니는 『파랑이와 노랑이 Little Blue and Little Yellow』(1959)에서 추상적인 사물을 의인화하였다. 주인공은 두 개의 색깔 얼룩이지만 평범한 어린이처럼 행동하며 일상적인 사회적 관계를 맺는다. 작은 파랑은 첫 페이지에서 "이것은 작은 파랑입니다"라고 소개되고, 다음 페이지에서 작은 파랑은 '그'로 지칭되며 이로써 성(gender)을 갖게 된다. 그리고 이어서 작은 파랑이의 부모인 크기가 큰 파란 얼룩 두 개가 등장한다. 이로써 작은 파랑이가 아이라는 것이 밝혀진다.

그림책에 동물이 등장할 때는 대부분 의인화된다. 의인화한 동물 주인공을 즐겨 그리는 대표적인 작가로는 윌리엄 스타이그를 들 수 있다. 그의 그림책에는 종종 쥐, 돼지, 개, 당나귀 등 의인화된 동물이 등장하며 그들은 인간과 비슷하게 말하고 먹고 행동하며 생각한다. 김시내(2004)의 연구는 여러 도서선정기관에서 권장도서로 선정한 유아용 그림책 302권 중에서 동물 주인공이 등장하는 경우가 33.08퍼센트를 차지하였으며 그 중에서 동물을 의인화시킨 경우가 90.8퍼센트라고 보고하고 있다.

어린이 그림책에 의인화된 동물이 자주 등장하는 이유로는 대략 세 가지를 들 수 있다. 우선은 유아가 동물을 좋아한다는 것이다. 어린 아이들은 특히 작고 부드러운 동물들을 좋아한다. 그리고 그러한 동물이 등장하는 그림책은 어린이들에게 통제감을 느끼게 해주고, 성인의 역할을 해볼 수 있는 기회를 제공하며 성인에게는 어린이와 책을 나누는 즐거움을 제공한다.[8]

유아가 동물을 좋아한다는 것 외에도 그림책에 동물이 등장하는 중요한 이유 중 하나는 사회적인 이슈와 관련이 있다. 니콜라예바는 의인화된 동물의 등장을 창작의 편의성의 측면에서 설명하였다.[9] 즉, 인간 대신 동물을 등장시킬 때에는 작가가 그의 성, 연령, 사회적 지위 등을 그릴 필요가 없다는 것이다. 또한 핀센트(Pinsent)는 의인화시킨 그림책이 인종의 이슈를 쉽게 피해

4-5 레오 리오니의 『파랑이와 노랑이』 HarperTrophy. 두 개의 색깔 얼룩을 의인화시키고 있다.

갈 수 있다는 점을 지적하였다.[10] 다른 종류의 동물들이 서로 협력하는 모습은 인종 간의 조화를 아름답게 보여줄 수 있는 방법이기 때문이다. 이와 비슷하게 엘렌 로버츠(Ellen Roberts)는 성과 인종의 문제를 피할 수 있는 좋은 방법은 사람을 다른 무엇으로 변장시키는 것이라고 하면서 『이솝 우화』와 『아프리카여 안녕! Curious George』(1941)을 그 예로 들고 있다.[11]

마지막으로 의인화된 동물은 동물의 종에 연관된 이미지를 불러일으키므로 성격 묘사가 용이하다는 점을 들 수 있다. 예를 들어, 독자는 토끼에게서는 연약함, 부엉이에게서는 지혜, 여우에게서는 교활함, 그리고 당나귀에게서는 고집스러움과 같은 종과 관련한 전형적인 이미지를 떠올린다. 이러한 동물의 이미지와 표현방식은 그림책의 표면 아래에서는 그 문화에서 받아들이는 의미가 작동하고 있으며 독자가 그러한 이미지를 받아들일 준비가 되어 있음을 전제한다. 그래서 일반적으로 동물 인물에서는 하나의 고유한 특징이 강조된다. 예를 들어, 『아프리카여 안녕!』에서 원숭이 조지가 보여주는 원숭이다운 행동처럼 동물 인물의 성격은 정적이고 평면적이다.

판타지에 등장하는 인물은 인간이든 아니든 간에 우리 시대의 시간과 공간과 연계되어 있는 평범한 인물이다. 어린이들은 특이한 인물보다는 자신과 닮은 평범한 인물에 쉽게 공감할 수 있다. 그러한 인물들은 평범함, 순진함, 아이다움을 갖고 있고, 호기심이 풍부하며, 선한 본성을 지니고 있다. 이들은 용감하게 세상의 악과 맞서 선을 추구한다. 따라서 판타지 속의 주인공들은 평범할지라도 영웅적인 행동을 하는 경우가 많다. 때로는 마법과 같은 초월적 능력을 발휘하기도 하고, 엉뚱하고 대담하며 괴상한 행동을 하기도 한다. 예를 들어, 아네트 티종(Annete Tison)과 탈루스 테일러(Talus Taylor)의 『바바빠빠 Barbapapa』(1981)의 주인공 바바빠빠는 엉뚱하기는 하지만 선한 목적을 위해 영웅적인 행동을 한다. 판타지 그림책에 등장하는 인물들의 특성을 평범한 성격, 아이다움, 영웅과 같은 행동으로 정리하면 다음과 같다.

(1) 평범한 성격

토미 웅거러의 『세 강도 *Die Drei Rauber*』(1961)에 나오는 티파니와 『제랄다와 거인 *Zeralda Reise*』(1967)의 제랄다가 평범한 성격을 가진 주인공이라고 할 수 있다. 티파니와 제랄다는 신체적으로 연약한 소녀이지만, 솔직함과 천진난만함으로 강도와 거인을 통제하고 변화시킨다. 이러한 인물들에게서 독자는 도덕을 배우는 것이 아니라 삶의 지혜를 배울 수 있다.

이러한 인물들은 인간이 아닐 수도 있다. 반인반마와 같은 신비한 동물, 평범한 동물, 놀잇감, 인형 등이 그러한 역할을 담당한다. 레오 리오니의 그림책에서 우리는 이러한 인물을 자주 만날 수 있다. 『티코와 황금날개』에서 새 티코, 윌리엄 스타이그의 『치과 의사 드소토 선생님』의 주인공 생쥐 의사 드소토가 그러한 인물들이다.

(2) 아이다움

판타지 그림책의 평범한 인물은 순수하기도 하다. 순수한 사람은 항상 호기심이 많은 선한 사람이며 세상에 의해 아직 타락하지 않았고 삶을 냉소적으로 바라보지 않는다. 반면 악당은 현실적이고 세속적이고 냉소적이다. 그래서 판타지 작가들은 자주 어린이를 주인공으로 등장시킨다.

윌리엄 스타이그의 『당나귀 실베스터와 요술 조약돌』에서 당나귀 실베스터는 호기심이 많고, 예쁜 조약돌을 모으는 취미를 가진 어린이의 모습 그대로다. 그는 엉겁결에 요술의 조약돌을 잘못 사용한 탓에 바위로 변하지만 가족들의 사랑의 힘으로 다시 당나귀로 돌아온다. 버지니아 리 버튼의 『말괄량이 기관차 치치 *Choo Choo*』(1937)에서 기관차 치치는 어른의 속박에서 벗어나고 싶은 어린이의 마음을 가졌다. 그러나 제멋대로 달리다 결국 길을 벗어나 숲 속에 갇히게 되자 자신의 방종함을 후회하며 어른들에게 순종하겠다고 결심한다.

어린이다운 상상의 세계에서 놀고 있는 어린이의 모습은 그림책에 자주 등장한다. 존 버닝햄의 많은 그림책에 등장하는 어린이 주인공들과 크리스 반 알스버그의 『북극행 특급열차 The Polar Express』(1985)의 주인공 소년, 또 닥터 수스의 『멀버리 거리에서 보았던 것을 생각하다 And to Think that I Saw it at Mulberry Street』(1937)의 주인공이 그러한 예이다. 이 작품에 등장하는 주인공 소년은 학교를 오가는 길에서 본 것을 아버지에게 이야기하지만 아버지는 이상한 이야기를 하지 말라며 본 대로 이야기하라고 요구한다. 그러나 주인공은 길에서 일어나는 일상적인 모습에 자신의 무한한 상상력을 첨가하여 마치 상상력에 기초한 일들이 길에서 실제로 일어났던 것처럼 생각한다. 그래도 주인공은 어떤 것을 보았는지 묻는 근엄한 아버지 앞에서는 자신이 보았다고 믿는 것을 마음에 간직하고 일상적인 사실만을 말한다. 이 책은 어린이 상황에서는 상상의 세계가 실제 세계에서 보고 느낀 것 이상의 비중을 차지한다는 것을 그리고 있다.

4-6 윌리엄 스타이크의 『당나귀 실베스터와 요술 조약돌』 이상경 옮김, 다산기획. 판타지 그림책의 의인화된 인물 실베스터는 호기심 많은 어린이 모습 그대로다.

(3) 영웅적인 행동

판타지 그림책의 주인공이 평범하다고 하여 그들이 영웅적인 행동을 할 수 없다는 것은 아니다. 그러나 판타지의 영웅은 여러 가지 측면에서 전통적인 영웅과 차이가 있다. 신화에서 영웅은 보통 인간이 가진 능력 이상의 지적, 신체적 능력을 소유하고 있으므로 다소 신과 같은 존재로 취급되는 경향이 있다. 반면 판타지의 주인공은 그러한 초능력은 가지고 있지 않을지라도 자신의 도덕성에 대해 놀랄 만큼 잘 알고 있다. 그는 매우 외로운 사람으로 그려질 때가 있다. 왜냐하면 군중과 다른 행동을 할 뿐만 아니라 때로는 다른 세계에서 행동을 하기 때문이다. 또한 그는 종종 인내력을 시험 당하는데, 대부분 그러한 시험을 스스로 선택한다. 이러한 인물이 주인공으로 등장하는 그림책은 스릴과 위험으로 가득 차 있어서 주인공이 평범한 인물이더라도 무미건조하게 보이지 않는다. 이러한 점에서도 판타지 그림책의 특성을 발견할 수 있는데, 그것은 가장 평범한 인물이 그런 일을 할 수 있으며, 또 할 수 있어야 한다는 신념이다. 예를 들어 레오 리오니의 『으뜸 헤엄이』는 외롭고 평범한 작은 검정 물고기가 다른 작은 물고기를 한데 모아 큰 물고기를 물리치는 영웅적인 행동을 한다. 평범한 물고기이지만 자신의 능력의 한계를 초월하는 일을 해내고 있는 것이다.

3) 배경

판타지의 배경은 보통 시간적, 공간적 제약을 받지 않고 자유롭기 때문에 아주 다양할 수 있다. 시간적 배경은 현실, 과거, 미래 중 어떤 것이라도 될 수 있으며 그들 사이를 자유롭게 이동할 수도 있다. 다시 말해 현실적 시간의 제약 없이 얼마든지 이야기의 전개가 가능하다. 이처럼 시간 여행이 자유롭고 광범위하기 때문에 판타지는 자칫 터무니없는 이야기가 될 수도 있다. 그러나 판타지의 작가들은 현실과 환상의 세계를 연결하는 그럴 듯한 장치나 통로를 사용함으로써 현실의 독자를 환상의 문턱 너머로 무리 없이 드나들게 만든다. 각각의 이야기의 특성에 적합한 연결장치는 환상의 질서를 유지하

4-7 크리스 반 알스버그의 『북극행 특급열차』 Houghton Mifflin Company. 1930년대 거리, 증기 내뿜는 소리가 당장이라도 날 듯한 기차의 모습이 환상으로 넘어가는 장치로 사용되었다.

는 기능을 맡고 있다. 존 버닝햄의 『구름나라 Cloudland』(1996)에서는 절벽 밑으로 떨어진 아이가 환상의 세계로 가며, 모리스 센닥의 『괴물들이 사는 나라』에서는 방안이 숲으로 변하면서 주인공은 배를 타고 환상세계로 넘어간다. 크리스 반 알스버그는 이러한 기술을 자신의 작품 『북극행 특급열차』에서 사용하였다. 그는 1930년대 스타일의 거리의 한가운데에 기차를 갖다 놓는다. 산타가 몰고 다니는 사슴 소리를 들으려고 잠을 자지 않고 있는 어린 소년은 사슴과 산타 대신 기차가 증기를 씩씩 내뿜는 소리와 금속끼리 부딪히는 소리를 듣는다. 그 책의 몇 장에서 반 알스버그는 인물들을 그들의 세계가 아닌 다른 세계로 옮겨놓는다.

현실, 또는 일차적 세계와 다른 세계 또는 이차적 세계의 경계가 불분명하고 유동적인 그림책도 증가하고 있다. 존 버닝햄의 『지각대장 존 John Patric Norman McHennessy: The Boy Who was Always Late』(1987)을 읽는 독자는 존이 학교 가는 길에 겪은 사건들과 선생님이 고릴라에게 붙잡혀 천장에 매달린 일이 현실인지 존의 상상의 세계인지 확실치 않아 당황하게 된다. 애쿠

멀 래머챈더(Akumal Ramachander)가 글을 쓰고 스타시스 에이드리제비치우스(Stasys Eidrigevicius)가 그림을 그린 『아기 돼지 Little Pig』(1992)의 마지막 장면에서는 트럭 운전사가 메리의 옷을 입고 집 밖으로 나온 돼지를 발견하고 잡아간다. 이 순간 독자는 이 장면이 메리가 꾸고 있는 꿈의 일부분인지, 아니면 그녀가 실제로 돼지로 변신한 것인지(이 경우도 현실적인 것은 아니지만) 알 수 없는 애매모호함 속에 빠진다.

티머먼은 전통적인 판타지에서 현실과 다른 세계를 구성하는 이유를 회복, 탈출, 위안으로 설명한다.[12] 선과 악이 공존하고 때로는 이 둘을 분간하기 어려운 현실 세계에서 판타지의 이차적 세계는 독자에게 정신적 질서를 제공하는 회복의 기능을 하며, 선에 대한 통찰을 제공한다. 탈출은 정신적 자유를 뜻한다. 그리고 판타지의 세계는 희망을 제공하며 위안을 준다. 모리스 센닥의 『괴물들이 사는 나라』에서 맥스는 현실세계에서의 혼란과 스트레스로부터 괴물들이 사는 나라인 환상세계로 탈출함으로써 자유를 얻는다. 그러나 그것은 맥스에게 안전한 세계가 아니었으며, 맥스는 선에 대한 통찰, 엄마의 깊은 사랑에 대한 인식과 이에 대한 필요를 느낀다. 그리하여 환상세계에서 얻은 깨달음을 가지고 집으로 돌아가는 회복을 경험한다. 이렇듯 판타지에서의 이차적 세계는 인간의 경험 세계를 능가하여 인간이 추구하는 것을 실현할 수 있는 세계가 된다. 다시 말하면 판타지에서는 이차적 세계를 사용함으로써 우리에게 현실의 문제에 더욱 객관적인 관점을 취할 수 있도록 한다.

---

* 이차적 세계: 마리아 니콜라예바가 그의 책 『Children's Literature comes of age』에서 판타지 문학을 논하면서 사용한 용어로, 우리가 사는 현재의 일차적 세계와 대조되는, 시공간적으로 다른 판타지 세계를 가리키는 말이다.

4) 플롯

판타지의 구성에서 독특한 것은 초자연적인 것을 사용한다는 것이다. 그것은 초자연적 사건, 인물, 마술의 사용, 초자연적 문제 해결 등을 포함한다. 맨러브(Manlove)에 따르면 판타지에 등장하는 초자연적인 것은 단순한 가능성을 넘어 추진력이며, 플롯뿐만 아니라 인물의 발전과 형성에 중요한 역할을 한다.[13]

대부분의 주인공들은 단순한 개인이 아니라, 도덕적이며 지적인 규범의 지지자이다. 그리하여 주인공의 행동도 윤리적 지향성을 가지며, 주인공이 마술이나 초자연적 힘을 사용할 때도 선과 악의 문제가 중요하게 된다.[14]

모든 훌륭한 판타지에서 선의 힘은 절대성을 갖는다. 즉 마술이 올바른 방향으로 사용되었을 때만 그 힘은 궁극적 목적을 성취한다. 판타지의 세계에서 마술적인 자질을 소유하는 것은 악을 부수고 조화를 회복하는 능력을 갖는다는 것을 말한다.

현대 판타지 작가들은 어떤 형태든지 초자연적인 것과의 만남이 주인공을 어떻게 변화시키는지에 관심을 집중한다. 이런 작가들에게 마술이란 특별한 선명함과 예리함을 가지고 현실을 비추는 거울이다.[15] 예를 들어, 레오 리오니의 『새앙쥐와 태엽쥐』에서 알렉산더가 요술 도마뱀에게 원래의 요구를 바꾸어 태엽쥐 윌리를 자신과 같은 살아 있는 쥐로 바꿔 달라고 하는 것은 알렉산더의 자아 개념의 발달과 성장을 의미한다.

판타지의 플롯에서 일련의 사건들은 논리성을 가지며 줄거리를 믿을 만하게 해준다. 즉 환상에서의 질서는 중요한 요소이다. 환상이 현실과 융합하여 자연스럽게 보이게 하고, 독자가 쉽게 몰입하도록 만드는 것은 잘 짜여진 판타지에서 발견할 수 있는 플롯의 요건이다. 훌륭한 판타지에서는 우연한 사건의 남발이 없으며, 현실과 환상 세계 사이의 전환도 자연스럽다.

5) 글과 그림의 대위

이상과 같이 문학적인 요소의 특징을 들어 판타지 그림책의 성격을 살펴보았다. 그런데 현대의 소설*이 보여주듯이 현대 문학에서 현실과 허구의 경계는 점차 흐려지는 경향이 있으며 그림책에서도 그러한 경향을 발견할 수 있다. 다시 말하여 사실주의와 판타지가 교묘하게 섞여 있는 작품들도 등장하게 되었다. 니콜라예바는 그림책이 그림과 글의 대위(counterpoint)를 통해

4-8 존 버닝햄의 『우리 할아버지』 Puffin Book. 펼친 면에 두 개 이상의 이미지를 병렬적으로 배치. 현실과 환상의 세계를 번갈아 보여준다.

---

* 예를 들어, G. 마르케스의 소설인 『백년의 고독』(1967)이 대표적이다.

서 그러한 장르 절충주의(eclecticism)를 소설보다 더 효과적으로 드러내고 있다고 주장하고 있다.[16]

  그녀는 장르의 관점에서 본다면, 많은 그림책에서 글과 그림이 다른 장르의 이야기를 말한다고 지적하면서 가장 주목받는 그림책 작가들이 보여주는 그림과 글에서 그러한 특징을 발견할 수 있다고 하였다. 존 버닝햄의 『셜리야, 목욕은 이제 그만! Time to Get Out of the Bath, Shirley』(1978), 『셜리야, 물가에 가지 마! Come Away from the Water, Shirley』(1977)라든가, 『지각대장 존』(1987)과 『알도 Aldo』(1991), 그리고 앤서니 브라운(Anthony Browne)의 『고릴라 Gorilla』(1983), 『터널 The Tunnel』(1989)은 글과 그림이 다른 장르의 이야기를 하고 있다고 말할 수 있다. 만일 우리가 『알도』를 그림 없이 글만 읽으면 알도가 소녀의 현실적인 친구라고 생각하게 된다. 다시 말하여 글 텍스트는 소녀의 관점에서 이야기되며 사건은 그녀에게는 '진실'이다. 그러나 그림을 보면 우리는 이야기가 오직 아이의 상상에서만 존재한다는 것을 알게 된다. 병렬적으로 배치한 두 장면 이상의 그림도 글의 지원을 받든 아니든 간에 그러한 사실주의와 판타지의 교차를 보여준다. 버닝햄의 '셜리' 책(1977, 1978)과 『우리 할아버지 Granpa』(1984)에서는 펼친 면에 병렬로 배치한 두 개 이상의 시각적 이미지들이 번갈아가며 현실과 환상의 세계를 보여준다.

2. 판타지 그림책의 분류

  가장 보편적으로 사용하는 판타지 분류법은 문학적 요소가 드러내는 환상성의 정도에 따라 나누는 것이다. 판타지는 환상성의 정도가 높은 것(high fantasy)과 환상성이 낮은 것(low fantasy)으로 크게 대별되기도 한다.[17]

또 다른 분류법으로는 컬리넌과 갤더가 제시하고 있듯이 타입에 따라 나누는 것으로서 소인국 판타지(miniature worlds), 동물 판타지(animal fantasy), 시간 이동(time slips), 비실제적인 세계(unrealistic world), 마술(magic), 전승 문학에 기초한 판타지(literary lore), 그리고 모험 이야기(quest tales)로 나누는 것이다.[18]

또 다른 방식은 등장인물, 배경, 플롯과 같은 문학 요소의 특성에 따라 분류하는 것이다.[19] 이러한 분류방식에 따르면 판타지 그림책은 등장인물이 초현실적 등장인물, 의인화된 동물, 의인화된 무생물, 또는 현실적 인물이냐에 따라 범주를 나눌 수 있으며, 배경에 따라 작품을 분류한다면 공간적 배경의 이동이 일어나는 것과 시간 이동이 나타나는 것으로 나눌 수 있다. 플롯에 따라서도 꿈이나 환상 속에서나 가능한 사건이 나타나는 것과 마법과 변형이 일어나는 사건이 나타나는 작품으로 분류할 수 있다.

루켄스는 판타지를 환상적인 이야기(fantastic stories), 높은 환상성을 보이는 작품(high fantasy), 과학 픽션(science fiction) 등 셋으로 나누고 있다.[20] 이 중에서 환상적인 이야기의 특징은 마술적인 특질을 가진 인물이나 의인화된 놀잇감이나 동물, 사물 등이 등장하며 약간의 환상적인 특질을 가진 현실적인 세계가 배경이 된다. 좋은 예로는 아동문학 작품인 화이트(E. B. White)의 『샬롯의 거미줄 Charlotte's Web』(1952)과 레오 리오니의 동물 의인화 그림책을 들 수 있다. 높은 환상성을 보이는 작품은 평범한 인물이 주인공이 될 수 있으나 마술적인 존재가 등장하며 마술적인 요소와 선과 악의 갈등, 초현실적인 시공간을 배경으로 하고 있다. 과학 픽션은 미래의 과학이나 자연적인 힘을 다룬다.

이상의 분류방식 중에서 환상성이 낮은 판타지와 높은 판타지로 나누는 방식을 집중적으로 살펴보도록 한다. 두 타입은 판타지의 하위 장르(subgenre)

라고도 불리울 정도로 보편적으로 받아들여지고 있기 때문이다. 윈터스와 슈미트는 이 분류방식의 근거는 판타지의 '다른' 세계의 다양한 형태에서 찾을 수 있다고 하였다.[21]

1) 낮은 환상성의 판타지

이 경우에 판타지는 실제 세계에서 일어나며 일반적으로 가볍고 때로는 코믹하기도 하다. 나이 어린 아이들의 관심사에 초점이 맞춰져 있는 경우가 많아서 주로 가족 상황이나 자신의 정체감을 다루는 작품들이 대부분을 차지한다. 이러한 판타지를 지배하는 것은 따뜻함, 돌봐주는 사람, 좋은 음식, 그리고 인정이 넘치며 안전하고 중심이 있는 세계에 대한 소망이다.

영국의 빅토리아와 에드워드 시대의 아동문학을 특징 짓는 것이 바로 이러한 낮은 환상성의 판타지라고 할 수 있다.

비아트릭스 포터는 바로 이러한 장르를 발전시킨 작가라고 할 수 있으며, A. A 밀른의 『위니 더 푸우』(1926), 버지니아 리 버튼의 『말괄량이 기관차 치치』(1937)와 『작은 집 이야기』(1942)가 그 뒤를 잇고 있다. 윌리엄 스타이그의 작품들도 낮은 환상성을 가진 판타지 그림책이라고 할 수 있다. 그의 작품은 지혜, 가족의 사랑과 우정과 같은 누구나 공감할 수 있는 보편적인 주제들을 담고 있다. 등장인물은 주로 의인화된 동물들이며 요술 조약돌이나 피리, 멋진 뼈다귀와 같은 마술의 도구가 등장하여 초자연적인 일들을 전개한다.

2) 높은 환상성의 판타지

낮은 환상성을 가진 작품의 특징이 내부를 보는 것(inward looking)이라면, 높은 환상성의 판타지는 밖을 보는 것(outward looking)이다. 후자에 속하는 판타지의 대부분은 이차적 세계를 창조하기 위해 신화적인 원형으로 향하며 이러한 세계에 참여하고 있는 등장인물은 영웅적이거나 낭만적인 모험의 형태에 이끌린다. 그러한 작품의 주인공은 어렵고 고된 여행을 선택하거나, 친절하거나 사악한 초자연적 인물들을 만나기도 하며, 그 모험을 같이 할 동료나 마법의 힘이 있는 사물을 만난다. 아동문학 작품으로는 루이스(C. S. Lewis)의 『나니아 나라 이야기 The Chronicles of Narnia』(1950)나 톨킨(J. R. R. Tolkien)의 『반지의 제왕 The Lord of the Rings』(1954), 미하엘 엔데(Michael Ende)의 『끝없는 이야기 The Neverending Story』(1979) 등이 높은 환상성을 보여주는 작품이라고 할 수 있다.

어떤 판타지는 그 작품의 배경으로 처음부터 완전히 다른 세계를 창조하기도 한다. 그래서 '현실'과 '비현실'의 균형이 존재하지 않는 경우도 있다. 톨킨의 『반지의 제왕』에서는 현실과 환상을 잇는 통로가 없으며 처음부터 '중간 세계'로 설정된 배경에서 이야기가 전개된다.

그림책에서 높은 환상성을 보이는 작품으로는 크리스 반 알스버그의 작품을 들 수 있다. 그는 『주만지 Jumanji』(1981), 칼데콧 메달을 수상한 『북극행 특급열차』, 1980년에 칼데콧 명예상을 수상한 『압둘 가사지의 정원 The Garden of Abdul Gasazi』(1979)을 창작하였다. 그의 작품은 미스터리와 마술로 가득 차 있는 세계를 표현한다. 그는 이야기를 극적이고 생동감 있게 만들기 위해 시점을 마음대로 바꿀 수 있는 사진 찍기 기법을 사용하였으며 빛의 작용을 즐겨 그렸다. 그의 이러한 화법은 환상과 현실이 뒤섞인 초현실적 세계를 창조하는 데 효과를 거두고 있다.

『압둘 가사지의 정원』과 『주만지』는 흑백 그림의 책으로 신비스럽고, 때로는 위협적인 분위기를 연출한다. 이 두 작품은 현실세계에서 출발하지만 곧 '현실' 세계의 규칙이 사라지는 장소로 이동한다. 크리스 반 알스버그의 판타지가 놓여 있는 곳은 바로 '현실'의 규칙이 부재한 곳이다.

4-9 크리스 반 알스버그의 『압둘 가사지의 정원』 이상희 옮김, 베틀북. 현실의 세계에서 출발하지만 곧 현실 세계의 규칙이 사라지는 장소로 이동한다.

『압둘 가사지의 정원』에서 헤스터 아줌마는 앨런 미즈에게 오후에 자신의 개 프리츠를 돌봐달라고 부탁한다. 개가 압둘 가사지의 정원으로 도망치자 앨런은 그를 쫓아가다가 가사지의 정원을 침범하고 만다. 그는 가사지에게 개를 찾도록 도와달라고 요청한다. 그런데 마술사인 가사지는 앨런에게 개가 오리로 변했다는 것을 확인시킨다. 오리를 집으로 데리고 오다가 바람이 불어 앨런의 모자가 날아가고 오리 역시 앨런의 모자를 물고 날아가버린다. 앨런은 프리츠를 영원히 잃어버렸다며 슬퍼한다. 심란해진 앨런은 헤스터 아줌마의 집을 찾아가는데, 바로 그곳에서 그를 기다리고 있는 개를 발견한다. 집에 돌아와 있던 헤스터 아줌마는 마술사가 그를 속였다고 말한다. 프리츠는 앨런이 가사지와 함께 있을 때 집에 돌아왔다는 것이다. 앨런이 돌아간 후 헤스터 아줌마는 프리츠가 앨런의 모자를 물고와 자신의 발치에 떨어뜨린 것을 보고 꾸짖는다.

    이 판타지에서 가장 중요한 부분은 결말이다. 독자는 단순히 개가 가사지의 정원에서 다시 돌아왔다는 설명을 쉽게 받아들이지 않는다. 왜냐하면 그 개가 오리가 물고간 모자와 함께 왔기 때문이다. 이웃의 개를 돌보는 소년이라는 친숙하고 기대할 수 있는 세계와 그림이 보여주는 신비로운 세계는 서로 경쟁하고 있다. 가사지의 정원으로 가는 길 옆의 동상은 금지된 장소로 뛰어가는 앨런에게 경고하는 듯이 손을 들고 있다. 이것은 아직 현실의 영역이다. 개가 오리로 변한 것은 정원 주위의 이상한 환경 탓에 소년의 상상력이 만든 것이라고 할 수 있을지 모른다. 그러나 마지막 장면은 개가 모자를 가지고 있다는 것을 보여주면서 그러한 해석을 거부한다. 헤스터 아줌마가 무시한 신비로운 일이 실상은 진실일지 모르며 판타지가 또 다른 종류의 실재(reality)일지 모른다는 가능성을 보여준다. 알스버그는 특유의 장난스러움으로 현실과 환상세계의 구분을 흐려버린다.

    『압둘 가사지의 정원』과 『주만지』에 나타나는 판타지는 분명히 어린이의 영역이다. 어른들은 그 대상이 아니다. 적어도 어른들은 판타지에 적극적으로 참여하지 않는다. 헤스터 아줌마가 압둘 가사지가 개를 오리로 변화시킬 수 있다는 생각을 무시한 것처럼 『주만지』에서 어른들은 그들의 집이 정글로 바뀌었다는 것을 좀처럼 믿지 못한다. 또한 『주만지』에서 어른들은 목 아랫부분만 그림으로 나온다. 마치 아동기의 세계로부터 나와 있는 것처럼…. 다른 한편, 쥬디와 피터는 무엇인가를 알고 있다는 시선을 교환한다. 그들은 결코 어른과 공유할 수 없는 어떤 세계에 참여하여 온 것이다.

알스버그는 『주만지』에 후기 작품에서 반복하여 사용하였던 환상 기술을 도입하였다. 사자나 사냥꾼이나 물소, 뱀, 또는 원숭이 자체에는 환상적인 요소가 전혀 없다. 모든 집안의 집기들도 환상적인 요소가 없다. 그러나 이러한 별개의 요소들이 같이 결합되자 그들은 판타지를 이룬다. 사자는 피아노 위에서 으르렁거리고 있고 물소는 복도로 달려가고 뱀은 벽난로 주위를 감고 있고 개구리는 바닥에서 뛰어오른다. 이러한 것들은 환상적인 요소들이다.

4-10 크리스 반 알스버그의 『북극행 특급열차』 Hughton Mifflin company. 환상과 실제 간의 경계는 흐릿하다.

가사지의 정원이 어린 소년의 상상력의 반영으로 설명될 수 있는 반면, 여기에서는 판타지가 서로 같이 존재할 수 없는 두 가지 요소들을 결합함으로써 나타나고 있다.

『압둘 가사지의 정원』에서 처음 나온 환상과 실제 간의 흐릿한 경계는 그의 다른 책에서도 계속된다. 그래서 그는 '현실'의 세계를 판타지 세계로 옮길 때 뚜렷한 선, 옷장의 문, 불빛 같은 것을 제시하지 않는다. 『북극행 특급열차』의 소년이 경험한 모든 모험은 단순히 꿈인가? 『벤의 꿈 Ben's Dream』(1982)의 주인공은 그 책 전체에서 꿈을 꾸고 있는 것인가? 그러나 알스버그는 그러한 질문에 직접 대답하지 않은 채 그럴 수도 있다는 가능성을 열어놓고 있다. 그것은 독자가 그의 책에 나오는 환상의 요소를 거부하도록 할 가능성이다. 그러나 『북극행 특급열차』에서는 아이가 꿈에서 산타로부터 받은 종을 쥐고 있다.

이 모든 책에서 드러나듯 알스버그의 세계에서 환상의 세계는 현실의 세계와 병렬 관계에 놓여 있을 뿐 아니라 나와 세상의, 그리고 나와 내 자신 간의 상호작용의 산물인 것이다.*

3. 판타지 그림책의 평가 준거

훌륭한 판타지 그림책은 좋은 그림책의 조건을 만족시키면서 한편으로는 판타지만이 갖는 특성에 관련된 준거들을 만족시킨다. 판타지 그림책의 평

---

* 알스버그의 작품은 마르케스의 『백년의 고독』이 보여주는 마술적 리얼리즘과 흡사한 방식으로 현실과 환상, 사실과 허구가 초현실적으로 교묘하게 결합된, 작가의 세계 인식 방법을 드러낸다.

가 준거를 살펴보기 전에 아동문학으로서의 판타지에 관한 학자들의 평가 준거를 소개하면 다음과 같다.

컬리넌과 갤더는 다음과 같은 준거를 설정하였다.[22]

- 판타지 세계가 구체적이며 이야기의 맥락 안에서 믿을 만한가?
- 상상력이 풍부한 이야기이며 이야기 세계는 논리적으로 일관성이 있는가?
- 인물들이 일관성이 있으며 논리적인 행위를 보이면서 다차원적인가?
- 이미지가 생생하고 구조가 탄탄하며 이해할 만한가?
- 주제들이 의미가 있으며 독자들이 삶에 대해 생각하도록 하는가?

또한 윈터스와 슈미트는 판타지를 평가하기 위한 질문들을 다음과 같이 제시하였다.[23]

- 작가는 어떻게 독자들이 불신을 거두도록 돕는가? 실제 세상에서 시작함으로써? 강력한 서사적 목소리(narrative voice)를 창조함으로써? 일관성 있고 완전한 인물과 배경을 창조함으로써? 작가의 선택은 왜 성공적인가, 아니면 왜 성공적이지 못한가?
- 작가는 이야기 안의 현실과 비현실적 요소 사이의 상호 작용을 어떻게 성공적으로 이끄는가?
- 작가는 전체적이고 일관성 있는 배경을 창조하고 있는가?
- 판타지의 구조는 어떻게 진리를 전달하는 도구가 될 수 있는가?
- 인간성과 세계에 대한 어떠한 진리가 판타지를 통해 전달되고 있는가?

이상의 준거들을 기초로 판타지 그림책의 평가 준거를 정리하면 다음과 같다.

1) 주제
- 독자가 판타지를 통해 새로운 통찰력과 인식을 갖게 되었는가?
- 진리를 전달하고 있는가?
- 독자의 상상력이 확장되는가?
- 주제가 교훈적이지 않으며 인물이나 플롯과 잘 융합하고 있는가?

2) 인물
- 인물의 성격은 현실세계든 환상세계든 일관성이 있는가?
- 인물의 성격이 다차원적인가?
- 주인공은 평범함, 순진함, 아이다움, 호기심이 풍부하며 선한 본성을 지니고 있는가?

3) 배경
- 시간적 요소가 실제처럼 표현되었는가?
- 전체적이고 일관성 있는 배경을 창조하고 있는가?
- 공간적 배경이 진실하고 이야기와 잘 융합하는가?

4) 플롯
- 일련의 사건들이 논리적 일관성을 가지고 있는가?
- 줄거리가 믿을 만한가?
- 환상과 현실이 잘 융합하여 불가능한 것을 가능하게 보이게 하는가?
- 사건이 우연적으로 발생하지 않으며 탄탄한 개연성이 있는가?
- 환상세계와 현실세계의 전환이 자연스럽게 이루어지는가?
- 환상적인 요소가 논리적으로 이야기와 잘 융합하는가?
- 마술적 요소가 일관성이 있는가?

5) 문체
- 문체가 환상을 그리는 데 적합한가?
- 세부 묘사가 줄거리, 장면, 인물, 관점과 일관성이 있는가?
- 독자에게 창조된 세계를 생생하게 상상할 수 있도록 해주는가?

판타지는 어린이에게 가장 사랑받는 장르 중 하나이다. 판타지 그림책에서 자연적인 법칙은 일시적으로 멈추고 마술과 마법이 적용되며 시공간의 제약은 없어진다. 그러나 그렇다고 판타지 안에서라면 어떤 사건이든 가능하다는 것은 아니다. 판타지에서도 원인과 결과의 개연성은 철저히 지켜야 하며 초자연적인 사건들도 일정한 법칙에 따라 움직인다. 판타지 그림책의 주제는 인류 보편의 심오한 것에서부터 일상생활에서 부딪힐 수 있는 문제 또는 가벼운 재미나 유머를 선사하는 것까지 다양하다.

판타지 그림책은 그 안에서 다른 세계를 창조함으로써 현실세계를 탐색하는 다른 방식을 제공한다. 훌륭한 판타지의 세계는 우리의 현실세계와 잘 맞을 수 있으며 현실세계에서 확실히 보지 못한 것을 더 통합적이고 분명하게 드러낸다.

판타지 그림책은 환상성이 낮은 작품과 환상성이 높은 작품으로 나눌 수 있으며 의인화된 동물이 등장하는 작품들은 대개 환상성이 낮은 판타지에 속한다. 비아트릭스 포터의 작품은 환상성이 낮은 판타지라고 할 수 있으며 판타지 그림책 중 어린이들에게 가장 친숙하며 사랑받는 작품들의 대부분은 이 장르에 속한다.

환상성이 높은 그림책들 중에는 의도적으로 현실과 환상 간의 경계를 흐릿하게 하면서 실재에 대한 우리의 인식에 의문을 제기하는 작품들이 등장하고 있다. 이러한 작품들에서 나타나는 작가의 의도는 독자에게 단순히 꿈과 같은 세계를 보여주려는 것이 아니라 존재론적, 인식론적 문제를 제기하는 것이다. 현실과 허구는 글과 그림의 교묘한 결합 때문에 구분이 어려워지며 결국 실재에 대한 인식은 독자의 몫으로 남는다.

미 주 목 록

1) Timmerman, J. H. (1983). *Other Worlds: The Fantasy Genre*. Bowling Green. OH: Bowling Green Univ. Plpular Press. p. 49.
2) Winters, C. J. & Schmidt, G. (2001). *Edging the Boundaries of Children's Literature*. Grand Rapids. MI: Allyn and Bacon. p. 195.
3) Egoff, S. A. (1981). *Thursday's Child*: Trends and patterns in Contemporary Children's Literature. Chicago: American Library Association.
4) 현은자(2003). 그림책에 반영된 포스트모더니즘에 대한 기독교적 조망. 기독교 세계관으로 아동문학 보기. 서울: 학지사. pp. 135~176.
5) Nikolajeva, M. & Scott, C. (2001). *How Picturebooks Work*. New York: Garland.
6) 재인용: Burke, E. M. (1986). *Literature for the Young Child*(2nd ed.). Boston: Allyn and Bacon. p. 219.
7) Timmerman, J. H. (1983). 같은 책. pp. 72~90.
8) 현은자, 변윤희(2004). 그림책에서 의인화된 동물 등장인물에 대한 아동의 반응. 어린이문학교육연구 5(2). pp. 31~62.
9) Nikolajeva, M. (2002). *The Rhetoric of Character in Children's Literature*. Boston, MA: Scarecrow Press.
10) Pinsent, P. (1997). *Children's Literature and the Politics of Equality*. New York: Teachers College Press. p. 76.
11) Roberts, Ellen E. M. (1987). *The Children's Picture Book*. Writers Digest Books. 김정 역(2002). 그림책 쓰는 법. 서울: 문학동네.
12) Timmerman, J. H. (1983). 같은 책. pp. 55~59.
13) Manlove, C. N. (1976). *Modern Fantasy: Five Studies*. Cambridge Univ. Press.
14) Timmerman, J. H. (1983). 같은 책. p. 72.
15) Nikolajeva, M. & Scott C. (1996). *Children's Literature Comes of Age: Toward a New Aesthetic*. New York and London: Garland. p. 73.
16) Nikolajeva, M. & Scott C. (2001). 같은 책. pp. 24~25.
17) Winters, C. J. & Schmidt, G. (2001). 같은 책.
18) Cullinan, B. E. & Galda, L. (2002). *Literature and the Child*. Forth Worth, TX: Harcourt Brace & Company.
19) 김현희 외(2002). 환상 그림책으로의 여행. 서울: 다음세대.
20) Lukens, R. J. (2003). *A Critical Handbook of Children's Literature*(7th ed). Boston, MA: Allyn and Bacon.
21) Winters, C. J. & Schmidt, G. (2001). 같은 책. pp. 196~200.
22) Cullinan, B. E. & Galda, L. (2002).
23) Winters, C. J. & Schmidt, G. (2001). 같은 책. p. 197.

참 고 문 헌

김시내(2004). 권장도서의 선정 현황과 특성 분석: 유아도서를 중심으로. 성균관대학교 대학원 석사학위 청구논문.
김현희 외(2002). 환상그림책으로의 여행. 서울: 다음세대.
김현희, 박상희(2002). 유아문학교육. 서울: 학지사.
현은자(2003). 그림책에 반영된 포스트모더니즘에 대한 기독교적 조망. 기독교 세계관으로 아동문학보기. 서울: 학지사. pp.135~176.
현은자, 변윤희(2004). 그림책에서 의인화된 동물 등장인물에 대한 아동의 반응. 어린이문학교육연구 5(2). pp.31~62.
Burke, E. M. (1986). *Literature for the Young Child*(2nd ed.). Boston: Allyn and Bacon.
Cullinan, B. E. & Galda, L. (2002). *Literature and the Child*. Forth Worth, TX: Harcourt Brace & Company.
Egoff, S. A. (1981). *Thursday's Child: Trends and patterns in Contemporary Children's Literature*. Chicago: American Library Association.
Manlove, C. N. (1976). *Modern Fantasy: Five Studies*. Cambridge Univ. Press.
Nikolajeva, M. (1996). *Children's Literature Comes of Age: Toward a New Aesthetic*. New York and London: Garland.
Nikolajeva, M. & Scott, C. (2001). *How Picturebooks Work*. New York: Garland.
Nikolajeva, M. (2002). *The Rhetoric of Character in Children's Literature*. Boston, MA: Scarecrow Press.
Pinsent, P. (1997). *Children's Literature and the Politics of Equality*. New York: Teachers College Press.
Raines, S. & Isbell, R. (1994). *Stories: Children's Literature in Early Childhood*.
Roberts, Ellen E. M. (1987). *The Children's Picture Book*. Writers Digest Books. 김정 역(2002). 그림책 쓰는 법. 서울: 문학동네.
Timmerman, J. H. (1983). *Other Worlds: The Fantasy Genre*. Bowling Green, OH: Bowling Green Univ. Plpular Press.
Winters, C. J. & Schmidt, G. (2001). *Edging the Boundaries of Children's Literature*. Grand Rapids, MI: Allyn and Bacon.

참 고 그 림 책 목 록

Akumal Ramachander(1992). *Little Pig*. illustrated by Stasys Eidrigevious. Viking Pr.
Annette Tison & Talus Taylor(1981). *Barbapapa*. Penguin Books Ltd. 이용분 역.(1994). 바바빠빠. 시공주니어.
Anthony Browne(1983). *Gorilla*. Candlewick Press. 장은수 역(1998). 고릴라. 비룡소.
　　　　　　(1989). *The Tunnel*. Walker Books. 장미란 역(2002). 터널. 논장.
Arnold Lobel(1970). *Frog and Toad Are Friends*. New York: HarperTrophy. 엄혜숙 역(1996). 개구리와

두꺼비는 친구. 비룡소.
Beatrix Potter(1897). *The Tale of Peter Rabbit*. First published by Frederick Warne (1902). 김서정, 신지식 역(2003). 피터 래빗 이야기. 프뢰벨 행복나누기.
C. S. Lewis(1950). *The Chronicles of Narnia*. HarperCollins Publishers. 햇살과나무꾼 역(2001). 나니아나라 이야기. 시공주니어.
Chris Van Allsburg(1979). *The Garden of Abdul Gasazi*. Houghton Mifflin Company. 이상희 역(2002). 압둘 가사지의 정원. 베틀북(프뢰벨).
     (1981). *Jumanji*. Houghton Mifflin Company.
     (1982). *Ben's Dream*. Houghton Mifflin Company. 김영하 역(2001). 벤의 꿈. 문학동네.
     (1985). *The Polar Express*. Houghton Mifflin Company.
David Wiesner(1991). *Tuesday*. Clarion Books. 이상한 화요일. 비룡소(2002).
Dr. seuss(1937). *And to Think that I Saw it o Mulberry Street*. Random House.
James Daugherty(1938). *Andy and the Lion*. Viking Penguin. 이선아 역(1995). 앤디와 사자. 시공주니어.
John Burningham(1977). *Come Away from the Water, Shirley*. HarperCollins Publishers. 이상희 역(2003). 셜리야, 물가에 가지 마!. 비룡소.
     (1978). *Time to Get Out of the Bath, Shirley*. Crowell. 최리을 역(2004). 셜리야, 목욕은 이제 그만!. 비룡소.
     (1984). *Granpa*. Jonathan Cape Children's Books. 박상희 역(1995). 우리 할아버지. 비룡소.
     (1987). *John Patric Norman McHennessy: The Boy Who Was Always Late*. Jonathan Cape Children's Books. 박상희 역(1999). 지각대장 존. 비룡소.
     (1991). *Aldo*. Jonathan Cape Children's Books. 이주령 역(1996). 알도. 시공주니어.
     (1996). *Cloudland*. Crown Publishers. 고승희 역(1997). 구름나라. 비룡소.
Leo Lionni(1959). *Little Blue and Little Yellow*. HarperTrophy. 이경혜 역(2003). 파랑이와 노랑이. 물구나무(파랑새어린이).
     (1963). *Swimmy*. Dragonfly Books. 이명희 역(1997). 으뜸 헤엄이. 마루벌.
     (1964). *Tico and the Golden Wings*. Dragonfly Books. 이명희 역(2004). 티코와 황금날개. 마루벌.
     (1969). *Alexander and the Wind-Up Mouse*. Dragonfly Books. 마루벌 역(1999). 새앙쥐와 태엽쥐. 마루벌.
     (1970). *Fish is fish*. Dragonfly Books. 최순희 역(2000). 물고기는 물고기야!. 시공주니어.
Margret Rey(1941). *Curious George*. illustrated by H. A. Rey. Houghton Mifflin Company. 김서정, 이경혜 역(2002). 호기심 많은 조지(시리즈). 문진미디어.
Maurice Sendak(1963). *Where the Wild Things Are*. HarperCollinsPublishers. 강무홍 역(2002). 괴물들이 사는 나라. 시공주니어.
Tomi Ungerer(1967). *Zeraldas Reise*. Diogenes Verlag AG. 김경연 역(1996). 제랄다와 거인. 비룡소.
Tomi Ungerer(1961). *Die Drei Rauber*. Diogenes Verlag AG. 양희전 역(1995). 세 강도. 시공주니어.
Virginia Lee Burton(1937). *Choo Choo*. Houghton Mifflin Company. 홍연미 역(1995). 말괄량이 기관차 치치. 시공주니어.

(1939). *Mike Mulligan and His Steam Shovel*. Houghton Mifflin Company. 서애경 역(1996). 마이크 멀리건과 증기 삽차. 시공주니어.

(1942). *The Little House*. Houghton Mifflin Company. 홍연미 역(1993). 작은 집 이야기. 시공주니어.

Wanda Gag(1928). *Millions of Cats*. first published in 1928 by Coward-MacCann, a Paperstar Book published in 1996 by Penguin Putnam Books. 강무환 역(1994). 백만 마리 고양이. 시공주니어.

William Steig(1969). *Sylvester and the Magic Pebble*. Simon & Schuster. 이상경 역(1994). 당나귀 실베스터와 요술 조약돌. 다산기획.

(1982). *Doctor De Soto*. Sunburst book. 조은수 역(1995). 치과 의사 드소토 선생. 비룡소.

참 고 문 학 작 품

A. A. Milne(1926). *Winnie-the-Pooh*. Puffin Books.

C. S. Lewis(1950). *The Chronicles of Narnia*. illustrated by Pauline Baynes. New York: HarperCollins. 햇살과나무꾼 역(2001). 나니아 나라 이야기. 시공주니어.

E. B. White(1952). *Charlotte's Web*. illustrated by Garth Williams. New York: HarperCollins. 김화곤 역(2000). 샬롯의 거미줄. 시공주니어.

J. R. R. Tolkien(1954). *The Lord of the Rings*. Houghton Mifflin Company. 한기찬 역(2001). 반지의 제왕. 황금가지.

Michael Ende(1979). *The Neverending Story*. First published in Germany as Die Unendliche Geschichte. 1979. New York: Penguin. 허수경 역(2003). 끝없는 이야기. 비룡소.

제 5 장
사실주의 그림책

1. 사실주의 그림책의 성격
2. 사실주의 그림책의 분류
3. 사실주의 그림책의 평가 준거

울리케 볼얀 그림의 『가족 앨범』, 줄리 비바스 그림의 『아가야, 안녕?』, 존 워드 그림의 『사라, 버스를 타다』(왼쪽부터)

사실주의 그림책

사실주의 그림책은 현 세계에 살고 있는 사람들에게 일어났거나 일어날 수 있는 이야기를 담고 있는 그림책이라고 할 수 있다. 좋은 사실주의 그림책은 우리의 삶을 비추어, 현실 상황에서 사회적이고 개인적인 관심사를 제시한다. 사실주의 그림책이라는 명칭은 아동문학에서 소위 '사실 동화' 또는 '생활 동화'라고 불리는 장르 명칭과 '그림책'의 합성어라고 할 수 있다. 영미권의 아동문학 교재에서는 사실주의 픽션(realistic fiction), 동시대의 사실주의 픽션(contemporary realistic fiction)[1] 또는 사실주의(realism)[2] 등 문학의 장르 이름을 그대로 사용한다. 반면, 국내의 아동문학 연구자들은 이 장르를 지칭하기 위해 현실주의 동화,[3] 사실 동화,[4] 또는 리얼리즘[5] 이라는 용어를 사용한다. 현실주의 동화란 '현실주의'와 '동화'의 합성어로서 현실주의는 아마도 realism의 한국어 번역일 것이며, '동화'란 소년소설과는 다른 고유의 특성을 갖는 아동을 위한 픽션을 의미할 것이다. 또한 '사실 동화'라는 용어는 '사실주의'와 '동화'의 합성어로 쓰인다. 그리고 '리얼리즘'은 'realism'을 번역하지 않고 영어 발음으로 표기한 것이다.

본서에서는 문학의 장르인 '사실주의'라는 용어를 그림책에 차용하기로 한다. 그 이유로는 '현실주의 동화'에서의 '현실주의'는 세속주의 또는 실용주의라는 의미로 오해되기 쉬우며, '동화'라는 용어도 아직 그 개념의 적합성에서 있어 논란을 빚고 있기 때문이다. 그리고 '사실 동화'는 이야기보다 사실의 전달에 상대적으로 더 많은 관심을 갖는 정보책(informational book) 장르와 혼동하기 쉽기 때문이다. 리얼리즘을 한국어로 사실주의라고 번역하는 것에도 이의가 있을 수 있겠지만 문학 용어인 만큼 아동문학에서도 사용할 수 있을 것이다. 따라서 글과 그림이 만들어내는 서사(narrative)가 사실주의에 가까운 그림책을 사실주의 그림책이라고 부르고자 한다.

사실주의는 우리 자신의 경험, 즉 알려진 세계를 장르의 경계로 하는 작품이라고 할 수 있다. 그 경계를 넘어서면 판타지 세계가 된다. 또한 우리가 사는 시대를 넘어선 그 이전의 시대로 가는 것은 역사 픽션(historical fiction)이라고 할 수 있다. 이것은 사실주의의 하위 장르로 다루어진다. 사실주의 그 자체는 현 시대의 실제 삶을 다룬다.

현대의 사실주의 그림책은 내용에 따라 크게 두 가지로 나눌 수 있다. 한 종류는 대부분의 사실주의 그림책에서 다루어지는 것으로서 아동들에게 일상적으로 일어나는 문제를 그리는 것이다. 예를 들어, 가족, 성장, 친구, 학교생활 등 인간 관계에 대한 내용을 들 수 있다. 또 다른 종류는 장애, 성차별, 학대, 이혼, 약물, 폭력 등 가정이나 현대 사회의 이슈들을 다루는 것이다.

전자에 속하는 그림책 중 우리에게 가장 익숙한 작품으로는 일본 작가 하야시 아키코(はやし あきこ)의 작품을 들 수 있다. 그녀의 작품은 우리 시대의 평범한 유아들에게 일어날 수 있는 일상적 일들을 소재로 하고 있다. 공간적 배경은 대부분 도시의 주택가이며 중산층 가정에서 벌어지는 일들을 따뜻한 시각으로 보여준다. 쓰쓰이 요리코(つつい よりこ) 글, 하야시 아키코 그림의 『순이와 어린 동생 おさえとちいさいいもうと』(1982), 『이슬이의 첫 심부름 はじめてのおつかい』(1977)과 같은 그림책은 순수하고 천진난만한 유아의 모습을 보여주고 있다. 미국 작가인 에즈라 잭 키츠(Ezra Jack Keats)는 눈이 온 날의 정경과 어린이의 마음(『눈 오는 날 The Snowy Day』, 1962), 새 동생을 보게 된 형의 두려움(『피터의 의자 Peter's Chair』, 1967), 휘파람을 불고 싶어 하는 소년(『휘파람을 불어요 Whistle for Willie』, 1964) 등 어린이가 성장하며 부딪히는 문제들을 콜라주 기법의 그림으로 그리고 있다. 그의 작품은 흑인 주인공을 등장시킴으로써 주목을 받았다. 이 중에서 『눈 오는 날』은 칼데콧 메달을 수

상하였으며 미국 어린이 문학사에서 중요한 작품의 하나로 손꼽히고 있다. 타운젠드(Townsend)는 이 작품은 어떤 면에서는 줄거리다운 줄거리는 없고, 익숙한 분위기에서 낯선 것을 발견하는 즐거움을 다루며 그림 하나하나가 심미적 경험을 안겨준다고 지적한다.[6]

매체의 사용에서도 이 작품은 다양한 재질감을 표현할 수 있는 콜라주 기법을 동원하여 화면의 아름다움을 부각하였다. 그의 그림은 그림책이 반영하는 새로운 표현 양식을 보여준다고도 할 수 있다. 즉, 이전의 그림은 사물의 사실적 묘사에 중점을 두었으나, 사진 기술의 발달로 이제 일러스트레이션은 사진으로 만들 수 없는 화면의 아름다움을 찾는 방향으로 바뀌었고 그림책도 이 영향을 받았다고 할 수 있다. 키츠의 작품은 포장지, 벽지, 색종이, 사진 등을 동원한 콜라주와 물감의 동반 효과로 활기차면서도 평온한 이미지를 만드는 데 성공하고 있다. 이러한 그림책을 읽는 어린이는 자신과 비슷한 연령의 주인공이 자신에게도 가능하거나 또는 익숙한 일을 해결하는 것을 보게 된다.

현 사회의 이슈를 다루는 그림책의 경우로는 따돌림의 문제를 그린 채인선 글, 정순희 그림의 『내 짝꿍 최영대』(1997)를 들 수 있다. 시골학교에서 전학 온 영대는 글씨 쓰는 것도 느리고 밥 먹는 것도 느리다고 친구들로부터 따돌림을 당한다. 경주로 단체여행을 가서 일어난 사건을 계기로 아이들은 영대를 이해하고 동정하며 영대의 친구가 된다. 야시마 타로(やしま たろう)의 『까마귀 소년 からすたろう』(1955)도 따돌림의 문제를 다룬 책이지만 따돌림의 대상이었던 까마귀 소년의 재능을 발견한 선생님의 배려로 소년이 친구들의 인정을 받는다.

이브 번팅(Eve Bunting) 글, 로날드 힘러 그림의 『집으로 날아가 *Fly Away Home*』(1991)는 공항에서 살아가는 아버지와 아들의 이야기를 그린 작품이다. 이 작품에서 소년과 아버지는 직장도 가정도 없이 공항에서 노숙자 생활

5-1 이브 번팅이 글을 쓴 『집으로 날아가』 Houghton Mifflin Company. 공항에서 노숙자로 살아가는 아버지와 아들의 이야기.

을 한다. 그들은 공항의 경찰들에게 들키지 않도록 눈에 띄지 않는 복장을 하고 매일 다른 공항 터미널로 이동하면서 살아간다. 간혹 드러나게 소리를 지르는 사람이나 더러운 옷을 입은 사람들은 경찰에 발각되어 쫓겨 나기 때문이다. 주말이면 소년의 아버지는 공항에서 살아가는 같은 처지의 가족에게 소년을 맡기고 빌딩의 청소부로 일하러 나간다. 언젠가 집을 구할 수 있으리라는 희망 하에 돈을 모으고 있지만 여전히 집세를 낼 돈은 부족하다. 소년은 자신과 아버지가 공항에서 그런 식으로 살아야 한다는 것이 매우 공정하지 못하다고 생각할 때가 있다. 헤어져 있던 사람들이 공항에서 만나 반갑게 인사하며 각자의 집으로 돌아가는 것을 보며 그들과 자신의 처지가 공정치 못함에 분노한다. 소년은 소리지르고 싶은 충동을 느끼지만 들키지 않으려면 그런 행동을 삼가야 한다는 것도 알고 있다. 그러던 어느 날 공항 안에 잘못 들어와 실내에 갇혀 있던 새가 건물 밖으로 탈출하는 것을 보고 그도 언젠가는 공항을 떠날 수 있다는 희망을 갖게 된다.

사실주의 그림책의 주인공은 대부분 어린이이다. 그러나 그림책의 독자 범위가 확장됨에 따라 청소년이 주인공으로 등장하는 경우도 종종 볼 수 있다. 호주의 리비 해손(Libby Hathorn) 글, 그레고리 로저스(Gregory Rogers) 그림의 『집으로 오는 길 Way Home』(1994)은 대도시의 거리에서 살아가는 소년에게 하루 저녁에 일어난 일을 3인칭 서술자 시점으로 그리고 있다. 소년 셰인은 밤거리에서 개에게 쫓기고 있는 새끼 고양이를 발견한다. 소년은 두려움에 떨고 있는 고양이에게 손을 내밀며 자기 집에 가자고 말한다. 고양이를 품에 안고 어두운 밤거리를 지나오면서 소년은 환하게 불켜진 건물 안의 고양이를 보기도 하고 불량배들에게 쫓기기도 한다. 두려움에 떨며 도망치는 소년의 품 속에서 고양이는 편안함을 느낀다. 그러나 길에서 만난 큰 개가 고양이에게 사납게 짖어대자 놀란 고양이는 높은 나뭇가지로 올라가버리고 소년은 나무 위에 따라 올라가 고양이를 달래어 가까스로 데리고 내려온다. 그 나무 위에서 내려다본 도시의 빌딩과 주택들은 마치 큰 바다에서 파도치는 물결처럼 보인다. 고양이와 함께 빌딩 뒷골목의 거처로 기어들어간 소년은 고양이에게 "이곳이 우리의 집(home)"이라고 말한다. 제목인 『집으로 오는 길』의 '집'은 그의 집을 가리키는 역설적인 표현인 것이다. 종이의 찢긴 면을 표현하는 재질과 검은색의 배경 그림은 대도시 밤거리의 분위기와 온갖 쓰레기 더미 사이에서 거처를 마련하고 살아가야 하는 삶의 모습을 보여준다. 또한 속어가 섞인 소년의 언어는 그가 교육받지 못한 자임을 드러낸다.

현실세계에서 어린이가 부딪힐 수 있는 문제를 다룬다는 측면에서 사실주의 그림책은 사회의 변화요인을 가장 다양하고 민감하게 다룰 수 있는 장르이다. 특히 급변하는 사회 속에서 주제나 형식 등에 가장 커다란 변화와 다양성이 시도되는 분야라고도 할 수 있다.[7]

이러한 이유로 사실주의 장르는 최근 영미권에서 그림책 작가들이 가장 관심을 갖는 분야로 떠오르고 있다. 레인스와 이스벨(Raines & Isbell)과 같은

5-2 리비 해손이 글을 쓴 『집으로 오는 길』 Red Fox. 대도시 거리에서 살아가는 소년의 이야기를 통해 도시의 쓰레기 더미 사이에서 살아가는 삶을 보여준다.

아동 문학가들은 미국에서 최근 10년간 출판된 그림책 중 양적으로 가장 두드러지게 증가한 분야가 사실주의 장르라고 말한다.[8]

1. 사실주의 그림책의 성격

문학의 장르로서 사실주의의 성격은 판타지와 자주 비교되어 설명되곤 한다. 윈터스와 슈미트(Winters & Schmidt)[9]는 판타지를 관객이 극장의 스크린으로부터 뒤로 멀리 떨어져 보는 것, 즉 현실의 삶으로부터 떨어져서 관객이 스크린의 전체성을 좀더 명료하고 날카로운 초점으로 보는 것이라는 은유로 표현할 수 있다면, 사실주의에 맞는 은유는 좀더 스크린에 가까이 다가가서 보는 것, 또는 현실의 삶 안에 몰입하는 것이라고 하였다. 그러나 모든 예술작품은 그 자체가 실제의 삶이 아니며 실제 삶의 반영이라고 할 수 있다는 점에서 어떤 장르이건 예술작품에 대한 더 적절한 비유는 실제의 삶을 비추는 거울, 또는 실제 세계의 모방으로 여겨지기도 한다.

그러나 판타지와 마찬가지로 사실주의는 단순히 모방이 아니며 거울도 아니다. 작가는 작품을 통해 인간의 경험을 해석하고 그 모양을 만들며 인간의 경험에 처음에 드러났던 것보다 더 예리한 의미를 준다. 다시 말해 작가는 독자가 그들이 보고 경험했던 것을 더 분명하고 의미 있게 볼 수 있도록 도와준다.

사실주의 그림책은 현실 세계에서 있음직한 이야기를 통해서 아동이 자신의 물리적, 심리적 상황을 이해할 수 있도록 도와준다. 좋은 그림책은 아동 독자가 크고 작은 문제를 겪는 아동의 이야기를 읽으면서 자신 또한 억눌린 감정과 두려움, 화, 분노에 대한 간접경험을 하도록 하며 이러한 감정을 극복할 수 있도록 도와준다. 예를 들어, 이혼과 학대에 관한 책은 그것과 비슷한 경험을 한 아동 독자가 주인공이 문제를 풀어가는 것을 보고 자신도 삶에서 받은 큰 충격을 극복할 수 있는 힘을 갖도록 해줄 수 있다.

사실주의 그림책의 특징을 문학적 요소별로 나누어 설명하면 다음과 같다.

1) 주제

주제는 작가가 작품을 창작하는 가장 중요한 이유이다. 작가들은 이야기를 통해 그들이 말하고자 하는 주제를 독자와 함께 나누고 대화하기를 바란다. 사실주의 그림책은 아동이 성장하면서 부딪히는 문제들을 중심으로 이야기가 전개되므로 성장과정에서 겪는 문제나 타인과 지역사회와의 갈등과 관련된 주제를 주로 보여준다. 그러므로 독자는 작가가 다루고 있는 주제를 통해서 그가 세상을 어떻게 보는지를 알 수 있다. 그러나 같은 책을 읽는다고 해서 같은 주제를 발견하는 것은 아니다. 다시 말하여 독자는 개인적인 방식으로 주제를 내재화한다. 그러나 이것이 독자가 작품 해석의 주관적 자유를 가지고 있다는 것을 의미하는 것은 아니다. 작품의 의미는 작가의 의도나 독자의 주관적 이해가 아니라 주제에 대한 작가와 해석자의 대화를 통해 형성된다. 다시 말하여, 작품의 의미는 작가만의 작업 또는 해석자의 전횡으로 결정되는 것이 아니라 작가와 해석자가 모두 주제에 대화자로서 동참하여 형성된다.

2) 인물

사실주의 그림책에서 인물은 우리가 아는 사람을 반영한다. 그런데 그림책에 자주 등장하는 의인화한 동물은 그 작품의 장르를 분류하는 데 어려움을 준다. 아동문학 작품에 의인화한 동물이 등장할 경우 대부분 판타지로 분류되기 때문이다. 그러나 몸만 동물일 뿐 인물의 생활 습성, 살아가는 시공간 그리고 생각과 정서, 직립보행을 포함한 행태가 인간을 닮은 의인화한 동물이 등장하는 그림책은 판타지보다는 사실주의로 분류하는 것이 더 적절할 수 있다. 다시 말해 인물 구성, 플롯과 시공간적 배경 등은 현실세계를 반영하고 있으므로 실질적으로는 판타지보다는 사실주의에 가깝다고 볼 수 있다. 예를 들어, 가브리엘 뱅상(Gabrielle Vincent)의 '셀레스틴느 *Ernest et Celestine*' 시리즈에서는 의인화한 곰과 쥐가 사람처럼 행동하고 사람과 같은 시공간에서 생활하며 사람의 생각과 정서를 보여준다. 이 시리즈 중 『박물관에서 *Ernest et Celes-tine: au Musee*』(1994)는 곰 아저씨 에르네스트와 생쥐 셀레스틴느가 박물관에 가서 겪는 에피소드를 통해 유아와 그를 보살피는 성인의 따뜻한 관계를 그리고 있다.

사실주의 그림책의 인물들은 다양한 장점과 단점을 가지고 있으며 시간이 지날수록 성장하고 변화하는 등 다차원적인 성격을 보여준다. 그들의 인격은 그들이 행동하거나 말하는 것, 다른 사람이 그들에 대해 말하는 것이나 그들에게 직접 말하는 것을 통해 드러난다. 그림책에 등장하는 인물의 생각과 행위는 그것을 해석하는 그림 작가를 통해 드러난다. 사실주의 그림책에 등장하는 인물들은 내면의 세계와 외적 모습이 실제의 어린이와 많이 닮아 있으며 그들이 겪는 비슷한 문제들로 고민하고 문제 해결을 위해 나아간다.

그림책의 주인공은 대부분 어린이지만 그렇지 않은 경우도 종종 있다. 책 읽기에 빠진 한 여인의 일생을 그린, 사라 스튜어트(Sarah Stewart) 글, 데이비드 스몰(David Small) 그림의 『도서관 *The Library*』(1998)에서는 전기라는 형식에 걸맞게 주인공의 모습이 유년기부터 노년기까지 골고루 나타나 있다.

3) 배경

사실주의 그림책은 현실세계에 존재하는 시간과 장소를 선택한다. 보편적으로 이야기의 배경은 사건에 적절한 분위기를 만들어주고 인물의 행동을 더욱 사실적이고 생생하게 느낄 수 있도록 해준다. 이야기의 배경은 인물이 무엇을 보고, 느끼고, 듣고, 만지는지 뿐만 아니라 등장인물의 가치, 행동, 갈등을 독자들이 이해할 수 있도록 도와 준다.

그런데 어떤 그림책에서 배경은 이야기와 거의 관련이 없다. 그러한 그림책의 그림 작가는 자신의 상상력으로 그 이야기의 물리적 환경을 그려낼 수 있으며, 텍스트가 정의하지 않은 이미지를 창조하기도 한다. 굵은 붓으로 중요한 장소와 분위기를 그리고 세부적인 것은 묘사하지 않은 채 남겨두기도 한다. 로버트 먼치(Robert N. Munsch)가 글을 쓰고 앤서니 루이스(Anthony Lewis)가 그림을 그린 『언제까지나 너를 사랑해 Love You Forever』(1986)는 자녀가 태어나면서 성장하기까지 어머니의 사랑은 변함이 없다는 것을 노래하는 책이다. 이러한 책에서 배경은 그다지 중요하지 않다.

다른 한편, 어떤 작품에서 배경은 매우 중요하다. 특별한 도시나 시골의 어떤 곳, 특별한 가정이나 학교의 자세한 그림이 인물과 플롯의 발달에 중요한 경우가 그러하다. 물론 글 작가가 세세한 부분을 글로 묘사할

5-3 앤서니 루이스가 그림을 그린 『언제까지나 너를 사랑해』 로버트 먼치 글, 김숙 옮김, 북뱅크, 배경은 이야기와 거의 관련없이 처리되고 있다.

수도 있으나 많은 사실주의 그림책은 이러한 정보를 그림을 통해 전달한다. 도널드 홀(Donald Hall) 글, 바버러 쿠니(Barbara Cooney) 그림의 『달구지를 끌고 Ox-Cart Man』(1979)의 경우 100여 년 전의 미국 롱아일랜드 지방의 시골을 시공간적 배경으로 하여 한 가족의 전원생활을 그린 책이다. 이 그림책에서 쿠니의 섬세한 수채화 그림은 그 시대를 살던 사람들의 모습과 전원풍경을 잔잔하게 그려내고 있다.

4) 플롯

현대의 독자는 이야기에서 행위를 원한다. 그들은 어떤 사건이나 일이 일어나기를 원하며 그것도 빨리 일어나기를 원한다. 그래서 지면이 많지 않은 그림책에서는 사건 중심으로 이야기가 전개되기 쉽다. 플롯은 자주 시간의 흐름에 따라 직선적으로 구성된다. 그러나 연대기적 방식 이외에도 때때로 작가는 플래시백(flashback)이나 에피소드적(episodic) 플롯을 사용하기도 한다. 플래시백은 그 인물이 현재 맞부딪힌 문제의 원인이 된 이전의 사건에 관한 배경을 제공한다. 에피소드적 플롯은 인물의 삶에서 특별한 사건들을 부각시킨다.

그러나 특별하거나 갈등을 일으킬 만한 사건이 없는 책들도 있다. 독자들에게 책장을 빨리 넘기도록 충동하는 극적인 플롯이 없는 책들이 있

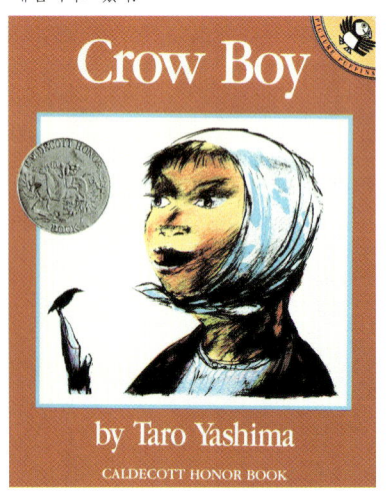

5-4 야시마 타로의 『까마귀 소년』 Puffin Books. 사건보다 주인공에 초점을 맞춰 그를 깊고 풍성하게 탐색하고 있다.

다. 예를 들어, 『까마귀 소년』은 사건보다 주인공에 초점을 맞추고 있으며 그를 깊고 풍성하게 탐색한다. 작가는 한 소년의 삶에서 그가 고독을 극복하기 위해 분투했던 6년의 시간을 그려낸다.

결국 그 6년은 그냥 사라진 것이 아니었다. 그 학교에 새로 부임한 선생님이 치비, 즉 까마귀 소년이 학교를 다니면서 습득했던 자신의 능력에 대해 자부심을 갖도록 도와준다.

5) 시점

시점(point of view)이란 누가 말하고 있는가를 말한다. 사실주의 그림책에서도 1인칭 주인공 시점, 3인칭 관찰자 시점, 전지적 시점이 모두 사용될 수 있다. 각 시점은 나름대로의 특색을 지닌다. 3인칭 전지적 시점에서는 인물과 사건의 모든 것을 알고 있는 서술자가 그것들을 전혀 모르는 독자를 위하여 이야기를 풀어나간다. 1인칭 화자 시점에서는 주인공이 '나'의 입장에서 이야기를 보여준다. 작가 이브 번팅은 1인칭 시점을 즐겨 사용한다. 번팅의 작품이 갖는 강점은 갈등하며, 공포심이나 상실감이나 슬픔을 겪고 있는 아동의 내적 삶을 생생하게 묘사하는 데 있다. 『집으로 날아가 Fly Away Home』(1991)는 주인공 소년의 1인칭 시점에서 쓰여진 작품이다. 번팅이 보여주는 사실주의의 거울은 많은 고통과 슬픔을 보여준다. 그 소년은 사랑하는 아버지를 자랑스럽게 생각하기도 하고 좌절하고 때로는 화를 내기도 하며 희망을 가지는 등 뒤섞인 감정을 갖고 있다. 그러나 그것은 아이의 목소리에 담겨 있어 비극적이지 않으며 쾌활함을 담고 있다. 이 작품의 1인칭 시점은 단순성과 힘을 전하며 절망스러운 상황에서도 희망을 잃지 않는 소년의 마음을 잘 드러낸다.

하라다 다이지(原田泰治)는 자신의 유년시절의 경험을 담은 『아버지의 땅

5-5 사라 스튜어트 글의 『도서관』 데이비드 스몰 그림, 지혜연 옮김, 시공주니어. 대표적인 3인칭 시점의 그림책이다.

굴 とうちゃんのトンネル』(1980)를 통해서 궁핍한 시절에 가족을 위해 사력을 다하는 가장의 모습을 소년의 1인칭 시점으로 그리고 있다. 이 작품은 2차 대전 후 경작지를 만들기 위해 산을 일구고 개간했던 아버지의 이야기이다. 주인공의 아버지는 가족들을 데리고 시골로 내려와 버려진 바위산을 개간하여 살기로 한다. 아버지는 산에서 물을 찾기 위해 홀로 바위산을 깊이 파내려간다. 고독하고 힘겨운 작업 끝에 결국 아버지는 샘을 발견하고 산 위에 밭을 일구게 된다. 이 작품의 1인칭 주인공 시점 서술은 힘들었던 시기를 살아갔던 가족의 모습과 가족을 위해 희망을 잃지 않고 묵묵히 바위산을 깨뜨려가는 아버지의 모습을 생생하게 전달한다. 아버지가 바위산을 파들어갈 때 사용했던 헬멧과 등, 그리고 아버지가 즐겨 연주하던 악기의 사진은 작가가 겪었던 그 어려운 시기를 증명한다.

3인칭 시점은 『도서관』(1998)에 잘 나타나 있다. 작가는 『도서관』에 '메리 엘리자베스 브라운'의 전기라는 부제를 붙이고 주인공의 모습을 탄생부터 노년기까지 서술해 나가고 있다. 주인공은 책읽기에 빠져서 다른 일에는 전혀 관심을 보이지 않는다. 책에 파묻혀 살았기 때문에 다른 아무것도 필요가 없었으며 오히려 자유로웠던 이 여성의 모습은 진지하다기보다 시종 웃음을 자아내게 한다.

6) 문체

사실주의 문학에서 사용하는 문체의 두드러진 특징은 시간, 장소, 인물의 성격을 반영한다는 것이다. 이에 따라 다른 장르에서와는 달리 사투리나 속어와 비어도 종종 등장한다. 그러나 속어나 비어의 사용은 작품에 필수적인 요소라 하더라도 좋은 이야기를 손상시킬 수도 있으며 많은 독자가 작품을 접할 수 없게 만들 수 있으므로 유의하여 사용하여야 한다.

그림책에서 그림은 문체와 어울릴 때 더 큰 효과를 나타낸다. 과장법, 동사 중심으로 주인공의 행동만을 빠르게 서술해 나간 『도서관』의 글은 경쾌한 선과 색을 사용한 수채화의 그림과 어울려서 가벼움과 유머를 작품 전체에 제공한다.

2. 사실주의 그림책의 분류

사실주의 그림책의 가장 보편적인 분류법은 주제에 따라 분류하는 것이다. 이성은은 그의 아동문학 개론서에서 사실주의 아동문학을 주제에 따라 가족,

성장, 교우관계, 생존, 동물 등으로 나누고 있으며 이 밖에도 최근 이슈로 등장하고 있는 성차별, 장애인, 노인문제 등의 주제를 다룬 책을 별도로 소개하고 있다.[10] 김세희는 사실주의 그림책을 주제에 따라 내적 세계, 가족 세계, 사회적 세계, 자연적 세계 등으로 분류한다.[11] 또한 김현희와 박상희의 분류법에서는 독립심, 정서적 적응, 장애아, 사실적 동·식물 이야기, 경기, 죽음 등의 주제를 다루고 있다.[12] 컬리넌과 갤더는 사실주의 그림책을 주제에 따라 성장, 타인과의 관계, 사회적 관심 등 크게 세 가지로 분류하고 있다.[13]

다른 식의 분류도 있다. 다른 장르와 마찬가지로 사실주의도 다양한 타입(type)이 있을 수 있다.[14] 예를 들어, 모험 이야기, 신비한 이야기, 동물 이야기, 스포츠 이야기, 유머러스한 이야기, 로맨스, 시리즈 북, 짧은 이야기 등으로 분류하는 것도 가능하다. 물론 많은 책들은 이 중 한 가지 이상의 범주에 속할 수 있다. 예를 들어 모험 이야기와 결합한 신비한 이야기가 있을 수 있다. 그런데 이러한 타입은 역사 픽션과 판타지와 같은 장르에서도 발견되는 것이다.

이상과 같이 사실주의 그림책은 작품에서 나타나는 가장 뚜렷한 주제나 타입에 따라 분류된다. 그리고 어떤 분류 방식을 따르더라도 한 작품이 한 가지 이상의 범주에 속하는 것은 흔한 일이다. 예를 들어, 노인 문제는 특별한 이슈로 범주화될 수 있으나 가족관계라는 주제를 다룬 작품으로 다루어질 수도 있다.

본서에서는 사실주의 그림책을 주제에 따라 성장, 가족 관계, 동료 관계, 이웃 관계, 사회적 이슈, 특별한 요구로 분류하여 보도록 한다.

1) 성장

심신이 성장함에 따라 아동은 큰 변화를 겪는다. 그 중 가장 두드러지는 것이 신체적, 정서적 변화이다. 성장기에 나타나는 변화를 통해 아동이 적응해

가는 과정은 사실주의 그림책에서 흔히 다루어지는 것이다. 특히 어린 유아를 독자로 하는 많은 책들이 이 주제를 다루고 있다. 유아가 조금씩 자조기술을 익혀나가는 과정, 정서적으로 독립하려는 욕구를 보여주는 책들은 그 과정에서 겪는 어려움을 보여주며 이러한 과업들을 하나씩 해결해나갈 때마다 어린이가 그 행동만 바꾸는 것이 아니라 정서적으로, 정신적으로 성장하고 있음을 보여준다. 어린이의 성장 과정에서 부모의 정서적 지지는 종종 필수적인 요건이 된다.

『이슬이의 첫 심부름』은 지금까지 혼자서 밖에 나가본 적이 없는 다섯 살 난 유아가 심부름을 통해 주위 환경과 이웃들과 관계를 맺으면서 독립심을 익혀나가는 모습을 보여주고 있다. 이진수가 글을 쓰고 김우선이 그림을 그린 『혼자 집을 보았어요』

5-6 『이슬이의 첫 심부름』, 쓰쓰이 요리코 글, 하야시 아키코 그림, 한림출판사. 성장기 아동의 관계맺기를 다루고 있다.

(1991)에서는 엄마와 동생이 할머니 마중을 나간 사이 혼자 집을 지키는 정호가 겪는 두려움을 그리고 있다. 케빈 헹크스(Kevin Henkes) 글, 낸시 태퍼리(Nancy Tafuri) 그림의 『세상에서 가장 큰 아이 The Biggest Boy』(1995)는 빨리 어른처럼 큰 사람이 되고 싶은 어린이의 마음을 그리고 있다. 주인공 어린이인 빌리는 부모에게 세상에서 가장 큰 사람이 되면 하고 싶은 일들을 말한다. 부모들은 빌리의 이야기를 관심어린 태도로 경청하며, 상상의 세계를 마음껏 펼칠 수 있도록 도와준다. 『휘파람을 불어요』에서 피터는 강아지 윌리를 휘파람으로 불러보고 싶어서 휘파람 부는 연습을 해보지만 쉽지 않다. 온갖 노력 끝에 결국 피터는 휘파람으로 윌리를 불러올 수 있게 된다. 여기에서 보이는 주인공의 성취감은 책을 읽는 유아 자신의 성취감으로 이어질 수 있다.

그림책 작가는 아동이 성장하면서 겪는 여러 가지 문제들과 문제를 해결하는 자연스러운 방법이 무엇인지에 대해 탐구한다. 어떤 문제들은 단순하거나 유머러스하게 해결되는 반면, 어떤 문제와 해결 방법은 복잡하며 아동의 극단적인 감수성을 표현한다. 청소년기에서 성인기로 접어드는 시기에 겪는 문제를 다루는 그림책들은 그들이 경험하는 내적, 외적인 복잡한 갈등 상황을 표현한다. 우리 사회의 청소년은 공식화된 성년 의식을 거쳐 성인으로 인정받는 것이 아니므로 성인으로의 진입 여부는 불명확하다. 독립적인 인간이 되고자 몸부림치는 아동들은 도덕적 선택을 포함하여 여러 가지 갈등 상황에 놓이게 된다. 아동은 그들이 누구이며 무엇을 좋아하고 싫어하는지, 그리고 그들이 무엇을 할 것이며 하지 않을 것인지를 알기 위해 노력하는 과정을 거치게 된다. 그래서 열정적으로 자기 자신에게 몰입하고 그러한 문제들에 대한 답을 제공해주는 책에 몰입한다.

2) 가족과의 관계

형제나 자매를 그린 이야기들은 시대에 따라 변화하여 왔다. 같은 가정에 사는 아동은 소유물과 공간과 부모를 나누어야 한다. 『작은 아씨들』에서와 같이 자매들 간의 관계를 그린 이야기는 현대 그림책에서는 드물다. 『순이와 어린 동생』과 같이 동생과의 갈등 없이 동생을 잘 돌보는 손위 형제의 모습도 그려지지만 형제간의 경쟁, 동생이나 형을 받아들여야 하는 것을 배워야 한다는 이야기가 더 많이 쓰여지고 있다.

부모와 자녀의 관계를 그린 책에서는 행복하고 적절하게 보호받는 아동이 그려지는 반면에, 아동학대, 알콜리즘, 유기 등 우리 사회의 모든 악의 희생물로 그려지는 아동도 등장한다. 이러한 인물들은 냉소적이고 쓸쓸하며 외롭고 의존적이지만 가끔은 용감하고 강하기도 하다.

유아를 대상으로 한 그림책은 주로 부모의 사랑 가운데에서 행복하게 성장하는 어린이들을 보여준다. 윌리엄 스타이그(William Steig)의 『아빠랑 함께피자놀이를 Pete's a Pizza』(1998)은 작가가 실제로 자녀와 함께 놀아준 이야기를 그림책으로 만든 것이다. 비가 와서 밖에 나가 놀지 못해 기분이 상한 아이의 마음을 헤아리고 함께 놀아주는 아빠의 자상한 마음이 고스란히 책에 담겨 있다. 마거릿 P. 브리지스(Margaret Park Bridges) 글, 케이디 맥도널드 덴턴(Kady MacDonald Denton) 그림의

5-7 윌리엄 스타이그의 『아빠랑 함께 피자 놀이를』(보림). 아빠의 자애로운 마음이 고스란히 담겨 있다.

『내가 만일 엄마라면 If I Were Your Mother』(1999)은 딸이 엄마에게 바라는 희망사항을 이야기하고 있다. 어린 딸은 "만일 자신이 엄마가 되면 딸에게 멋진 덮개 침대를 사주고 은쟁반에 아침을 차려주고, 학교에 갈 때 빨간 실크 드레스를 입게 해주고…" 하고 말한다. 엄마는 이 어린 딸의 재미나고 기발한 이야기를 진심으로 들어주고 "넌 정말 아주 좋은 엄마가 되겠구나."하고 칭찬해준다. 그러자 어린이는 다시 귀여운 딸이 되어 엄마의 품에 안긴다. 이 이야기는 어린이들이 부모님께 진심으로 원하는 것은 부모님의 따스한 사랑과 관심이라는 것을 말하고 있다.

혼자서만 부모의 관심을 받던 어린이에게 동생이 생긴다는 것은 손위 아이에게는 정서적인 박탈감을 줄 수 있는 큰 사건이다. 『피터의 의자 Peter's Chair』(1967)는 동생을 받아들이기 힘들어 하는 아이의 미묘한 마음을 잘 포착하고 있으며 피터가 동생을 받아들이고 사랑할 수 있을 때까지 기다려주는

부모의 관심과 사랑을 보여준다.

베라 윌리엄스(Vera B. Williams)의 『엄마의 의자 A Chair for My Mother』(1982)는 어려운 여건 속에서도 가족이라는 인간적 지원 관계는 행복을 가져올 수 있다는 것을 보여준다. 가족 해체와 재혼 가정, 그리고 전에는 존재하지 않았던 새로운 형태의 가정의 출현 등 현대 사회의 가족관계를 다루는 책들도 등장하고 있다. 소중애가 글을 쓰고 전혜령이 그림을 그린 『누리에게 아빠가 생겼어요』(2002)는 엄마의 재혼을 다루는 책이다. 누리네 아빠가 돌아가신 다음 엄마는 어떤 아저씨를 만나고 있다. 그 아저씨는 잘 생기고 상냥하지만 누리는 아직 아빠 생각을 더 많이 한다. 누리는 점점 팬더곰 인형 코코밖에 의지할 데가 없다고 생각한다. 함께 살게 된 아저씨와의 관계는 두 달이 다 되어 가도록 어색하고 그 아저씨가 누리네 아빠 역할을 잘 할 수 있을지, 그리고 누리도 아저씨를 아빠로 받아들일 수 있을지 걱정이 된다. 안나레나 매카피(Annalena McAfee)가 글을 쓰고 앤서니 브라운(Anthony Browne)이 그림을 그린 『특별한 손님 The Visitors Who Came to Stay』(1984)은 부모의 재혼을 앞둔 어린이의 심리를 섬세하게 다루고 있다. 이 작품에서 초현실적으로 표현된 그림으로 나타난 배경은 주인공 어린이의 복합적이고 불안정한 심리를 드러내고 있다.

조부모와의 관계를 그리고 있는 그림책도 이 범주에 들어간다. 고미 타로(Gomi Taro)의 『코코는 기다릴 수 없어요 Coco Can't Wait』(1979)는 할머니를 만나러 간 어린 아이에게 일어난 단순한 사건을 매우 간결한 언어와 그림

5-8 에즈라 잭 키츠의 『피터의 의자』, 이진영 옮김, 시공주니어. 동생이 생긴 아이의 상대적 박탈감을 다루고 있다.

으로 그린, 작품이다. 코코와 할머니는 도시의 반대편 언덕에 살고 있다. 어느 날 코코는 할머니가 매우 보고 싶어서 엄마의 배웅을 받으며 길을 떠난다. 그런데 다른 한편 같은 시각에 코코의 할머니도 코코가 보고 싶어서 과일을 바구니에 담아 들고 할아버지의 배웅을 받으며 집을 떠난다. 둘은 두 번이나 길이 엇갈리는 소동을 겪지만 결국 자전거를 타고 가는 코코와 오토바이를 타고 가는 할

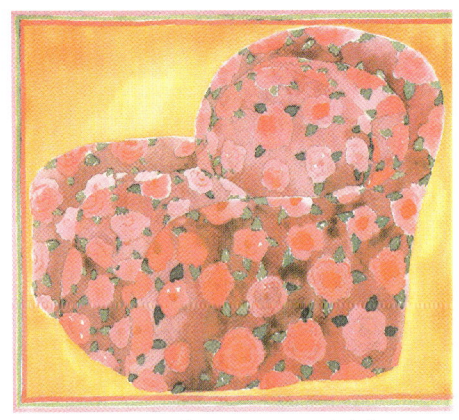

5-9 베라 윌리엄스의 『엄마의 의자』, 최순희 옮김, 시공주니어. 본문 중 엄마의 의자 모습. 가족의 연대감을 다루고 있다.

머니가 길 중간 지점에서 만난다는 스토리이다. 반복되는 사건과 문장, 그리고 짧은 이야기이지만 긴장을 자아내는 플롯 등 어린 유아들이 매우 좋아하는 요소를 갖추고 있다.

    그러나 조부모와의 관계를 그린 작품들이 이렇게 쾌활하고 따뜻한 정서만을 그리고 있는 것은 아니다. 점점 더 많은 이야기들이 조부모의 병환과 죽음을 다루고 있다. 토미 드 파올라(Tomi de Paola)의 『오른발, 왼발 Now One Foot, Now the Other』(1981)에서 주인공 보비의 할아버지는 뇌졸중으로 쓰러진다. 보비는 말도 못하고 움직이지도 못하는 할아버지에게 어렵게 다가가 예전에 할아버지가 보비에게 했던 것처럼, 할아버지가 말하고 밥 먹는 것을 배우도록 돕는다.

3) 동료 관계

    어린이는 성인과 마찬가지로 친구들과의 우정을 필요로 한다. 종종 친구

와의 관계는 아동이 더 큰 사회적 관계를 맺기 전에 처음으로 경험해보는, 가족 외의 첫 번째 인간 관계가 된다. 이 주제를 다루는 그림책 작가는 여러 가지 상황에서 친구 관계에서 일어날 수 있는 갈등을 전개한다. 아동이 작품을 읽으면서 등장인물들이 왜 갈등을 겪으며 어떻게 갈등을 처리하는지를 이해할 수 있도록 도우려면 작가는 갈등의 원인 발생과 전개, 그리고 해결을 인위적이 아니라 자연스럽게 보여주어야 한다. 샘 맥브래트니(Sam McBratney) 글, 제니퍼 이처스(Jennifer Eachus) 그림의 『미안해 *I'm Sorry*』(2000)는 친한 친구와 싸운 후 먼저 다가가서 사과하고 싶지만 용기가 나지 않는 어린이의 마음을 그리고 있다. 그림은 아이들의 표정 변화를 섬세하게 그려냄으로써 아이들의 감정을 생생하게 표현하고 있으며, 1인칭 시점으로 쓰여진 글은 마치 어린이의 마음을 들여다보고 있는 것 같은 느낌을 준다.

　이사는 어린 시절 한두 번 이상 경험하는 큰 사건이다. 이사를 할 때 어린이들이 갖는 가장 큰 관심은 그 곳에서 함께 놀 수 있는 또래 친구의 존재 여부이다. 때로 이에 대한 불확실함은 동료 관계가 중요해진 이 시기의 어린이에게 두려움을 안겨주기도 한다. 쓰쓰이 요리코 글, 하야시 아키코 그림의 『우리 친구하자 とんことり』(1986)는 그러한 경험을 그린 것이다. 산이 보이는 동네로 이사 온 여자아이 아름이는 모든 것이 낯설기만 하다. 새로 이사 온 집의 주소를 아무에게도 알려주지 않았는데 문 두드리는 소리가 난다. 아름이가 나가보면 아무도 없고 제비꽃이 우편함 아래 떨어져 있다. 그 다음에는 민들레꽃이 오고, '우리 친구하자'는 편지가 온다. 마침내 아름이에게 몰래 그런 선물들을 보낸 친구를 만나게 되는데, 수줍은 친구는 용기를 내어서 "우리 놀러가지 않을래?" 하고 말한다. 서로 너무 만나고 싶었던 친구들의 마음을 글보다 화면을 환하게 가득 채운 그림이 더 잘 표현하고 있다.

　아동의 학교 입학은 친구 관계에서 확장이 일어나는 사건이다. 대부분의 아이들은 학교 입학과 함께 학교라는 밀폐된 학습 공간에서 생전 처음 보는 아이들과 어떻게 사귀고 잘 지낼 수 있을지를 걱정하고 두려워하게 된다. 『내 짝꿍 최영대』와 『까마귀 소년』은 학교에서의 동료관계를 다루고 있으나 갈등의 해결방식에서는 큰 차이를 보인다. 『내 짝꿍 최영대』의 주인공은 이해와 동정심을 얻게 되는 반면 『까마귀 소년』의 주인공은 자신의 숨겨진 능력을 발휘할 수 있는 기회를 얻어 동료들의 인정을 얻게 된다.

4) 이웃과의 관계

아동은 성장하면서 가족뿐 아니라 이웃 사람들과도 관계를 형성하고 발전시키게 된다. 그리고 그들과의 관계를 통해 아동은 자신의 정체성과 공동체의 인식을 갖게 된다. 사실주의 작가인 이브 번팅은 『연기 자욱한 밤 Smoky Night』(1994)에서 1990년에 일어났던 로스앤젤레스 폭동 사건을 배경으로 다니엘과 그의 어머니에 대한 이야기를 들려준다. 흑인 폭동이 일어나고 많은 상점들이 약탈을 당하는 가운데 다니엘은 이웃인 한국인 김씨 부인의 상점이 불타고 약탈을 당하는 것을 보게 된다. 폭동이 계속되어 대피소로 도망간 다니엘과 어머니는 그곳에서 김씨 부인을 발견하는데, 폭동의 와중에서 잃어버린 두 가족의 고양이들이 처음 보는 사이인데도 같은 그릇에 담긴 음식을 사이좋게 나눠 먹는 모습을 보고 이제 그들도 김씨 부인과 친하게 지내야겠다고 생각한다. 이 이야기는 한인들에 대한 편견이 반영되었다고 하여 국내에서 비판을 받고 있으나 이웃과의 관계를 다룬 많지 않은 책 중 하나이다. 특히 그림의 독창성과 예술성으로 인해 칼데콧 메달을 받은 작품으로도 유명한데 그림을 그린 데이비드 디아즈(David Diaz)는 프랑스 화가인 조르주 루오가 쓴 밝은 색깔과 무거운 검은 선을 빌려 씀으로써 밤에 발발했던 폭력과 파괴, 방화, 그리고 그것이 불러일으키는 두려움과 긴장의 분위기를 효과적으로 전달하고 있다.

5-10 『연기 자욱한 밤』 이브 번팅 글, 데이비드 디아즈 그림, Voyager Books. 로스앤젤레스 폭동을 배경으로 관계의 문제를 다룬다.

5) 사회적 이슈

현대의 그림책이 보여주는 중요한 특징 중의 하나는 아동문학에서 통념처럼 여겨지던 '어린이다운' 주제를 벗어난 작품들이 등장하고 있다는 점이다. 때로 이러한 작품들은 그 사건에 대한 사회적, 역사적 선행지식을 요구하며 독자의 정서적, 인지적 성숙을 필요로 하기도 한다. 집 없는 사람들, 환경문제, 전쟁 등을 다룬 책들이 이 범주에 속한다.

앞에서 예로 든 리비 해손 글, 그레고리 로저스 그림의 『집으로 오는 길』(1994)은 대도시의 뒷골목에서 살아가는 소년의 이야기를 들려주고 있으며 이브 번팅이 글을 쓴 『집으로 날아가』(1991)는 집 없이 공항에서 숙식을 해결하는 아버지와 소년의 삶의 모습과 내면세계를 보여준다.

이탈리아 그림 작가인 로베르토 이노센티(Rorberto Innocenti)는 전쟁과 홀로코스트에 관련한 이야기를 그린 작가로도 유명하다. 루스 반더 제(Ruth Vander Zee)가 글을 쓰고 이노센티가 그림을 그린 『에리카 *Erica's story*』(2003)는 어린이 문학에서 거의 다루어지지 않던 홀로코스트라는 소재를 다룬 책이다. 이 책은 죽음의 수용소로 가는 기차에서 살아남은 에리카라는 여인의 이야기를 담고 있다. 글작가는 2차 세계대전 종전의 50주년인 1995년 독일 여행 중에 로텐부르크의 어느 길가에 앉아 있다가 유대인임을 상징하는 다윗의 별을 달고 있는 여인을 만나게 된다. 그녀는 자신을 에리카라고 소개하고 자신의 이야기를 시작한다. 그녀는 자신의 생일도, 출생한 곳도 모른다. 자신이 아는 것은 1944년 죽음의 수용소로 가는 가축 운반용 화물열차에서 밖으로 던져졌다는 것이다. 그후 한 독일 여인이 그녀를 데려다가 '에리카'라는 이름을 지어주고 정성껏 키웠으며 에리카는 성장하여 청년을 만나 결혼을 하여 가정을 갖고, 아이들과 손자들까지 보게 된다. 에리카가 자신의 과거를 말하는 일인칭 시점의 글은 독자가 그녀의 이야기에 몰입하도록 도와주며, 홀로코스트가 유대인에게는 얼마나 참혹한 비극이었는지를 뼈아프게 느끼게 한다. 그러나 다른 한편, 유대인 대량 학살이라는 불의와 악 가운데서도 생명은 스러지지 않으며 그것을 가능케 하는 것은 사랑과 희생이라는 것을 보여준다.

역시 이노센티가 그림을 그리고 크리스토프 갈라즈(Christophe Gallaz)가 글을 쓴 『백장미 *Rose Blanche*』(1985)는 2차 세계대전 중 어느 소녀에게 있었던 이야기를 그린 것이다. 이 작품을 통해 작가는 어린 소녀의 눈에 전쟁과 홀로코스트라는 사건이 어떻게 비춰지는지를 보여주고 있다.

숲의 소중함을 알리는 책으로는 구드룬 파우제방(Gudrun Pausewang) 글, 잉게 슈타이네케(Inge Steineke) 그림의 『나무 위의 아이들 *Die Kinder in den Bäumen*』(1994)을 들 수 있다. 자기 땅이 한 뼘도 없는 산타나네 가족은 두 칸짜리 오두막에서 살면서 세뇨르 리폴의 농장에서 일한다. 산타나네 아이들은 농장주가 더 부자가 되기 위해 숲을 태워 밭으로 만들려고 하자 한 명씩 나무에 올라간다. 아이들은 숲을 태우려면 자신들도 함께 태워버리라고 농장주에게 대항하는데 그들 속에는 농장주 리폴의 아들 움베르토도 있었다. 움베르토는 산타나네 아이들과 함께 숲속에서 놀면서 숲의 소중함과 부자인 아버지가 가난한 산타나 가족의 일터인 숲을 빼앗는 일은 옳지 않다는 것을 깨달았던 것이다. 이 작품은 숲의 소중함을 알리면서 어른의 욕심을 꾸짖고 있다.

6) 특별한 신체적, 정신적 요구

사실주의 그림책 작가들은 특별한 신체적, 정신적 요구를 지닌 사람들의 이야기에도 관심을 돌리고 있다. 성폭력으로 고통 받고 있는 어린이, 신체적·정신적 장애를 가진 아이들과 성인들, 혹은 비전통적인 가정에서 자라나는 아이들의 이야기도 등장한다.

카트린 마이어(Katrin Meier) 글, 아네테 블라이(Anette Bley) 그림의 『슬픈 란돌린 *Des Kummervolle Kuscheltier*』(1996)은 가족 내의 성폭력으로 고통 받는 어린이에 관한 책이다. 주인공인 란돌린은 여자 아이 브리트의 인형이다. 인형이 의인화되어 나타난다는 면에서는 사실주의의 경계를 벗어난다고 볼 수 있으나 그것만 제외하면 다른 등장인물과 플롯과 시공간적인 배경은 우리의 현실에서 가능한 것들이다. 브리트는 란돌린에게 자신이 의붓아버지로부터 당하는 성폭력을 울면서 들려준다. 말 못하는 인형인 란돌린은 브리트가 들려주는 이 고통스러운 이야기를 듣기만 하다가 너무나 화가 나서 어느 순간 말을 할 수 있게 된다. 란돌린은 브리트에게 그 일은 브리트의 탓이 아니라고 다른 사람에게 알려야 한다고 주장한다. 결국 브리트와 란돌린은 함께 옆집 아주머니를 찾아가 이 문제를 나누게 된다. 대부분의 성폭력이 가정 안에서 일어나며 알려지지 않는다는 사실을 생각할 때, 이 작품은 브리트와 같은 아이들이 겪는 마음의 상처에 더 깊은 관심을 갖게 하며 그러한 문제를 밖으로 끌어내 치유하도록 돕고 더 이상 이러한 일들이 일어나지 않도록 예방하는 교육이 필요하다는 것을 일깨워준다.

컬리넌과 갤더는 현대의 사실주의 아동문학에서 특별한 요구를 지닌 사람들의 주위에 있는 사람들의 태도가 항상 긍정적이며 향상되는 것도 아님을 보여주고 있다고 지적한다.[15] 즉, 20년 전과 비교해볼 때 어린이 책에서 행복한 결말은 더 이상 자동적으로 이루어지지 않으며 점진적인 향상과 문제의 부분적인 해결 또는 완전히 열린 결말을 보여주고 있다는 것이다. 그러나 유아를 독자로 하는 대부분의 그림책은 문제 해결과 긍정적인 결말을 선호한다.

5-11 『내게는 소리를 듣지 못하는 여동생이 있습니다』 J. W. 피터슨 글, D. K. 레이 그림, 김서정 옮김, 중앙출판사. 동생의 장애를 받아들이는 언니의 마음을 그리고 있다.
5-12 하마다 케이코가 그림을 그린 『민수야 힘내』 한림출판사. 점자 책을 동시에 출판하여 시각장애인을 고려하였다.

신체적 장애를 가진 아동의 이야기를 담은 그림책들은 종종 주위 사람들이 장애인에 대한 편견을 극복하고 행복한 결말을 맺는 것을 보여준다. 이러한 책들은 경증의 장애로부터 전신마비까지 다양하게 다루고 있다. 진 화이트하우스 피터슨(Jeanne Whitehouse Peterson) 글, 드보라 코건 레이(Deborah Kogan Ray) 그림의 『내게는 소리를 듣지 못하는 여동생이 있습니다 I Have a Sister - My Sister is Deaf』(1995)는 소리를 듣지 못하고 말도 못하는 여동생에 대한 이야기이다. 화자의 동생은 피아노 소리, 부르는 소리, 천둥 소리도 듣지 못한다. 그렇지만 작은 풀의 움직임을 볼 수 있고, 신나게 구르고 뛰는 놀이를 할 수 있다. 연필로 그린 그림은 장애아 동생을 깊이 사랑하는 언니의 마음을 편안하고 잔잔하게 전달한다. 아오키 미치요(あおき みちよ) 글, 하마다 케이코(はまだ けいこ) 그림의 『민수야 힘내』(1996)는 신체장애를 가진 민수라는 아이를 주인공으로 등장시키며 친구들이 민수를 도와서 나무에 올라가도록 돕는다는 이야기를 담고 있다. 묵자와 함께 점자로 만든 책도 함께 출간하여 시각장애 아동도 읽을 수 있도록 배려하고 있다.

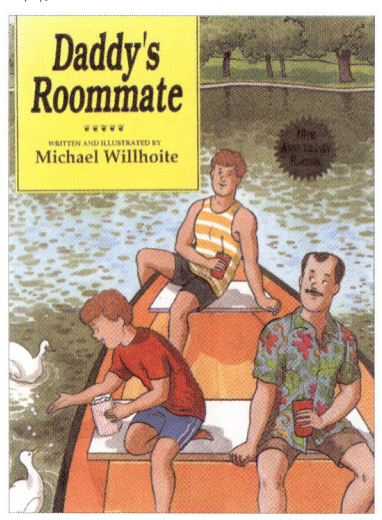

5-13 마이클 윌호이트의 『아버지의 동거인』 Alyson Publications. 동성애 가정을 그린 그림책이다.

자신과 비슷한 상황의 이야기를 읽을 기회가 없는 아동은 자신을 비정상적이라고 생각하기 쉽다. 특히 동성애자의 가정에서 자라는 아이들은 더욱 그러하다. 마이클 윌호이트(Michael Wilhoit)의 『아버지의 동거인 Daddy's Roommate』(1990)은 동성애 가정을 그린 그림책으로, 1994년에 '가장 항의를 많이 받은 책' —

가장 자주 검열 대상이 된 책—으로 유명하다. 그림책의 첫 장면은 주인공 아이의 부모가 이혼하여 아버지가 떠나가는 모습을 보여준다. 그 후 아버지는 다른 남자와 함께 살게 된다. 아이는 주말에 아버지 집에 가서 두 성인 남자와 함께 시간을 보낸다. 두 남자의 생활은 이성부부의 생활과 다름이 없어 보인다. 같이 먹고 자고 집안일을 나누어서 하며, 여가시간을 함께 보내고 장을 보러가고 사랑을 한다. 가끔 다툴 때도 있지만 곧 화해하고 일상으로 돌아간다. 아버지의 남자 친구는 주인공 아이를 자상하게 잘 보살펴주고 세 사람은 놀이도 함께 한다. 어머니는 그들이 게이(gay)이며 그것은 또 다른 종류의 사랑이라고 가르친다. 두 성인 남자는 그들의 생활에 만족해하고 주인공도 그들 사이에서 행복감을 느낀다. 작가는 책의 서문에서 자신은 동성애자는 아니지만 동성애 가정에서 자라는 아동을 위해 이 이야기를 썼다고 밝히고 있다.

3. 사실주의 그림책의 평가 준거

사실주의 그림책의 평가 준거를 문학적 요소별로 보면 다음과 같다.

1) 주제
- 주제에 대한 작가의 견해가 명백한가?
- 만일 주제가 논쟁을 불러일으키는 것이라면 작가는 설득력 있게 그 문제를 다루고 있는가?
- 주제가 아동의 삶에 의미가 있는 것인가?
- 주제가 문화 집단의 다양성을 존중하는가?

2) 인물

- 인물은 실제의 사람이나 동물처럼 행동하는가?
- 글과 그림에서 인물의 정서적인 상태가 사실적인가? 다시 말하여 독자는 인물의 느낌이 고유하며 진지하고 독자 자신의 느낌과 비슷하다는 것을 인식할 수 있는가?
- 인물은 시간이 지나면서 변화하고 발달하는가? 인물은 이야기의 마지막에 다르게 나타나는가?
- 인물은 다차원적인가? 그들은 편견을 피하고 있는가? 그러한 인물들은 개인을 표상하고 있는가, 아니면 집단을 표상하는가?

3) 배경

- 사건이 우리에게 알려진 세계에서 존재할 수 있거나 존재하는 장소에서 일어나는가?
- 배경이 생생하고 현실감 있게 그려져 있는가? 만일 당신이 그것과 맞부딪힌다면 그 장소가 어떤 곳인지를 알겠는가?
- 이야기에서 일어나는 사건을 잘 보조하고 있는가?
- 그림 배경은 이야기와 잘 부합하는가?

4) 플롯

- 사건이 실제 세계에서 실제로 일어날 수 있는 것인가?
- 갈등이 오늘날의 어린이에게 문제가 되는 것인가?
- 플롯은 문화적인 가치를 존중하는가? 이슈를 다루는 고유한 방식을 존중하는가?
- 사건은 배경과 이야기의 인물에 맞는 것인가?

5) 문제

- 등장인물의 대화는 오늘날 언어의 형태를 반영하고 있는가?
- 인물의 대화와 생각이 자연스럽게 들리는가? 방언과 말씨가 작품의 배경에서 자연스럽게 들리는가?

마지막으로 사실주의 그림책이 공동체가 공유하는 가치를 지향하고 있는가는 특별한 관심의 대상이 된다. 컬리넌과 갤더는 다른 장르와는 달리 사실주의 문학에만 해당되는 평가 준거로서 공동체의 기준을 고려해야 한다고 강조하고 있다.[16]

모든 연령에서 사실주의 그림책은 명료한 언어, 일상적인 대화, 분명한 행동과 민감한 이슈를 다루고 있으며 이러한 이슈들은 그 문화의 관심을 반영한다. 예를 들어, 성(sexuality)에 관련한 묘사를 들 수 있다. 『슬픈 란돌린』에서는 남자 어른의 성기가 그림으로 그려지기도 하고 『아버지의 동거인』에서는 남자들이 같은 침대에서 자는 모습이 나온다. 어떤 성인은 어린이들을 이러한 주제로부터 보호해야 한다고 주장하는 반면, 다른 편에서는 어린이가 책을 통해 얻는 간접 경험으로부터 혜택을 받을 수 있다고 말한다. 두 가지 모두 설득력이 있다. 중요한 것은 책이 그들이 탐구하고 있는 주제에 대해 무엇을 말하는가를 고려하는 것이다. 논쟁거리가 되는 주제를 다루는 책에 대해 불평하는 성인은 작가가 그 주제에 대해 무엇을 말하고 있는가를 자세히 보지 않는 경우가 많다.

따라서 부모나 공동체는 자신들이 어린이에게 적절하다고 믿는 것이 무엇인지에 대한 기준을 세울 필요가 있다. 성인들은 어린이를 자극하고 정보를 주고 기쁨을 주는 책을 읽을 수 있는 권리를 보호하면서 동시에 우리의 지역사회가 기준이라고 설정해 놓은 것에 민감할 필요가 있다. 이것은 중요하고도 어려운 과업이다. 그러므로 검열의 기준을 세우는 데 좀더 민감할 필요가 있다. 아직 국내에서는 어린이책의 검열에 대한 학부모나 교사들의 관심과 입장이 명확히 드러나는 창구가 없으므로 이러한 문제가 겉으로 드러나는 경우가 별로 없으나 앞으로 그림책에서 다양한 주제가 다루어질 것임을 감안하여 이러한 문제에 대한 지침을 세울 필요가 있을 것이다.

컬리넌과 갤더는 사실주의를 선택할 때는 발달적으로 적절한 주제와 공동체의 기준에 맞는 언어와 사건을 그린 책을 찾아야 할 뿐 아니라 읽는 방법에도 세심한 주의를 기울일 필요가 있다고 지적한다.[17] 어떤 것은 큰 소리로 읽으면 좋지 않을 수 있고 다른 것은 혼자 읽는 독립적인 읽기에 적당하며 소집단에 적절한 것도 있다. 예를 들어 『집으로 오는 길』과 같은 책은 길거리 아이들의 속어와 생략된 문장, 틀린 문법이 자주 쓰이고 있으므로 크게 읽는 것보다 혼자 읽기에 더 적절하다.

요약

현대 사실주의 그림책은 우리가 사는 세상에서 일어날 수 있음직한 이야기를 말한다. 등장인물은 우리가 아는 사람과 닮았으며 플롯은 일상생활에서 일어날 수 있는 사건과 행위로 이루어져 있다. 사실주의 그림책은 매우 다양한 주제를 다루고 있다. 대부분 성장, 가족, 친구, 그 외의 주변사람과의 관계를 그리고 있으나 종종 사회적 이슈가 되는 부모의 이혼, 따돌림, 가출, 약물복용, 자살, 동성애, 장애, 조부모나 가까운 사람들의 죽음 등 특별한 소재를 다루기도 한다. 다루는 소재 자체와 더불어 작품의 주제 때문에 어떤 책은 검열에 관련한 논쟁을 불러일으키기도 한다. 따라서 사실주의 그림책을 평가할 때는 문학적 요소에 대한 고려와 함께 작가가 주제를 어떻게 다루고 있는지, 그리고 주제가 공동체의 가치관을 고려하고 있는지 진지하게 살펴볼 필요가 있다.

미주 목록

1) Cullinan, B. E. & Galda, L. (2002). *Literature and the Child*(5th ed). Fortworth. TX: Harcourt Brace College. ; Mitchell, D. (2003). *Children's Literature: An Invitation to the World*. Boston: Allyn and Bacon.
2) Lukens, R. J. (2003). *A Critical Handbook for Children's Literature*(7th ed.). Boston, MA: Allyn and Bacon.
3) 김상욱(2004). 현실주의 동화, 선 자리와 갈 길. 창비어린이 5호. pp.10~34.
4) 이성은(2003). 아동문학교육. 서울: 교육과학사.
5) 강무홍(2004). 리얼리즘 어린이문학의 새로운 지평을 위하여. 창비어린이 5호. pp.35~43.
6) Townsend, J. R. (1995). *Wrtten For Children*. 강무홍 역(1996). 어린이책의 역사. 시공사.
7) Sutherland, Z. & Arbutsnuts, M. H. (1991). *Children and Book*(8th ed.). NY: Harper Collins Publishers.
8) Raines, S. & Isbell, R. (1994). *Stories: Children's Literature in Early Education*. Delmar Publishers Inc.
9) Winters, C. J. & Schmidt, G. (2001). *Edging the boundaries of children's literature*. Grand Rapids, MI: Allyn and Bacon.
10) 이성은(2003). 앞의 책.
11) 김세희(2004). 유아문학교육. 양서원
12) 김현희, 박상희(1999). 유아문학교육. 학지사.
13) Cullinan, B. E. & Galda, L. (2002). 앞의 책. pp.194~198.
14) Cullinan, B. E. & Galda, L. (2002). 앞의 책.
15) Cullinan, B. E. & Galda, L. (2002). 앞의 책.
16) Cullinan, B. E. & Galda, L. (2002). 앞의 책.
17) Cullinan, B. E. & Galda, L. (2002). 앞의 책.

참고 문헌

강무홍(2004). 리얼리즘 어린이문학의 새로운 지평을 위하여. 창비어린이 5호. pp.35~43.
김상욱(2004). 현실주의 동화, 선 자리와 갈 길. 창비어린이 5호. pp.10~34.
김세희(2004). 유아문학교육. 양서원
김현희, 박상희(1999). 유아문학교육. 학지사.
이성은(2003). 아동문학교육. 서울: 교육과학사.
Cullinan, B. E. & Galda, L. (2002). *Literature and the Child*(5th ed). Fortworth. TX: Harcourt Brace College.
Lukens, R. J. (2003). *A Critical Handbook for Children's Literature*(7th ed.). Boston, MA: Allyn and Bacon.
Mitchell, D. (2003). *Children's Literature: An Invitation to the World*. Boston: Allyn and Bacon.

Raines, S. & Isbell, R. (1994). *Stories: Children's Literature in Early Education*. Delmar Publishers Inc.
Sutherland, Z. & Arbutnuts, M. H. (1991). *Children and book*(8th ed.). NY: Harper Collins Publishers.
Townsend, J. R. (1995). *Wrtten For Children*. 강무홍 역(1996). 어린이책의 역사. 시공사.
Winters, C. J. & Schmidt, G. (2001). *Edging the boundaries of children's literature*. Grand Rapids, MI: Allyn and Bacon.

참고 그림책 목록

소중애 글, 전혜령 그림(2002). 누리에게 아빠가 생겼어요. 중앙M&B(랜덤하우스중앙).
이진수 글, 김우선 그림(1991). 혼자 집을 보았어요. 영교.
채인선 글, 정순희 그림(1997). 내 짝꿍 최영대. 재미마주.
あおき みちよ(1996). *Let's Climb the Pecan Tree!*. はまた けいこ 畵. 이영준 역(2000). 민수야 힘내. 한림출판사.
つつい よりこ(1977). はじめてのおつかい. はやし あきこ 畵. 福音館書店. (1991). 이슬이의 첫 심부름. 한림출판사.
　　　　　　　(1982). おさえとちいさいいもうと. はやし あきこ 畵. 福音館書店. (1989). 순이와 어린 동생. 한림출판사.
　　　　　　　(1986). とんことり. 우리 친구하자. 한림출판사.
やしま たろう(1955). からすたろう. 윤구병 역(1996). 까마귀 소년. 비룡소.
原田泰治(1980). とうちゃんのトンネル. ポプラ社
Anthony Browne(1984). *The Vistors Who Came to Stay*. written by Annalena McAfee. Hamish Hamilton. 허은미 역(2005). 특별한 손님. 베틀북.
Christophe Gallaz(1985). *Rose Blanche*. illustrated by Roberto Innocenti. London: Red Fox. 이수영 역(2003). 백장미. 아이세움.
Donald Hall(1979). *Ox-Cart Man*. illustrated by Barbara Cooney Porter. Donald Hall c/o Curits Brown Inc. 주영아 역(1997). 달구지를 끌고. 비룡소.
Eve Bunting(1991). *Fly Away Home*. illustrated by Ronald Himler. New York : Houghton Mifflin Company.
　　　　　(1994). *Smoky Night*. illustrated by David Diaz. Voyager Books.
Ezra Jack Keats(1962). *The Snowy Day*. the Viking Press. 김소희 역(1995). 눈 오는 날. 비룡소.
　　　　　　(1964). *Whistle for Willie*. the Viking Press. 김희순 역(1999). 휘파람을 불어요. 시공주니어.
Ezra Jack Keats(1967). *Peter's Chair*. the HarperCollins Publishers. 이진영 역(1996). 피터의 의자. 시공주니어.
Gudrun Pausewang(1994). *Die Kinder in den Bäumen*. illustrated by Inge Steineke, Verlag Nagel & Kimche, 김경연 역(1999). 나무 위의 아이들. 비룡소.
Jeanne Whitehouse Peterson(1977). *I Have a Sister - My Sister is Deaf*. illustrated by Deborah Kogan Ray. HarperCollins. 김서정 역(2004). 내게는 소리를 듣지 못하는 여동생이 있습니다. 중앙출판사.

John Burningham(1985). *Grandpa*. Reissue edition. 박상희 역(1995). 우리 할아버지. 비룡소.
Katrin Meier(1996). *Das kummervolle Kuscheltier*. illustrated by Anette Bley. Ars Edition Gmbh, Muenchen. 허수경 역(2003). 슬픈 란돌린. 문학동네 어린이.
Kevin Henkes(1995). *The Biggest Boy*. illustrated by Nancy Tafuri. Mulberry Books. 이경혜 역(1999). 세상에서 가장 큰 아이. 비룡소.
Libby Hathorn(1994). *Way Home*. illustrated by Gregory Rogers. Red Fox.
Margaret Park Bridges(1999). *If I Were Your Mother*. illustrated by Kady MacDonald Denton. HarperCollins Publishers. (2000). 내가 만일 엄마라면. 베틀북
Michael Willhoite(1990). *Daddy's Roommate*. Alyson Publications.
Robert N. Munsch(1986). *Love You Forever*. illustrated by Anthony Lewis. McGraw. A Firefly Book. 김숙 역(2000). 언제까지나 너를 사랑해. 북뱅크.
Ruth Vander Zee(2003). *Erica's Story*. illustrated by Roberto Innocenti. Creative Edition. 차미례 역(2005). 에리카 이야기. 마루벌.
Sam McBratney(2000). *I'm Sorry*. illustrated by Jennifer Eachus. HarperCollins. Publishers. 김서정 역(2002). 미안해. 중앙M&B(랜덤하우스중앙).
Sarah Stewart(1995). *The Library*. illustrated by David Small. New York: Farrar, Straus and Giroux. 지혜연 역(1998). 도서관. 시공주니어.
Taro Gomi(1979). *Coco Can't Wait*. Scholastic.
Tomie de Paola(1981). *Now One Foot, Now the Other*. G. P. Putnam's Sons. 정해왕 역(1999). 오른발 왼발. 비룡소.
Vera B. Williams(1982). *A Chair for My Mother*. HarperTrophy. 최순희 역(1999). 엄마의 의자. 시공주니어.
Willam Steig(1998). *Pete's a Pizza*. HarperCollins. 박찬순 역(2000). 아빠와 함께 피자 놀이를. 보림.
Yashima Taro(1976). *Crow Boy*. New York: Puffin Books.

부 록

그림책 접근법에 따른 연구 논문 | 한국 그림책 관련 상 수상작 | 한국 창작 그림책 연대별 목록 | 도판 목록

부록 1 그림책 접근법에 따른 연구 논문

아동문학으로 접근

강은진(1997). 환상동화와 사실동화에 대한 유아의 반응 비교 연구: 소집단 그림책 읽기 활동을 중심으로. 석사학위 청구논문. 성균관대 대학원 아동심리교육 전공.

김주희(1998). 유아용 그림책에 나타난 성역할 고정관념. 석사학위 청구논문. 이화여대 대학원 유아교육 전공.

김홍숙(1997). 그림동화에 나타난 결혼 각본의 구조와 해체 : 유아용 그림 동화 및 대안 동화의 비교를 중심으로. 한국여성개발원. 女性硏究 52('97. 6) pp.97~119.

성정아(1995). 창작 그림책에 나타난 성 역할 고정관념의 변화. 석사학위 청구논문. 이화여대 대학원 유아교육학 전공.

신혜선(2003). 국내 창작 유아 그림책 연구: 아동 문학상 수상작을 중심으로. 한민족문화학회. 한민족문화연구 제12집 (2003. 6). pp.105~134.

신혜선(2004). 아동 문학상 수상 유아 그림책 연구. 석사학위 청구논문. 중앙대 대학원 유아교육 전공.

신현숙(2000). 그림이야기 장르에 따른 만 3세와 5세 유아의 그림책에 대한 반응 비교. 석사학위 청구논문. 건국대 교육대학원 유아교육 전공.

심은희(1997), 우리나라에서 출판된 그림책의 장르 및 구조 분석 : 1990~1996년을 중심으로. 석사학위 청구논문. 이화여대 대학원 유아교육 전공.

엄혜숙(2002). 어른의 문학 생활화와 어린이 문학: 어린이 그림책을 중심으로 문학교육학, 문학교육학 제10호(2002. 12). pp.45~60.

오윤정(2002). 한국 전래동화 그림책의 발행 현황과 재화에 관한 연구. 석사학위 청구논문. 성균관대 교육대학원 유아교육전공.

유연일·현은자(2004). 유아를 위한 그림책에 나타난 리더십. 한국유아교육학회지. 幼兒敎育硏究 제24권 제2호(2004. 4). pp.265~288.

임정은(2001). 그림책 『라우라』에서의 그림과 텍스트 상호작용. 석사학위 청구논문. 서울대 대학원.

정대련·이춘희(2003). 레오 리오니의 그림책에 나타난 자아정체성 연구. 동방문학. 동방문학 통권 제33호 (2003. 6, 7). pp.24~59.

조희숙(1996). 유아의 이야기 그림책 서술에 관한 연구: 에피소드간의 수직적 구조와 수평적 구조를 중심으로. 익산유아교육학회. 幼兒敎育論叢 6('96.12). pp.47~66.

홍선희(2000). 그림책 장르에 따른 유아의 언어적 반응과 행동적 반응의 연령별 비교. 석사학위 청구논문. 인천대 교육대학원 유아교육 전공.

교수-학습 매체로서 접근

김상순(2004). 그림책을 활용한 총체적 언어 교육이 유아의 읽기 능력과 흥미에 미치는 효과. 석사학위 청구논문. 동국대 교육대학원 유아교육 전공.

김수향(2004). 그림책을 활용한 창의적 문제 해결 과정이 유아의 창의적 사고 및 문제 해결 능력에 미치는 영향. 박사학위 청구논문. 동덕여대 대학원 아동학 전공.

김연주(1998). 그림책의 교육적 활용이 유아의 수 개념 발달에 미치는 영향. 석사학위 청구 논문. 순천향대 유아교육 전공.

김효실(2004). 그림책을 활용한 수학 교육 활동이 유아의 수학 능력 발달에 미치는 효과. 석사학위 청구논문. 경성대 교육대학원 유아교육 전공

박경희(2000). 어린이 그림책의 교육적 역할, 석사학위 청구논문, 이화여대 교육대학원 미술교육 전공.

박금화(2004). 글 없는 그림책을 활용한 총체적 영어 수업의 적용 효과 연구. 석사학위 청구 논문. 서울교육대 교육대학원 초등영어교육 전공.

박성연(2002). 그림책을 활용한 다문화 교육 프로그램이 유아의 인종 및 타문화에 대한 태도에 미치는 효과. 석사학위 청구논문. 성균관대 대학원 아동도서 미디어교육 전공.

방미향(2004). 효과적인 어린이 지식 정보책 개발 방향에 관한 연구. 석사학위 청구논문. 서강대 언론대학원.

배경화(2002). 정보 그림책에 대한 교사의 인식과 활용에 관한 연구. 석사학위 청구논문. 세종대 교육대학원 유아교육 전공.

신순복(2002). 그림책 동화를 활용한 초등학교 영어 지도 방안. 석사학위 청구논문. 한동대 교육대학원 영어교육 전공.

안효정(2001). 유아를 위한 정보 그림책의 현황 분석. 석사학위 청구논문. 이화여대 대학원 유아교육 전공.

오정옥(2002). 그림책의 그림 읽기 프로그램이 유아의 시각 문식성에 미치는 영향. 석사학위 청구논문. 성균관대 대학원 아동학 전공.

유현숙(2004). 정보 그림책에 나타난 유아 과학 교육 내용 분석. 석사학위 청구논문. 강남대 교육대학원 유아교육 전공.

육길나(2002). 유아 수학 교육을 위한 그림책 분석 및 그림책 활용에 관한 교사의 인식. 석사학위 청구논문. 배제대 대학원 유아교육 전공.

이경아(2004). 그림책을 활용한 균형적인 언어 교육 프로그램이 유아의 말하기 듣기 읽기 쓰기에 미치는 효과. 석사학위 청구논문. 한양대 교육대학원 유아교육 전공.

이도연(2004). 아동 미술 교육에서 그림책 활용에 관한 비교 연구. 석사학위 청구논문. 숙명여대 교육대학원 미술교육 전공.

이명신(2002). 조기 영어 교육에 있어 영어 그림책 이론과 실제 교수법. 석사학위 청구논문. 연세대 교육대학원.

이숙란(2002). 그림책에 나타난 유아 사회 교육 내용 분석. 석사학위 청구논문. 한국 교원대 교육

대학원. 유아교육 전공.
이순희(2003). 정보그림책을 활용한 미술 감상 교육이 유아의 미적 반응에 미치는 효과. 석사학위 청구논문. 성균관대 교육대학원 유아교육 전공.
조향명(2004). 그림책을 활용한 언어 지도가 정신지체아의 요구 및 응답 언어에 미치는 효과. 석사학위 청구논문. 대구대 교육대학원 특수교육 전공.
최지희(2004). 그림책을 활용한 미술 감상 교육이 유아의 그림 표현 능력에 미치는 영향. 석사학위 청구논문. 성균관대 대학원 아동심리교육 전공.
황성희(2002). 영어 그림책을 활용한 효과적인 초등 영어 읽기 교육. 석사학위 청구논문. 홍익대 교육대학원 초등영어교육 전공.

시각 예술로서 접근

강정선(1998). 그림책 일러스트레이션 작가의 작품별 색채 분석 연구. 석사학위 청구논문. 숙명여대 대학원 평면디자인 전공.
권주연(2003). 한국적 그림책 표현을 위한 일러스트레이터의 작가 정신에 관한 연구. 석사학위 청구논문. 동덕여대 디자인대학원 시각디자인 전공.
김경미(2004). 4~7세 유아를 위한 그림책 일러스트레이션에서의 감성전달을 위한 색채 표현 연구 석사학위 청구논문. 이화여대 대학원 시각정보디자인 전공.
김명화(2002). 창작 동화 일러스트레이션 색채 분석 연구. 석사학위 청구논문. 숙명여대 디자인 대학원 시각디자인 전공.
김미숙(2004). 유아그림책 일러스트레이션의 조형성 표현에 대한 연구. 석사학위 청구논문. 경남대 교육대학원 디자인교육 전공.
김석진(2001). 유아 그림책 일러스트레이션에 관한 연구. 석사학위 청구논문. 성균관대 디자인 대학원 시각디자인 전공.
김애용(2000). 모리스 센닥의 그림책에 나타난 환상적 표현에 관한 연구. 석사학위 청구논문. 숙명여대 디자인대학원 시각디자인 전공.
김준희(2004). 아동용 그림책 일러스트레이션에 나타난 한국화 표현기법에 관한 연구. 석사학위 청구논문. 명지대 대학원 시각디자인 전공.
김진경(2004). 딕 브루너의 캐릭터 디자인에 관한 연구. 석사학위 청구논문. 숙명여대 디자인 대학원 시각디자인 전공.
나지은(2000). 그림책의 그림 유형에 따른 유아의 그림책에 대한 반응. 석사학위 청구논문. 덕성여자대학교 대학원 유아교육 전공.
류재수(1990). A.J. Keats를 통해 본 우리나라 그림책의 리얼리티에 관한 연구. 석사학위 청구논문. 홍익대 교육대학원.
심수경(2003). 유아 그림책의 시각적 구성요소에 관한 연구. 석사학위 청구논문. 건국대 디자인대학원 시각정보디자인 전공.
배우미(1999). 3D 일러스트레이션을 이용한 어린이 그림 동화책에 관한 연구 : 재료의 다양성을 보여주는 표현을 중심으로. 석사학위 청구논문 이화여대 디자인 대학원 광고디자인 전공.
서계숙(1986). 그림책일러스트레이션에 대한 고찰. 석사학위 청구논문. 서울대 대학원.
양소진(2002). 어린이그림책에 나타난 일러스트레이션에 관한 연구. 석사학위 청구논문. 조선대 교육대학원 미술교육 전공.
이선희(2003). 디자이너의 이니시어티브 디자인 기획에 의한 그림책 표현 확대에 관한 연구. 석사학위 청구논문. 이화여대 디자인대학원 정보디자인 전공.
임희정(2004). 유아용 글 없는 그림책의 주제에 따른 일러스트레이션 표현 연구. 석사학위 청구 논문. 숙명여대 대학원 시각 영상디자인 전공
이유진(2002). 어린이그림책 색채 분석 연구. 석사학위 청구논문. 숙명여대 디자인대학원 시각디자인 전공.
이윤아(2003). 성인을 대상으로 한 그림책 일러스트레이션의 상징적 의미 표현에 관한 연구. 석사학위 청구논문. 상명대 예술 디자인 대학원 일러스트레이션 전공.
이정화(1994). 그림책 일러스트레이션의 표현 연구. 석사학위 청구논문. 이화여대 산업미술대학원. 광고디자인 전공.
장혜원(2002). 한국의 유아용 글 없는 그림책의 일러스트레이션에 관한 연구. 석사학위 청구논문. 명지대 대학원 시각디자인 전공.
전효훈(2000). 그림책 일러스트레이션의 표현에 대한 유아의 반응. 석사학위 청구논문. 이화여대 대학원 유아교육학 전공.
정윤주(2003). 한국 현대 그림책 일러스트레이션에 나타난 민화의 표현 양식에 대한 연구. 석사학위 청구논문. 명지대 대학원 시각디자인 전공.
정태숙(1999). 국내 어린이 그림책에 나타난 일러스트레이션에 관한 연구. 석사학위 청구논문. 계명대 대학원 응용미술학 전공.
정혜정(1991). 한국 전래동화 그림책의 일러스트레이션 표현 연구. 석사학위 청구논문. 이화여대 산업미술대학원.
최정원(2001). 유아를 위한 그림책 일러스트레이션에 관한 연구. 석사학위 청구논문. 동의대 산업기술대학원 시각디자인 전공.
허수향(2004). 그림책 애니메이션의 유형 분석 연구. 석사학위 청구논문. 세종대 공연예술대학원 멀티미디어 애니메이션 전공.
홍남인(2002). 만화의 표현 특성을 응용한 그림책 일러스트레이션 연구. 석사학위 청구논문. 상명대 예술 디자인 대학원 일러스트레이션 전공.

아동도서로서 접근
곽혜신(1992). 어린이를 위한 움직이는 그림책에 관한 연구. 석사학위 청구논문. 이화여대 산업미술대학원 산업미술학 전공.
이순옥(1996). 그림 이야기책의 작품 유형과 판형 모양에 대한 유아의 선호도 연구: 이야기 내용과

주제 및 주인공을 중심으로. 박사학위 청구논문. 서울여대 대학원 아동학 전공.

이승은(1999). 유아 그림책 표지 디자인이 구매에 미치는 영향에 관한 연구 : 미취학 유아 및 보호자를 중심으로. 석사학위 청구논문. 동덕여대 디자인 대학원 시각디자인 전공.

정금순(2002). 멀티미디어 시대의 어린이 그림책 디자인 연구. 석사학위 청구논문. 서울산업대 산업대학원 시각디자인 전공.

정옥패(2000). 조형 의식의 관점에서 본 그림동화 편집 디자인 특징 비교에 관한 연구. 석사학위 청구논문. 한양대 대학원 산업디자인 전공.

조성윤(2004). 상호작용성을 활용한 유아용 그림책의 편집디자인 연구. 석사학위 청구논문. 서울대 대학원 시각디자인 전공.

최종란(1998). 영상 시대에 있어서 인쇄 미디어의 역할과 그 교육적 효과 : 그림책을 중심으로. 평택대학교 논문집 10:1. pp.519~532.

부록 2 한국 그림책 관련 상 수상작

한국어린이도서상

회(연도)	저작 부문 / 일러스트레이션 부문 / 기획·편집 부문 / 특별상
1회(1980)	유경환 동시집 『노래를 쓰는 총』 배연사 / 정준용 『새싹이 좋아요』 일지사 / 김시환 『우리나라 창작동화』 견지사.
2회(1981)	임신행 『꽃불 속에 울리는 방울소리』 문학세계사 / 이우경 『은혜 갚은 까치』 국민서관 / 김영탁 『나의 에베레스트』 평화출판사.
3회(1982)	이준연 / 『날아다니는 다람쥐』 효성사 / 안정언 『해님 달님』 어문각 / 동화출판공사 편집 '그림나라 100' 동화출판공사.
4회(1983)	김영자 『나비나라』 여울사 / 전성보 『별과 아기 부엉이』 견지사 / 윤진영 『어린이 글방』 대학서림.
5회(1984)	고성주 『노란 은행잎의 꿈』 아동문예사 / 김영미 『소가 된 게으름뱅이』 동화출판사.
6회(1985)	박진용 『우리들의 도깨비』 아동문예사 / 김복태 『꽃다발』 아동문예사 / 최석노 '한국고전전래동화 대전집' 서문당.
7회(1986)	이향구 『일어서는 갈대』 한국출판공사 / 이은주 『나무도령』 웅진출판.
8회(1987)	주동일 『과학의 길』 조선일보사 / 류재수 『턱 빠진 탈』 일신각 / 이상배 '써래 어린이문고' 써래.
9회(1988)	차원재 『시골빛 물감』 샘터사 / 김천정 『아기참새』 대교문화 / 신세호 '경제동화전집' 한국교육개발원 / 김낙천 『먼나라 이웃나라』 고려원.
10회(1989)	한낙원 『돌아온 지구소년』 가톨릭출판사 / 이규경 『나무의 꿈』 예림당 / 김춘식 『만화세계사』 계몽사 / 윤석금 '한국아동문학 대표작' 웅진출판.
11회(1990)	김재창 『잃어버린 계수나무』 아동문예사 / 이성박 『나무꾼과 여우』 동화출판공사 / 조근태 『동화·시 모음집』 현암사.
12회(1991)	황영애 『내가 누구예요?』 현암사 / 이정화 『호랑이와 두꺼비』 대교출판 / 이순규 『강가의 초롱이네 집 이야기』 성바오로출판사 / 김준식 『또래와 토리』 계몽사.
13회(1992)	조대현 『아스팔트 위의 촌닭』 대교출판 / 박성완 『날개를 단 허수아비』 교육연구원 / 계몽사편집부 '최신 학습그림 과학전' (전25권) 계몽사 / 박맹호 『서정주 세계 민화집』 민음사.
14회(1993)	김종상 『생각하는 돌멩이』 현암사 / 이영원 『울퉁불퉁 그림책』 국민서관 / 김준식 '유아능력개발백과' 계몽사 / 나춘호 『어린이 낭송시집』 예림당.
15회(1994)	신형건 『바퀴 달린 모자』 현암사 / 강인춘 『하늘에 그린 그림들』 보림 / 신영종 『세계는 내 친구』 두손미디어 / 문성근 『먹을 것 이야기』 두손미디어.
16회(1995)	이종훈 『아빠가 들려주는 철학 이야기 1·2』 현암사 / 조선경 『마고할미』 보림 / 김미혜 '보리 아기 그림책 세밀화' 시리즈 보리 / 선안나 『길 잃은 페르시아 왕』 동아출판

	사, 권종택 '전통문화 그림책' 시리즈 보림.
17회(1996)	신지식 『곰돌이 주차장』 대교출판 / 홍성찬 『집짓기』 보림 / 김낙천 『임석재 민속동요』 고려원미디어.
18회(1997)	김상삼 『탈을 쓰는 아이들』 두산동아 / 이우경 『이우경 전래 동화집』 한국프뢰벨 / 이석호 『우리나라 옛 이야기』 한국안데르센.
19회(1998)	손연자 『요 알통 좀 봐라』 두산동아 / 권혁도 외 4명 『세밀화로 그린 보리 어린이 식물도감』 보리 / 최선호 『울 엄마』 세계사.
20회(1999)	강정규 『청거북 두 마리』 국민서관 / 박철민 룩 엔 씽크 수학동화 (17) 『거인 쿠크의 키재기』 한국듀이 / 윤석금 '21세기 웅진학습백과 사전' (전21권) 웅진출판(주).
21회(2000)	이철수·최재용 『우리가 정말 알아야 할 우리 놀이 백 가지』 현암사 / 김인석 『천년을 달리는 아이』 삼성출판사 / 박종관 '삐아제 키즈랩 탈무드 동화' (전42권) 한국삐아제.
22회(2001)	정두리 『엄마 없는 날』 파랑새어린이 / 강우현 『양초귀신』 다림 / 조동금 '인성교육 창작동요' (전62권) 한성미디어.
23회(2002)	주강현 『어린이를 위한 주강현의 우리문화』 아이세움 / 한성옥 『수염 할아버지』 보림 / 김병준 '한국대표아동문학선' (전12권) 지경사.
24회(2003)	이상권 『애벌레가 애벌레를 먹어요』 웅진닷컴 / 김환영 『종이밥』 낮은산 / 신조현 '눈높이 클래식' 시리즈 대교출판.
25회(2004)	김용택 『김용택의 꿈꾸는 섬진강』 삼성당 / 한성옥 『나의 사직동』 보림 / 김석규 『몬테소리 옛 이야기』 한국몬테소리.

황금도깨비상

1회(1992)	그림동화 없음 / 임파 『황룡사 방가지똥』(장편동화).
2회(1993)	나애경 『작은 새의 눈물』(그림동화). 출간.
3회(1994)	김세온 『이사 가는 날』(그림동화). 출간.
4회(1995)	이재복 『세상에서 제일 좋은 우리 누나』(그림동화).
	정순희 『바람 부는 날』(그림동화). 출간.
	한유민 『난 북치는 게 좋아 난 노래하는 게 좋아』(그림동화). 출간.
5회(1996)	이현미 『길을 잃었어요』(그림동화) / 김윤주 『우리 가족의 역사랍니다』(그림동화) 반윤옥 『돌멩이 속의 이야기』(그림동화).
6회(1999)	수상작 없음.
7회(2000)	그림책 원고 부문 당선작 없음. / 김선희 『흐린 후 차차 갬』(장편동화). 출간.
8회(2001)	김정선 『야구공』. 출간 / 김종렬 『날아라, 비둘기』(장편동화). 출간.
9회(2002)	그림동화 부문 당선작 없음 / 공지희 『영모가 사라졌다』(장편동화). 출간.
10회(2003)	선현경 『이모의 결혼식』(그림동화). 출간.

서울동화일러스트레이션상

1회(1999) **우수상** | 조은수 『말하는 나무』. 출간.
우수상 | 김규동 『도울이의 지혜』. 출간.
2회(2000) 수상작 없음.
3회(2001) **대상** | 이정희 『엄마가 사라졌어요』. 출간.
가작 | 김진수 『모두 함께 지은 우리집』. 출간. 제43회 백상출판문화대상 본상 후보.
가작 | 김지숙 글·김지효 그림 『우리집 암탉과 무지개빛 황금알』.
4회(2002) **가작** | 노인경 『소소』.
가작 | 남정숙 『마리네 가족 이야기』.
가작 | 문정민 글·한준호 그림 『월월 미안해』.
5회(2003) **우수상** | 윤지회 『몽이는 잠꾸러기』. 출간
가작 | 박경민 『솔솔이는 어디로 갔을까』. 제갈희 『돼지치기 소년』
6회(2004) **가작** | 김선숙 『우물 속 도마뱀』.
가작 | 남성훈 『엄마 아빠 어릴 때 무엇을 하고 놀았어?』.

보림 창작 그림책 공모전

1회(2000) **우수상** | 유승정 『자꾸자꾸의 눈물』.
가작 | 최숙희 『까망친구 하얀친구』『누구 그림자일까?』. 출간.
가작 | 정유정 『오리가 한 마리 있었어요』. 출간.
가작 | 조은희 『마니마니마니』. 출간.
가작 | 김은주 『동물이야기-개·고양이』. 출간.
2회(2001) **대상** | 신진주 『치치와 바바의 모험』.
우수상 | 심미아 『고양순』. 출간.
우수상 | 한지예 『꿈꾸는 메루엘』.
3회(2002) **우수상** | 김동수 『감기 걸린 날』. 출간.
4회(2003) 수상작 없음.
5회(2004) **우수상** | 이현경 『하은이와 비또리아』.
우수상 | 김중석 『아빠가 보고 싶어』.

한국안데르센그림자상 출판미술부문 수상작

2004 **우수상** | 정성화 『재주 많은 삼 형제』.
특별상 | 김종민 『늑대와 일곱 마리 아기 염소』/ 박철민 『철우일기』/ 윤지희 『그림자』
가작 | 김정선 『아빠』/ 장애란 『해님을 사랑한 부엉이』/ 이유진 『달팽이처럼』 오승민 『꼭꼭 숨어라』/ 최민오 『혹부리 할아버지』.

| 2005 | **우수상** | 김지아 『거울 나라의 앨리스』.
특별상 | 강민경 『무지개빛 마을』 / 정은미 『별이 내리면』 / 박소정 『혜진이의 꿈』.
가작 | 이성희 『아기 돼지 삼 형제』 / 운종훈 『늘 내곁에』 / 강혜숙 『꼬리야! 꼬리야』 / 신동석 『성냥팔이 소녀』 / 박은미 『푸른 수염』.

부록 3 한국 창작 그림책 연대별 목록

이 목록은 '우리 책 사랑 모임'에서 정리한 목록을 기초 자료로 하여 2005년 6월 21일 부터 7월 12일까지 각 출판사에 문의하여 조사한 것을 바탕으로 삼았다. 여기서 한국 창작 그림책이라 함은 '국내 창작물로서 영유아를 포함한 어린이를 대상으로 하여 그림책의 형식으로 만들어진 책으로 픽션과 논픽션을 포함하고 저작권을 가진 일러스트레이터가 그림 작업을 한 책으로 단행본 판매 방식을 취하는 것으로 제한하였음'을 밝혀둔다. 또한 절판되어 현재 팔리고 있지 않은 책도 포함하였다. 그러나 1980년대 이전에 발행된 책은 수집하지 못해 싣지 못했다.

자사의 도서 목록을 보내준 곳은 국민서관, 길벗어린이, 나무숲, 느림보, 다림, 다섯수레, 대교, 도깨비, 돌베게 어린이, 두산동아, 마루벌, 문학동네, 미세기, 바오로딸, 베틀북, 보리, 보림, 분도, 비룡소, 사계절, 산하, 삼성, 삼성당아이, 세상모든책, 소년한길, 시공주니어, 아이세움, 언어세상, 예림당, 우리교육, 웅진, 재미마주, 진선, 창비, 초방, 태동, 통나무, 한국어린이교육, 한림, 한솔교육, 현암사, 효리원 등 42개 출판사이다. 그 외에 돈보스코미디어, 바우솔, 문공사, 재활재단, 이룸, 책고리, 캐릭터플랜, 한솜의 책을 포함하여 총 1180권의 목록을 수록하였다. 자료 수집 및 정리는 사계절출판사 이연정이 하였다.

번거로운 작업에 참여해 주신 각 출판사 관계자 여러분께 감사드린다. - 편집자 주

1981년 (도서명 / 출판사)
방학기도 / 바오로딸

1983년 (도서명 / 출판사)
아가씨, 피리를 부셔요 / 분도

1987년 (도서명 / 출판사)
한이네 이야기 / 바오로딸   큰 도둑 거문이 / 분도
한이와 해남농장 / 바오로딸

1988년 (도서명 / 출판사)
완이의 기도 / 바오로딸   백두산 이야기 / 통나무

1989년 (도서명 / 출판사)
아, 아, 우리 예수님 / 바오로딸   하느님의 사과나무 / 바오로딸

1990년 (도서명 / 출판사)

한이와 성탄절 / 바오로딸
죽 한 그릇과 바꾼 하느님의 축복 / 바오로딸
나도 사랑할래요 / 바오로딸
파랑새 이야기 / 바오로딸
봄아 어서 와 / 바오로딸
어느 봄날에 생긴 일 / 바오로딸
팔려간 요셉 / 바오로딸
거인을 이긴 소년 다윗 / 바오로딸
새롬이의 기도 / 바오로딸

1991년 (도서명 / 출판사)

엄마 손은 따뜻해 / 바오로딸
말썽꾸러기 비둘기 / 바오로딸
즐거운 잔칫날 / 바오로딸
누구의 사진일까 / 바오로딸
초롱이 맞이꽃 / 바오로딸
마리아님의 선물 / 바오로딸
초롱이 방에서 일어난 이야기 / 바오로딸
빨간 헬리콥터 / 바오로딸
개개비의 슬픔 / 바오로딸
아가 까치의 생일 / 바오로딸
올챙이 그림책 시리즈 / 웅진 (개정판, 2001-개똥이그림책 시리즈 / 보리)
    빨강 도깨비 파랑 도깨비 노랑 도깨비
    거꾸로 도깨비
    장난꾸러기 도깨비
    너랑 안 놀아
    어른이 되고 싶어요
    나랑 놀자
    뒤죽박죽 도깨비
    코주부 왕눈이 당나귀 귀
    우리도 똑같아요
    개구쟁이 돌이
    말썽꾸러기 호랑이
    오줌싸개 누리
    아기다람쥐 다람이
    아이쿠 아야야
    나도 잘해
    흉내쟁이 찍찍이
    찌르릉 찌르릉
    엄마소와 송아지
    토끼와 거북이
    눈먼 곰과 다람쥐
    나무와 싸운 멧돼지
    심술꾸러기 사자와 모기
    마음씨 고운 풀
    함께 일하고 같이 놀아요
    나도 아빠처럼 될래요
    바닷가에 살아요
    아빠는 깜둥이야
    하나에서 열까지
    송아지의 심부름
    나비의 숨바꼭질
    재미있는 안경
    장난꾸러기 먹보 뱀
    느낌이 달라요
    물은 어디로 가나요
    꼬꼬댁 꼬끼오
    개가 좋아요
    망아지 꼬리
    아기도깨비네 집
    장다리와 배추벌레
    나무와 애벌레
    바위와 소나무
    민둥산을 가꾼 매
    원숭이 왕
    먹물통에 빠진 쐐기벌레
    물이 없으면
    날씨가 좋아요
    봄이 왔어요
    여름이 왔어요
    가을이 왔어요
    겨울이 왔어요

1992년 (도서명 / 출판사)

고산자 김정호 / 국민서관
신사임당 / 국민서관
장보고 / 국민서관
세종대왕 / 국민서관
유관순 / 국민서관
장영실 / 국민서관
정약용 / 국민서관
우장춘 / 국민서관
헬렌 켈러 / 국민서관
슈바이처 / 국민서관
린드버그 / 국민서관
마리 퀴리 / 국민서관
페스탈로치 / 국민서관
시튼 / 국민서관
나이팅게일 / 국민서관
파브르 / 국민서관
모래의 여행 / 국민서관
봄님의 기지개 / 국민서관
또또의 용기 / 국민서관
바람을 보았니 / 국민서관
은하수가 보여요 / 국민서관
맑을까? 비올까? / 국민서관
섬이 좋아 / 국민서관
밤톨이의 우주여행 / 국민서관
젊어지는 샘물 / 국민서관
호랑이와 곶감 / 국민서관
춤추는 호랑이 / 국민서관
요술 부채 / 국민서관
방귀 잘 뀌는 며느리 / 국민서관
도깨비와 범벅 장수 / 국민서관
나무꾼과 선녀 / 국민서관
소가 된 게으름뱅이 / 국민서관
일곱 개의 별 / 국민서관
배장수와 신선 / 국민서관
돌사자의 웃음 / 국민서관
씨름하는 귀 / 국민서관
물개 쿠마라의 보물 단지 / 국민서관
마니오크가 된 마니 / 국민서관
꾀보 살람 / 국민서관
멋쟁이 원숭이의 목걸이 / 국민서관
창조이야기 / 돈보스코미디어
새앙쥐 쵸쵸 / 바오로딸
꾀보 왕비 / 바오로딸
좋은 친구 댕댕이 / 바오로딸
아기 참새 까르르 / 바오로딸
별이 웃었어요 / 바오로딸
허풍쟁이 꼬마양 찌찌 / 바오로딸
장난을 좋아하는 팬더 장장 / 비룡소
노래 부르기를 좋아하는 팬더 랑랑 / 비룡소
그림 그리기를 좋아하는 팬더 싱싱 / 비룡소
나는 할아버지다 요놈들아 / 비룡소
사막의 공룡 / 한림
봄을 찾아 준 아기 원숭이 / 한림

1993년 (도서명 / 출판사)

율곡 이이 / 국민서관
이순신 / 국민서관
광개토대왕 / 국민서관
유성룡 / 국민서관
아인슈타인 / 국민서관
아문센 / 국민서관
베토벤 / 국민서관
에디슨 / 국민서관
밤톨이 귀하 가을이 보냄 / 국민서관
할아버지의 쌀 / 국민서관
기차를 타고 / 국민서관
어디에 있나, 물방울 / 국민서관
은혜 갚은 까치 / 국민서관
눈이 되고 발이 되고 / 국민서관
의좋은 형제 / 국민서관
훨훨 날아간다 / 국민서관
노래하는 망태기 / 국민서관
꼬마 재봉사 니테치카 / 국민서관

비를 내리게 한 두꺼비 / 국민서관
왕이 된 귀뚜라미 / 국민서관
구두쇠 자캐오 / 바오로딸
지구 엄마는 누구야 / 바오로딸
옳지 임금님의 꿍꿍이 / 바오로딸
신나는 한이의 야영 / 바오로딸
한이야, 시장 갈래? / 바오로딸
작은 새의 눈물 / 비룡소
보바와 붕붕 날자 / 웅진
보바와 상자 속의 모험 / 웅진
장화가 줄었어요 / 웅진
내 모자 못 봤니 / 웅진
동그라미 세모 네모 / 웅진
토토는 명탐정 / 웅진
누구야 누구 / 웅진
뚱뚱한 친구 통통 / 웅진
이름을 지어 주세요 / 웅진

오싹오싹 동굴 탐험 / 웅진
랄랄라 소풍가는 날 / 웅진
토토의 하루 / 웅진
노란 모자는 누구 거? / 웅진
토미네 집은 어디? / 웅진
토토의 무지개 놀이 / 웅진
토토의 자동차 붕붕 / 웅진
앗! 실수 / 웅진
거짓말쟁이 토토 / 웅진
떼굴 떼굴 장난감 / 웅진
어흥 누구게? / 웅진
뛰뛰 빵빵 자동차 / 웅진
뽀글뽀글 첨벙첨벙 / 웅진
예쁘게 예쁘게 / 웅진
냠냠 짭짭 맛있게 / 웅진
까막나라에서 온 삽사리 / 통나무(2001 부터 초방)
자장자장 엄마품에 / 한림

1994년(도서명 / 출판사)

랑랑 한빛탑에 오르다 / 보림
진디 반디 / 보림
하늘에 그린 그림들 / 보림
코코의 나라 / 보림
꽃를 피워준 둥둥이 / 보림
꽃요정+4 / 보림
솔이와 컹컹이 / 보림
이레와 크레용 / 보림
봄이다! 어서 나와라 / 보림
어! 시장이 이상하네!? / 보림
그림자 길을 따라갔어요 / 보림
밝음이와 어둠이 / 보림
촌장 개구리와 커다란 배 / 보림
숲 속에 떨어진 의자 / 보림
꼬니는 친구 / 보림
바닷물고기 덩치 / 보림
나무 옷을 입은 염소 / 보림
훨훨 날아라 / 보림
목이 길어진 사자 / 보림
현구의 꿈 / 보림

텔레비전 나라의 또또 / 보림
둘이서 둘이서 / 보림
눈사람이 된 풍선 / 보림
쇠똥 구리구리 / 보림
콩콩이는 오늘따라 공차기도 재미없습니다 / 보림
하느님을 노래하는 종달새 / 바오로딸
후후와 말썽쟁이 고양이 꼴찌 / 바오로딸
장난꾸러기 꼬꼬 / 바오로딸
황옥공주 / 바오로딸
이사 가는 날 / 비룡소
여섯 색깔 무지개 / 비룡소
꿈의 궁전이 된 생쥐 한 마리 / 비룡소
바쁘다 바빠 / 웅진
내 배꼽 보았니? / 웅진
난 깨끗한게 좋아 / 웅진
내 옷이 어디 갔지? / 웅진
엄마 뽀뽀 / 웅진
아빠 뽀뽀 / 웅진
딩동댕 우리집 / 웅진
넌 누구야? / 웅진

엄마, 다 치웠어요! / 웅진
아이 무서워 / 웅진
두두네 집은 어디? / 웅진

이건 뭐야! / 웅진
길 잃은 꼬마 바퀴 / 웅진

1995년(도서명 / 출판사)

만희네 집 / 길벗어린이
솔이의 추석 이야기 / 길벗어린이
고사리손 요리책 / 길벗어린이
내 딸기 아이스바 누가 먹지? / 길벗어린이
어, 내 표범 팬티 어디 갔지? / 길벗어린이
누가 곰순이 잠 좀 재워 줘 / 길벗어린이
고인돌 / 보림
초가집 참새 둥지 / 보림
우리 로켓 / 보림
해시계 물시계 / 보림
하늘 잡고 별 따세 / 보림
장승 / 보림
김치는 싫어요 / 보림
꼬까신 / 보림
자장 자장 / 보림
하늘 열리고 땅 열리다 / 보림
늘 푸른 소나무 / 보림
굴러라 바퀴야 / 보림
고구려 나들이 / 보림
씨실 날실 / 보림
단군 신화 / 보림
마고할미 / 보림
떡 잔치 / 보림
시장 나들이 / 보림
연아 연아 올라라 / 보림
숨쉬는 항아리 / 보림
한지돌이 / 보림
갯벌이 좋아요 / 보림
거울 없는 나라 / 분도
뽀삐시리즈 1단계
　인지1. 세모 네모 동그라미 / 베틀북
　인지2. 사과는 동그래요 / 베틀북
　인지3. 빨강 파랑 노랑 / 베틀북
　인지4. 병아리는 노랑이에요 / 베틀북
　인지5. 다섯까지 세요 / 베틀북
　인지6. 열가지 세요 / 베틀북
　언어1. 우리집 / 베틀북
　언어2. 위 아래 / 베틀북
　언어3. 자동차는 붕붕 / 베틀북
　언어4. 부엉이 부엉부엉 / 베틀북
　언어5. 강아지는 멍멍 / 베틀북
　언어6. 공이 데굴데굴 / 베틀북
음악 천사의 사랑 / 비룡소
잠자는 공주 / 웅진
빨간모자 / 웅진
내 옷이 어디 있지? / 웅진
브레맨의 동물 음악대 / 웅진
헨젤과 그레텔 / 웅진
장화신은 고양이 / 웅진
토토의 생일 시리즈 초대 / 웅진
토토의 생일 시리즈 선물 / 웅진
토토의 생일 시리즈 파티 / 웅진
부엉아 우리랑 놀자! / 웅진
수염난 아기 염소 / 웅진
거북아 정말 고마워! / 웅진
안녕 나랑 산책할래? / 웅진
투덜이 아기 청개구리 / 웅진
쿵쿵 고릴라의 북소리 / 웅진
어디어디 숨었니? / 웅진
길게 길게 목도리를 만들자! / 웅진
뒤뚱 뒤뚱 아기 펭귄 / 웅진
내 머리 모양 어때? / 웅진
뚝딱 뚝딱 집을 지어요 / 웅진
폴짝 폴짝 메롱 / 웅진
에취 에취 재채기가 나와요 / 웅진
하나, 둘, 셋, 찰칵! / 웅진
밍밍과 리리의 색칠 여행 / 한림

1996년 (도서명 / 출판사)

강아지똥 / 길벗어린이
폭죽소리 / 길벗어린이
돌고래 푸푸 / 바오로딸
세밀화로 그린 보리 아기그림책 1 / 보리
세밀화로 그린 보리 아기그림책 2 / 보리
세밀화로 그린 보리 아기그림책 3 / 보리
세밀화로 그린 보리 아기그림책 4 / 보리
세밀화로 그린 보리 아기그림책 5 / 보리
쌀 한톨 한톨 / 보림
쪽빛을 찾아서 / 보림
옷감짜기 / 보림
배무이 / 보림
집짓기 / 보림
재주 많은 다섯친구 / 보림
땅속 나라 도둑괴물 / 보림
도깨비 방망이 / 보림
좁쌀 한톨로 장가든 총각 / 보림
해와 달이 된 오누이 / 보림
사윗감 찾아나선 두더지 / 보림
노랑조끼아저씨1. 꽃이 날아가요 / 베틀북
노랑조끼아저씨2. 아기참새가 날아가요 / 베틀북
노랑조끼아저씨3. 은행잎이 날아가요 / 베틀북
노랑조끼아저씨4. 함박눈이 내려요 / 베틀북
뽀삐시리즈 1단계
  사회1. 모두 내 거야 / 베틀북
  사회2. 누가 아기토끼랑 놀아 줄까요 / 베틀북
  사회3. 아기캥거루의 시장구경 / 베틀북
  사회4. 내가 먹을래요 / 베틀북
  사회5. 아기팬더는 장난꾸러기 / 베틀북
  사회6. 혼자서 입어요 / 베틀북
  건강1. 물개처럼 헤엄쳐요 / 베틀북
  건강2. 아기동물들은 어떻게 낮잠 자나요 / 베틀북
  건강3. 아기동물들의 똥 / 베틀북
  건강4. 내가 으뜸이에요 / 베틀북
  건강5. 아기고양이가 놀이터에 갔어요 / 베틀북
  건강6. 손을 씻어요 / 베틀북
난 북치는 게 좋아! / 비룡소
난 노래하는 게 좋아! / 비룡소
쥐돌이는 화가 / 비룡소
바람 부는 날 / 비룡소
재주많은 다섯 형제 / 웅진
미운오리 새끼 / 웅진
아기 돼지 삼형제 / 웅진
금발 머리와 곰 세 마리 / 웅진
홀레 할머니 / 웅진
잠들 때 하나씩 들려주는 이야기 / 웅진

1997년 (도서명 / 출판사)

오소리네 집 꽃밭 / 길벗어린이
소나기 / 길벗어린이
노래 노래 부르며 / 길벗어린이
이게 뭔지 알아 맞춰볼래 / 미세기
침대를 버린 달팽이 / 미세기
바닷마을 이야기 / 바오로딸
심심해서 그랬어 / 보리
우리끼리 가자 / 보리
팥죽 할멈과 호랑이 / 보리
임금님 귀는 당나귀 귀 / 보리
반쪽이 / 보림
팥죽 할머니와 호랑이 / 보림
구렁덩덩 새 선비 / 보림
이래서 이렇대요! / 보림
호랑이와 곶감 / 보림
여우 누이 / 보림
콩쥐 팥쥐 / 보림
흥부 놀부 / 보림
견우 직녀 / 보림
그림 그리는 아이 김홍도 / 보림
복 타러 간 사람 / 보림
기차 ㄱㄴㄷ / 비룡소
준영 ㄱㄴㄷ / 비룡소
털털털 굴삭기 / 비룡소
부릉부릉 트럭 삼형제 / 비룡소
뽀뽀뽀뽀 불자동차 / 비룡소

서울 / 비룡소
내 동생이 태어났어 / 비룡소
나는 여자, 내 동생은 남자 / 비룡소
소중한 나의 몸 / 비룡소
가위바위보 / 웅진
따도 괜찮겠니? / 웅진
약간 세지 뭐 / 웅진
눈 사람은 어디로 갔을까? / 웅진
무서운 도깨비 / 웅진
수리수리 / 웅진
찌르릉 찌르 / 웅진
별하나 나하나 / 웅진
수박을 맛있게 먹으려면 / 웅진
산타할아버지 / 웅진
곰돌이 생일 / 웅진
곰돌이 날아가네 / 웅진
넌 누구니? / 웅진
여행이 좋아 / 웅진
옆집에 이사 온 친구 / 웅진
앵앵앵, 날 잡아 봐라 / 웅진

알락뱀의 멋내기 / 웅진
나랑 친구 할래? / 웅진
악어가 찾아 왔어요 / 웅진
나도 무늬를 갖고 싶어 / 웅진
떼굴떼굴 굴러가네! / 웅진
낡은 구두 한짝 무얼 할까 / 웅진
어디 만큼 왔나? / 웅진
코끼리 코가 출렁출렁 / 웅진
고릴라야 힘내 / 웅진
우산하나로 달에 가볼까 / 웅진
누구랑 나눠 먹지? / 웅진
누가 창문을 두드리지? / 웅진
내 마음대로 된다면 / 웅진
아이 시원해! / 웅진
날마다 하나씩 우스개 옛이야기 / 웅진
내 짝꿍 최영대 / 재미마주
세상에서 제일 힘 센 수탉 / 재미마주
뽀끼뽀끼 숲의 도깨비 / 재미마주
표범의 얼룩무늬는 어떻게 생겨났을까? / 재미마주

1998년(도서명 / 출판사)

바위나리와 아기별 / 길벗어린이
네모의 북 / 길벗어린이
사물놀이 / 길벗어린이
해치와 괴물 사형제 / 길벗어린이
쇠를 먹는 불가사리 / 길벗어린이
도리도리 짝짜꿍 / 다섯수레
오리처럼 뒤뚱뒤뚱 / 다섯수레
어디 있니, 까꿍! / 다섯수레
동동 아기오리 / 다섯수레
개똥벌레 똥똥 / 다섯수레
왜가리야 어디 가니? / 다섯수레
넌 누구니? / 다섯수레
둥둥 북을 쳐요 / 다섯수레
부르릉 자동차가 달려요 / 다섯수레
콩형제 이야기 / 대교
누구야 누구? / 보리
아무도 모를 거야, 내가 누군지 / 보림

고기잡이 / 보림
우렁 각시 / 보림
호랑이 잡은 피리 / 보림
열두 띠 동물 까꿍놀이(양장본) / 보림
무엇이 무엇이 똑같을까? / 보림
아주 조그만 집 / 보림
하늘이랑 바다랑 도리도리 짝짜꿍 / 보림
뽀삐시리즈
    감각1. 보인다, 보여! / 베틀북
    감각2. 코를 벌름벌름 / 베틀북
    감각3. 어떤 맛일까? / 베틀북
    감각4. 귀를 쫑긋쫑긋 / 베틀북
    감각5. 앗, 따가워! / 베틀북
    감각6. 맞혀 볼래요 / 베틀북
    정서1. 엄마 아빠, 나를 사랑해요 / 베틀북
    정서2. 아기다람쥐의 생일 / 베틀북
    정서3. 빈 상자 하나 / 베틀북

정서4. 빵나무 / 베틀북
정서5. 아이, 깜짝이야! / 베틀북
정서6. 칙칙폭폭 꼬마기차 / 베틀북
창의력1. 여우의 멋진 꼬리 외 / 베틀북
창의력2. 빙글빙글 외 / 베틀북
창의력3. 요술 종이비행기 외 / 베틀북
창의력4. 밀짚모자의 여행 외 / 베틀북
창의력5. 아기도깨비의 뿔 외 / 베틀북
창의력6. 구름과 굴뚝 외 / 베틀북
지혜1. 바구니 모자 외 / 베틀북
지혜2. 꼬리 낚싯대 외 / 베틀북
지혜3. 나비야, 이리 와 외 / 베틀북
지혜4. 잠꾸러기 돼지 외 / 베틀북
지혜5. 야, 이겼다! 외 / 베틀북
지혜6. 배가 된 우산 외 / 베틀북
나무를 심는 토끼들 / 베틀북
노래나라 동동 / 비룡소
아씨방 일곱 동무 / 비룡소

말놀이 나라 쫑쫑 / 비룡소
지구를 굴리는 곰 이야기 / 비룡소
황새와 알락백로 / 비룡소
글자없는 그림책 / 사계절
까치와 호랑이와 토끼 / 웅진
주먹이 / 웅진
불가사리 / 웅진
꿀꿀돼지 / 웅진
우리 말이 이만큼 늘었어요 / 웅진
나라마다 하나씩 30나라 옛이야기 / 웅진
지혜가 하나씩 30가지 꾀이야기 / 웅진
귀신 도깨비 내 친구 / 웅진
감동이 하나씩 우리나라 대표 창작동화 / 웅진
삼촌과 함께 자전거 여행 / 재미마주
손 큰 할머니 만두 만들기 / 재미마주
엄마, 난 이 옷이 좋아요 / 재미마주
나무꾼과 호랑이 형님 / 한림

1999년(도서명 / 출판사)

나랑 놀아 줄래? / 국민서관
내 친구 붕이 / 국민서관
가나다 아기쥐 나들이 / 국민서관
거미의 거미줄은 고기잡이 그물 / 국민서관
도마뱀 도, 기차 기, 오소리 오 / 국민서관
리, 리, 리자로 끝나는 것은? / 국민서관
호랑이는 꼬리가 길어, 길면 뱀이지 / 국민서관
아기 오리 열두 마리는 너무 많아! / 길벗어린이
솔미의 밤 하늘 여행 / 길벗어린이
만년샤쓰 / 길벗어린이
황소와 도깨비 / 다림
아빠하고 나하고 / 다섯수레
꼬마야 꼬마야 / 다섯수레
엄마 품은 따뜻해요 / 다섯수레
가 나 다 / 다섯수레
하나 둘 셋 / 다섯수레
내 것은 무엇이나 작아요 / 다섯수레
두껍아 두껍아 / 다섯수레
빨강 빨강 앵두 / 다섯수레

엄마 품에 누가 누가 잠자나 / 다섯수레
코는 왜 얼굴 가운데 있을까? / 대교
호랑이와 메아리 / 대교
한 살배기 아기그림책 / 돌베개어린이
두 살배기 아기그림책 / 돌베개어린이
세 살배기 아기그림책 / 돌베개어린이
여러나라 이야기 / 마루벌
동물 친구들은 밤에 뭐해요 / 마루벌
예수님 이야기를 들려주세요 / 바오로딸
우리 순이 어디 가니 / 보리
나처럼 해봐요 요렇게 / 보림
우리 할아버지가 꼭 나만 했을 때 / 보림
아기곰 방구리-안녕! 나하고 친구하자 / 베틀북
아기다람쥐 빨람이-우리 집에 놀러 와 / 베틀북
아기토끼 큰눈이와 순순이-내가 도와 줄게 / 베틀북
아기여우 꾀돌이-오늘은 내 생일이야 / 베틀북
글자없는 그림책2 / 사계절
글자없는 그림책3 / 사계절
포근포근 아가그림책 1 / 예림당

포근포근 아가그림책 2 / 예림당
포근포근 아가그림책 3 / 예림당
하늘땅만큼 좋은 이원수 동화나라 / 웅진
귀머리거리 너구리와 백석동화나라 / 웅진
개와 고양이 / 웅진
왕 손가락들의 행진 / 웅진
난 노는게 좋아! / 웅진
난 씻는게 좋아! / 웅진
난 자는게 좋아! / 웅진

생각 반짝 수수께끼 동물책 / 웅진
생각 반짝 수수께끼 사물책 / 웅진
생각 반짝 수수께끼 탈것책 / 웅진
알고 싶은 동물의 생활 / 웅진
짜장, 짬뽕, 탕수육 / 재미마주
도시로 간 꼬마 하마 / 재미마주
재미네골 / 재미마주
한조각 두조각 세조각 / 지경사(2003부터 초방)
가족 123 / 초방

2000년 (도서명 / 출판사)

울보 내 동생 / 국민서관
겨울 바람 쌩쌩 / 국민서관
소 염소, 코 코끼리 / 국민서관
힘내라, 힘 / 국민서관
김 먼저 먹을까? 밥 먼저 먹을까? / 국민서관
호박이랑 박치기를 했어요 / 국민서관
하늘에 살아? 땅에 살아? / 국민서관
그림자 보자기 / 국민서관
고양이 / 길벗어린이
동강의 아이들 / 길벗어린이
숲 속에서 / 길벗어린이
나무가 되고 싶은 화가 박수근 / 나무숲
난초를 닮은 서화가 김정희 / 나무숲
풀과 벌레를 즐겨 그린 화가 신사임당 / 나무숲
양초귀신 / 다림
우리 몸의 구멍 / 돌베개어린이
말미잘과 흰동가리 / 두산동아
우리 동네 비둘기 / 마루벌
할아버지의 안경 / 마루벌
어느 공원의 하루 / 마루벌
꼴지로 태어난 토마토 / 문학동네
누가 아기 석가모니로 태어났을까 / 문학동네
미래에 오는 미륵불 / 문학동네
말하는 나무 / 문학동네
도울이의 지혜 / 문학동네
스스로를 비둘기라고 믿은 까치 / 문학동네
내년에 꼭 다시 올게 / 미세기
벙어리 꽃나무 / 미세기

외눈박이 한세 / 미세기
나랑 같이 놀자 / 보리
아하 보리였구나 / 보리
잠꾸러기 불도깨비 / 보리
모두 꼭 맞아요 / 보리
나는 잠만 잤는걸 / 보리
알을 어디에 숨기지 / 보리
모두가 기른 벼 / 보리
아기가 태어났어요 / 보리
더러운 물 때문이야 / 보리
더 깊이 가보자 / 보리
이것 좀 먹어 봐 / 보리
과일 나라 도깨비 / 보리
아기물방울의 여행 / 보리
이런 공장은 싫어 / 보리
우리는 돕고 살아 / 보리
꼭꼭 숨어라 / 보리
우리는 모두 한 몸이야 / 보리
매운 꿀은 없나요 / 보리
나도 쓸모가 있어 / 보리
꾀 많은 물고기 / 보리
다시 살아난 찌르 / 보리
꼬꼬 아줌마네 꽃밭 / 보리
내 꿀을 돌려줘 / 보리
내가 누구게 / 보리
내 알이 아니야 / 보리
에이 또 놓쳤다 / 보리
숲이 살아났어요 / 보리

울퉁불퉁 매끌매끌 / 보리
누구 발자국일까 / 보리
울타리를 없애야 해 / 보리
너는 누구니 / 보리
콩으로 만든 거야 / 보리
아이고 시끄러워 / 보리
야 맛있는 채소다 / 보리
나무 의사 딱따구리 / 보리
벌레들아 도와 줘 / 보리
야 잘한다 / 보리
씨야 씨야 퍼져라 / 보리
꼭 가야 하니 / 보리
맨발이 더 좋아? / 보리
바빠요 바빠 / 보리
이렇게 자볼까? 저렇게 자볼까? / 보림
모두 모여 냠냠 / 보림
과일과 채소로 만든 맛있는 그림책 / 보림
옷과 소품으로 만든 재미난 그림책 / 보림
잡동사니로 만든 엉뚱한 그림책 / 보림
반짝반짝 반디각시 / 보림
누구 그림자일까? / 보림
빨간 단추 / 비룡소
뭐가 들었지? / 비룡소
까치와 소담이의 수수께끼 놀이 / 사계절
할아버지의 꽃밭 / 세상모든책
엄마는 하느님인가 봐요 / 세상모든책
아빠는 나를 얼마나 사랑하실까? / 세상모든책
할머니 품은 병어리 장갑보다 따뜻해 / 세상모든책
주인 없는 구두 가게 / 세상모든책
모양들이 병이 났어요 / 세상모든책
시인 최향과 함께하는 해를 닮은 마음 동시 / 세상모든책
꼬마 마법사 수리수리 / 시공주니어
토끼의 생일 잔치 / 시공주니어

차 가족 / 시공주니어
배고픈 호랑이 / 시공주니어
큰 사과나무와 작은 사과나무 / 시공주니어
모양나라에 온 도깨비 / 시공주니어
노랑 이불을 찾아서 / 시공주니어
언어 쑥쑥 그림책
    엄마 심부름 / 시공주니어
    뭐든지 뚝딱뚝딱 수리공 하마군 / 시공주니어
    밤 한톨, 두톨 / 시공주니어
    아주아주 작은 손님 / 시공주니어
감각 쑥쑥 그림책
    초점 / 시공주니어
    색깔 / 시공주니어
    모양 / 시공주니어
    우리집 / 시공주니어
    아기 물건 / 시공주니어
    얼굴 / 시공주니어
인지 쑥쑥 그림책 엄마, 어디 계세요? / 시공주니어
토끼와 늑대와 호랑이와 담이와 / 시공주니어
움직이는 건 뭐지? / 아이세움
알과 씨앗 / 아이세움
개구쟁이 노마와 현덕 동화나라 / 웅진
아기소나무와 권정생 동화나라 / 웅진
북치는 곰과 이주홍 동화나라 / 웅진
이솝이야기 / 웅진
팔만대장경의 지혜 이야기 / 웅진
봄, 여름, 가을, 겨울 이야기책 / 웅진
영원한 주번 / 재미마주
씹지않고꿀꺽벌레는 정말 안 씹어 / 재미마주
도대체 그 동안 무슨 일이 일어났을까? / 재미마주
메리 원숭이 / 한림
콩콩이와 대장간 / 현암사
개구리네 한솥밥 / 효리원

2001년(도서명 / 출판사)

김구 / 국민서관
돼라돼라 뿡뿡 / 국민서관
황소 아저씨 / 길벗어린이
아기너구리네 봄맞이 / 길벗어린이

말썽꾸러기 또또 / 길벗어린이
봄이 오면 / 길벗어린이
아가야 울지마 / 길벗어린이
메아리 / 길벗어린이

나비를 잡는 아버지 / 길벗어린이
나팔 불어요 / 길벗어린이
새로운 세계를 연 비디오 예술가 백남준 / 나무숲
꿈을 그린 추상화가 김환기 / 나무숲
개구리가 알을 낳았어 / 다섯수레
꼬꼬댁 꼬꼬는 무서워 / 도깨비
뭐 하니? / 돌베개어린이
아빠하고 나하고 / 돌베개어린이
씨앗은 무엇이 되고 싶을까? / 돌베개어린이
달콩이의 이상한 하루 / 돌베개어린이
나 너 좋아해 / 돌베개어린이
보송이의 작은 모험 / 마루벌
어치의 도토리는 어디로 갔을까? / 마루벌
아리수의 오리 / 마루벌
지하철 바다 / 마루벌
동백꽃과 동박새 / 마루벌
엄마의 팔꿈치 / 마루벌
토토의 전화 / 마루벌
토토와 나무 / 마루벌
달에 간 토토 / 마루벌
나비가 날아간다 / 미세기
지지 아저씨가 울었어요 / 바오로딸
고구마는 맛있어 / 보리
갯벌에 뭐가 사나 볼래요 / 보리
오늘은 우리 집 김장하는 날 / 보림
열두 띠 이야기 / 보림
웅가하자, 끙끙(양장본) / 보림
고양순 / 보림
수염 할아버지 / 보림
비가 오는 날에… / 보림
오리가 한 마리 있었어요 / 보림
개-엄마와 아이가 함께 만든 그림책1 / 보림
고양이-엄마와 아이가 함께 만든 그림책2 / 보림
미산계곡에 가면 만날 수 있어요 / 보림
뽀삐시리즈 2단계
　사고력1. 꼬마 물고기 열넷이서 / 베틀북
　사고력2. 누가 오리의 생일을 축하해 줄까요? / 베틀북
　사고력3. 무지개가 된 리본 / 베틀북
　사고력4. 커다란 수박 하나 / 베틀북
　사고력5. 완두콩 세 알이 떼구르르 / 베틀북
어휘력1. 따르릉따르릉 자전거 타고 / 베틀북
어휘력2. 내 짝꿍 어디 있나요? / 베틀북
어휘력3. 모자야, 뭐 하니? / 베틀북
어휘력4. 곰 아저씨의 멋진 집 / 베틀북
어휘력5. 빨간 공의 글자 찾기 / 베틀북
표현력1. 아기원숭이의 신기한 카메라 / 베틀북
표현력2. 쉿, 무슨 소리니? / 베틀북
표현력3. 화가 아저씨가 잠든 사이에 / 베틀북
표현력4. 개굴개굴 개구리 음악대 / 베틀북
표현력5. 가면을 잃어버렸어요 / 베틀북
탐구력1. 뿡뿡뿡 거인 아저씨 / 베틀북
탐구력2. 와글와글 동물 나라에서 / 베틀북
탐구력3. 꽃을 찾아 붕붕붕 / 베틀북
탐구력4. 두두가 해냈어요! / 베틀북
탐구력5. 쫄깃쫄깃 국수를 먹어요 / 베틀북
옛날옛날다섯친구이야기1. 노란 토끼 / 베틀북
옛날옛날다섯친구이야기2. 눈 / 베틀북
옛날옛날다섯친구이야기3. 달님 / 베틀북
옛날옛날다섯친구이야기4. 홍당무 / 베틀북
옛날옛날다섯친구이야기5. 하얀 토끼들 / 베틀북
진순이 / 비룡소
사물놀이 이야기 / 사계절
똥벼락 / 사계절
그림속 그림찾기 ㄱㄴㄷ / 사계절
어느 날 밤 / 산하
노랑나비 내친구 / 산하
내 동생이 태어났어요 / 삼성
작가 공지영과 다시 만난 어린 왕자 / 세상모든책
당주의 숲 / 소년한길
언어 쑥쑥 그림책 꼬마 마법사 수리수리 / 시공주니어
창의력 쑥쑥 그림책
쉬잉쉬잉 빙글빙글 / 시공주니어
모자야! 모자야! / 시공주니어
옹알옹알 아기그림책 1세트 / 아이세움
옹알옹알 아기그림책 2세트 / 아이세움
옹알옹알 아기그림책 3세트 / 아이세움
옹알옹알 아기그림책 4세트 / 아이세움
포스터 아기 수학그림책 세트 / 아이세움
123첫걸음수학동화 1세트 / 아이세움
열차는 왜 하늘을 날 수 없을까? / 아이세움

중력은 모든 것을 끌어 당겨요 / 아이세움
우리 집은 커다란 조개껍데기 / 아이세움
내가 병을 이겼어요 / 아이세움
무슨 뜻이지? / 아이세움
죽은 나무가 다시 살아났어요 / 아이세움
외계인을 초대해요 / 아이세움
살아 있는 지구의 얼굴 / 아이세움
하늘로 날아간 운동화 / 언어세상
빨강, 노랑, 파랑, 카멜레온 공주 / 언어세상
아빠, 우리 낚시 가요! / 언어세상
옛날 이야기 3분 동화 / 예림당
자장자장 3분 동화 / 예림당
꿈나라 3분 동화 / 예림당
슬기가 샘솟는 3분 동화 / 예림당
두고 두고 다시 보는 이솝이야기 26가지 / 예림당
우리아이 수학대장 만드는 수학동화 / 예림당
어멍 어디 감수광? / 예림당
내동생 김점박 / 예림당
아장아장 아가그림책 1 / 예림당
아장아장 아가그림책 2 / 예림당

아장아장 아가그림책 3 / 예림당
그림 성경이야기 / 웅진
탈무드 이야기 / 웅진
샤를페로가 들려주는 프랑스 옛이야기 / 웅진
그림형제가 들려주는 독일 옛이야기 / 웅진
악어 우리나 / 웅진
까만 나라 노란 추장 / 웅진
곤충이 바글바글 첫걸음 곤충백과 / 웅진
물고기가 뻐끔뻐끔 첫걸음 바다생물백과 / 웅진
노란 우산 / 재미마주
생각만해도깜짝벌레는 정말 잘 놀라 / 재미마주
네 잘못이 아니야 / 재활재단
한이네 동네 이야기 / 진선
어느 곰 인형 이야기 / 진선
아빠와 삼겹살을 / 태동
판돌이 특공대 / 태동
판돌이와 똥개 / 태동
다녀오겠습니다 / 한림
도솔산 선운사 / 한림

2002년(도서명 / 출판사)

이중섭 / 국민서관
콩콩이와 쿵쿵이 / 국민서관
장애를 딛고 선 천재 화가 김기창 / 나무숲
진경산수화를 완성한 화가 정선 / 나무숲
박수근 마을에 놀러 가요 / 나무숲
으악,도깨비다! / 느림보
감자는 약속을 지켰을까? / 느림보
도도새와 카바리아나무와 스모호 추장 / 다림
개미가 날아올랐어 / 다섯수레
창조 이야기 / 돈보스코미디어
무늬가 살아나요 / 돌베개어린이
개미와 진딧물 / 두산동아
조개와 속살이게 / 두산동아
기억은 공 / 마루벌
밤섬이 있어요 / 마루벌
내 이름이 담긴 병 / 마루벌
우주비행사와 토끼 / 마루벌

모두 함께 지은 우리집 / 문학동네
엄마가 사라졌어요 / 문학동네
들나물 하러 가자 / 보리
냇물에 뭐가 사나 볼래? / 보리
뻘 속에 숨었어요 / 보리
갯벌에서 만나요 / 보리
딱지 따먹기 / 보리
어디 갔다 왔니? / 보림
애국가를 부르는 진돗개 / 보림
가을을 만났어요 / 보림
눈사람의 재채기 / 보림
숨어 있는 그림책 / 보림
마니마니마니 / 보림
야, 비온다 / 보림
감기 걸린 날 / 보림
뽀삐시리즈
    수논리력1. 공룡마을 뿌뿌 탐정 / 베틀북

수논리력2. 아기토끼를 도와 줘! / 베틀북
수논리력3. 보물상자를 찾아서 / 베틀북
수논리력4. 앗! 곰돌이가 발을 다쳤어요 / 베틀북
수논리력5. 가장 멋진 선물 / 베틀북
생활적응력1. 원숭이 엉덩이는 빨개! / 베틀북
생활적응력2. 나는야 말썽꾸러기 / 베틀북
생활적응력3. 숲 속 마을 작은 기차 / 베틀북
생활적응력4. 할머니 댁에 가요 / 베틀북
생활적응력5. 날마다 쑥쑥 날마다 빼빼 / 베틀북
아기돼지날개책1. 꽃밭에서 놀아요 / 베틀북
아기돼지날개책2. 친구가 좋아요 / 베틀북
아기돼지날개책3. 여행은 신나요 / 베틀북
아기돼지날개책4. 시장에 가요 / 베틀북
살려 줄까 말까? / 비룡소
야구공 / 비룡소
신기한 그림족자 / 비룡소
약수터 가는 길 / 비룡소
오늘은 무슨 날? / 비룡소
그림 옷을 입은 집 / 사계절
백구 / 사계절
참새 / 사계절
우리 엄마 어디있어요? / 산하
원숭이네 집에 불이 났어요 / 삼성
새우와 고래는 어떻게 친구가 되었을까? / 세상모든책
불가사리 꼬마별 / 세상모든책
너무 멀리 가지 마! / 세상모든책
풀밭에는 꽃들이 소곤고곤 / 세상모든책
깊은 산 푸른 들 야생 동물들이 우당탕탕 / 세상모든책
우거진 풀 숲 곤충들이 고물 고물 / 세상모든책
나무 위에 새들이 지지배배 / 세상모든책
반딧불이를 먹다니 / 세상모든책
개구리의 생일날 무슨 일이 생겼을까? / 세상모든책
오늘은 참외밭이다 / 세상모든책
화장할래요 / 세상모든책
컴퓨터야, 넌 누구니? / 세상모든책
너하고 안 놀아! / 세상모든책
까불지마 / 소년한길
수수깡 안경 / 소년한길
알록달록 아기 그림책
　무엇이 있을까요? / 시공주니어
　무엇이 될까요? / 시공주니어
　크고 작고 / 시공주니어
　이렇게 달라졌어요 / 시공주니어
　딸기는 빨개요 / 시공주니어
　까맣고 하얀 게 무엇일까요? / 시공주니어
123첫걸음수학동화 2세트 / 아이세움
123첫걸음수학동화 3세트 / 아이세움
123첫걸음수학동화 4세트 / 아이세움
빈 집에 온 소님 / 아이세움
외딴 마을 외딴 집에 / 아이세움
어떻게 다르지? / 아이세움
좋은 아이 ㄱㄴㄷ / 언어세상
호기심쟁이 과학동화 / 예림당
병아리 과학동화 / 예림당
손바닥 동물원 / 예림당
손바닥 놀이공원 / 예림당
인형 그림책- 맛있게 냠냠! / 예림당
난 꼬꼬닭이 정말 싫어 / 예림당
비는 어디서 왔을까 / 웅진
왜 땅으로 떨어 질까 / 웅진
사막에서 북극까지 첫걸음 동물백과 / 웅진
땅콩할멈의 두근두근 밤 소풍 / 웅진
땅콩할멈의 떼구루루 연필 찾기 / 웅진
땅콩할멈의 아주아주 이상한 날 / 웅진
똥줌오줌 / 재미마주
나머지 학교 / 재미마주
혼자서도 신나벌레는 정말 신났어 / 재미마주
귀뚜라미 / 재미마주
만복이는 풀잎이다 / 태동
이 세상에서 제일 먼곳 / 태동
만복이는 왜 벌에 쏘였을까 / 태동
얼레꼴레 결혼한대요 / 태동
제비와 제트기 / 태동
집게네 네 형제 / 한국어린이교육
엄마를 꺼내 주세요 / 한림
불꽃놀이 / 한림
알 게 뭐야 / 효리원
버찌가 익을 무렵 / 효리원

2003년(도서명 / 출판사)

훨훨 간다 / 국민서관
모기와 황소 / 길벗어린이
세밀화로 보는 곤충의 생활 / 길벗어린이
고향으로 / 길벗어린이
청룡과 흑룡 / 길벗어린이
새처럼 날고 싶은 화가 장욱진 / 나무숲
아이를 닮으려는 화가 이중섭 / 나무숲
흙을 구운 조각가 권진규 / 나무숲
조선을 그린 화가 김홍도 / 나무숲
끝지 / 느림보
장화 쓴 공주님 / 느림보
산 위의 아이 / 느림보
명애와 다래 / 느림보
왕치와 소새와 개미 / 다림
엄마는 거짓말쟁이 / 다림
빨간 끈으로 머리를 묶은 사자 / 돌베개어린이
네발나비 / 돌베개어린이
더 높이 더 빨리 / 돌베개어린이
더불어 사는 일곱 빛깔 공생 동물들 / 두산동아
끙끙, 응가하는 책 / 두산동아
콜콜, 잠드는 책 / 두산동아
통일의 싹이 자라는 숲 / 마루벌
멀리서 온 귀한 손님 / 마루벌
산양의 비밀 / 마루벌
어느 일요일 오후 / 마루벌
감로수를 구해 온 바리 / 마루벌
달팽이가 말하기를 / 마루벌
종이접기 / 마루벌
행복한 지게 / 문공사
누가 누가 잠자나 / 문학동네
구슬비 / 문학동네
아기와 나비 / 문학동네
바다 전쟁 이야기 / 문학동네
지킴이 / 문학동네
경복궁에서의 왕의 하루 / 문학동네
대동놀이 / 문학동네
다윗은 용감해 / 바오로딸
엄마 아빠 미리암이 누구예요 / 바오로딸
꼬마 산타가 되었어요 / 바오로딸
꿈장이 요셉 / 바오로딸
하느님 이야기를 들려주세요 / 바오로딸
춤추는 미리암 / 바오로딸
달빛열매 / 바오로딸
뽀삐시리즈2단계
    문제해결력1. 돌고 도는 노란 손수건 / 베틀북
    문제해결력2. 화원의 도둑을 잡아라 / 베틀북
    문제해결력3. 고양이 형제의 알 조각 / 베틀북
    문제해결력4. 어떤 선물이 좋을까요? / 베틀북
    문제해결력5. 토끼털은 사고뭉치! / 베틀북
    사회이해력1. 나도 동생이 있었으면 / 베틀북
    사회이해력2. 야옹아, 어디 있니? / 베틀북
    사회이해력3. 알록달록 돌멩이로 무얼 살까요? / 베틀북
    사회이해력4. 지구에서 함께 살아요 / 베틀북
    사회이해력5. 세상에서 가장 멋진 집 / 베틀북
왈왈이와 얄미 / 베틀북
벼가 자란다 / 보리
뿌웅~보리 방귀 / 보리
소금이 온다 / 보리
야, 발자국이다 / 보리
고사리야 어디 있냐? / 보리
빨간 열매 까만 열매 / 보리
예쁘지 않은 꽃은 없다 / 보리
우리 반 여름이 / 보리
또랑물 / 보리
꽃밭 / 보리
맨날맨날 우리만 자래 / 보리
열두 띠 동물 까꿍놀이(보드북) / 보림
벌레가 좋아 / 보림
꼬리가 있으면 좋겠어 / 보림
열두 띠 동물 둘이서 까꿍 / 보림
둘이서 둘이서 / 보림
산에 가자 / 보림
나의 사직동 / 보림
고양이에게 말 걸기 / 비룡소
내 보물 1호 티노 / 비룡소
쉿쉿! / 비룡소
누가 웃었니? / 비룡소
꼬마 자동차 붕붕이 / 비룡소

불러보아요 / 사계절
잡아보아요 / 사계절
태워보아요 / 사계절
안 돼요, 안 돼! / 삼성
겁쟁이 공룡 티라노사우루스 / 삼성
응가대장 동이 / 삼성
우리 아빠 짱! / 세상모든책
아기말 그림책 / 시공주니어
    잉잉
    지지
    쭈쭈
    메롱
    까꿍
동물 의식주 그림책 누구지? / 시공주니어
동물 의식주 그림책 누가 먹지? / 시공주니어
동물 의식주 그림책 어디 살지? / 시공주니어
하나가 길을 잃었어요 / 시공주니어
한별이를 찾아주세요 / 시공주니어
내 친구 개 / 아이세움
잃어버린 구슬 / 아이세움
누가 바보일까요? / 아이세움
쌀밥 보리밥 / 아이세움
붕어빵 가족 / 아이세움
꼬마 박새와 작은 강 / 아이세움
똥떡 / 언어세상
꼴 따먹기 / 언어세상
싸개싸개 오줌싸개 / 언어세상
고무신 기차 / 언어세상
치과 가긴 정말 싫어 / 언어세상
얼마예요? / 언어세상

깜장이와 하양이 / 언어세상
해맑은 자주 녹색띤 파랑 노랑이 / 언어세상
빨강 녹색 파랑이 / 언어세상
인형 그림책 - 모두모두 깨끗해!?? / 예림당
인형 그림책 - 끄응끙, 응가! / 예림당
인형 그림책 - 나도 자야지! / 예림당
제이콥스가 들려주는 영국 옛이야기 / 웅진
통통아 빨리와 / 웅진
맛있는 케이크 / 웅진
비밀이야 비밀 / 웅진
데굴데굴 공을 밀어 봐 / 웅진
소리가 움직여요 / 웅진
햇빛은 무슨 색깔일까? / 웅진
토끼의소원 / 재미마주
잘가, 토끼야 / 창비
시리동동 거미동동 / 창비
삐비이야기 / 창비
내 동생 / 창비
넉 점 반 / 창비
열두 띠 / 초방
수궁가 / 초방
심청가 / 초방
고양이가 기다리는 계단 / 초방
지하철은 달려온다 / 초방
빈자리 / 한솜
또야와 세 발 자전거 / 효리원
신호등 속의 제비집 / 효리원
웃음총 / 효리원
작은 도둑 / 효리원

2004년(도서명 / 출판사)

호랑이와 곶감 / 국민서관
해님달님 / 국민서관
보리밭은 재미있다 / 길벗어린이
날아라, 호랑나비야 / 길벗어린이
엄마 옷이 더 예뻐 / 길벗어린이
추송웅 배우의 말과 몸짓 / 나무숲
오른쪽이와 동네한바퀴 / 느림보

꼭꼭 숨어라 / 느림보
멋진 누나가 될 거야 / 다림
대머리 사막 / 도깨비
개구리논으로 오세요 / 돌베개어린이
행복한 봉숭아 / 돌베개어린이
날마다 먹고 먹히는 천적 동물들 / 두산동아
보면 볼수록 놀라운 동물의 365일 / 두산동아

알면 알수록 궁금한 동물의 수수께끼 / 두산동아
울지 말고 말하렴 / 두산동아
왜 그런지 말해 봐 / 두산동아
열어 볼까? / 두산동아
IQ 놀이 / 두산동아
낱말놀이 / 두산동아
별나라에서 온 공주 / 마루벌
은행나무처럼 / 마루벌
두부공장 야옹이 / 마루벌
나비를 잡으려고 했는데 / 마루벌
나는 독도에서 태어났어요 / 마루벌
나이살이 / 문학동네
세상을 보는 눈, 지도 / 문학동네
몽이는 잠꾸러기 / 문학동네
아가야, 어디 가니? / 문학동네
아이, 심심해 / 문학동네
아브라함과 세 천사 / 바오로딸
행복한 엄마 마리아 / 바오로딸
모세와 지팡이 / 바오로딸
착한 사마리아 사람 / 바오로딸
행복해지는 거울 / 바우솔
똥 똥 귀한 똥 / 보리
야, 미역 좀 봐 / 보리
세상을 담은 그림, 지도 / 보림
응가하자, 끙끙(보드북) / 보림
육촌 형 / 보림
꼬부랑할머니 1. 무슨 일이니? / 베틀북
꼬부랑할머니 2. 구불구불 먹보 뱀 / 베틀북
꼬부랑할머니 3. 꼬부랑 양말 한 짝 / 베틀북
꼬부랑할머니 4. 흔들흔들 흔들의자 / 베틀북
내가 정말 사자일까? / 베틀북
이모의 결혼식 / 비룡소
동물원 / 비룡소
색깔을 훔치는 마녀 / 비룡소
이상한 집 / 비룡소
하마의 가나다 / 비룡소
오, 이 모음으로 내가 만드는 이야기책 / 비룡소
불어보아요 / 사계절
파란 막대 파란 상자 / 사계절
뭐야뭐야?사람-튼튼 쑥쑥 내몸 / 사계절
뭐야뭐야?사람-우리는 서로 사랑해요 / 사계절
뭐야뭐야?사람- 나는 나는 될거야 / 사계절
뭐야뭐야?식물-풀 꽃 안녕 / 사계절
뭐야뭐야?식물-우리 함께 길러요 / 사계절
뭐야뭐야?식물-한번 먹어볼까? / 사계절
뭐야뭐야?식물-누구의 소리지 / 사계절
뭐야뭐야?식물-엄마처럼 할거야 / 사계절
뭐야뭐야?식물-어디어디 숨었니? / 사계절
엄마 나 잘했죠 / 삼성
폐품을 줍는 할머니 / 삼성당아이
쑥쑥 크는 창작동화 / 삼성당아이
    배꼽아 배꼽아
    현이와 꽃귀신
    빗방울
    애써 찾아보면 좋은 방법은 있다
    도깨비와 산타할아버지
    별 이야기
    세상에서 가장 아름다운 산
    아기고래
    장난감 전쟁
어디만큼 왔니? / 소년한길
꼭꼭 숨어라 / 소년한길
에취!에취! / 소년한길
헤헤헤 / 소년한길
간지러워,통! / 소년한길
과자 / 소년한길
뽐내는 걸음으로 / 소년한길
엄마 마중 / 소년한길
네버랜드 헝겊 물고기 / 시공주니어
네버랜드 헝겊 암탉 / 시공주니어
네버랜드 헝겊 고양이 / 시공주니어
네버랜드 헝겊 생쥐 / 시공주니어
네버랜드 헝겊 개구리 / 시공주니어
네버랜드 헝겊 달팽이 / 시공주니어
네버랜드 헝겊 크리스마스 / 시공주니어
누구 똥? / 시공주니어
누구 젖? / 시공주니어
나하고 놀자 / 시공주니어
저리 비켜 / 시공주니어
누군가가 있나 봐 / 시공주니어
작은 새야, 노래해 / 시공주니어
혼자서는 위험해 / 시공주니어

개뼈다귀 소뼈다귀 / 아이세움
난 이대로가 좋아 / 아이세움
구름 놀이 / 아이세움
나야, 고릴라 / 아이세움
내 친구 고양이 / 아이세움
우리 나라가 보여요 / 아이세움
나 안 할래 / 아이세움
불이 나갔어요 / 아이세움
지구의 나이테 / 아이세움
우리의 커다란 집, 태양계 / 아이세움
야광귀신 / 언어세상
쌈닭 / 언어세상
숯 달고, 고추 달고 / 언어세상
깜돌이, 튼튼하게 키울래요! / 언어세상
손바닥 물고기 / 예림당
멍멍 꽥꽥 동물친구 / 예림당
와글와글 우리동네 / 예림당
가로수 밑에 꽃다지가 피었어요 / 우리교육
엄마 옆에 꼬옥 붙어 잤어요 / 웅진
코 코 코 / 웅진
도리도리 / 웅진
짝짜꿍 짝짜꿍 / 웅진
하나 하면 하나 있는 것은 / 웅진

똥은 참 대단해! / 웅진
타조는 엄청나 / 웅진
코끼리가 최고야 / 웅진
하마는 엉뚱해 / 웅진
찰랑 찰랑 물이 있어요 / 웅진
활활 불이 있어요 / 웅진
흠흠 공기가 있어요 / 웅진
꿈틀꿈틀 흙이 있어요 / 웅진
백호 / 이룸
무얼 타고 어디 가요? / 재미마주
선비 한생의 용궁답사기 / 재미마주
낮에 나온 반달 / 창비
일 년에 아홉 마리 어흥어흥 / 책고리
도산서원 / 초방
새색시 / 초방
경복궁 / 초방
새가 되고 싶어 / 캐릭터플랜
약 올린 수수께끼 / 태동
구름빵 / 한솔교육
아무도 펼쳐 보지 않은 책 / 한솔교육
아비까비 꼬비까비 / 현암사
웃음총 / 효리원

2005년 (도서명 / 출판사)

도깨비와 범벅 장수 / 국민서관
동무 동무 / 길벗어린이
마법에 빠진 말썽꾸러기 / 길벗어린이
은자로 마을 토토 / 다림
제발 나랑 짝이 되어 줘 / 다림
우리는 벌거숭이 화가 / 돌베개어린이
딸기 한 포기 / 돌베개어린이
송이는 일 학년 / 돌베개어린이
구멍 / 마루벌
엄마가 그린 새 그림 / 마루벌
와, 개똥참외다! / 문학동네
우물 속 도마뱀 / 문학동네
마리아는 웃다가 울다가 / 바오로딸

아기야아, 어디 있니? / 바오로딸
호수 위로 한 걸음 한 걸음 / 바오로딸
예수님의 빵 바구니 / 바오로딸
사자굴에 갇힌 다니엘 / 바오로딸
다 콩이야 / 보리
갈치 사이소 / 보리
별이 좋아 / 보림
지하 정원 / 보림
우리 집에는 괴물이 우글우글 / 보림
천하무적 고무동력기 / 보림
중요한 사실 / 보림
아주 특별한 요리책 / 보림
최승호 시인의 말놀이 동시집 / 비룡소

네모 토끼의 생일 - 모양 / 비룡소
누구 발에 맞을까 - 비교 / 비룡소
구멍에서 하나 둘 셋 - 수 / 비룡소
뿔이 난 동그라미 - 분류 / 비룡소
뽕뽕이를 찾아라 - 공간 / 비룡소
사과를 자르면 / 비룡소
수박을 쪼개면 / 비룡소
개구장이 ㄱㄴㄷ / 사계절
여우누이 / 사계절
뭐야뭐야?사물-찾았다, 내물건 / 사계절
뭐야뭐야?사물-우리집에 있어요 / 사계절
뭐야뭐야?사물-나 좀 태워줘 / 사계절
뭐야뭐야?동물2-어디 있나요 / 사계절
뭐야뭐야?동물2-바다에 가보았니 / 사계절
뭐야뭐야?동물2-동물들아, 뭐 하니 / 사계절
옛 그림 따라 아장아장 / 삼성
달님이 하나 / 삼성
내 다 치울 수 있어 / 삼성
똥 밟은 아기공룡 디플로도쿠스 / 삼성
내가 최고 / 삼성
비오는 날은 정말 좋아 / 삼성
어디어디 숨었니? / 삼성
우리 집에 나무가 있다면 / 삼성
두더지 신랑감 찾기 / 삼성
주먹이 / 삼성

방아 찧는 호랑이 / 삼성
도깨비가 준 보물 / 삼성
풍풍이와 툴툴이 / 시공주니어
엄마를 빌려 줄게 / 아이세움
악어 연필깍이가 갖고 싶어 / 아이세움
눈 내리는 날 / 아이세움
논고랑 기어가기 / 언어세상
눈 다래끼 팔아요 / 언어세상
풀싸움 / 언어세상
아카시아 파마 / 언어세상
눈의 여왕 / 웅진
못생긴 아기 오리 / 웅진
나이팅게일 / 웅진
벌거벗은 임금님 / 웅진
인어공주 / 웅진
너는 커서 뭐할래? / 웅진
아무한테도 말하지 마세요 / 웅진
마법에 걸린 병 / 재미마주
모기보시 / 재미마주
누구야? / 창비
영희의 비닐 우산 / 창비
길로 길로 가다가 / 창비
펑 / 효리원
노을 / 효리원

도판 목록

1장 그림책의 성격
1-1 앤서니 브라운. 『돼지책』. 웅진닷컴.
1-2 재클린 프레이스 웨이츠먼. 『You Can't Take a Balloon into the Metropolitan Museum』. Dial Books for Young Readers.
1-3 마르크 시몽. 『나무는 좋다』. 시공주니어.
1-4 류재수. 『백두산 이야기』. 통나무.
1-5 모리스 센닥. 『괴물들이 사는 나라』. 시공주니어.
1-6 닥터 수스. 『바솔러뮤 커빈즈의 모자 500개』. 시공주니어.
1-7 바버러 쿠니. 『Island Boy』. Puffin Books.
1-8 존 버닝햄. 『John Patrick Norman McHennessy, the boy who was always late』. Jonathan Cape Children's Books.
1-9 앤서니 브라운. 『터널』. 논장.
1-10 레인 스미스. 『The Stinky Cheese Man』. Penguin Books.
1-11 존 버닝햄. 『John Patrick Norman McHennessy, the boy who was always late』. Jonathan Cape Children's Books.
1-12 크리스 반 알스버그. 『The Polar Express』. Houghton Mifflin Company.

2장 서양 그림책의 역사
2-1 성 크리스토퍼의 일화를 그린 낱장 그림.
2-2 윌리엄 캑스턴. 『Aesop's Fables』, 『Canterbury Tales』.
2-3 코메니우스. 『세계 최초의 그림교과서』. 씨앗을 뿌리는 사람.
2-4 다니엘 디포. 『Robinson Crusoe』.
2-5 조나단 스위프트. 『Gulliver's Travels』.
2-6 하인리히 호프만. 『Der Struwwelpeter』. Dover Publications.
2-7 하인리히 호프만. 『하인리히 호프만 박사의 더벅머리 아이』. 문학동네.
2-8 하인리히 호프만. 『하인리히 호프만 박사의 더벅머리 아이』. 문학동네.
2-9 에드먼드 에번스. 『The King, Queen & Knave of Hearts』. Frederick Warne & Co.
2-10 에드먼드 에번스. 『공주와 완두콩 한 알』.
2-11 월터 크레인. 『Little Red Riding Hood』, 『Beauty and the Beast』, 『Absurd ABC』
2-12 월터 크레인. 『Cinderella』
2-13 월터 크레인. 『The Frog Prince』.
2-14 케이트 그린어웨이. 『Under the Window』.
2-15 케이트 그린어웨이. 『Marigold Garden』.

2-16 케이트 그린어웨이. 『하멜른의 피리 부는 사나이』. 시공주니어.
2-17 랜돌프 칼데콧. 〈An Elegy on the Death of a Mad Dog〉, 『The Diverting History of John Gilpin』.
2-18 랜돌프 칼데콧. 『익살꾸러기 사냥꾼 삼총사』. 시공주니어.
2-19 랜돌프 칼데콧. 『The House that Jack built』.
2-20 랜돌프 칼데콧. 『Hey Diddle Diddle and baby bunting』.
2-21 비아트릭스 포터. 『피터 래빗 이야기』. 프뢰벨행복나누기.
2-22 완다 가그. 『백만 마리 고양이』. 시공주니어.
2-23 버지니아 리 버튼. 『작은집 이야기』. 시공주니어.
2-24 버지니아 리 버튼. 『생명의 역사』. 시공주니어.
2-25 루드비히 베멀먼즈. 『씩씩한 마들린느』. 시공주니어.
2-26 닥터 수스. 『The Cat in the Hat』. Random House Group.
2-27 닥터 수스. 『버솔러뮤 커빈즈의 모자 500개』. 시공주니어.
2-28 로버트 매클로스키. 『아기 오리들한테 길을 비켜 주세요』. 시공주니어.
2-29 모리스 센닥. 『Outside Over There』. Harpercollins Publishers.
2-30 모리스 센닥. 『깊은 밤 부엌에서』. 시공주니어.
2-31 모리스 센닥. 『괴물들이 사는 나라』, 『깊은 밤 부엌에서』. 시공주니어.
2-32 토미 웅거러. 『세 강도』. 시공주니어.
2-33 토미 웅거러. 『크릭터』. 시공주니어.
2-34 바버러 쿠니. 『챈티클리어와 여우』. 시공주니어.
2-35 바버러 쿠니. 『Eleanor』. Puffin Books.
2-36 바버러 쿠니. 『미스 럼피우스』. 시공주니어.
2-37 레오 리오니. 『으뜸 헤엄이』. 마루벌.
2-38 레오 리오니. 『파랑이와 노랑이』. 물구나무.
2-39 에즈라 잭 키츠. 『Snowy Day』. Viking.
2-40 에즈라 잭 키츠. 『휘파람을 불어요』. 시공주니어.
2-41 윌리엄 스타이그. 『당나귀 실베스터와 요술 조약돌』. 다산기획.
2-42 윌리엄 스타이크. 『Doctor De Soto』. Farrar, Straus & Giroux, Inc.
2-43 존 버닝햄. 『Come Away from the Water, Shirley』. Jonathan Cape Children's Books.
2-44 존 버닝햄. 『검피 아저씨의 뱃놀이』. 시공주니어.
2-45 존 버닝햄. 『Cannonball Simp』. Jonathan Cape Children's Books.
2-46 찰스 키핑. 『창 너머』. 시공주니어.
2-47 찰스 키핑. 『빈터의 서커스』. 사계절출판사.
2-48 브라이언 와일드스미스. 『데이지』. 시공주니어.
2-49 브라이언 와일드스미스. 『바람과 해님』. 보림.
2-50 브라이언 와일드스미스. 『달님이 본 것은?』. 보림.

2-51 브라이언 와일드스미스. 『회전목마』. 시공주니어.
2-52 앤서니 브라운. 『동물원』. 논장.
2-53 앤서니 브라운. 『특별한 손님』. 베틀북.
2-54 앤서니 브라운. 『Willy's Picture』. Walker Books Ltd.

3장 한국 그림책의 역사

3-1 정승각. 『눈먼 곰과 다람쥐』. 웅진출판.
3-2 정준용. 『휘파람을 부는 눈사람』. 선화교육사.
3-3 레이먼드 브릭스. 『눈사람』(보림), 『눈사람 아저씨』(가나출판사), 『눈사람 아저씨』(마루벌).
3-4 이규경. 『여름을 보고 싶은 눈사람』. 예림당.
3-5 하야시 아키코. 『순이와 어린 동생』. 한림출판사.
3-6 마쓰이 다다시. 『어린이와 그림책』. 샘터.
3-7 김세희, 현은자. 『어린이의 세계와 그림 이야기책』. 서원.
3-8 최숙희. 『세상을 담은 그림, 지도』. 보림.
3-9 〈월간 일러스트〉. Vol.42. 동화나무.
3-10 〈꿀밤나무〉. 10호.
3-11 〈열린어린이〉. 창간호. 오픈키드.
3-12 〈창비어린이〉. 창간호. 창작과비평사.
3-13 제1회 KBBY 어린이책 그림 전시회 카달로그. KBBY.
3-14 『어린문학교육연구』. 제5권 1호. 어린이문학교육학회.
3-15 류재수. 『노란 우산』. 재미마주.
3-16 신동준. 『지하철은 달려온다』. 초방책방.
3-17 이억배 『세상에서 제일 힘센 수탉』. 재미마주.
3-18 리춘길. 『재주 많은 다섯 친구』. 보림.
3-19 도쿄 우에노 국제어린이도서관 개관 기념행사 '한국 그림책 원화전' 카달로그.
3-20 이우경. 『춤추는 호랑이』. 국민서관.
3-21 홍성찬. 『재미네골』. 재미마주.
3-22 강우현. 『양초귀신』. 다림.
3-23 류재수. 『백두산 이야기』. 통나무.
3-24 리춘길. 『열두 띠 이야기』. 보림.
3-25 유애로. 『갯벌이 좋아요』. 보림.
3-26 권혁도. 『누구야 누구』. 보리.
3-27 한성옥. 『나의 사직동』. 보림.
3-28 김재홍. 『동강의 아이들』. 길벗어린이.
3-29 이억배. 『개구쟁이 ㄱㄴㄷ』. 사계절.
3-30 권윤덕. 『혼자서도 신나 벌레는 정말 신났어』. 재미마주.

3-31 정유정. 『풀 꽃 안녕』. 사계절.
3-32 이혜리. 『비가 오는 날에…』. 보림.
3-33 정승각. 『강아지똥』. 길벗어린이.
3-34 이태수. 『심심해서 그랬어』. 보리.
3-35 한병호. 『도깨비와 범벅 장수』. 국민서관.
3-36 이호백. 『도대체 그 동안 무슨 일이 일어났을까?』. 재미마주.
3-37 한태희. 『불꽃놀이』. 한림출판사.
3-38 최숙희. 『열두 띠 동물 까꿍놀이』. 보림.
3-39 이형진. 『끝지』. 느림보.
3-40 조혜란. 『똥벼락』. 사계절.
3-41 조은수. 『타조는 엄청나』. 웅진닷컴.
3-42 심미아. 『고양순』. 보림.
3-43 이영경. 『아씨방 일곱 동무』. 비룡소.

4장 판타지 그림책

4-1 아놀드 로벨. 『Frog and Toad Are Friends』. HarperTrophy.
4-2 제임스 도허티. 『앤디와 사자』. 시공주니어.
4-3 모리스 센닥. 『괴물들이 사는 나라』. 시공주니어.
4-4 완다 가그. 『백만 마리 고양이』. 시공주니어.
4-5 레오 리오니. 『Little Blue and Little Yellow』. HaperTrophy.
4-6 윌리엄 스타이그. 『당나귀실베스터와 요술 조약돌』. 다산기획.
4-7 크리스 반 알스버그. 『The Polar Express』. Houghton Mifflin Company.
4-8 존 버닝햄. 『Granpa』. Puffin Books.
4-9 크리스 반 알스버그. 『압둘 가사지의 정원』. 베틀북.
4-10 크리스 반 알스버그. 『The Polar Express』. Houghton Mifflin Company.

5장 사실주의 그림책

5-1 로날드 힘러(Ronald Himler). 『Fly Away Home』. Houghton Mifflin Company.
5-2 그레고리 로저스(Gregory Rogers). 『Way Home』. Red Fox.
5-3 앤서니 루이스. 『언제까지나 너를 사랑해』. 북뱅크.
5-4 야시마 타로. 『Crow Boy』. Puffin Books.
5-5 데이비드 스몰. 『도서관』. 시공주니어.
5-6 하야시 아키코. 『이슬이의 첫 심부름』. 한림출판사.
5-7 윌리엄 스타이그. 『아빠와 함께 피자 놀이를』. 보림.
5-8 에즈라 잭 키츠. 『피터의 의자』. 시공주니어.
5-9 베라 윌리엄스. 『엄마의 의자』. 시공주니어.

5-10 데이비드 디아즈. 『Smoky Night』. Voyager Books.
5-11 드보라 코건 레이. 『내게는 소리를 듣지 못하는 여동생이 있습니다』. 중앙출판사.
5-12 하마다 케이코. 『민수야 힘내』. 한림출판사.
5-13 마이클 윌호이트. 『Daddy's Roommate』. Alyson Publications.

현 은 자

이화여자대학교에서 교육학과 유아교육을 전공하였으며 미국 이스턴 미시건 대학교(Eastern Michigan University)와 앤 아버(Ann Arbor)에 위치한 미시건 대학교(University of Michigan)에서 유아교육으로 석사, 박사 학위를 받았다. 1989년부터 성균관대학교 아동학과에 재직해 왔으며 최근에는 주로 그림책과 아동문학에 관련한 논문과 저서를 발표하고 있다. 대표적인 논문으로 〈성경 그림책의 그림 읽기〉, 〈논픽션 아동도서에서의 작가의 관점〉, 〈알파벳 북의 즐거움〉, 〈어린이 정보책에 반영된 현대의 지식관〉 등이 있으며, 저서로 『기독교 세계관으로 아동문학보기』, 『그림책의 그림 읽기』(공저), 『어린이 미디어상 제정을 위한 기반 연구』(공저), 『점자 그림책』(공저) 등이 있다. 최근 좋은 책 목록을 다룬 『내 아이가 꼭 읽어야 할 좋은 책 110-유아, 유치편』(공저), 『내 아이가 꼭 읽어야 할 좋은 책 120-초등편』(공저)을 펴낸 바 있다.

김 세 희

이화여자대학교에서 교육학과 유아교육을 전공하고, 미국 보스턴 대학교(Boston University)에서 박사학위 과정을, 이화여자대학교에서 박사학위를 받았다. 한국어린이문학교육학회와 국제아동청소년도서협의회(IBBY) 한국위원회(KBBY) 회장을 역임했다. 건국대학교를 비롯한 여러 대학에서 아동문학과 그림책에 관련한 강의를 하고 있다. 최근 들어 그림책에 대한 연구뿐만 아니라 번역가, 서평가로서도 널리 활동하고 있다. 대표적 논문으로는 〈전래동화와 이솝우화의 인물에 대한 유아의 반응〉, 〈그림이야기책을 통해 어머니가 지각하는 성인의 바람직한 양육행동〉, 〈유아를 위한 그림책 비디오에 대한 분석〉, 〈유아의 그림책 비디오 시청에 관한 연구 : 이야기에 대한 이해 증진효과와 그림책 비디오의 특성에 관한 유아의 인식을 중심으로〉, 〈그림책과 영상기술의 만남 : 그림책 비디오를 중심으로〉, 〈어린이문학교육을 위한 패러디 그림책의 분석〉, 〈그림책에 묘사된 아버지의 역할〉, 〈한국 창작그림책에 나타난 아동의 주도성 분석〉 등이 있으며, 주요저서로는 『유아문학교육』, 『세계 그림책의 역사』(공저), 『어린이의 세계와 그림이야기책』(공저), 『어린이 미디어상 제정을 위한 기반 연구』(공저), 『독서치료』(공저), 『독서치료의 실제』(공저), 『시치료 이론과 실제』(공저), 『하늘이랑 바다랑 도리도리 짝짜꿍』(그림책) 등이 있다. 번역 그림책으로는 『무지개 전사호 이야기』, 『잃어버린 호수』, 『나의 조랑말』, 『하늘과 땅을 만든 이야기』, 『이솝우화』 등이 있다.

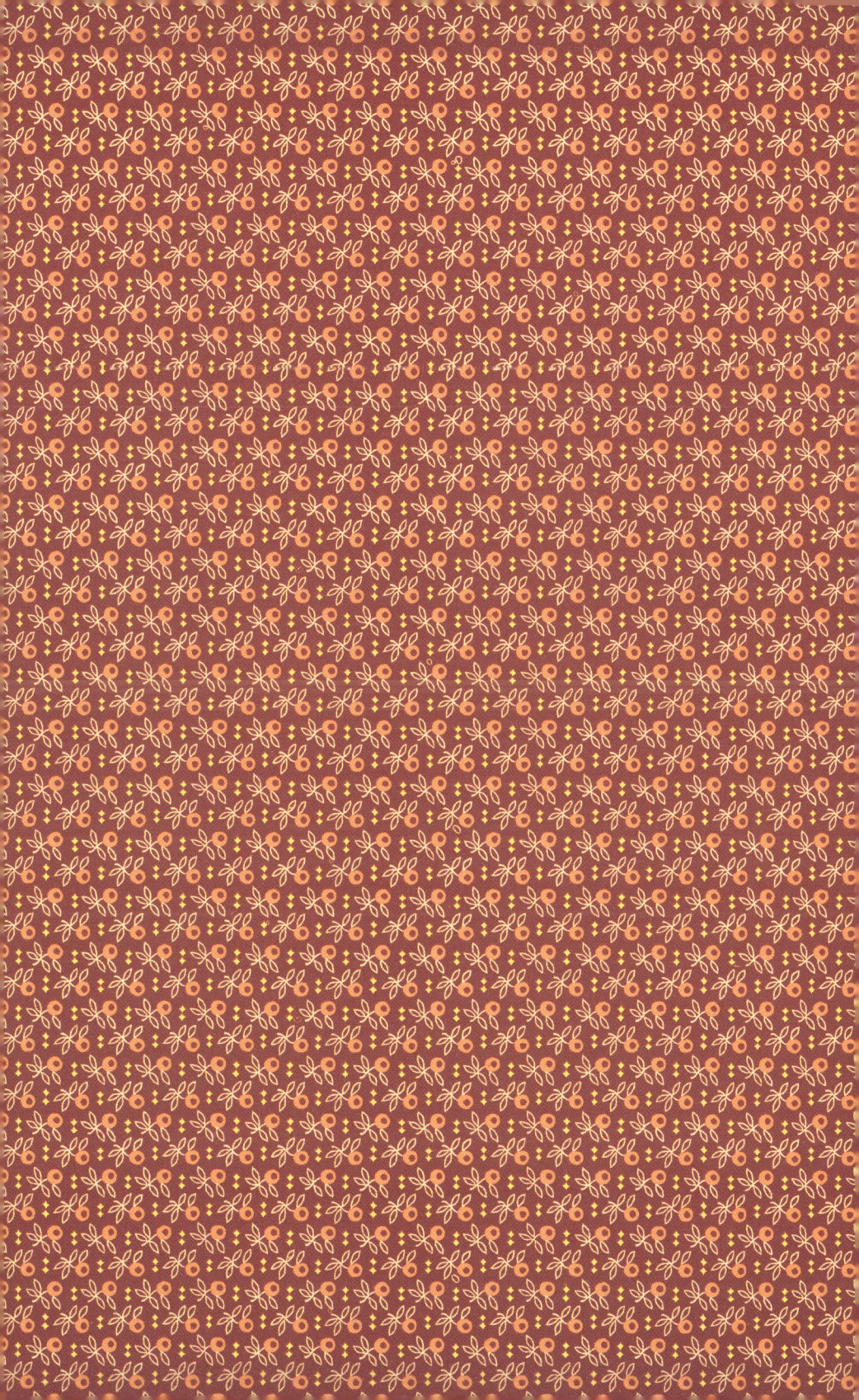

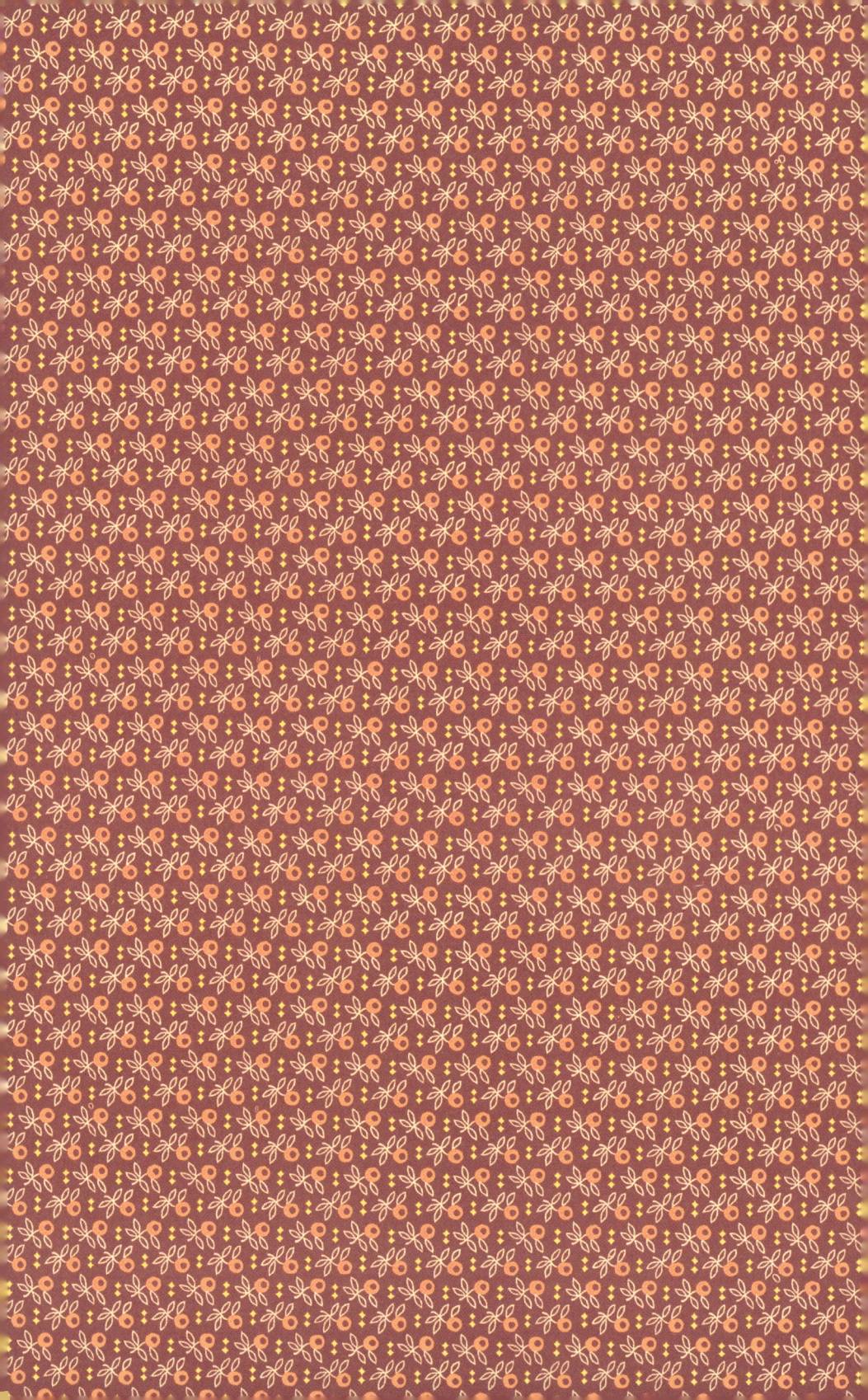